企业IPO
募投项目
背后的秘密

立德咨询研究组　编著

中国财富出版社有限公司

图书在版编目(CIP)数据

企业 IPO 募投项目背后的秘密 / 立德咨询研究组编著. —北京:中国财富出版社有限公司,2021.3

ISBN 978-7-5047-7313-5

Ⅰ.①企… Ⅱ.①立… Ⅲ.①上市公司－投资项目－投资分析－中国 Ⅳ.①F279.246

中国版本图书馆 CIP 数据核字(2020)第 214084 号

策划编辑 郑晓雯 **责任编辑** 张红燕 郭 莹
责任印制 尚立业 **责任校对** 卓闪闪 **责任发行** 董 倩

出版发行 中国财富出版社有限公司
社　　址 北京市丰台区南四环西路 188 号 5 区 20 楼 **邮政编码** 100070
电　　话 010－52227588 转 2098(发行部) 010－52227588 转 321(总编室)
010－52227588 转 100(读者服务部) 010－52227588 转 305(质检部)
网　　址 http://www.cfpress.com.cn **排　　版** 河南天一文化传播股份有限公司
经　　销 新华书店 **印　　刷** 河南省环发印务有限公司
书　　号 ISBN 978-7-5047-7313-5/F·3270
开　　本 787mm×1092mm 1/16 **版　　次** 2021 年 5 月第 1 版
印　　张 22 **印　　次** 2021 年 5 月第 1 次印刷
字　　数 456 千字 **定　　价** 69.00 元

前言

Preface

募集资金投资项目(简称"募投项目")历来被视作上市公司业绩增长的潜在因素,关乎公司的持续盈利和发展前景。募投项目是公司申请IPO(首次公开募投)的理论动因,是中长期发展规划的具体体现,也是公司未来的成长潜力和投资价值所在,对公司的估值和后市走势有很大的影响。本书在结合行业发展分析的基础上,对上市公司募投项目投资内容及效益进行全面的解读和分析,揭示各行业、公司之间募投设计的侧重点及其内在考量,并试图解读公司募投项目设计、行业发展与公司业绩之间的内在关系,也为公司、投资者、募投设计相关机构及人员等提供适当的对标方案和范本。

募投项目存在一定的风险,公司在募投项目上的进退取舍较大程度上反映了公司战略意图,行业背景,环保、节能、土地、产业政策等因素的变化。

首先,部分公司上市时把募投项目设计得天花乱坠,上市后募投项目却频繁变更;或者大部分未变更募投项目的公司所获得的实际效益不及预期的经济效益。募投项目变更本身已经向投资者传达了"信用危机",如果变更之后公司业绩没有改观,那么变更募集资金投向将进一步加深"信用危机"。

其次,募投项目设计比较容易通过发行审核委员会(简称"发审委")审核及问询,但想提升公司业绩并进一步加强公司竞争力有一定难度。目前,发审委基于权威的编制依据、标准和大量上市公司募投项目案例,审核募投项目设计的必要性、可行性和项目前景,其中有理有据又有市场前景的项目容易通过审核。但部分公司上市后存在募投项目难以落地、频频延期或更改募投项目的情况,还有公司直接终止募投项目,将结余募集资金永久补充流动资金。

最后,募投项目千差万别,募集资金的运用可操作空间较大。设计、规划募投项目以实现最大效益具有一定难度。募投项目是由咨询工程师或相关方面的专业人士根据国家发展改革委、建设部发布的《建设项目经济评价方法与参数》(第三版)、国家发展计划委员会委托中国国际工程咨询公司编写的《投资项目可行性研究指南》编制，且要符合证监会、交易所等关于募集资金运用的相关规定和要求。其中，《建设项目经济评价方法与参数》（第三版）体系比较完整、适用广泛。根据2006年7月发布的《关于建设项目经济评价工作的若干规定》的要求，实行审批制的政府投资项目，应根据政府投资主管部门的要求，严格按照《建设项目经济评价方法与参数》（第三版）执行；实行核准制和备案制的公司投资项目，可根据核准机关或备案机关以及投资者的要求，选用建设项目经济评价的方法和相应的参数。募投项目很大一部分采用备案制，因此募投项目投资内容、经济评价方法和参数有较大自由发挥的余地，加之行业差异、投向众多、编制人员偏好不一，导致募投项目千差万别。此外，2016年实行修改后的《首次公开发行股票并在创业板上市管理办法》，将募集资金使用条件调整为信息披露要求，这在一定程度上增大了募集资金运用的可操作空间。如何结合公司实际情况进行募投项目设计和规划是公司上市过程中的一大重要课题，也是本书重点研究的内容。

目 录

Contents

第一章　募投设计的重要性及其设计原则

第一节
大族激光因“建皇宫”陷入舆论旋涡

曾经的白马股大族激光是外资的最爱，2019 年其陷入了各种舆论旋涡并遭到质疑，导致业绩下滑、股价下跌，市值蒸发近百亿元。质疑的焦点是大族激光在欧洲投资的研发运营中心。为此，大族激光连续发布多份公告进行澄清，但这并没有完全打消投资者的疑虑，投资者对于大族激光为何在瑞士建立研发中心仍存在众多疑问。

一、大族激光欧洲研发运营中心事件时间轴

大族激光欧洲研发运营中心事件时间轴如图 1-1 所示。

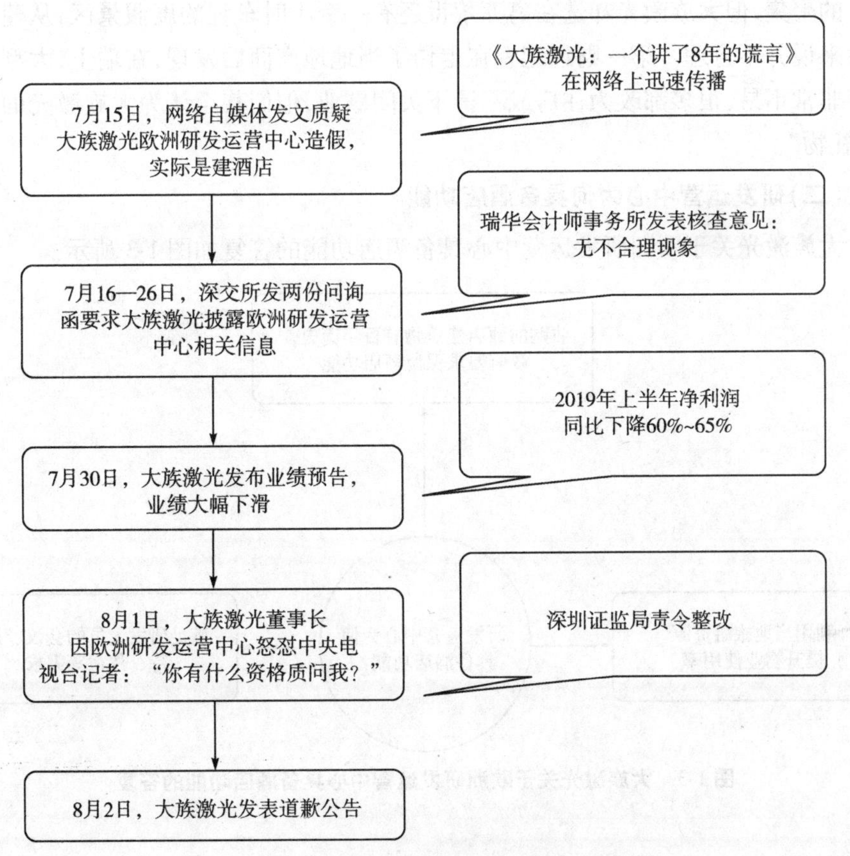

图 1-1　大族激光欧洲研发运营中心事件时间轴

二、欧洲研发运营中心建设可行性存在重大问题

(一)为何在瑞士建研发运营中心

大族激光欧洲研发运营中心选址理由如图1-2所示。

图1-2 大族激光欧洲研发运营中心选址理由

根据第一财经记者的实地探访,大族激光研发运营中心位于瑞士阿尔卑斯山脉名山——铁力士山下的英格堡。英格堡是瑞士著名的度假胜地,记者到达大族激光公告所指的研发运营中心地址 Parkwag 1,6390 Engelberg 和 Dorfstrasse 40,6390 Engelberg,并未看到研发中心的相关信息,只看到酒店正在改造施工。当地市民表示没听说过要建立研发运营中心,市民认为是将现有建筑改造成五星级酒店后再开业。

研发运营中心选址一般是在交通发达、经济水平高的中心城市,有利于研发型人才的聚集,但大族激光却选在离苏黎世还有一个小时车程的度假景区,从建设可行性来说并不合理。第一财经记者在走访了当地地产商后发现,在瑞士,大型酒店生存非常不易,很多都改为住房或不得不关闭歇业,他们甚至认为大族激光的投资是"礼物"。

(二)研发运营中心为何具备酒店功能

大族激光关于欧洲研发运营中心具备酒店功能的答复如图1-3所示。

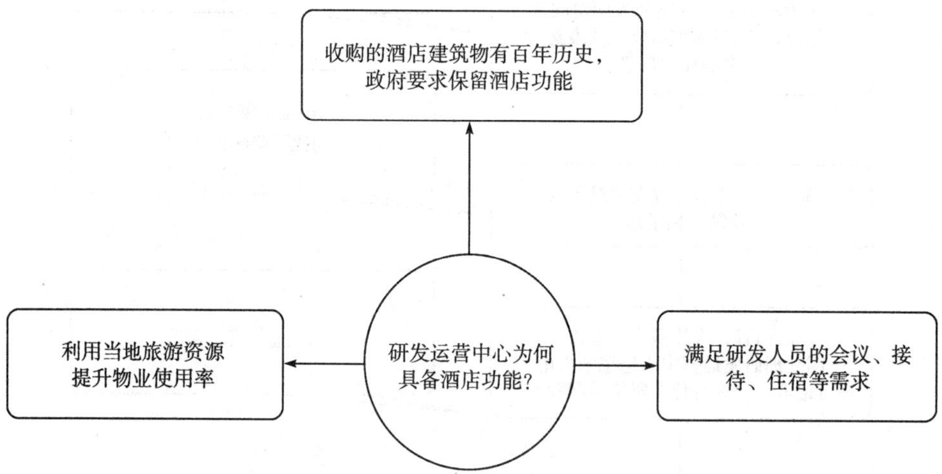

图1-3 大族激光关于欧洲研发运营中心具备酒店功能的答复

根据笔者多年的建设项目可行性研究经验，建设研发运营中心其实应该在市中心租商务楼并做简单装修，把重点放在研发人员的招募和科研项目的研究开发上，但大族激光却选择在一个拥有百年历史的旧酒店的基础上进行改造，这必然会涉及建筑物历史遗存等复杂问题，建设可行性具有较大不确定性。而且作为研发运营中心项目，花费 8 年时间，斥资 10 亿元资金在工程建设上，而不是在研发项目上，这显然是本末倒置，建设必要性严重不足。

此外，大族激光还发布公告称，其欧洲研发运营中心的办公、会议、展厅等功能建筑面积合计约 1.5 万平方米，占项目规划总建筑面积的 56% 左右；独立房间 129 间，建筑面积约 1.1 万平方米，占项目规划总建筑面积的 41% 左右。如此大面积的酒店配套建设，显然与研发中心的核心功能定位不匹配，大族激光的解释理由十分牵强。

《证券日报》引用律师的说法，认为大族激光大股东在欧洲研发运营中心项目中涉嫌擅自改变项目用途，存在多处不合规行为。北京市人大常委会立法咨询委员会特聘委员杨某则认为，本来是建设研发中心，公司却实际购买酒店进行运营，只把酒店内部分面积用于研发，这实质性地改变了投资目标。这种改变，需要公司内部决策审批，同时做出公开信息披露，并要符合监管要求，如果没有对项目变动事项做出公告，属于隐瞒实情，信息披露违规。

（三）研发运营中心为何建造 8 年仍未完工且预算不断攀升

大族激光欧洲研发运营中心建设时间轴如图 1-4 所示。

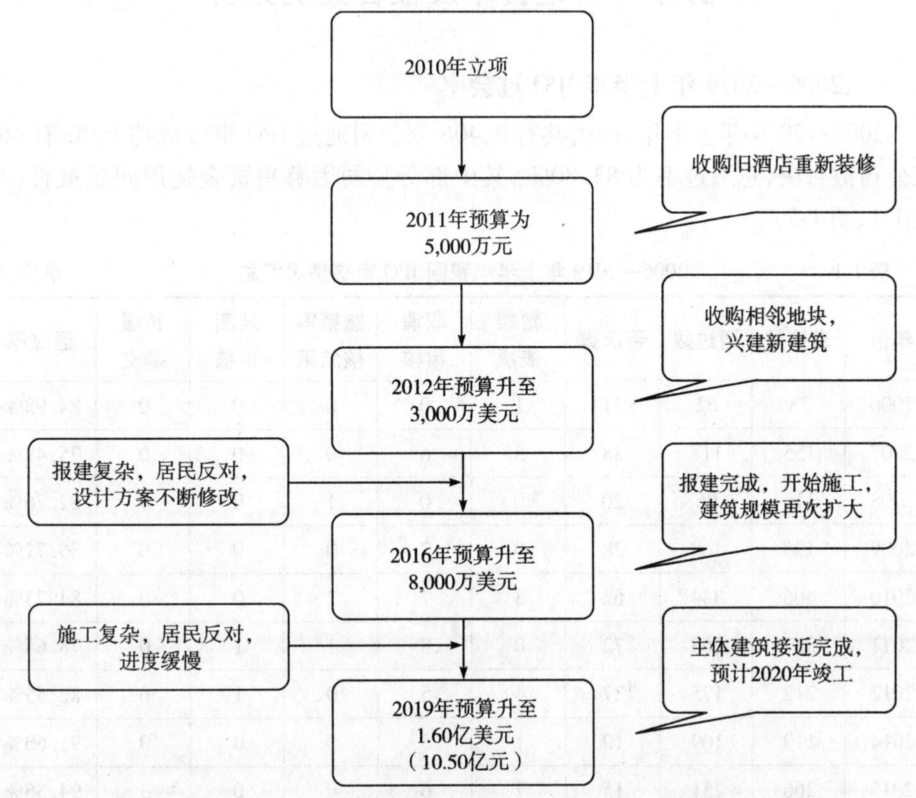

图 1-4　大族激光欧洲研发运营中心建设时间轴

从以上项目预算的投入情况不难看出，大族激光对于投资规模如此庞大的建设项目，在动工之前并没有对瑞士当地的法律程序和建设实施方案等进行充分的可行性论证，报建和施工过程困难重重，严重落后于计划进度。8年内公司也未及时对各阶段的建设可行性进行评估，仍在不断扩大投入规模，这不合常理。目前，该研发运营中心的平均造价已接近每平方米4万元，有建造专家称，"此造价不是在建研发中心而是在建皇宫"。

大族激光此前并没有在欧洲投资建设项目的经验，但依然选择在瑞士投资建设研发中心，投资风险较大，而对于未来如何使用欧洲研发运营中心，大族激光表示有可能会在保障股东利益的前提下对外转让或出售。可见大族激光在前期对项目的可行性研究不足，导致浪费了大量的时间和金钱。这也是本事件持续恶化的重要原因。

投资项目前期的可行性研究应当更多地引起投资者和社会的重视，而不是资金充裕就任性。募投项目可行性研究历来是IPO审核较为关键的一环，与募投项目可行性研究报告遥相呼应的募集资金运用是招股说明书四大核心章节中较为关键的一个章节。募投项目可行性研究工作直接关系到公司上市成功与否，更关系到公司未来的竞争力及持续盈利能力。

第二节
历年IPO过会率及被否案例分析

一、2006—2019年上半年IPO过会率

2006—2019年上半年，国内共有2,406家公司通过IPO审核成功上市，有465家公司被否决，总通过率为83.80%，其中部分公司因募集资金运用问题被否（见表1-1、图1-5）。

表1-1　2006—2019年上半年我国IPO审核情况汇总　　单位：家

年份	审核数	通过数	否决数	暂缓表决	取消审核	撤销审核结果	延期审核	暂缓提交	通过率
2006	73	62	11	1	0	0	0	0	84.93%
2007	155	117	38	3	6	0	0	0	75.48%
2008	116	96	20	0	0	1	0	0	82.76%
2009	196	168	28	0	2	0	0	0	85.71%
2010	406	344	62	3	7	2	0	0	84.73%
2011	337	265	72	0	8	1	1	0	78.64%
2012	212	175	37	4	5	0	1	0	82.55%
2014	119	109	10	1	5	0	0	0	91.60%
2015	266	251	15	7	6	0	0	3	94.36%

续表

年份	审核数	通过数	否决数	暂缓表决	取消审核	撤销审核结果	延期审核	暂缓提交	通过率
2016	265	247	18	5	5	0	0	0	93.21%
2017	466	380	86	22	10	0	0	0	81.55%
2018	170	111	59	10	19	0	0	0	65.29%
2019 年上半年	90	81	9	1	1	0	0	0	90.00%
合计	2871	2406	465	57	74	4	2	3	83.80%

注:1.此处统计的审核数并没有包括暂缓表决、取消审核、撤销审核结果、延期审核、暂缓提交的公司;通过率=通过数/审核数。

2.此表缺少 2013 年数据。

数据来源:证监会、上交所、Choice,立德咨询整理。

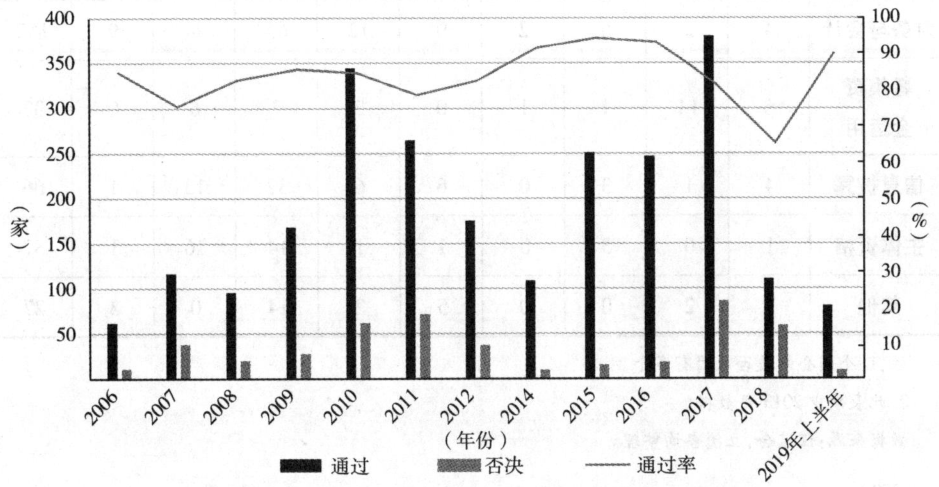

图 1-5 2006—2019 年上半年我国 IPO 审核通过率

注:此图缺少 2013 年数据。

数据来源:证监会,上交所,Choice,立德咨询整理。

从历年的审核情况可以看到,国内 IPO 审核通过率在 60% ~95%,2014 年以前的通过率基本在 80% 上下波动,2014 年、2015 年、2016 年通过率较高,均超过 90%。但从 2017 年开始,新一届发审委对拟上市公司的审核变得更加严格,2017 年、2018 年的 IPO 审核通过率均大幅下降,并在 2018 年降至最低点,为65.29%。受此影响,许多准备上会申报的拟上市公司纷纷主动撤回材料,2018 年发审委审核公司数量同比大幅下降近 300 家。2019 年,在科创板带动等积极因素的影响下,IPO 市场出现回暖迹象,上半年共审核 90 家,通过 81 家,通过率达到 90.00%,其中科创板 31 家上会公司全部通过。

二、2010—2019 年上半年 IPO 公司被否原因汇总

自 2010 年起,证监会开始公布 IPO 被否公司的否决原因和发审委的主要问询

问题。《首次公开发行股票并上市管理办法》规定，新股的发行上市条件主要包括主体资格、独立性、规范运行、财务与会计、募集资金运用和信息披露，因此，IPO公司被否也正是以上几个方面原因或其他原因没有达到发审委要求所致（见表1-2、图1-6）。

表1-2　　2010—2019年上半年IPO公司被否原因汇总　　单位：家

被否原因	2010年	2011年	2012年	2014年	2015年	2016年	2017年	2018年	2019年上半年	合计
持续盈利能力	27	43	15	1	11	12	39	51	5	204
独立性	11	13	12	1	6	8	44	41	7	143
规范运行	4	7	7	3	8	12	49	38	7	135
财务与会计	4	2	5	2	9	12	65	44	9	152
募集资金运用	6	14	1	1	0	2	7	6	0	37
信息披露	4	1	3	0	6	6	32	13	1	66
主体资格	1	0	3	0	1	1	14	16	1	37
其他	1	2	0	0	5	2	14	0	3	27

注：1. 个别公司被否原因有多个。

2. 此表缺少2013年数据。

数据来源：证监会，立德咨询整理。

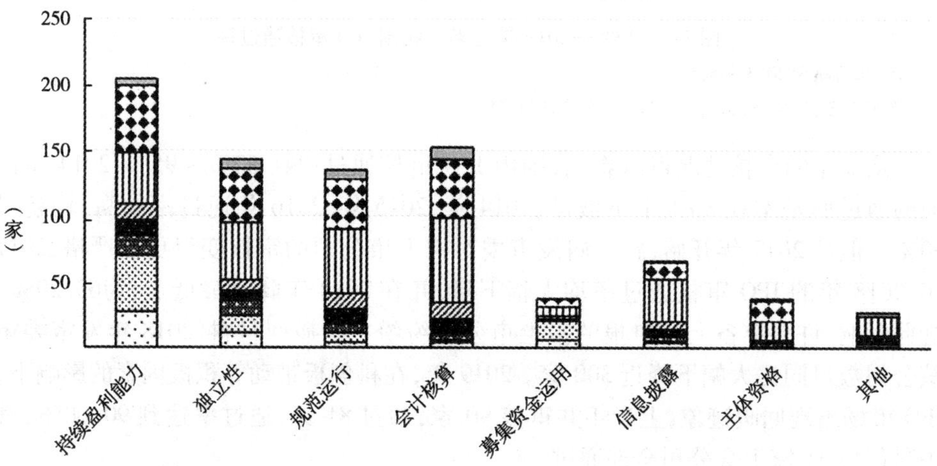

图1-6　2010—2019年上半年IPO公司被否原因分布

注：此图缺少2013年数据。

数据来源：证监会，立德咨询整理。

从以上整理分析可以看出,2014 年之前,IPO 被否原因呈现集中化,大多集中在持续盈利能力和独立性两类问题上。2014 年,新的创业板上市管理办法发布后,被否原因更多地体现在持续盈利能力、独立性、规范运行和财务与会计四个方面。总体而言,这四大问题约占所有被否原因的 79%(见图 1-7)。

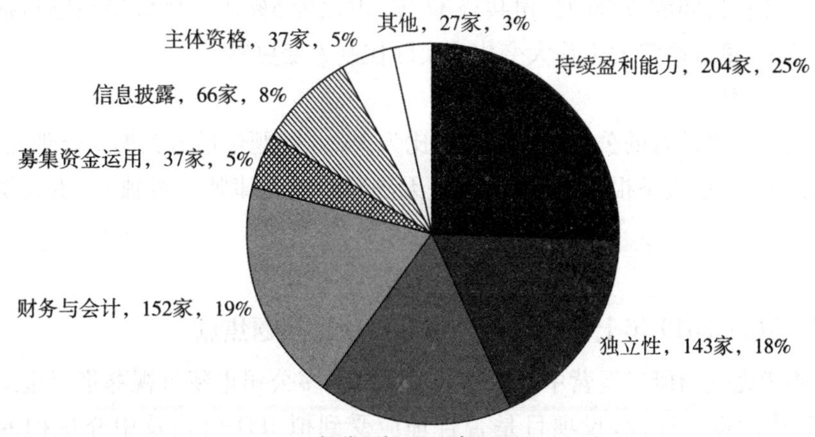

图 1-7 2010—2019 年上半年 IPO 公司被否原因结构

数据来源:证监会,立德咨询整理。

1. 持续盈利能力问题

因持续盈利能力问题被否的公司共有 204 家,占比为 25%。持续盈利能力问题包括业绩大幅下滑、业绩低于隐形红线 3,000 万元、盈利来源单一、经营业务重大变化、经营环境重大变化以及核心竞争力缺失等方面。

2. 独立性问题

因独立性问题被否的公司共有 143 家,占比为 18%。独立性问题包括关联交易、关联方依赖、客户或者供应商依赖、利益输送、同业竞争、人员部门独立性及资产完整性等。

3. 规范运行问题

因规范运行问题被否的公司共有 135 家,占比为 17%。规范运行问题包括内部控制、合法合规、商业贿赂、资金占用、股份代持、治理结构、资产权属及税务合规等。

4. 财务与会计问题

因财务与会计问题被否的公司共有 152 家,占比为 19%。财务与会计问题包括会计政策、会计处理、资产减值、毛利率、费用率、股份支付、商誉减值、业绩真实性准确性及财务税务数据差异等。

5. 募集资金运用问题

因募集资金运用问题被否的公司共有 37 家,占比为 5%。募集资金运用问题包括募集资金投向,募集资金规模,募投项目必要性、可行性和效益测算合理性等。

6. 信息披露问题

因信息披露问题被否的公司共有66家，占比为8%。信息披露问题包括关联交易披露不完整、虚假记载、误导性陈述或者重大遗漏、前后申报材料不一致等。

7. 主体资格问题

因主体资格问题被否的公司共有37家，占比为5%。主体资格问题包括主营业务超范围、董事高管发生重大变化或实际控制人变更等。

8. 其他问题

因其他原因被否的公司有27家，占比为3%。问题包括盈利模式合理性、重大交易履行情况、被人举报而无合理解释、无法判断券商律师是否独立、重大偿债风险等。

三、2010—2019年上半年被否公司募投项目问题焦点

大族激光欧洲研发运营中心事件的发酵让众多公司重新审视募集资金运用在IPO过程中的重要性，募投项目是否合理应受到拟IPO公司及中介机构的高度重视。

2010—2019年上半年，国内共有56家公司因募投项目问题上会被否决，否决原因可以归纳为募投项目的必要性、可行性、方案合理性、市场前景和财务效益测算等几个方面（见表1-3、图1-8）。其中募投项目产能消化的可行性和未来的市场盈利前景一直是发审委关注的重点，近年来对项目建设的必要性也更加关注。

表1-3　　2010—2019年上半年IPO公司被否募投原因汇总　　单位：家

募投项目问题	2010年	2011年	2012年	2014年	2015年	2016年	2017年	2018年	2019年上半年	合计
必要性	1	0	0	0	0	1	5	2	0	9
可行性	2	7	2	0	1	1	3	2	0	18
方案合理性	0	1	0	0	0	2	3	0	0	6
市场前景	0	4	1	0	0	0	3	2	0	10
财务效益测算	0	0	0	0	0	2	2	0	0	4
其他	2	3	2	0	0	0	1	1	0	9

注：1. 个别公司被否原因有多个。

2. 此表缺少2013年数据。

数据来源：证监会，立德咨询整理。

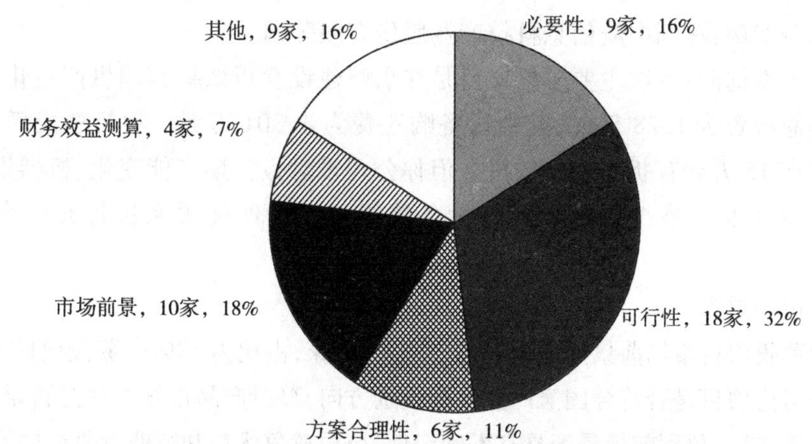

图 1-8　2010—2019 年上半年 IPO 公司被否募投原因结构

数据来源:证监会,立德咨询整理。

1. 必要性

因募投项目必要性问题被否决的公司共 9 家,占比为 16%。募投项目必要性主要考虑公司目前的产能利用率、产销率、募投产品毛利率、市场占有率、市场需求等。

被否案例:无锡普天铁心股份有限公司。

发审委询问:发行人“铁心”业务的营业收入占比逐年下降,“定尺硅钢”业务占比逐年上升,结合市场发展前景、发行人“铁心”产品优势及市场占有率,说明本次募集资金 2.28 亿元用于“年产 6 万吨变压器铁心项目”的合理性及必要性,以及该项目对现有业务和经营情况的影响。

2. 可行性

因募投项目可行性问题被否决的公司共 18 家,占比为 32%。募投项目可行性主要考虑项目产能能否被消化,公司是否拥有成熟完善的工艺技术、资质证书和内控管理,是否能够持续稳定经营。

被否案例:浙江佳力科技股份有限公司。

发审委询问:你公司本次募集资金全部用于“年产 5 万吨 2.5 ~ 6 兆瓦风电大型铸件关键部件项目”,产能较 2010 年增长 142%,而你公司 2.5 兆瓦及以上风电设备铸件报告期仅实现少量生产及销售;根据你公司披露的 2011 年 1 月 1 日后需要履行的合同及意向性订单情况,2.5 兆瓦及以上产品占比也不高。你公司募投项目与现有生产经营不相适应,且新增产能存在市场销售风险。

3. 方案合理性

因募投项目方案合理性问题被否决的公司共 6 家,占比为 11%。募投项目方案设计主要考虑投资方案与项目产能、收入是否匹配,新设备方案与现有水平的差异性,实施方案是否科学合理,建设运营过程中对环境的影响,原材料供应方案是否充足,整体方案是否遵守国家及地方法律法规等。

被否案例:深圳中航信息科技产业股份有限公司

发审委询问:本次主要募投项目是在惠州建设存折票据打印机产业化基地。该项目总投资为1.28亿元,其中设备购置费为4,301万元。项目建成后,正常年份年产15万台存折票据打印机。但你公司未对报告期产能变化、机器设备期末余额以及本次募投新增产能与设备购置之间的匹配关系进行充分合理的说明。

4.市场前景

因募投项目市场前景问题被否的公司共10家,占比为18%。募投项目市场前景主要考虑项目是否符合国家产业政策鼓励方向,募投产品市场容量是否足够大,技术是否先进,盈利前景是否具有不确定性,公司竞争优势和行业竞争格局等。

被否案例:云南文山斗南锰业股份有限公司。

发审委询问:根据申报材料,你公司现有铁合金产能13万吨/年,本次发行募集资金投资项目建成后将提供节能减排及环保水平较高的锰铁合金生产能力20万吨/年,扣除按承诺关闭的6台6,300千伏安、1台12,500千伏安电炉对应的产能后,你公司将新增锰铁合金约14万吨/年的产能,锰铁合金总产能将扩大到约27万吨/年。你公司未就募投项目实施与国家发改委意见不符的原因和募投项目是否具备良好的市场前景和盈利能力做出合理说明。

5.财务效益测算

因募投项目财务效益测算问题被否的公司共4家,占比为7%。募投项目财务效益测算主要考虑项目的经济效益是否具有可实现性,收入、成本、费用等测算依据是否合理谨慎,是否符合会计准则等。

被否案例:北京新水源景科技股份有限公司。

发审委询问:招股说明书披露,发行人2016年度的收入为14,117.26万元,截至2016年12月31日,发行人固定资产原值为272.90万元,其中机器设备43.78万元、办公设备145.82万元。发行人募集资金项目——新一代农业用水智能管理系统升级项目投资总额19,837.30万元,其中建筑工程费用3,700.00万元、设备购置费用1,775.00万元、实施费用5,230.00万元(包括专家咨询及合作费400万元、技术培训费250万元)、办事处费用5,000.00万元(包括办公经费及市场开拓费)。项目达产后,年均增加营业收入12,600万元,年均增加净利润为4,989.90万元。请发行人代表:①说明募集资金实施前后,固定资产中的机器设备与收入的配比关系;②进一步说明在测算募集资金项目时,销售费用、管理费用占收入比例的测算依据;③补充说明专家咨询及合作费、技术培训费、办公经费及市场开拓费的会计处理原则;④结合目前净利润减少、应收款增加等情况,说明上述测算的依据及实现的可能性。

6.其他

其他募投项目问题包括募投产品所在市场发生重大改变,募投项目为公司非主营业务,项目实施后经营模式发生改变,公司业务体系不完整,独立性存在缺陷等。

被否案例:淮安嘉诚高新化工股份有限公司。

发审委询问:报告期内,你公司的主要产品为硝基甲苯系列、邻氯苯胺和2,4-二氯氟苯。其中,邻氯苯胺的市场空间较为有限,2,4-二氯氟苯产品在2009年年底停止了生产。本次募集资金投资生产的两个新产品是对二氯苯和间二氯苯,新项目存在一定的技术风险。由于所处行业市场特点以及产品品种结构变化较大,因此你公司的持续盈利能力存在重大不确定性。

第三节
募投设计原则

一、证监会关于募集资金运用的规定

根据证监会《上市公司证券发行管理办法》《上市公司监管指引第2号——上市公司募集资金管理和使用的监管要求》的规定,上市公司募集资金的数额和使用应当符合下列规定:

(1)募集资金数额不超过项目需要量,用途符合国家产业政策和有关环境保护、土地管理等法律和行政法规的规定。

(2)上市公司募集资金原则上应当用于主营业务。除金融类公司外,募集资金投资项目不得为持有交易性金融资产和可供出售的金融资产、借予他人、委托理财等财务性投资,不得直接或间接投资于以买卖有价证券为主要业务的公司。

(3)建立募集资金专项存储制度,募集资金必须存放于公司董事会决定的专项账户。

(4)暂时闲置的募集资金可暂时用于补充流动资金,仅限于与主营业务相关的生产经营使用,单次补充流动资金最长不得超过12个月。

二、上交所、深交所关于募集资金运用的条件

根据《首次公开发行股票并上市管理办法》、《上市公司监管指引第2号——上市公司募集资金管理和使用的监管要求》、上海证券交易所(以下简称"上交所")《上海证券交易所上市公司募集资金管理办法(2013年修订)》、深圳证券交易所(以下简称"深交所")《深圳证券交易所主板上市公司规范运作指引(2015年修订)》《深圳证券交易所中小企业板上市公司规范运作指引(2015年修订)》的规定,公开发行证券(包括首次公开发行股票、配股、增发、发行可转换公司债券、分离

交易的可转换公司债券、公司债券、权证等）以及非公开发行证券的公司，其募集资金与应用应当遵循以下规定：

（1）募集资金应当有明确的使用方向，原则上应当用于主营业务。

（2）募集资金数额和投资项目应与发行人现有生产经营规模、财务状况、技术水平和管理能力等相适应。

（3）募集资金投资项目应当符合国家产业政策、投资管理、环境保护、土地管理以及其他法律、法规和规章的规定。

（4）募集资金投资项目实施后，不会产生同业竞争或者对发行人独立性产生不利影响。

（5）发行人应当建立募集资金专项存储制度，募集资金的使用与招股说明书或者募集说明书的承诺应一致并应当存放于专用账户集中管理，不得随意改变募集资金的投向。

（6）暂时闲置的募集资金可暂时用于补充流动资金，仅限于与主营业务相关的生产经营使用，不得通过直接或间接安排用于新股配售、申购，或用于股票及其衍生品种、可转换公司债券等的交易。

（7）募集资金投资项目出现异常情形的，上市公司应当对该项目的可行性、预计收益等重新进行论证，决定是否继续实施该项目。如需变更募集资金用途，变更后的募集资金应投资于主营业务。

三、证监会关于上市公司融资行为的监管要求

根据《发行监管问答——关于引导规范上市公司融资行为的监管要求（修订版）》的规定，再融资审核应按以下要求把握：

（1）上市公司应合理确定募集资金中用于补充流动资金和偿还债务的规模。通过配股、发行优先股或董事会确定发行对象的非公开发行股票方式募集资金的，可以将募集资金全部用于补充流动资金和偿还债务。通过其他方式募集资金的，用于补充流动资金和偿还债务的比例不得超过募集资金总额的30%；对于具有轻资产、高研发投入特点的公司，补充流动资金和偿还债务超过上述比例的，应充分论证其合理性。

（2）上市公司申请非公开发行股票的，拟发行的股份数量不得超过本次发行前总股本的30%。

（3）上市公司申请增发、配股、非公开发行股票的，本次发行董事会决议日距离前次募集资金（包括首发、增发、配股、非公开发行股票）到位日原则上不得少于18个月。前次募集资金基本使用完毕或募集资金投向未发生变更且按计划投入的，可不受上述限制，但相应间隔原则上不得少于6个月。上市公司发行可转债、优先股和创业板小额快速融资，不适用本条规定。

(4)上市公司申请再融资时,除金融类公司外,原则上最近一期末不得存在持有金额较大、期限较长的交易性金融资产和可供出售的金融资产、借予他人款项、委托理财等财务性投资的情形。

四、关于项目设计的一般原则

立德咨询长期专注于IPO咨询业务,根据工程咨询相关原则、立德咨询项目经验及对过会案例的研究,整理募投项目设计的一般原则如下:

募投项目可行性研究实质上是验证募投项目财务指标的合理性及可实现性。募投项目应以主营业务为主,不宜投资于全新产品,如果投资全新产品,一般应小于募集资金总额的35%,全新产品募投项目预计营业收入不超过募投项目总收入的30%,同类产品或相同客户的产品可根据公司需求适当放宽。新增年收入和固定资产投资的比值不应与历史数据存在显著差距,一般机器设备投资是现有水平的2~4倍。募投项目总投资金额以不超过报材料前净资产的2.5倍为宜,改变生产模式的另行考虑,如不再外协,改为自主生产等项目的投资金额应结合实际情况进行调整。一般总投资金额控制在募集资金总额的10%~20%。

由于公司所处行业、业务性质、经营现状存在明显差异,因而募投项目设计的侧重点不相同。募投项目设计的根本在于既要符合公司的实际发展需要,又要满足证监会的相关要求,募投项目设计成功与否较大程度上取决于其对公司经济效益的贡献。

较高水平的募投设计要求专业人员不仅掌握首发及再融资的相关法律法规与要求,还应具有较强的行业数据收集、整理、分析能力,且能充分结合会计准则,论证、分析公司募投项目的合理性及可实现性。

五、常见的募投项目类型

常见的募投项目有扩产项目、技术改造项目、研发设计项目、营销及品牌建设项目、信息化及运维项目、并购项目、补充流动资金项目和购置特定资产项目。特殊行业如临床试验类、产品检测类行业的项目有检验检测项目,旅游景区、主题乐园、长租公寓行业等有开发运营项目,工程及服务行业有工程类项目等。因此本书以《建设项目经济评价方法与参数》(第三版)、《投资项目可行性研究指南》和《企业会计准则》为基础,对比各行业上市公司募投项目,根据公司募投项目的直接目的、建设内容、行业属性和资产所属等情况划分了18类募投项目(见图1-9),并基于此对具体上市公司募投项目案例进行深入分析。

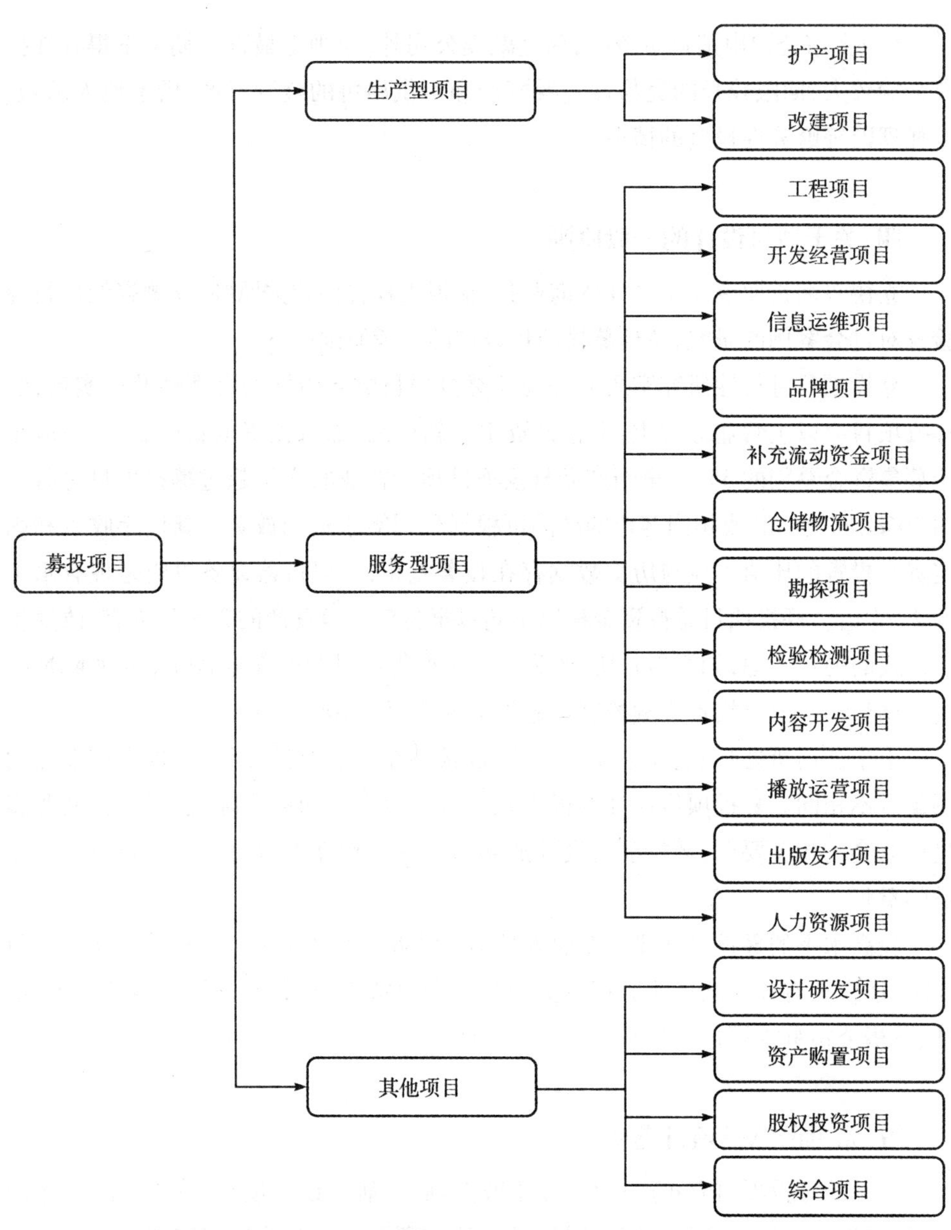
募投项目
生产型项目
服务型项目
其他项目
扩产项目
改建项目
工程项目
开发经营项目
信息运维项目
品牌项目
补充流动资金项目
仓储物流项目
勘探项目
检验检测项目
内容开发项目
播放运营项目
出版发行项目
人力资源项目
设计研发项目
资产购置项目
股权投资项目
综合项目

图 1-9　募投项目类型

第二章　募集资金运用常见问题

上市公司募集资金去向不明或随意变更现象较为普遍,那么公司募集资金的初衷是什么? 是为了满足生产经营的需要,还是为了满足利益相关人的需求? 募集资金投资项目是为了圈钱而随意拼凑的,还是为了增厚业绩? 是为了实现长远发展战略,还是盲目跟风追逐市场投资热点? 募集资金投向与公司的业绩存在何种关系? 募集资金投向变更是否提高了公司的经营业绩? 募投项目是否为公司的真实需求? 募集资金使用效率如何? 募集资金投向各行业有什么差异? 如何判断募投项目设计、延期、变更是利好还是利空? 本章聚焦上述问题,总结出募集资金运用中应注意的八大问题。

(一)公司资金充裕却等待上市融资投入募投项目

1.财富趋势货币资金充裕,募集资金投向存疑

2019 年 7 月 10 日,深圳市财富趋势科技股份有限公司(简称"财富趋势")改道科创板重新申请 A 股上市,并于 2019 年 12 月 9 日科创板上会通过。这是财富趋势继 2012 年发起创业板 IPO 和 2017 年 4 月改道中小板 IPO 均未获得成功后第三次尝试 IPO。之前市场对其 IPO 提出了较多质疑,证监会也因"尚有相关事项需要进一步落实"而两度取消审核。

2019 年,财富趋势申报科创板,计划募集资金约 7.78 亿元用于"通达信开放式人工智能平台项目""通达信可视化金融研究终端项目""通达信专业投资交易平台项目""通达信基于大数据的行业安全监测系统项目"四个募投项目。此次募投项目与前两次申报的募投项目差异较大,但对网上交易平台的改进或优化贯穿始终(见表 2-1)。

表 2-1　财富趋势募投项目变更情况

2012 年创业板申报募投项目	2017 年中小板申报募投项目	2019 年科创板申报募投项目
新一代网上交易服务平台项目	通达信网上交易服务平台项目	通达信开放式人工智能平台项目
金融数据库及金融终端项目	通达信期货中前台一体化平台项目	通达信可视化金融研究终端项目
投资顾问服务平台项目	通达信证券互联网化金融平台项目	通达信专业投资交易平台项目
—	通达信证券行情托管服务项目	通达信基于大数据的行业安全监测系统项目

截至2019年6月30日，财富趋势账面货币资金约有7.65亿元，公司为何拥有大量货币资金还要募集资金？前两次申报日最近年度货币资金也比较充裕。2011年、2015年其货币资金分别约为2.31亿元、5.17亿元，2016—2018年其货币资金分别约为6.39亿元、7.75亿元、8.16亿元，而2012年和2016年申报的招股说明书显示公司分别募集约4.54亿元、3.76亿元用于募投。从2019年申报的招股说明书可看到，财富趋势2016—2018年负债最多约为1.03亿元，其中大部分为预收款项，没有短期借款和长期借款，可见其货币资金的充裕程度。此外，财富趋势四个募投项目均是上市前夕进行备案的，很可能是为上市而拼凑的，后期变数较大。

2. 欣贺股份大量派现后，募集近16亿元投入品牌营销网络建设

2019年4月29日，欣贺股份有限公司（简称“欣贺股份”）再次申报中小板，这是其2014年申报创业板与2016年申报主板折戟后的再次尝试。令人惊讶的是，其募集资金投向与2014年5月申报的基本一致，而2016年与2014年申报的募投项目及金额也完全一致。2019年4月的申报缩减品牌营销网络建设项目近9亿元，信息化建设投资金额略有增加，而服装生产线项目则被取消。欣贺股份2017—2019年12月货币资金余额分别约为9.04亿元、6.85亿元、5.89亿元，派发现金股利分别约为1.6亿元、1.6亿元、0.96亿元。

欣贺股份2016年申报主板被否的原因包括报告期门店数量持续减少、门店平效持续下滑，且持续进行大额现金分红，而未利用公司自有资金开展募投项目建设；募投建设尤其是品牌营销网络建设必要性与可行性存疑。欣贺股份现金较多，2014—2016年货币资金余额分别约为11.45亿元、10.23亿元、9.17亿元，发行人派发现金股利数额较大，分别约为2.2亿元、3.2亿元、3.2亿元；计划利用募集资金约15.72亿元进行品牌营销网络建设项目，其IPO有“圈钱”之嫌。

（二）产能消化对募投项目的致命威胁

1. 龙利得产能利用率低下的扩产被否

龙利得智能科技股份有限公司（简称“龙利得”，曾用名龙利得包装印刷股份有限公司）2018年11月21日再次申报创业板，上次申报于2018年1月17日过会被否，被否原因涉及募集资金运用等问题。公司从事瓦楞纸箱、纸板的研发、设计、生产和销售，瓦楞纸箱、瓦楞纸板为主要产品。

2017年该公司招股说明书显示，募投项目以扩产瓦楞纸箱为主。其中绿色环保印刷包装工业4.0智慧工厂扩建项目建成后将新增5,000万平方米高级瓦楞纸箱的产能，智能高效印刷成型联动线与智能物联网及仓库管理项目建成后将新增9,000万平方米纸箱产能，加上申报上市时该公司已有瓦楞纸箱产能约1.4亿平方米/年，募投项目达产后将达到2.8亿平方米/年，增加了100%。

与此同时，该公司产品产能利用率较低。2018年该公司招股说明书显示，该公司瓦楞纸箱2017年的产能利用率仅为94.86%，较2016年的99.68%大幅下降；

瓦楞纸板2015—2017年的产能利用率分别为58.69%、69.08%、65.10%，普遍较低。此外，缩减了5,000万平方米/年的瓦楞纸箱，取而代之的是与瓦楞外包装产品配套的内盒包装产品。2019年10月鉴于公司尚有相关事项需要进一步核查取消了审核。

2. 宇邦新材市场占有率较高，影响产能消化可行性

苏州宇邦新型材料股份有限公司（简称“宇邦新材”）2017年8月18日报送招股说明书，被否原因涉及市场占有率较高，影响产能消化可行性。招股说明书披露，该公司主营业务为研发、生产、销售高性能光伏焊带（光伏焊带应用于光伏组件电池片的连接），2014—2016年市场占有率分别为16.36%、14.56%、16.52%，2017年1—6月市场占有率为17.75%。其与同行业竞争对手市场占有率对比如下（见表2-2）。

表2-2　2014—2016年宇邦新材与主要竞争对手市场占有率

公司名称		2014年市场占有率	2015年市场占有率	2016年市场占有率
宇邦新材		16.36%	14.56%	16.52%
主要竞争者	泰力松	5.05%	6.62%	10.20%
	同享科技	4.10%	5.06%	5.14%
	威腾股份	2.86%	3.38%	4.75%
	易通科技	3.35%	2.44%	2.43%
	爱迪新能	2.78%	2.23%	1.53%
	太阳科技	2.43%	3.74%	6.54%

数据来源：证监会，立德咨询整理。

宇邦新材市场占有率远高于同行业竞争对手，募投项目产能消化可行性存疑。该公司2014—2016年主要产品产能分别为4,738.23吨、5,631.15吨和6,769.56吨，募投项目中计划扩产1.1万吨光伏焊带产能，约为2016年的1.62倍，项目建成达产后产能约为1.8万吨。在较高的市场占有率前提下，后续如何大幅扩大市场份额以消化募投项目产能，募投项目的可行性和必要性需要公司进一步考虑。

（三）关联交易下的募投项目进一步加大被否的概率

2018年4月3日，国内半导体分立器件细分行业的专业供应商常州银河世纪微电子股份有限公司（简称“常州银河”）申报创业板。公司主营业务包括各类二极管、三极管、桥式整流器等半导体分立器件，其产品主要运用于家用电器、电源及充电器、绿色照明、网络与通信、汽车电子、智能电表及仪器等领域，其主要向上游采购芯片、框架、铜材、塑封料等原材料。

从其披露材料看，实际控制人杨森茂通过乾丰投资控制华海诚科15.15%的股份，且曾任其董事。2015—2017年，公司向华海诚科采购塑封料金额分别为831.49万元、938.51万元、958.44万元，分别占总采购金额的3.03%、3.35%、3.03%。总体

看，该关联交易比例较低，但是公司同期向华海诚科采购的塑封料占同类材料采购总额的比例均超过40%（见表2-3），且关联方采购单价普遍高于第三方采购单价。

表2-3　　2015—2017年关联方采购情况

项目	2015年	2016年	2017年
华海诚科塑封料采购额（万元）	831.49	938.51	958.44
塑封料采购总额（万元）	2,034.86	1,917.86	2,208.70
关联方单品类采购额占比（%）	40.86	48.94	43.39

数据来源：证监会，立德咨询整理。

募投项目主要是技术改造（简称技改）、扩大生产规模和扩展产品品种，包括“桥式整流器、功率二极管升级技改项目”“贴片二极管、三极管升级技改项目”“技术研发中心建设项目”“补充流动资金”，共投资约3.16亿元。技改所促进的产能扩大进一步加大了对塑封料的需求量，没有合适的调整方式则进一步加大关联交易。此外，公司2016年向华海诚科的采购单价明显高于无关联方关系第三方的采购单价（见表2-4）。附带较多因素，常州银河世纪于2018年12月4日未通过发审会。

表2-4　　2015—2017年关联方采购单价对比

材料类型	项目	2015年	2016年	2017年
无卤塑封料	华海诚科采购单价（元）	36.05	34.35	34.14
	第三方采购单价（元）	35.72	34.19	34.19
有卤塑封料	华海诚科采购单价（元）	13.56	13.82	12.59
	第三方采购单价（元）	13.75	13.22	12.56

数据来源：证监会，立德咨询整理。

（四）研发投入较少，谨慎建设研发中心

浙江叁益科技股份有限公司主要从事人防专用设备的研发、生产和销售，该公司于2018年1月29日报送招股说明书，随后在反馈意见中被问及研发支出持续下滑情况下仍规划研发中心的原因和合理性。

招股说明书披露，该公司研发费用占营业收入比例虽然逐年提高，但总投入不断降低。2015—2017年，该公司研发投入占营业收入比例从3.02%提高到3.40%，同期研发投入从1,559.49万元下降至849.58万元，研发投入（技术开发费）在管理费用中的比例也从2015年的34.45%下跌至22.93%。同时，该公司募集资金总额63,046.23万元中有12,427.58万元计划用于研发中心建设项目，占比达到19.71%，在研发投入逐年降低的前提下仍规划研发中心，募投项目必要性不够充分。2018年4月3日，浙江叁益科技股份有限公司首发申请未通过。

(五)财务指标对比是募投衡量与监管问答的基础之一

2018年1月15日,深圳市贝斯达医疗股份有限公司(简称"贝斯达")报送创业板招股说明书,发审会反馈意见涉及财务指标对比。该公司从事大型医学影像诊断设备的研发、制造和销售,主要产品包括磁共振成像(MRI)系统、医用X射线设备、核医学设备、彩色超声诊断系统、医疗信息化软件等,属于技术密集型产业。

对比主要竞争对手,该公司研发投入较少。2014—2016年,研发费用分别为1,406.72万元、1,444.72万元和2,089.52万元,研发费用占主营业务收入比例分别为4.89%、4.71%和5.97%。该公司的主要竞争对手在2014—2016年的平均研发费用为6,672.03万元、8,248.56万元和10,417.84万元,同期研发费用率分别为6.23%、7.87%和9.02%,均高于该公司研发费用投入。

研发投入较少的情况下,该公司产品是否具备较强竞争力和可持续性存疑。一方面,该公司研发投入较少,但2014—2016年毛利率分别为42.50%、47.10%和46.60%,高于同期竞争对手毛利率的38.65%、39.45%和42.24%(见表2-5),该公司产品核心优势不明确。另一方面,国际顶尖厂商已停止生产该公司主要产品永磁型MRI设备,该公司被追问永磁型MRI设备被超导型产品替代的风险,加之多达八次的对赌也反映投资机构对企业未来发展信心不足,贝斯达经营可持续性存疑。

表2-5 2014—2016年贝斯达同行业竞争对手对比

指标	公司名称	2014年	2015年	2016年
毛利率	开立医疗	63.15%	62.81%	64.99%
	万东医疗	29.88%	33.27%	39.45%
	新华医疗	22.91%	22.27%	22.27%
	竞争对手平均毛利率	38.65%	39.45%	42.24%
	贝斯达	42.50%	47.10%	46.60%
研发费用(万元)	开立医疗	9,164.65	12,413.78	13,379.67
	万东医疗	2,215.34	3,560.92	5,706.71
	新华医疗	8,636.09	8,770.99	12,167.13
	竞争对手平均研发费用	6,672.03	8,248.56	10,417.84
	贝斯达	1,406.72	1,444.72	2,089.52
研发费用率	开立医疗	14.33%	18.10%	18.60%
	万东医疗	2.99%	4.35%	7.02%
	新华医疗	1.37%	1.16%	1.45%
	竞争对手平均研发费用率	6.23%	7.87%	9.02%
	贝斯达	4.89%	4.71%	5.97%

数据来源:证监会,立德咨询整理。

(六)达不到条件就创造条件

华夏天信智能物联股份有限公司(简称“华夏天信”)2019年5月31日报送科创板招股说明书,因核心研发能力被质疑撤回上市申请。该公司主营智慧矿山操作系统平台、感知执行层的智能传动设备、智能控制终端、智能传感器、矿用特种机器人等产品和智能应用App(应用程序)层的智慧安全、智慧生产等应用服务。

在上交所问询函中,上交所对该公司的研发实力展开重点问询。根据问询函,该公司被问及7项发明专利中4项为受让取得、1项为合作研发,仅有2项为发行人独立研发,且受让时该公司将受让专利发明人变更为自己的核心技术人员。上交所要求该公司进一步说明研发实力和专利情况、解释专利发明人变更原因并简化披露知识产权。在华夏天信的回复中,发明专利从7项变为3项,并删掉了与主营业务无关的5项实用新型专利和6项软件著作权(见表2-6)。该公司是否符合科创板定位成为终止审查的重要原因之一。

表2-6　华夏天信上市问询函中与主营业务无关的知识产权数量

知识产权类型	招股说明书报送稿中的知识产权数量	与主营业务无关的知识产权数量
发明专利(项)	7	4
实用新型专利(项)	49	5
外观设计专利(项)	5	—
软件著作权(项)	83	6

数据来源:上交所,立德咨询整理。

(七)频繁变更项目有何结果

1.过往变更募投项目影响转板上市

2017年6月19日,东莞市凯金新能源科技股份有限公司(简称“凯金能源”)报送创业板招股说明书,由于新三板挂牌后较短时间内变更募投项目等原因,该公司最终未能过会。该公司主要从事锂离子电池负极材料的研发、生产与销售,产品以人造石墨为主。

该公司募集资金于2016年11月24日到位,由大华会计师事务所(特殊普通合伙)出具编号为大华验字(2016)第001156号《验资报告》。之后,该公司于2017年2月23日召开了第一届董事会第十四次会议、第一届监事会第七次会议,审议通过了《关于变更部分募集资金用途的议案》,并于2017年3月15日,由公司2017年第二次临时股东大会审议通过了《关于变更部分募集资金用途的议案》。2017年7月12日,公司召开第一届董事会第十八次会议、第一届监事会第九次会议,审议通过了《关于变更募集资金用途和募投项目实施主体、实施地点的议案》,并于2017年7月22日,由公司2017年第四次临时股东大会审议通过了《关于变更募集资金用途和募投项目实施主体、实施地点的议案》。因公司业务发展要求,公司于

2017 年 8 月 9 日召开第一届董事会第二十次会议审议通过了《关于变更募集资金用途的议案》。具体变更情况(见表 2-7)。

表 2-7 凯金能源历次募投项目变更内容

项目	原募投计划	2017 年 2 月 24 日	2017 年 7 月 14 日	2017 年 8 月 9 日
负极材料配套(万元)	26,000.00	14,812.35	12,400.00	—
研发投入(万元)	5,000.00	5,000.00	2,500.00	1,300.00
流动资金(万元)	5,000.00	5,000.00	6,312.35	16,512.35
补足湖州瑞丰认缴出资额(万元)	—	320.00	320.00	320.00
支付湖州瑞丰二期收购款(万元)	—	367.65	367.65	367.65
实缴河源凯金出资额(万元)	—	500.00	500.00	500.00
实缴内蒙古凯金出资额(万元)	—	—	3,600.00	3,600.00
实缴湖州凯金出资额(万元)	—	—	—	2,000.00
增资内蒙古凯金(万元)	—	—		1,400.00
总计(万元)	36,000.00	26,000.00	26,000.00	26,000.00

注:该公司原计划募集资金 36,000.00 万元,实际募集资金 26,000.00 万元。

数据来源:新三板公司公告,立德咨询整理。

该公司挂牌后仅三个月即变更募集资金用途,且募投内容主要变更为实缴分支机构出资额,实质为补充流动资金。截至 2017 年 8 月 9 日,变更后的研发投入仅 1,300.00 万元,远未达到原募投计划的 5,000.00 万元,且实际研发投入占募集资金总额的 5.00%,与原募投计划中研发投入占募集资金总额的 13.89% 相去甚远。其余补充流动资金合计 24,700.00 万元,占募集资金总额的 95.00%,远高出原募投计划中补充流动资金占募集资金总额的 86.11%。2018 年第 104 次会议审核结果公告中,发审会对该公司上述情况提出疑问,新三板挂牌后短期内变更募投项目成为凯金能源 IPO 被否的重要原因之一。

2. 利君股份多次变更募投项目

成都利君实业股份有限公司(简称"利君股份")主要从事辊压机及其配套设备的研发、制造和销售。该公司于 2011 年 12 月 23 日报送招股说明书,2011 年 12 月 29 日对募集资金 97,759.54 万元进行验资,并于 2012 年 1 月 6 日成功上市。该公司上市后,多次变更募投项目,并于 2018 年 1 月 5 日终止募投项目。

2012 年 10 月 26 日，该公司发布《关于延长募投项目建设时间及调整资金投入计划的公告》，延长募投项目建设期一年，并调整每年的投入比例。

2013 年 12 月 10 日，该公司发布《关于终止募投项目小型系统集成辊压机产业化基地建设项目的公告》，终止小型系统集成辊压机产业化基地建设项目，实际募集资金 8,296.93 万元，扣除应付未付款项后结余 5,186.66 万元，实际投入达到原募投计划的 37.49%。

2014 年 12 月 6 日、2016 年 1 月 13 日和 2016 年 12 月 6 日，该公司三次延长剩余募投项目建设期，项目建成时间从 2013 年延长至 2019 年。

2016 年 12 月 22 日，2016 年第二次临时股东大会决议公告宣布终止大型辊压机系统产业化基地建设项目。截至 2016 年 12 月 22 日，该项目累计投入 17,431.23万元，仅实现原募投计划的 35.10%。

2018 年 1 月 5 日，该公司终止辊压机粉磨技术中心项目。该募投项目计划投资 10,965 万元，截至 2017 年 11 月 30 日，实际投资 1,601.02 万元，仅达到原募投计划的 14.60%。剩余未使用的募集资金用于收购广州天海翔航空科技有限公司部分股权。截至所有募投项目终止，该公司募集资金仅按原募投计划使用了 37.15%，剩余募集资金用作购买理财产品等其他用途。与此同时，该公司业绩逐年下滑，2014—2016 年营业收入分别为 7.40 亿元、5.74 亿元和 4.62 亿元，净利润分别为 2.61 亿元、1.45 亿元和 0.96 亿元，募集资金利用不善，未能推动公司发展。

（八）永久性补充流动资金能否实现预期收益

2016 年 5 月 14 日，上市仅一年多的北京双杰电气股份有限公司发布公告，中压开关设备销售增幅未达预期，为提高募集资金使用效率，提前终止“智能型中压开关设备技改项目”，并将该项目尚未使用的募集资金及其利息收入用于收购无锡市电力变压器有限公司 70% 的股权项目和永久性补充流动资金。该项目原计划投资 25,432.25 万元，计划使用募集资金 13,945.28 万元，截至 2016 年 5 月 6 日，该项目仅投入募集资金 925.13 万元，仅达到实际募集资金的 6.63%。

招股说明书上显示，该项目拥有较好的市场前景，可提升公司在智能型中压开关设备领域的综合实力。招股说明书披露，该项目达产后将实现年销售收入 75,393.00 万元、年税后利润 17,700.43 万元。该公司将募投资金变更为补充流动资金，当初的收益承诺将无法兑现。

第三章 照明器具制造业募投项目建设内容及效益分析

根据中国证券监督管理委员会于2012年10月26日发布的《上市公司行业分类指引》(2012年修订),照明器具制造业隶属于"C38 电气机械和器材制造业"。

根据国家统计局发布的最新《国民经济行业分类》(GB/T 4754—2017),照明器具制造业属于"C 制造业"门类、"C38 电气机械和器材制造业"大类下的"C387 照明器具制造"中类,包括电光源制造、照明灯具制造、舞台及场地用灯制造、智能照明器具制造、灯用电器附件及其他照明器具制造。

第一节 行业 IPO 情况

一、行业上市公司地域分布

截至2019年,照明器具制造业上市公司主要集中于广东省,12家照明器具上市公司注册地在广东,其中深圳市5家,佛山市3家,珠海市1家,中山市1家,广州市2家;浙江拥有3家该行业上市公司(见表3-1)。飞乐音响是成立最早、上市最早的公司。此外,奥拓电子、*ST 德豪、光莆股份、瑞丰光电、雷曼光电、长方集团上市时并非以照明器具制造业务为主营业务,由于最新年度照明器具制造业务占比最大,故将其归类为照明器具制造业。

表3-1 截至2019年,照明器具制造业上市公司地域分布

证券代码	证券简称	注册省份(含直辖市)	注册城市	成立日期	上市板块	上市日期
600651	飞乐音响	上海	上海市	1984-11-07	上交所	1990-12-19
603303	得邦照明	浙江	金华市	1996-12-30	上交所	2017-03-30
600261	阳光照明	浙江	绍兴市	1997-07-16	上交所	2000-07-20
603685	晨丰科技	浙江	嘉兴市	2001-01-08	上交所	2017-11-27
603679	华体科技	四川	成都市	2004-05-21	上交所	2017-06-21
603515	欧普照明	上海	上海市	2008-10-21	上交所	2016-08-19
000541	佛山照明	广东	佛山市	1992-09-01	深交所主板	1993-11-23
002449	国星光电	广东	佛山市	1981-08-31	深交所中小板	2010-07-16
002587	奥拓电子	广东	深圳市	1993-05-12	深交所中小板	2011-06-10

续表

证券代码	证券简称	注册省份（含直辖市）	注册城市	成立日期	上市板块	上市日期
002005	*ST 德豪	广东	珠海市	1996-05-14	深交所中小板	2004-06-25
002745	木林森	广东	中山市	1997-03-03	深交所中小板	2015-02-17
002076	雪莱特	广东	佛山市	2004-10-21	深交所中小板	2006-10-25
300632	光莆股份	福建	厦门市	1994-12-07	深交所创业板	2017-04-06
300241	瑞丰光电	广东	深圳市	2000-01-24	深交所创业板	2011-07-12
300219	鸿利智汇	广东	广州市	2004-05-31	深交所创业板	2011-05-18
300162	雷曼光电	广东	深圳市	2004-07-21	深交所创业板	2011-01-13
300232	洲明科技	广东	深圳市	2004-10-26	深交所创业板	2011-06-22
300301	长方集团	广东	深圳市	2005-05-30	深交所创业板	2012-03-21
300650	太龙照明	福建	漳州市	2007-09-11	深交所创业板	2017-05-03
300625	三雄极光	广东	广州市	2010-05-19	深交所创业板	2017-03-17

注：1. 行业分类以招股说明书上划分，或者公司主营业务，或产品对应国民经济行业分类标准为主。

2. 飞乐音响后更名为*ST 飞乐，雪莱特后更名为*ST 雪莱，余下情况同此表，不再额外标注。

3. *ST 德豪注册省份为广东，后迁入安徽省，注册城市为珠海市，后迁入蚌埠市。

数据来源：交易所、证监会、上市公司公开资料、巨潮资讯，立德咨询整理。

二、行业上市公司业绩规模

2019 年，照明器具制造业上市公司中以木林森营业收入最高，为1,897,268.62 万元，最低的为雪莱特（后更名为*ST 雪莱）35,352.96 万元（见表 3-2）；净利润最高为欧普照明，为 89,076.56 万元，最低的为飞乐音响（后更名为*ST 飞乐），亏损 173,641.38 万元（见表 3-3）；净资产收益率方面，光莆股份最高，达到了 24.56%（见表 3-4）。

表 3-2　　2016—2019 年照明器具制造业上市公司营业收入规模　　单位：万元

证券代码	证券简称	2016 年	2017 年	2018 年	2019 年
002745	木林森	552,049.59	816,872.56	1,795,185.57	1,897,268.62
603515	欧普照明	547,663.86	695,704.62	800,386.97	835,485.86
300232	洲明科技	174,594.37	303,052.76	452,433.73	560,425.88
600261	阳光照明	439,312.35	503,823.87	561,619.13	531,619.70
603303	得邦照明	322,551.95	403,135.39	399,539.01	424,363.56
002449	国星光电	241,842.39	347,260.24	362,679.99	406,910.47
300219	鸿利智汇	225,810.94	369,926.12	400,316.10	359,357.10
000541	佛山照明	336,645.50	380,018.83	380,195.59	333,757.67
002005	*ST 德豪	404,976.48	420,295.70	400,123.22	298,035.65

续表

证券代码	证券简称	2016 年	2017 年	2018 年	2019 年
600651	飞乐音响	717,795.21	544,484.56	330,214.40	292,753.21
300625	三雄极光	189,694.46	226,561.76	243,250.48	250,392.16
300301	长方集团	160,261.69	175,040.75	157,438.77	161,702.13
300241	瑞丰光电	117,935.56	158,369.33	156,200.82	137,186.42
002587	奥拓电子	45,707.97	104,112.40	157,337.24	124,513.04
603685	晨丰科技	58,150.74	77,679.85	87,707.44	111,699.59
300632	光莆股份	32,055.35	49,539.92	77,450.60	98,280.17
300162	雷曼光电	56,249.95	64,450.89	73,352.22	96,689.71
603679	华体科技	40,805.54	48,027.45	52,649.08	71,186.16
300650	太龙照明	27,311.75	33,775.66	48,689.85	56,037.35
002076	雪莱特	81,339.71	102,556.77	56,606.77	35,352.96

数据来源：上市公司公告、Wind，立德咨询整理。

表 3-3　2016—2019 年照明器具制造业上市公司净利润规模　单位：万元

证券代码	证券简称	2016 年	2017 年	2018 年	2019 年
603515	欧普照明	51,214.32	68,152.47	89,956.10	89,076.56
300232	洲明科技	16,676.01	28,770.74	42,636.32	53,792.61
002745	木林森	48,543.35	67,630.91	72,790.42	50,186.07
600261	阳光照明	46,294.26	41,432.92	39,636.98	49,960.36
002449	国星光电	17,550.00	34,664.56	43,372.70	39,368.21
603303	得邦照明	32,450.02	21,227.33	24,741.97	31,135.35
000541	佛山照明	107,325.64	74,582.03	37,915.03	30,345.25
002005	*ST 德豪	2,783.17	-96,564.75	-405,328.10	25,678.04
300625	三雄极光	24,655.31	25,556.39	18,026.74	24,523.91
002587	奥拓电子	8,725.94	13,137.91	18,429.28	18,297.24
300632	光莆股份	4,302.69	5,228.01	12,017.82	17,705.60
603685	晨丰科技	9,250.52	11,195.55	10,566.32	12,428.04
603679	华体科技	4,806.56	5,287.77	7,054.65	9,391.72
300650	太龙照明	4,219.39	5,199.26	5,971.71	5,251.22
300162	雷曼光电	3,051.68	2,166.72	-3,743.41	4,592.42
300241	瑞丰光电	5,011.32	13,273.08	8,503.34	-12,299.89
300301	长方集团	-771.15	9,994.41	-10,823.21	-42,940.00

续表

证券代码	证券简称	2016 年	2017 年	2018 年	2019 年
002076	雪莱特	2,654.34	3,519.52	-87,046.12	-60,762.65
300219	鸿利智汇	13,827.94	35,275.01	18,702.88	-93,883.36
600651	飞乐音响	32,800.55	3,081.37	-333,022.86	-173,641.38

注:签字律师后期有变更情况,请读者注意。

数据来源:上市公司公告、Wind,立德咨询整理。

表 3-4　2016—2019 年照明器具制造业上市公司加权净资产收益率规模

证券代码	证券简称	2016 年	2017 年	2018 年	2019 年
300632	光莆股份	16.32%	11.78%	20.84%	24.56%
300232	洲明科技	14.03%	17.21%	20.46%	19.96%
603515	欧普照明	21.64%	20.22%	22.67%	18.99%
603679	华体科技	19.79%	13.60%	12.81%	14.69%
002587	奥拓电子	13.88%	12.32%	14.86%	13.88%
600261	阳光照明	14.97%	12.44%	11.30%	13.29%
603303	得邦照明	28.55%	15.47%	10.04%	11.94%
002449	国星光电	6.85%	11.90%	13.53%	11.46%
300625	三雄极光	36.64%	14.09%	8.40%	11.38%
603685	晨丰科技	31.41%	26.32%	11.21%	11.12%
002005	*ST 德豪	0.57%	-18.69%	-94.64%	11.06%
300650	太龙照明	20.31%	13.57%	11.53%	9.93%
000541	佛山照明	21.40%	15.14%	8.36%	6.37%
002745	木林森	11.64%	12.06%	8.89%	5.08%
300162	雷曼光电	2.64%	1.83%	-3.46%	4.16%
600651	飞乐音响	10.29%	1.56%	-194.08%	0.00%
002076	雪莱特	4.11%	5.39%	-96.57%	0.00%
300241	瑞丰光电	5.22%	12.32%	6.85%	-10.05%
300301	长方集团	-3.92%	1.69%	-7.77%	-30.55%
300219	鸿利智汇	10.40%	15.35%	7.52%	-38.40%

数据来源:上市公司公告、Wind,立德咨询整理。

三、行业中介机构排行榜

2004—2019 年,照明器具制造业除申万宏源证券保荐的福建永德吉灯业股份有限公司未通过发审会外,其他证券公司保荐的公司全通过了。

2004—2019 年照明器具制造业券商排行榜(见表 3-5)。

表 3-5　　2004—2019 年照明器具制造业券商排行榜

券商	证券简称	保荐代表人	业务量	
			数量(家)	排名
广发证券	三雄极光	夏晓辉、王国威	1	1
浙商证券	得邦照明	周旭东、王锋	1	1
国信证券	勤上股份	林斌彦、龙敏	1	1
中信证券	欧普照明	李永柱、刘东红	1	1
中德证券	晨丰科技	王颖、韩正奎	1	1
招商证券	海洋王	陈轩壁、高传富	1	1
民生证券	金莱特	陆文昶、王刚	1	1
华林证券	伊戈尔	何书茂、贺小波	1	1
国泰君安	珈伟新能	张力、曾建	1	1
天风证券	太龙照明	徐建豪、陈华	1	1
东吴证券	华体科技	邓红军、狄正林	1	1
华夏证券	*ST 德豪	李伟、乔晖	1	1
第一创业	雪莱特	王时中、王勇	1	1

注:1 保荐代表人后期有变更情况,请读者注意。
2. 券商后期有更名、转让等情况,请读者注意。
3. 勤上股份后更名为*ST 勤上,余下情况同此表,不再额外标注。
数据来源:上市公司公告、Wind,立德咨询整理。

2004—2019 年,北京君合律师事务所(简称“北京君合”)和北京中伦律师事务所(简称“北京中伦”)在该行业承揽业务量最多,皆为 2 个(见表 3-6)。

表 3-6　　2004—2019 年照明器具制造业律师事务所承揽业务量排行榜

<table>
<tr><th rowspan="2">律师事务所</th><th rowspan="2">证券简称</th><th rowspan="2">签字律师</th><th colspan="2">业务量</th></tr>
<tr><th>数量(家)</th><th>排名</th></tr>
<tr><td rowspan="2">北京君合</td><td>三雄极光</td><td>黄晓莉、方海燕</td><td rowspan="2">2</td><td rowspan="2">1</td></tr>
<tr><td>太龙照明</td><td>黄晓莉、张焕彦</td></tr>
<tr><td rowspan="2">北京中伦</td><td>伊戈尔</td><td>赖继红、许志刚、庄浩佳</td><td rowspan="2">2</td><td rowspan="2">1</td></tr>
<tr><td>珈伟新能</td><td>职慧、郑建江、赖继红</td></tr>
<tr><td>国浩</td><td>晨丰科技</td><td>颜华荣、施学渊</td><td>1</td><td>2</td></tr>
<tr><td>上海通力</td><td>欧普照明</td><td>陈巍、王利民、刘涛</td><td>1</td><td>2</td></tr>
<tr><td>四川中一</td><td>华体科技</td><td>汪衍、陈昌慧</td><td>1</td><td>2</td></tr>
<tr><td>北京康达</td><td>得邦照明</td><td>魏小江、苗丁</td><td>1</td><td>2</td></tr>
<tr><td>北京金杜</td><td>金莱特</td><td>景岗、唐丽子</td><td>1</td><td>2</td></tr>
<tr><td>广东君信</td><td>勤上股份</td><td>戴毅、高向阳</td><td>1</td><td>2</td></tr>
<tr><td>广东信达</td><td>*ST 德豪</td><td>麻云燕、林晓春</td><td>1</td><td>2</td></tr>
</table>

续表

律师事务所	证券简称	签字律师	业务量	
			数量(家)	排名
北京中银	雪莱特	罗文志、修瑞	1	2
广东华商	海洋王	周燕、周玉梅、张鑫	1	2

注:签字律师后期有变更情况,请读者注意。

数据来源:上市公司公告、Wind,立德咨询整理。

2004—2019年,天健、立信、信永中和会计师事务所在该行业承揽业务量最多,三家会计师事务所承揽业务量皆为2家(见表3-7)。

表3-7　2004—2019年照明器具制造业会计师事务所承揽业务量排行榜

会计师事务所	证券简称	签字会计师	业务量	
			数量(家)	排名
天健	晨丰科技	沃巍勇、黄加才	2	1
	伊戈尔	何晓明、康雪艳		
立信	得邦照明	申慧、廖文坚	2	1
	欧普照明	宣宜辰、何岚		
信永中和	*ST德豪	张克、周莉	2	1
	华体科技	罗东先、唐松柏		
广东正中珠江	三雄极光	安霞、何华峰	1	2
华普天健	太龙照明	朱艳、宛云龙、史少翔	1	2
大信	金莱特	陈鹏、李炜	1	2
中审亚太	海洋王	刘汉、王增明	1	2
大华	珈伟新能	高德惠、钟宇	1	2
深圳市鹏城	勤上股份	袁列萍、高海军	1	2
深圳大华天诚	雪莱特	胡春元、方建新	1	2

注:签字会计师后期有变更情况,请读者注意。

数据来源:上市公司公告、Wind,立德咨询整理。

四、行业过会率及被否原因分析

2004—2019年,照明器具制造业共有14家公司上会,仅有1家公司未通过发审会(见表3-8),行业过会率为92.86%。

表3-8　2004—2019年照明器具制造业过会情况

公司名称	上市板	会议日期	审核委员	审核结果
广东久量股份有限公司	创业板	2019-10-12	李超、周海斌、姚旭东、白剑龙、龚凯、黄侦武、陈国飞	通过

续表

公司名称	上市板	会议日期	审核委员	审核结果
伊戈尔电气股份有限公司	中小板	2017-11-10	龚剑、蒋隐丽、赵文进、关丽、李东平、李国春、赵磊	通过
浙江晨丰科技股份有限公司	主板	2017-09-12	刘振平、李亚非、陈朝晖、梁锋、朱毅、杨金忠、邱永红	通过
四川华体照明科技股份有限公司	主板	2017-05-12	操舰、朱毅、吴钧、颜志元、朱国光、邱永红、栗皓	通过
福建永德吉灯业股份有限公司	主板	2017-05-09	储钢汉、林勇峰、朱国光、杨金忠、邱永红、李亚非、陈朝晖	未通过
太龙（福建）商业照明股份有限公司	创业板	2017-03-28	张忠、卢雄鹰、贾丽娜、周代春、单莉莉、张亚兵、谌传立	通过
广东三雄极光照明股份有限公司	创业板	2017-01-20	钟建兵、张亚兵、朱海鹏、杨健、袁伟荣、秦学昌、谌传立	通过
横店集团得邦照明股份有限公司	主板	2017-01-11	操舰、朱毅、吴钧、刘燊、颜志元、邱永红、杨金忠	通过
欧普照明股份有限公司	主板	2016-03-09	郭洪俊、姜业清、梁锋、刘振平、陈朝晖、李亚非、曹茂喜	通过
海洋王照明科技股份有限公司	中小板	2014-09-19	汪阳、张永卫、栗皓、余辉、朱毅、陈翔、梁锋	通过
广东金莱特电器股份有限公司	中小板	2012-05-23	张晓彤、操舰、赵燕、钟平、郑卫军、刘艳、郑秀荣	通过
珈伟新能源股份有限公司	创业板	2012-01-11	孙小波、孔翔、龚牧龙、陈静茹、谭红旭、李童云、任鹏	通过
东莞勤上光电股份有限公司	中小板	2011-10-26	项振华、操舰、赵燕、钟平、刘艳、郑卫军、郑秀荣	通过
广东雪莱特光电科技股份有限公司	中小板	2006-07-12	吴晓东、沈国权、陈瑛明、罗玉成、韩炯、贾小梁、黄宏彬	通过

数据来源：上市公司公告、Wind，立德咨询整理。

福建永德吉灯业股份有限公司被否，主要因为客户高度集中、信息披露和内控等问题。其具体反馈问题有以下几个方面。

（1）请发行人代表进一步说明。①发行人客户高度集中的原因和合理性，是否属于照明行业共同特点。②发行人对第一大客户朗德万斯是否存在重大依赖；与朗德万斯的交易是否具有可持续性，是否存在替代风险；朗德万斯被境内同行业上市公司木林森收购，是否致使与朗德万斯的交易存在重大不确定性并对发行人的持续盈利能力构成重大不利影响。③2016 年 7 月，欧司朗集团即已宣布将朗德万斯出售给木林森，发行人在历次《招股说明书》（申报稿）等申请材料中均未披露朗德万斯被收购事项的原因;发行人相关信息披露是否准确、完整;发行人有关信息披露的内控制度是否健全并得到有效执行。请保荐代表人详细说明核查的方法、过程、依据及结论。

(2)请发行人代表进一步说明报告期内发行人主要原材料玻璃管和发光二极管采购量、主要能源耗发电量增幅均低于产销量增幅,销售费用率、管理费用率均低于同行业可比公司的原因;是否存在关联方、潜在关联方或者第三方为发行人承担成本或代垫费用的情形,以及通过人为压低发行人高管和员工薪酬以降低期间费用的情形。请保荐代表人说明核查情况和结论。

(3)请发行人代表进一步说明。①境外客户的开发方式、交易背景,有关大额合同订单的签订依据、执行过程。②发行人出口退税与其境外销售规模、出口收入及其汇兑损失之间的匹配性。③第一大客户朗德万斯由欧司朗集团付款,第二大客户 BITRATE 的付款方和客户不一致的具体情况、原因和合理性,上述交易是否真实。请保荐代表人结合物流运输记录、资金划款凭证、发货验收单据、出口单证与海关数据、中国出口信用保险公司数据、最终销售或使用等情况,说明境外客户销售收入的核查方法、过程、依据及结论。

五、行业主要投资机构及其获益情况

该行业已上市公司中剔除2004年前上市的飞乐音响、佛山照明、阳光照明,其他公司除海洋王、雪莱特外,都有投资机构入股获利,其中伊戈尔、晨丰科技的大股东为投资机构。

由于上市后存在锁定期,投资机构所持股票抛售情况复杂,以发行价为基础衡量投资机构投资回报率则较为便利。以发行价所对应的回报率来看,投资回报率最高的是投资于*ST德豪的两家投资公司——石河子世荣股权投资有限公司(原珠海通产有限公司)与深圳百利安投资发展有限公司,回报率皆为74.83倍,而回报率最低的为0.18倍,主要集中于欧普照明的投资公司(见表3-9)。

表3-9 照明器具制造业上市公司背后的投资机构及其获益情况

证券简称	投资机构	投资金额(万元)	持股比例	持股数量(万股)	对应市值(万元)	对应回报率(倍)
伊戈尔	佛山市麦格斯投资有限公司	19,215.24	60.70%	6,008.98	74,571.38	2.88
	佛山市英威投资有限公司	3,121.11	23.60%	2,336.15	28,991.56	8.29
	佛山市凯诺特投资咨询有限公司	1,709.65	5.70%	564.24	7,002.22	3.10
	深圳市鹏峰创智投资管理企业(有限合伙)	1,000.00	2.50%	247.48	3,071.25	2.07

续表

证券简称	投资机构	投资金额（万元）	持股比例	持股数量（万股）	对应市值（万元）	对应回报率（倍）
晨丰科技	海宁市求精投资有限公司	9,138.75	46.80%	3,510.00	73,850.40	7.08
	海宁晨诚投资合伙企业（有限合伙）	2,625.00	10.00%	750.00	15,780.00	5.01
	嘉兴宏沃投资有限公司	4,500.00	12.00%	900.00	18,936.00	3.21
华体科技	东吴创业投资有限公司	3,881.46	6.85%	513.89	4,851.08	0.25
	苏州东方汇富创业投资企业（有限合伙）	2,520.00	6.00%	450.00	4,248.00	0.69
	双流英飞尼迪聚源创业投资中心（有限合伙）	2,272.61	4.04%	303.00	2,860.32	0.26
	苏州亿新熠合投资企业（有限合伙）	1,680.00	4.00%	300.00	2,832.00	0.69
太龙照明	上海乾霨投资合伙企业（有限合伙）	1,995.05	4.99%	236.10	3,293.60	0.65
得邦照明	金华德明投资合伙企业（有限合伙）	2,659.20	8.31%	1,495.80	27,866.75	9.48
三雄极光	珠海广发信德厚源投资企业（有限合伙）	9,047.91	5.00%	1,050.00	20,265.01	1.24
欧普照明	安徽恺明投资合伙企业（有限合伙）	2,100.00	2.88%	1,500.00	22,410.00	9.67
	深圳市珠峰基石股权投资合伙企业（有限合伙）	8,996.72	1.38%	722.05	10,787.40	0.20
	绍兴世合投资咨询有限公司	5,001.46	0.76%	395.06	5,902.19	0.18
	昆山歌斐谨弘股权投资中心（有限合伙）	4,251.24	0.64%	335.80	5,016.87	0.18
	上海歌斐彩虹投资合伙企业（有限合伙）	3,050.89	0.46%	240.99	3,600.34	0.18
	青岛海洋基石创业投资企业（有限合伙）	1,999.27	0.31%	160.46	2,397.20	0.20
	昆山歌斐谨承股权投资中心（有限合伙）	1,700.50	0.26%	134.32	2,006.75	0.18
	深圳市中欧基石股权投资合伙企业（有限合伙）	999.63	0.15%	80.23	1,198.60	0.20
	德宝股权投资（昆山）合伙企业（有限合伙）	1,000.29	0.15%	79.01	1,180.44	0.18

续表

证券简称	投资机构	投资金额（万元）	持股比例	持股数量（万股）	对应市值（万元）	对应回报率（倍）
珈伟新能	光大国联创业投资有限公司	3,206.50	5.30%	556.50	6,121.50	0.91
	北京世纪天富创业投资中心（有限合伙）	3,085.50	5.10%	535.50	5,890.50	0.91
	上海和君投资咨询有限公司	1,191.25	1.97%	206.75	2,274.20	0.91
	北京鼎钧佳汇投资管理有限公司	816.75	1.35%	141.75	1,559.25	0.91
勤上股份	深圳市创新资本投资有限公司	2,000.00	4.37%	613.60	14,726.40	6.36
	东莞市合盈创业投资有限公司	913.14	4.27%	600.00	14,400.00	14.77
	大庆市中科汇银创业投资有限责任公司	1,590.00	3.77%	530.00	12,720.00	7.00
	天津达正元股权投资基金合伙企业（有限合伙）	3,200.00	2.51%	352.00	8,448.00	1.64
	深圳葳尔科兴投资有限公司	4,200.00	2.49%	350.00	8,400.00	1.00
	杭州中证大道金海股权投资合伙企业（有限合伙）	3,000.00	2.35%	330.00	7,920.00	1.64
	广东海富投资管理有限公司	3,600.00	2.14%	300.00	7,200.00	1.00
	杭州英琦瑞河股权投资合伙企业（有限合伙）	3,600.00	2.14%	300.00	7,200.00	1.00
	通联资本管理有限公司	3,180.00	1.89%	265.00	6,360.00	1.00
	大庆市中科汇金创业投资有限责任公司	2,000.00	1.57%	220.00	5,280.00	1.64
	江苏高投成长创业投资有限公司	1,900.00	1.49%	209.00	5,016.00	1.64
	新疆宏联创业投资有限公司	2,400.00	1.42%	200.00	4,800.00	1.00
	杭州中证大道嘉湖股权投资合伙企业（有限合伙）	2,400.00	1.42%	200.00	4,800.00	1.00
	杭州尚泰永源股权投资合伙企业（有限合伙）	2,400.00	1.42%	200.00	4,800.00	1.00
	深圳市和泰成长创业投资有限责任公司	2,160.00	1.28%	180.00	4,320.00	1.00

续表

证券简称	投资机构	投资金额（万元）	持股比例	持股数量（万股）	对应市值（万元）	对应回报率（倍）
勤上股份	广东通盈创业投资有限公司	143.06	0.67%	93.50	2,244.00	14.69
	北京明石信远创业投资中心（有限合伙）	1,080.00	0.64%	90.00	2,160.00	1.00
	上海鼎锋资产管理有限公司	960.00	0.57%	80.00	1,920.00	1.00
	浙江黑石投资合伙企业（有限合伙）	882.00	0.45%	63.00	1,512.00	0.71
	深圳市瑞德海创新投资合伙企业（有限合伙）	520.00	0.41%	57.20	1,372.80	1.64
	山西大正元投资咨询有限公司	400.00	0.31%	44.00	1,056.00	1.64
*ST 德豪	石河子世荣股权投资有限公司（原珠海通产有限公司）	396.00	22.00%	1,650.00	30,030.00	74.83
	深圳市百利安投资发展有限公司	324.00	18.00%	1,350.00	24,570.00	74.83

注：1. 勤上股份中广东通盈创业投资有限公司（简称“通盈创投”）12,702,469 港元（折合人民币 1,225.15 万元）受让勤上股份转内资时的股权，对应股改后800 万股，持股比例 8%；2009 年，勤上股份由于业绩对赌赠予通盈创投 8.5 万股，同时通盈创投将 715 万股以每股 12 元价格转让。

2. 投资机构后期有更名、注销等情况，请读者注意。

数据来源：上市公司公告，立德咨询整理。

第二节
行业发展基本概况

一、照明器具制造行业分类

根据国家统计局发布的《国民经济行业分类》（GB/T 4754—2017），照明器具制造行业包括电光源制造、照明灯具制造、舞台及场地用灯制造、智能照明器具制造、灯用电器附件及其他照明器具制造。从照明应用场景看，照明器具产品可分为通用照明产品和特种照明产品。通用照明产品是应用于商业、家庭和其他非特定行业的照明产品；而特种照明产品则用于特定行业和领域，如汽车照明、背光应用、舞台场地照明和应急照明等。具体划分见图 3-1。

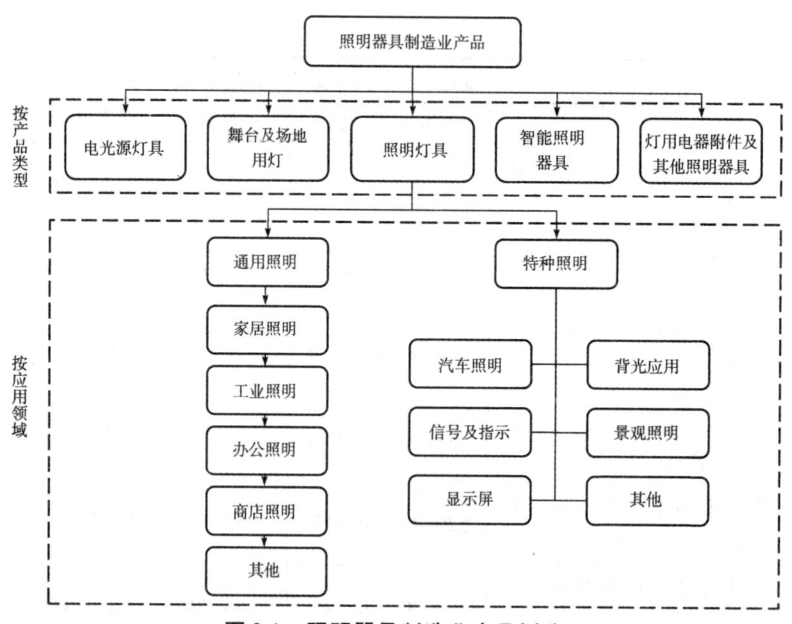

图 3-1 照明器具制造业产品划分

二、行业上下游产业链

照明器具制造业上游为芯片、灯管、电子元件等原材料供应商，下游包括家居、办公、汽车等终端应用领域。照明器具厂商通过研发设计，将不同类型的光源及多种电子元件有机组合起来，形成具有不同功能及效果的照明产品及照明组合部件，满足下游应用领域的需求。照明器具产业链见图 3-2。

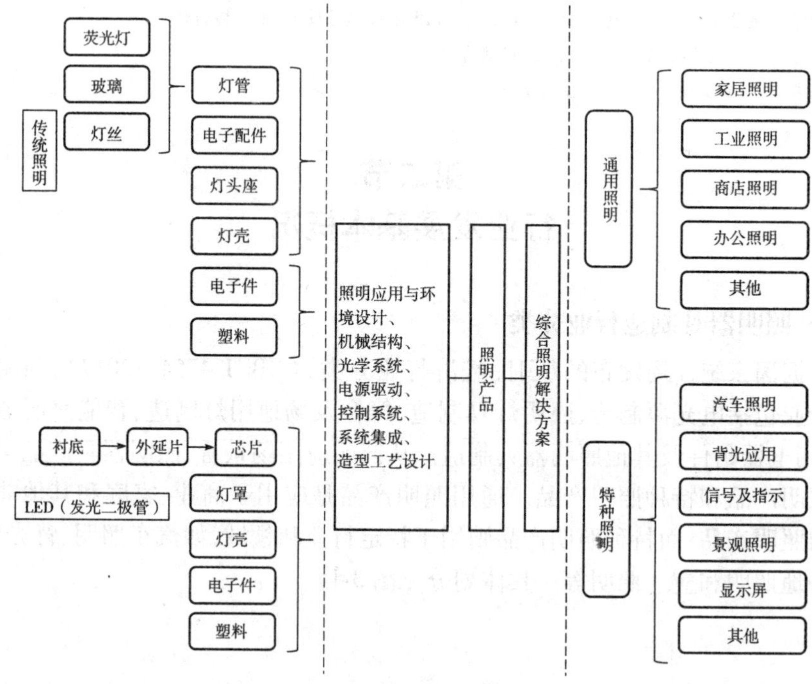

图 3-2 照明器具产业链

照明器具制造业对LED外延片及芯片具有较强的议价能力，对光源和镇流器原材料的议价能力较弱，整体上处于相对核心的产业位置。LED外延片及芯片公司过度扩张，产能过剩，市场竞争激烈，这些公司相对处于弱势地位。而特殊照明制造方面，光源和镇流器的核心技术被少数几家大型生产公司掌握，因此，特殊照明制造业对光源和镇流器生产公司具有一定的依赖性。此外，其他灯头座、灯壳、电子件、塑料等原材料的生产难度较低，且供应商众多，不会成为照明器具制造业发展的约束。照明产品结构组件方面，晨丰科技、凯晟照明等在市场中处于主导地位。

外延片及芯片行业高度集中。国内外延片及芯片主要上市公司包括三安光电（600703）、华灿光电（300323）、蔚蓝锂芯（002245）、乾照光电（300102）、聚灿光电（300708）、联创光电（600363）、晶丰明源（688368）等，主要集中于福建、浙江等地。规模化是该行业的基础，因此该产业在聚拢的同时，产能也在向龙头聚集，作为LED芯片生产过程关键设备的MOCVD①，其累积装机量已超过全球MOCVD装机量的一半。

封装行业则中度集中，该行业整体规模呈扩张态势，受到上游扩产、国际代工业务及下游需求等供求关系方面的影响，封装行业库存高起，依然存在产能消化问题。全球封装产能也呈现出向中国聚拢的趋势，并且木林森（002745）、国星光电（002449）、鸿利智汇（300219）、瑞丰光电（300241）、兆驰股份（002429）等在全球封装产业中占据重要地位。

三、行业市场情况分析

（一）行业发展概述

照明器具的发展从光源开始，随着照明技术的发展以及人们对照明需求的增加，集成化的照明系统应用逐渐发展起来。就人造光源而言，照明经历了光火同源、光温同源（黑体）、光子理论三大主要阶段，三个阶段呈现递进式发展趋势，照明器具不断向低温、高效、长寿、小型化方向发展。光火同源阶段是火越旺光越亮，突破点多在如何将氧气更恰当地混入可燃物中；随着认知的进步，光与火分离，耐高温材料研究试验成为延长光源寿命的主要任务；进入光子理论阶段，诞生了荧光灯、金属卤素灯和LED灯，人类第一次不用高温来间接获取光。

从19世纪末期到20世纪末期，现代光源的发展主要经历了四个阶段（见表3-10）。随着消费需求的不断升级，人们对照明产品的寿命、温度、高效、智能化、发光面积，以及配光、色温、光斑、炫光等光品质的要求不断提高。

表3-10 行业发展历程

时间	发展概况	代表性产品
19世纪末	1879年，美国爱迪生发明了碳丝白炽灯，人类进入电气照明时代	碳丝白炽灯

① MOCVD是在气相外延生长（VPE）基础上发展起来的一种新型气相外延生长技术。

续表

时间	发展概况	代表性产品
20 世纪 30 年代	欧洲和美国研制出了荧光灯,荧光灯发光效率和寿命均为白炽灯的 3 倍以上;电光源进入低压气体放电时代	荧光灯
20 世纪 80 年代	出现细管径紧凑型节能荧光灯、小功率高压钠灯和小功率金属卤化物灯,电光源逐步进入小型化、节能化和电子化的新时期	金属卤素灯 节能荧光灯
20 世纪末至今	出现超亮度的氮化镓 LED 灯,随即又制造出能产生高强度的绿光和蓝光的铟氮镓 LED 灯,奠定了现代 LED 灯进入通用照明领域的基础	LED 灯

资料来源:华创证券、欧普照明招股说明书,立德咨询整理。

目前照明市场上主要的照明产品包括白炽灯、卤素灯、高压气体放电灯、荧光灯、节能灯以及 LED 灯。白炽灯是将灯丝通电加热到白炽状态,利用热辐射发出可见光的电光源。卤素灯是白炽灯的变种,其原理是在灯泡内注入碘或溴等卤素气体,以延长钨丝寿命并提高灯泡光效。高压气体放电灯是通过灯管中的弧光放电,再结合灯管中填充的惰性气体或金属蒸气产生很强的光线,主要包括高压钠灯、(荧光)高压汞灯、氙气灯、金属卤化物灯。荧光灯利用低气压的汞蒸气在通电后释放紫外线,从而使荧光粉发出可见光的原理发光;节能灯是荧光灯的一种,又称紧凑型荧光灯,其使用电子镇流器启动,将交流电转直流电再转高频高压电,相比线型荧光灯更节省电能。LED 中文译为"发光二极管",是一种新型半导体发光元件,其发光原理是基于半导体材料由特殊的光电效应产生。不同的半导体材料,可以发出不同波长的光,从而显示不同的颜色;目前 LED 灯光色基本覆盖所有常见颜色,发光效率也有极大提高,能够满足日常照明的亮度需求。不同光源的特点对比见表 3-11。

表 3-11　　不同光源的特点对比

光源	图片	特点
白炽灯		光效(lm/W):10 ~ 15 寿命(小时):1,000 特点:显色性好、发光效率低、寿命短、电压高、不安全、易碎、不牢固

续表

光源	图片	特点
卤素灯		光效(lm/W):20～30 寿命(小时):2,000 特点:体积小、亮度强、使用方便、价格低、寿命短、发光效率低
高压气体放电灯(以高压钠灯为例)		光效(lm/W):90～120 寿命(小时):20,000 特点:发光效率高、耗电少、寿命长、透雾性强、不诱虫、显色性差
荧光灯(线性)		光效(lm/W):T8 为 55,T5 为 90～110 寿命(小时):8,000～10,000 特点:显色性差、发光效率高、易碎、不牢固、频闪对人体有害、所含汞污染环境
节能灯(紧凑型荧光灯)		光效(lm/W):10～15 寿命(小时):8,000 特点:光效高、寿命长、使用方便、光衰、显色性低、对健康有害
LED 灯		光效(lm/W):80～120 寿命(小时):50,000 特点:色彩丰富可调、高效节能、寿命长、低电压、安全性高、牢固、耐震动冲击、体积小、重量轻、响应时间短、环保无污染、价格高、需要恒流驱动

1. 全球照明行业发展概况

白炽灯的使用最为悠久,被广泛用于多种照明环境,但由于其通过物质辐射发光，能量转换效率（光效）较低，已成为各国政府淘汰的目标。欧洲、澳大利亚、日本、美国等淘汰白炽灯计划启动相对较早，我国发改委于2011年11月1日正式发布白炽灯淘汰路线图，要求2016年10月1日起，禁止进口与销售15瓦及以上普通照明白炽灯。

目前，卤素灯、荧光灯、节能灯正处在衰退期，高压气体放电灯暂时稳定，而LED照明技术则被广泛推广应用，LED灯逐渐成为照明行业的主流产品。

全球LED照明市场规模快速增大，已经从2009年的17.50亿美元增长至2017年的551.00亿美元，年均复合增速54%，渗透率已经由2009年的1.50%快速提升至2017年的36.70%（见图3-3）。

据CSIL（米兰工业研究中心）预测，未来全球照明灯具市场的平均年增长率将在3%左右，以传统照明灯具增长率平均每年减少7%，以及LED灯具年均增长率9%计算，2022年，全球照明器具市场预计将达到1,060.00亿美元左右。

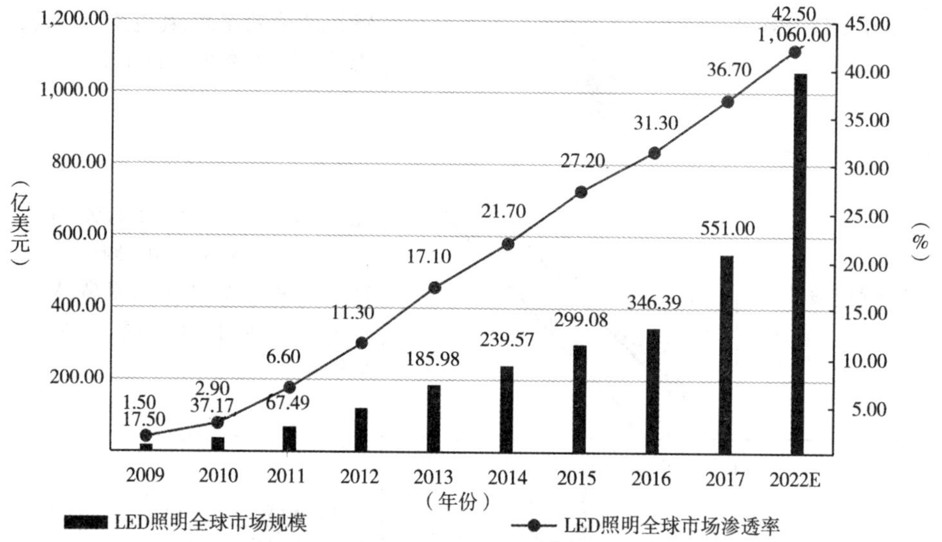

图3-3　全球LED照明市场规模及渗透率

数据来源：Digitimes、Wind，立德咨询整理。

2. 我国照明行业发展概况

（1）行业相关政策及规划。

我国是世界照明产品的主要生产国和消费国，产品远销220多个国家和地区，国内照明市场占到全球照明市场的20%以上。以改革开放、全球照明产业链向中国转移为契机，政策支持照明产业逐步向绿色、节能、环保方向发展，促进我国照明行业高速发展（见表3-12），并跨入以LED照明产品为主流的时代。

表3-12　我国LED照明产业相关政策

年份	机构	政策	主要内容
2011	国家发改委等部委	《中国逐步淘汰白炽灯路线图》	2016年10月1日起，禁止进口和销售15瓦及以上普通照明白炽灯

续表

年份	机构	政策	主要内容
2013	国家发改委、科技部等六部委	《半导体照明节能产业规划》	逐步加大财政补贴 LED 照明产品推广力度。在商业照明、工业照明及政府办公、公共照明等领域，重点开展 LED 筒灯、射灯等室内照明产品和系统的示范应用和推广。适时进入家居照明领域。在户外照明领域，重点开展 LED 隧道灯、路灯等产品和系统的示范应用。推动 LED 产品在医疗、农业、舞台、景观照明等专业和特殊场所的示范应用。有序推进实施“十城万盏”半导体照明应用示范工程
2014	国务院办公厅	《能源发展战略行动计划（2014—2020 年）》	明确提出推行公共建筑能耗限额和绿色建筑评级与标识制度，大力推广节能电器和绿色照明
2016	国家发改委等部委	《“十三五”节能环保产业发展规划》	推动半导体照明节能产业发展水平提升，加快大尺寸外延芯片制备、集成封装等关键技术研发，加快硅衬底 LED 技术产业化等
2017	国家发改委、教育部等部委	《半导体照明产业“十三五”发展规划》	到 2020 年，我国半导体照明关键技术不断突破，产品质量不断提升，产业结构持续优化，产业规模稳步扩大，产业集中度逐步提高，形成 1 家以上销售额突破 100 亿元的 LED 照明公司，培育 1 ~ 2 个国际知名品牌、10 个左右国内知名品牌等

(2)行业概况。

①市场规模。我国照明行业逐渐步入成熟期，市场整体需求趋于饱和。中国照明电器协会和中国照明学会数据显示，2011—2019 年，我国照明行业销售额从 3,500 亿元增长至 6,000 亿元，年复合增长率为 6.97%，增速从2012 年的(同比增长)20.00% 下跌至 2019 年的 3.45%，总体增速下降了 16.55 个百分点①。自 2015 年开始，我国照明行业销售额基本未出现较大幅度的变动，2015—2019 年保持在 5,600 亿 ~ 6,000 亿元，行业生命周期进入成熟期(见图 3-4)。

①根据《中国照明工程年鉴 2017》《2017 年中国照明电器行业发展情况报告》《不忘初心，共创辉煌——“中国照明电器协会成立三十周年庆祝大会”在京胜利召开》《2019 年中国照明行业运行情况报告》数据整理。

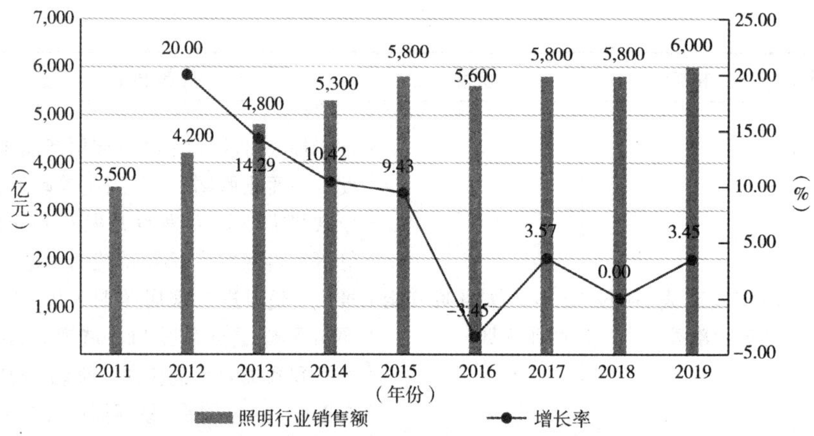

图 3-4 2011—2019 年我国照明行业销售额与增长率

数据来源：中国照明电器协会、中国照明学会，立德咨询整理。

我国 LED 照明行业渗透率逐年提高（见图 3-5）。国家半导体照明工程研发及产业联盟（CSA）发布的《中国半导体照明产业发展蓝皮书》显示，2011—2018 年我国 LED 照明行业渗透率从 1% 增长至 70%[①]。2017 年我国 LED 照明产品国内市场渗透率（LED 照明产品国内市场渗透率 = LED 照明产品国内销量/照明产品国内总销量）较 2016 年得到大幅度提升[②]。2018 年我国国内销售 LED 照明产品约 64 亿只（套），同比增长 36%，照明行业渗透率提升至 70%[③]。同时，国内 LED 照明产品的在用量达到 60 亿只（套），国内 LED 产品在用量渗透率（LED 照明产品在用量渗透率 = LED 照明产品在用量/照明产品在用量）也已达到 49%[④]。

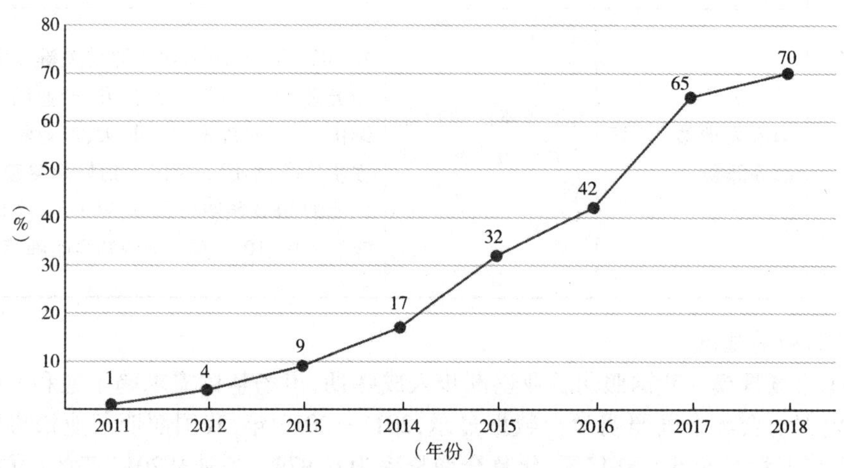

图 3-5 2011—2018 年我国 LED 照明行业渗透率

数据来源：CSA Research，立德咨询整理。

LED 照明行业高速渗透的同时，带动我国 LED 照明产业整体规模的扩大。

①根据 2011—2018 年中国半导体照明产业发展蓝皮书数据整理。

②《2017 年中国半导体照明产业发展蓝皮书》，第 23 页。

③《2018 中国半导体照明产业发展蓝皮书》，第 24 页。

④《2018 中国半导体照明产业发展蓝皮书》，第 24 页。

2013—2018 年,我国 LED 照明产业整体产值由 2,576 亿元增长至 7,374 亿元,年复合增长率高达23.41%[①](见图 3-6)。其中 LED 照明应用产值占较大比重,几乎占到整体产值的 80%以上。

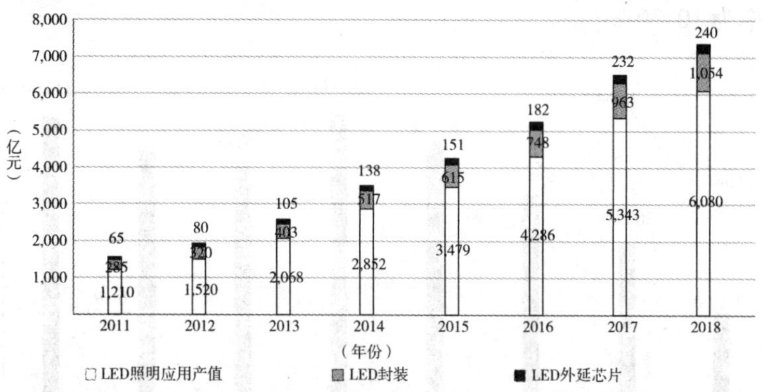

图 3-6　2011—2018 年我国 LED 照明产业整体产值

数据来源:CSA Research,立德咨询整理。

近年来,我国 LED 照明应用快速发展,区域集聚较为明显,细分应用领域呈现不同特点。通用照明替代已接近顶部,景观照明、显示屏等领域稳步增长,植物照明、汽车照明快速成长,智慧路灯、小间距显示屏、灯丝灯、UV-LED(紫外发光二极管)、IR-LED(红外发光二极管)等成为应用市场的热点。

按 LED 应用领域分类来看,2018 年市场规模最大的仍为通用照明,占 LED 应用产业规模的 44.10%,产值达 2,679 亿元,增速约为 5.00%;景观照明产值达 1,007 亿元,仅次于通用照明,同比增长 26.00%,占整体应用市场规模的 16.50%;显示屏产值占比为 15.50%,同比增长 30.20%[②](见图 3-7)。整体而言,目前照明行业是传统照明产品和 LED 照明产品在市场上并存的状态,LED 照明产品的比重将逐年升高,呈现此消彼长的逐步替代趋势。

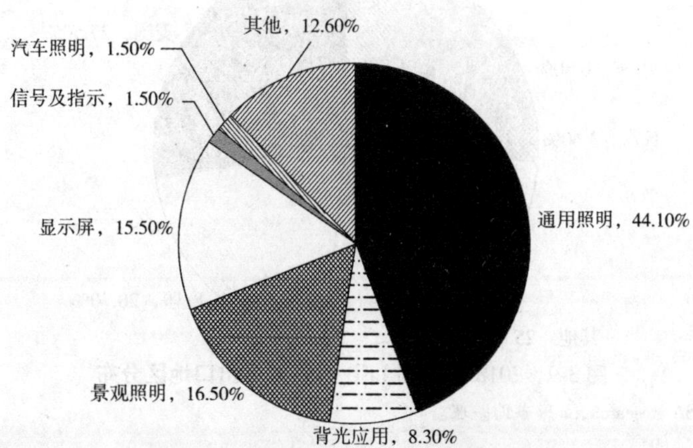

图 3-7　2018 年 LED 应用市场规模分布

数据来源:CSA Research,立德咨询整理。

①《2018 中国半导体照明产业发展蓝皮书》,第 1 页。

②《2018 中国半导体照明产业发展蓝皮书》,第 6 页。

②出口规模。目前,中国是全球照明产品的主要生产国之一,依托经济增长、人口优势和广大的照明市场,已经成为全球 LED 产业的新兴势力。2011—2018 年,我国照明行业出口额由 223.00 亿美元增长到 443.00 亿美元(见图 3-8),年均复合增长率为 10.30%[①]。

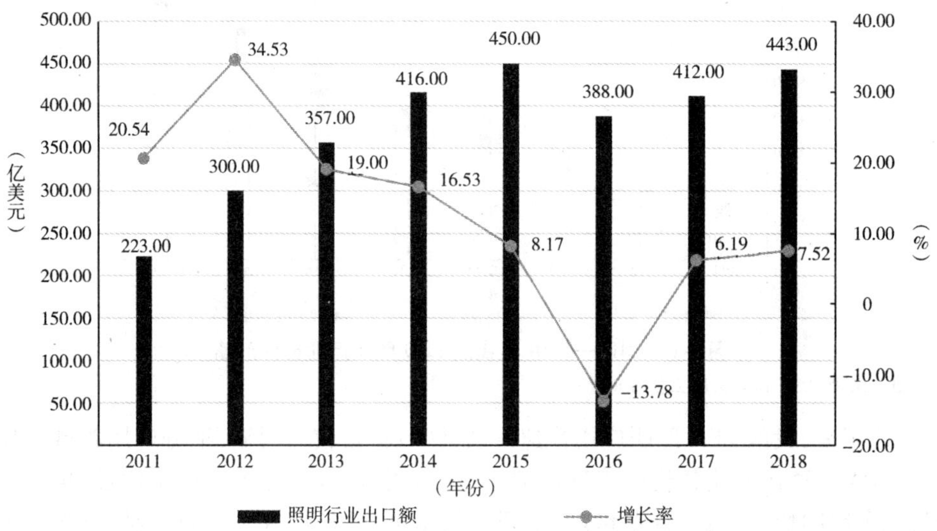

图 3-8 2011—2018 年我国照明行业出口额及增长率

数据来源:中国照明电器协会,立德咨询整理。

从出口地区分布来看,欧盟、美国是我国 LED 照明产品出口的主要市场。2018 年,我国照明产品出口前三的市场为美国、欧盟和东南亚,所占出口比分别为 27.50%、20.70%、9.40%[②](见图 3-9)。

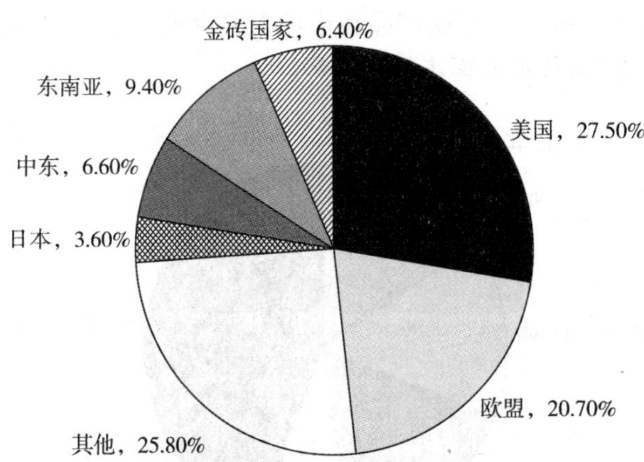

图 3-9 2018 年我国 LED 照明产品出口地区分布

数据来源:CSA Research,立德咨询整理。

从出口品类结构来看,球泡灯(未列明灯具除外)依然是我国出口的主要 LED 照明产品,其次是管灯、装饰灯、灯条、投光灯。2018 年 1—11 月,我国 LED 照明产

①温其东:《2018 年中国照明电器行业运行情况及趋势展望》,第 8 页。

②《2018 中国半导体照明产业发展蓝皮书》,第 26 页。

品出口品类主要为球泡灯、管灯、装饰灯、灯条、吸顶灯①(见图 3-10)。

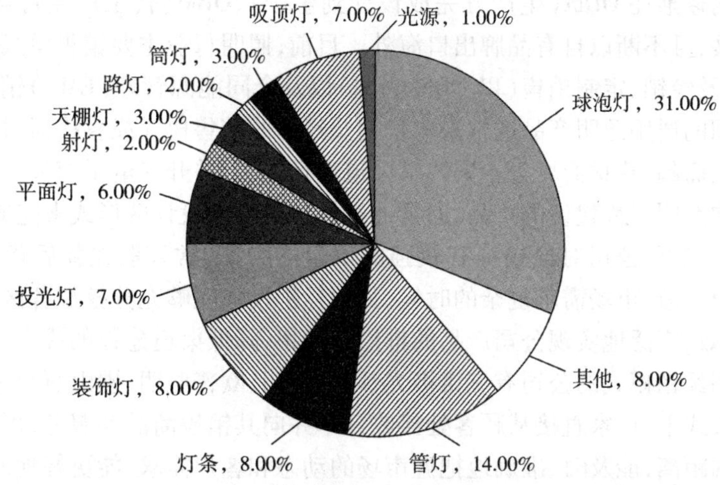

图 3-10 2018 年 1—11 月我国 LED 照明产品出口品类结构

数据来源：中国海关、CSA Research，立德咨询整理。

从我国主要出口省市来看，广东省基本占据了半壁江山，其次为浙江省，福建省和江苏省分列第三和第四(见图 3-11)。2018 年，广东省出口额下降了 9.50%，浙江省和上海市分别增长了 5.10% 和 4.00%。此外，上海市出口额大幅增长，同比增长率达到 16.70%①。

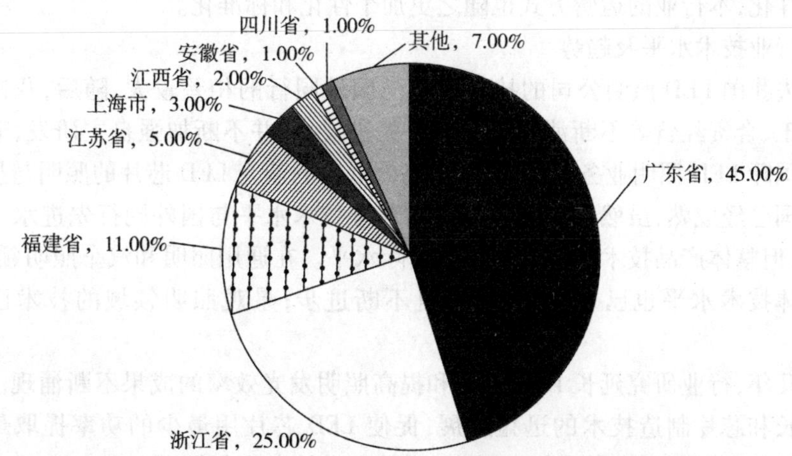

图 3-11 2018 年 1—11 月我国 LED 照明产品出口省市占比

数据来源：中国海关、CSA Research，立德咨询整理。

(二)行业经营模式及技术水平

1. 行业经营模式

照明行业中销售模式主要取决于市场需求、专利情况。过去受制于国际照明大厂交互授权形成庞大的专利网，国内照明制造公司多以代加工(OEM)方式参与

①《2018 中国半导体照明产业发展蓝皮书》，第 27 页。

国际市场竞争。随着各项专利相继到期,我国与韩国厂商的技术工艺迅速发展,国内照明公司逐渐往 ODM(生产方完成设计到生产)、OBM(代工厂经营自有品牌)的模式发展,且不断以自有品牌出口海外。目前,照明行业主要销售模式分为公司直销、代销及经销、定制销售(以 ODM 为主)以及合同能源管理(EMC)销售。面向民用及商用的通用照明产品通常采取代销及经销的销售模式或直接通过各地灯饰城、五金店、商超、建材商城等不同终端渠道进行销售,并开辟电子商务等新型销售渠道。面向照明工程建设的产品,通常通过投标及方案设计的形式来完成销售。

经销模式下,公司对经销商有较强的议价能力,通常采取先款后货的结算方式。在客户零散、市场需求复杂的时候,采用经销模式能够充分挖掘各区域的市场需求,更高效、广泛地实现公司产品的推广与销售,降低渠道建设的成本,转移销售风险。采用经销模式的公司有三雄极光、阳光照明、欧普照明、佛山照明等。

直销模式下,厂家直接从顾客处接收订单并向其销售商品和服务,可以拉近与下游客户的距离,能及时、准确地把握市场的动态和客户需求,能更好地服务客户,稳固与客户的合作关系,增加客户黏性。照明器具制造公司面对大客户(如房地产公司、汽车制造公司、政府等)时倾向于这种模式,但由于议价能力偏弱导致销售成本较高。采取直销模式的厂家有得邦照明、飞乐音响等。

照明行业采购主要依据生产计划。生产上,照明行业往往采取以订单需求为主,以往年销量及市场预测为辅的方式安排生产。在具体产品生产上,由于 LED 照明产品的应用领域广泛,需要适用于不同的应用环境,同时,随着客户的需求越来越多样化,本行业的运营方式也随之更加个性化和标准化。

2. 行业技术水平及趋势

过去我国 LED 照明公司的技术工艺与国外同行的相差较大,随后,我国公司通过代工、合资经营等不断消化吸收国外先进技术,并不断加强自主研发,兼并重组一些国际 LED 照明业务。目前,基于高效低廉的蓝光 LED 芯片的照明与显示技术在我国已经成熟,虽然我国照明行业的部分技术水平与国外同行先进水平有一定差距,但整体产品技术指标已经接近国际水平。在通用照明和汽车照明领域,行业的整体技术水平也已基本成熟,并且不断进步;景观照明领域的技术已相当成熟。

近几年,行业研究延长 LED 寿命和提高照明发光效率的成果不断涌现。随着外延生长和芯片制造技术的迅猛发展,促使 LED 芯片用最少的功率提取最多的光,即降低驱动电压,提高光强,LED 照明的发光效率不断提高。而 LED 寿命的延长核心在于散热,由于 LED 体积小,容量有限,散热贯穿 LED 照明产品生产的每一个环节。目前行业内已发展出众多相对成熟的散热相关技术,采用了众多的新传导材料及散热结构,使 LED 结温大大降低。

CSA 数据显示,功率型白光 LED 产业化光效达到 180 lm/W,与国际先进水平基本持平;其中,LED 室外灯具光效超过 120 lm/W,室内灯具光效超过100 lm/W。

市场对白光 LED 光源的品质化需求越来越高,已从单纯亮度转化为兼顾高品质光色性能及个性化需求,甚至追求类似太阳光的全光谱照明。目前,全光谱 LED 实现方式主要为单芯片型,相比多芯片,单芯片型实现方式简单、成本低、光谱更为连续。目前国家重点发展的第三代半导体中的紫外、近紫外芯片技术越来越成熟，促使紫外、近紫外芯片技术成为全光谱照明的首选技术，但与之配套的荧光粉存在发光效率低的问题，未来新型发光材料，尤其是紫外、近紫外芯片用新型荧光粉也是高品质照明技术发展的趋势。

OLED(有机发光半导体)照明的优势在于具备高发光效率，能调整其颜色以符合各种色温需求，其作为平面光源，无论是在结构上还是在光源质量、产品特色等方面，都具有传统 LED 照明无法比拟的优势，与 LED 照明在使用上互补，共同成为未来的绿色照明光源。

(三)行业利润水平及变动趋势

以该行业上市公司为参照样本计算，近几年我国照明行业毛利率相对稳定，并略有上升，2010—2018 年我国照明行业上市公司加权平均毛利率基本在 23.5% ~ 29.0%(见图 3-12)。

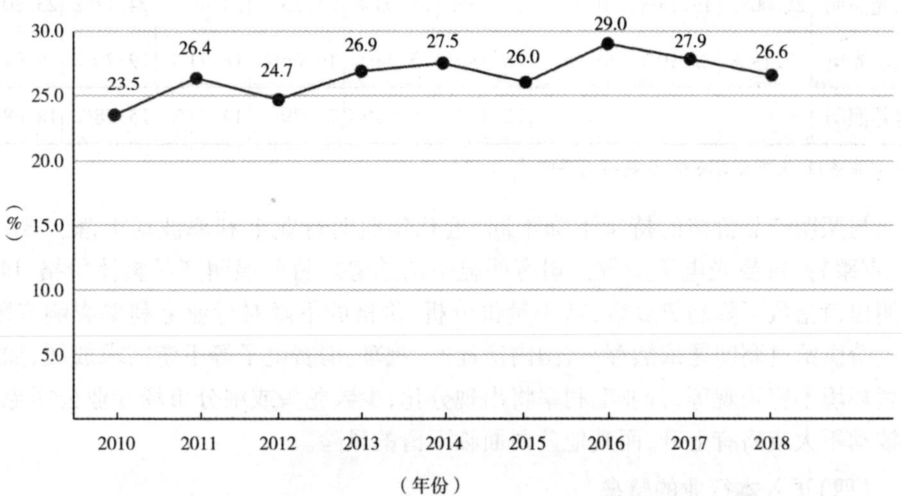

图 3-12 2010—2018 年我国照明行业上市公司加权平均毛利率

数据来源：上市公司公告，立德咨询整理。

具体而言，公司之间毛利率相差较大，奥拓电子在 2011—2018 年的平均毛利率高达 44.86%，得邦照明在 2014—2018 年的平均毛利率为 18.68%(见表 3-13)。

表 3-13 2011—2018 年照明行业上市公司毛利率情况

证券简称	2011 年	2012 年	2013 年	2014 年	2015 年	2016 年	2017 年	2018 年	平均
奥拓电子	41.38%	45.12%	50.48%	49.98%	46.11%	57.24%	38.10%	30.43%	44.86%
欧普照明	—	—	37.88%	36.07%	38.59%	40.95%	40.61%	36.38%	38.41%
太龙照明	—	—	—	36.01%	37.35%	37.60%	39.45%	33.32%	36.75%
三雄极光	—	—	—	31.88%	33.17%	37.23%	33.52%	31.63%	33.49%
华体科技	—	—	—	31.25%	32.86%	31.41%	34.02%	35.26%	32.96%
雷曼光电	31.79%	33.74%	33.55%	33.27%	32.30%	31.48%	29.10%	22.26%	30.94%

续表

证券简称	2011 年	2012 年	2013 年	2014 年	2015 年	2016 年	2017 年	2018 年	平均
光莆股份	—	—	—	30.99%	32.59%	32.63%	26.14%	30.20%	30.51%
长方集团	34.91%	24.55%	3.15%	亏损	26.77%	28.38%	30.19%	33.34%	28.33%
晨丰科技	—	—	—	24.69%	29.75%	30.25%	28.13%	23.18%	27.20%
飞乐音响	23.38%	22.85%	21.91%	23.33%	23.32%	32.00%	35.33%	29.72%	26.48%
雪莱特	26.09%	30.33%	25.68%	24.97%	25.83%	26.82%	27.66%	20.03%	25.93%
佛山照明	27.86%	25.90%	25.04%	26.77%	24.02%	25.20%	22.63%	23.12%	25.07%
*ST 德豪	38.40%	33.83%	25.84%	25.95%	17.23%	19.51%	17.93%	13.36%	24.01%
阳光照明	21.00%	19.23%	20.92%	23.85%	25.03%	27.23%	24.46%	24.11%	23.20%
瑞丰光电	27.19%	22.10%	20.45%	16.73%	15.54%	19.06%	18.71%	19.70%	19.94%
得邦照明	—	—	—	22.45%	20.05%	20.79%	14.52%	15.58%	18.68%

数据来源：上市公司公告，立德咨询整理。

与照明产品价格的持续下降不同，近几年照明行业毛利率波动上涨，*ST 德豪、雪莱特、雷曼光电等少数公司有明显下滑趋势。目前照明产品整体价格、LED 照明出口指数下降趋势放缓，基于量价分析，价格的下降对行业毛利率影响有限，而上游供给过剩问题依然存在，国内房地产、汽车、消费电子等下游需求放缓，加之外贸环境不容乐观等，行业毛利率将出现分化，少数龙头或细分市场专业公司毛利率波动不大或略有上升，而其他公司面临下滑的风险。

（四）进入本行业的壁垒

1. 技术工艺壁垒

（1）技术领先壁垒。

多年的技术沉淀使得国际大厂先人一步，通过技术创新领跑市场。

2019 CES（国际消费类电子产品展览会）上，著名跨国汽车集团马瑞利推出全球首款采用数字光处理系统（DLP）①的汽车头灯②。该汽车头灯采用马瑞利第三代 Smart Corner 照明技术③，在汽车头灯和尾灯中集成自动驾驶传感器、激光雷达、摄像头、超声波、自适应远光系统、数字光处理系统等模块，使车灯兼具照明性能与

---

①数字光处理系统（Digital Light Procession，DLP）是一项由德州仪器公司开发的使用在投影仪和背投电视中的显像技术，技术原理是对影像信号进行数字处理，通过德仪公司开发的数字微反射镜器件 DMD（Digtal Micromirror Device）把光投影出来，完成数字可视信息的展示。

②中国照明学会，《CES 2019 | 照明新品 & 技术大搜罗》，http://www.lightingchina.com.cn/news/detail/id/60776/p/all.html。

③Smart Corner 照明技术是意大利菲亚特汽车集团（Fabbrica Italiana Automobili Torino，F. I. A. T.）旗下的零部件公司马瑞利推出的自动驾驶技术概念，通过集成摄像头、传感器和感知软件等模块，实现汽车灯由“灯”向“眼”转变，将成为未来自动驾驶汽车的“眼睛”。

多种自动驾驶所需功能，便于原始设备制造商简化生产流程、降低成本。

2020年，戴森发布消费级灯具产品 Dyson Lightcycle Morph 照明灯系列。该产品除了可以通过应用程序调节情景模式、色温、亮度等输出光源的基本参数，还具有日光追踪功能——灯具集成32位微控制单元（MCU），不间断解析时间、日期及GPS信息，计算当地日光色温和亮度变化，传递至光学驱动器后由3枚暖光LED和3枚冷光LED调节色温和照度，实现智能化日光追踪。此外，Lightcycle Morph 使用卫星冷却技术，内置真空密封铜管，利用管内水滴汽化吸热、液化放热原理转移LED照射过程中产生的热量，形成了持续而无能耗的冷却循环，缓解了光源衰减和颜色退化问题，延长了灯具使用寿命。

2020年2月4日，三菱电机公布了基于瑞利散射①原理推出的模拟蓝天日照的LED灯 Misola。Misola 亮度约为3,900 lm，几乎与办公室网格照明相同，色温也与普通室内吸顶灯的日光色相当，且被照物体不会呈蓝色。Misola 系统还可以通过设定，调整模拟日光照射的角度、光线强弱、不同时刻的"日照"效果等。

国际大厂凭借其多年的技术沉淀，积极开拓更多照明灯具的应用场景，抢占蓝海市场，将技术优势转化为市场领先优势。当行业竞争者试图进入该领域时，若无法实现技术差异性和技术创新性，将难以打破国际大厂的技术壁垒，难以取得相应的市场份额。

（2）专利垄断壁垒。

主流国际大厂拥有大量专利储备，形成了庞大的专利布局网。据合享知识产权数据专家李卉统计，截至2020年3月14日，全球LED领域专利布局数量排名前三位的分别是日本103,811件、美国68,292件和中国66,446件②。其中，LED领域全球专利申请数量排名前十的分别是欧司朗、LG、飞利浦、夏普、三星电子、东芝、罗姆半导体、斯坦雷电气、日亚化学、松下电器，且欧司朗、LG相关专利申请均超过6,000件。

主流国际大厂专利储备多，技术覆盖面大，能够有效限制行业准入，打击竞争对手，捍卫市场份额。2018年，Lumileds LLC 起诉广东德豪润达电气股份有限公司侵犯其知识产权，加利福尼亚州圣克拉拉县高等法院判决 Lumileds LLC 胜诉，裁定德豪润达向 Lumileds LLC 赔偿6,600万美元。2019年11月，美国灯具设计制造商 WAC Lighting 对江苏舒适照明有限公司美国子公司 Lumien Enterprise, Inc. 提起专利侵权诉讼，宣称后者侵犯了 WAC Lighting 所申请的两个美国专利。该诉讼以和解告终，但 Lumien Enterprise, Inc. 因此被迫放弃部分美国市场。

主流国际大厂长期把持核心技术专利，进而形成一道严密且难以跨越的专利壁垒，限制竞争对手进入市场，因而国内照明灯具制造业公司在进入国际市场的过

①瑞利散射：Rayleigh Scattering，指半径比光或其他电磁辐射的波长小的微小颗粒对入射光束的散射。太阳光经过大气层时被半径远小于可见光波长的空气分子散射发生瑞利散射，因为蓝光比红光的波长短，瑞利散射发生得更为激烈，导致蓝光布满了整个天空，从而使天空呈现蓝色。

②中国照明学会，《LED照明：产业繁华背后的专利隐忧》，http://www.lightingchina.com.cn/index.php?s=/news/69153.html。

程中屡屡受挫。

(3)研发投入壁垒。

国内龙头公司较大的研发投入,对同行竞争对手形成相对优势。根据申万宏源的行业分类,照明器具制造业上市公司 2019 年研发费用前三名分别是木林森、欧普照明和洲明科技,研发费用分别为 48,103.98 万元、32,115.55 万元和 23,474.57 万元,其中第一名木林森的研发费用投入约为欧普照明的 1.50 倍、洲明科技的 2.05 倍。研发费用最少的华体科技也投入了 2,502.00 万元,行业内竞争对手若无法达到此研发规模,难以撼动国内大厂的地位。

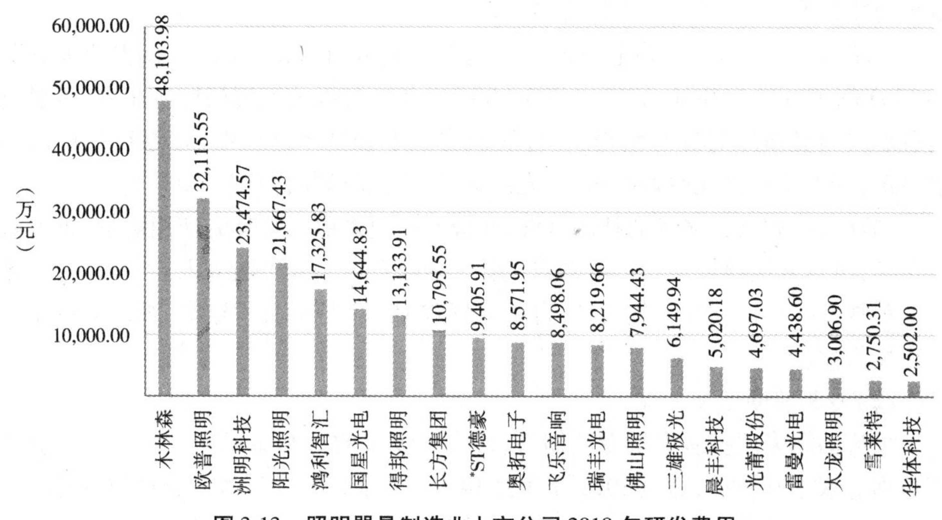

图 3-13 照明器具制造业上市公司 2018 年研发费用

数据来源:上市公司公告,立德咨询整理。

2. 渠道壁垒

照明行业销售渠道非常分散,管理成本较高,而销售渠道是商品和服务从生产者向消费者转移的具体通道或路径,营销网络的广度和纵深、售后服务、销售终端管理至关重要。以上市公司为例,截至 2019 年,三雄极光在全国的销售终端总量已经超过 20,000 家,其中专卖店 4,000 多家,灯饰店达到 98 家,全国领航店 15 家①。欧普照明截止到 2019 年年底,全国流通网点数量超过 14 万家,实现了超过 60% 的全国乡镇网点覆盖率②。

建立渠道广、覆盖力强的网络需要大量的资金和人力投入与维护,这对于新进入的公司来说是难以逾越的壁垒。

3. 品牌壁垒

品牌是消费者构建照明产品整体认知的第一扇门,良好的品牌形象需要公司在不断提升产品质量、服务能力的过程中积累沉淀,因此,品牌需要公司持续投入和维护。根据上市公司年报,2016—2019 年广告宣传推广费用投入排名前十的上

①三雄极光 2019 年年度报告。

②欧普照明 2019 年年度报告。

市公司分别是木林森、欧普照明、三雄极光、飞乐音响、阳光照明、佛山照明、洲明科技、*ST德豪、得邦照明、雪莱特。其中,2016—2019 年累计投入最高的为木林森,共86,426.75 万元,排名第十的雪莱特累计投入也高达4,239.51 万元。

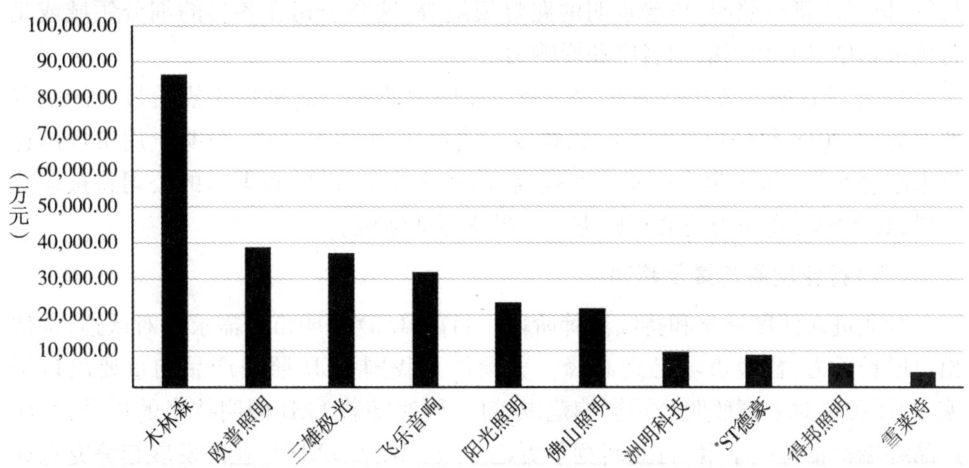

图 3-14　2016—2019 年累计广告宣传推广费用投入排名前十的上市公司

数据来源:上市公司公告,立德咨询整理。

消费者对照明产品质量、照明整体方案的设计和实施以及售后服务能力的要求越来越高,一个良好的品牌形象有助于公司以最快的速度向消费者展示综合实力和产品口碑。然而,庞大的品牌推广投入和较长的品牌效益回报周期,对行业新进入的竞争者来讲是短期内难以逾越的壁垒,一定程度上限制其获取更大的市场份额。

(五)行业竞争格局

LED 产业过去由日亚化学、欧司朗、科锐(Cree)、丰田合成、飞利浦五大厂交互授权形成庞大的专利网,形成寡占型竞争格局。然而,随着国际知名品牌各项专利相继到期、中国台湾与韩国厂商崛起为专利大户,以及中国大陆厂商力争上游,全球照明市场结构不断调整。

目前,全球已经初步形成以亚洲、北美、欧洲三大区域为中心的产业格局,各自在不同领域有较强优势。欧洲在汽车照明及功能性照明方面具有竞争优势,美、日主要在 LED 芯片等核心器件方面具有竞争优势,韩国凭借大公司战略显现出后发优势,中国台湾地区在 LED 芯片制造、封装产能方面具有竞争优势。我国大陆 LED 市场虽然起步较晚,但发展迅速,目前已成为全球 LED 组件及应用的主要生产地之一。

照明产品国内的销售主要靠渠道,国际品牌在建立国内渠道方面存在较多障碍,因此,近年来飞利浦、欧司朗等国际品牌逐渐退出中国市场;我国照明公司通过自身经营管理提效、技术研发稳定发展,同时通过海外并购实现弯道超车,呈现 LED 产业向我国聚拢,产能向龙头聚集的趋势。在区域布局方面,目前已形成珠三角、长三角、北京及大连等主产区,各主产区内均形成了较为完整的产业链体系,珠三角地区以室内照明产品为主导,长三角地区则多为室外照明产品。

特色细分市场公司均拥有自己的主打产品，诸如金莱特的可充电室内外照明灯具、珈伟新能的太阳能草坪灯、太龙的商业照明解决方案、华体的文化定制路灯、杭科光电的灯丝灯、爱克莱特的景观照明、浩洋电子的舞台灯光设备、豪恩智联的灯管、星光的舞台照明、华普永明的路灯模组等，这类公司在各自的细分领域或是特色市场中具有相当的知名度和影响力。

我国 LED 照明市场格局高度分散。以国内照明产品销售年规模最大的欧普照明为例，2018 年公司照明产品销售收入占我国 2018 年 LED 照明应用市场的比例未超过 5%。未来集中度将有所提高，而缺乏技术、品牌和渠道的公司将被淘汰出局，具备核心竞争力的公司则进一步巩固行业地位。

（六）行业发展前景及趋势

行业进入深度调整和持续洗牌阶段。目前，LED 照明市场需求相对低迷，整体出口增长乏力，替换市场已近高峰。美国作为我国 LED 照明产品的重要出口国家，加征关税对中国照明公司影响范围较广，同时随着 LED 照明技术的提升，照明产品终端价格持续下滑，行业间竞争更趋激烈。未来，LED 产业的发展趋势究竟如何？大型公司该如何布局？细分龙头未来又该如何？未来能否在这样的环境中保持自身的竞争优势？公司单纯靠价格和规模是否足以继续维持竞争优势？这些都将成为我国照明器具行业所面临的问题。

照明行业正处于快速发展与重大转型期，LED 照明从器件产品向应用产品转型，从单纯产品销售向综合解决方案转型，从功能性产品向智能化系统转型，渠道不断向国内纵深和国际市场拓展。核心的半导体照明光源和灯具产品、控制系统以及照明设计与工程实施是最终实现跳跃式发展的坚实基础。

就 LED 照明技术和产品而言，LED 照明技术主要有以下几方面趋势：其一，LED 高效能化。基于不同外延器件和应用技术路线的高品质全光谱 LED 技术向纵深发展，白光器件发光效率有望进一步提升至 230 lm/W，Micro LED 仍是行业内最大热点。LED 技术因为受制于其发光效率的物理极限，将会被具有更高效率和能量密度的激光照明技术替代。其二，高可靠性，不断延长使用寿命。其三，提升光源的安全性，避免 LED 光源的频闪。其四，生产模块化。将 LED 芯片、驱动电源、控制部件等封装在一起组成模块，进行标准化生产，提效降本。

1. 车用照明替换为行业带来需求

中国是世界头号汽车生产大国，同时也是汽车消费大国。中国汽车市场的销量在过去的 30 年中增长了 60 倍。但由于购置税优惠政策全面退出，以及受宏观经济增速回落、中美贸易摩擦、消费者信心不足等因素的影响，中国汽车市场首次出现负增长。2018 年，我国汽车销量 2,808.1 万辆，同比下降 2.8%①。

整体来看，我国新车销量大幅增长的时代已经终结，汽车厂商间的竞争将愈发激烈，整个产业也步入平稳发展期。伴随汽车产业的发展，车用照明也随之快速发展，其主要功能在于：一是为车辆内部、外部提供主动照明功能；二是被动的提示信

①温其东：《2018 年中国照明电器行业运行情况及趋势展望》，第 5 页。

号功能。汽车照明不仅直接影响整车性能和行车安全,而且在提高运输效率、节能减排等方面均具有重要意义。近几年来,车用照明产业凭借其较高的市场回报、可观的发展潜力和相对理性的价格竞争已成为照明行业的焦点。

根据《汽车产业中长期发展规划》,中国汽车产量在2025年将达到3,500万辆左右。未来15年,中国汽车的千人保有量将超过300辆,届时汽车将年产4,200万辆①。尽管受宏观经济影响,2018年我国汽车销量增长有所下滑,但车灯市场潜力依然巨大。

随着LED照明在车灯领域持续渗透,在汽车电子化、智能化趋势下,消费者愿意支付更高的价格以提升其性能(美观、智能、节能等),按2020年LED渗透率的40%算,LED汽车照明的前装市场规模接近450亿元②。

2. 紫外LED未来可期

按照波长的不同,紫外光通常可分为UVA、UVB、UVC。根据不同的波段,紫外LED应用场景也不尽相同。UVA主要应用于光固化、光催化、防伪识别;UVB主要应用于医学光治疗、植物生长光照;UVC主要应用于净化消毒、分析仪器等。紫外LED不仅能够节能、环保、降低成本,还因其是冷光源,对承载物没有损坏,受到政府及市场层面更多的关注和支持。

传统的紫外光源主要是气体放电光源,是通过电流中的电子使汞原子发生阶跃,变成激发状态的电离子,激发状态的汞短时间内会自发地回落到原来的状态,同时释放出紫外线光。但汞光源报废后回收困难,且回收价值低,容易造成汞污染,对自然环境及人体造成破坏。自2017年8月起,《关于汞的水俣公约》在中国正式生效,此外我国政府颁布了《中国严格限制的有毒化学品名录》和《优先控制化学品名录(第一批)》等系列政策文件,对汞的管控提出明确要求。作为传统汞加工制造和汞污染大国,中国政府积极践行《关于汞的水俣公约》的要求,将于2020年起逐步禁止《关于汞的水俣公约》要求的汞添加产品的制造和进出口。这意味着在可预见的未来,利用紫外LED作为汞灯替代品的技术研发和应用将迎来爆发式增长。

2018年紫外LED产业整体市场规模约3.7亿元,紫外LED器件市场规模达到2.3亿元,芯片市场规模约为1.4亿元。CSA Research预测,到2023年我国紫外LED产业整体市场规模约为12.4亿元,其中外延片、芯片市场规模为4.7亿元,紫外器件市场规模为7.8亿元③。

在短期内,紫外LED固化市场规模仍占主导地位,但随着近期UVC LED产品价格的逐渐降低,紫外LED净化、消毒市场规模有望在2022年、2023年超过紫外LED固化市场。

①《2018中国半导体照明产业发展蓝皮书》,第29页。
②《2018中国半导体照明产业发展蓝皮书》,第30页。
③《2018中国半导体照明产业发展蓝皮书》,第31页。

3. 智能照明成为照明行业的发展趋势

近几年电子产业、通信产业、IT（互联网技术）产业所引领的物联网（Internet of Things，IoT）兴起，对照明行业造成新的冲击，智能照明就是物联网与照明行业结合的新兴产物。智能照明是指结合物联网技术、有线和（或）无线通信技术以及计算机的智能化信息处理功能（如数据采集、数据分析等），实现对照明设备的开关、明暗度调节、定时开关、节能、检测等功能。

照明行业作为传统行业，与物联网结合后实现智能化，不再以单个普通照明产品而存在。照明的智能化应是一个系统化概念，结合照明产品、传感器、通信装置并通过无线或有线控制系统软硬件组成"自适应"系统解决方案。与传统的照明相比，智能照明可以实现更为高效、安全、节能的效果，因此，智能照明在道路交通、家居、市政建设、公共设施领域将得到广泛应用。智能照明控制系统有许多特性，比如它可以随着场景的不同而更换不同类型的灯光，甚至是灯光的淡入和淡出都能得到完美切换；或根据设定的程序定时控制，根据时序在不同时间变换不同颜色；或按照某一规律实现一组灯的明灭以及颜色变换。同时，某些灯具有红外射线功能，使用者可以手持遥控器对灯光进行控制或是通过结合物联网技术实现远程调控灯光。

从国内主要上市公司的战略规划和布局可看出，既有上下产业延伸的前向后向多元化发展战略，也有非相关横向多元化扩张战略，还有聚焦主业精细发展的公司。如晨丰科技、*ST 德豪、太龙照明多采用上下游延伸扩展战略，飞乐音响、得邦照明、华体科技则围绕客户提升公司管理能力，佛山照明、欧普照明、三雄极光、久量照明等主要围绕渠道进行扩展或纵深发展。金莱特向相关多元化经营，勤上股份、雪莱特则往非相关多元化业务扩张。

市场规律以效率为先，往往造就行业有三家规模比较大的公司和大量细分领域比较专一的公司并存的局面。公司发展战略或定位最后的归属不是行业第一就是细分行业的唯一，至于上市公司和大量小散公司在未来是否还存在，在符合行业发展趋势的条件下就看各公司的效率和专业程度。目前，欧普照明属于龙头公司，且不断在渠道方面深化，走"规模化批量生产＋高端定制化柔性化生产"的道路，具备综合竞争优势。而*ST 德豪力图打造前后向一体化，真正实现国内全产业链条发展，按理说其能产生协同效应，最大幅度降低成本，但从业绩表现来看并不乐观。聚焦客户的战略从根本上来说带有客户的需求属性，本质上类似差异化经营。华体科技采用"通用产品个性定制"，公司在城市文化照明产品上的独特设计使公司在文化定制的道路上走在了行业前列，成为细分行业中文化定制的领军者，其大部分收入来自四川省，而近几年的毛利率相对稳定，基本上维持在 32% 左右。从竞争优势角度来看，任何公司至少得具备综合成本竞争优势、产品竞争优势、品牌优势、渠道优势、人力资本优势中的一个，再慢慢弥补其他部分的不足，否则迟早要在行业整合背景下被淘汰。拥有核心技术、自动化生产程度高、具备高资本壁垒的公司将在激烈的产业升级竞争中更有主导地位。

第三节 照明器具制造业募投项目概况

一、上市公司募投项目设计方案

根据公开信息统计，上市时照明器具制造业公司的招股说明书中的募投设计如表3-14所示。

表3-14 照明器具制造业过会案例募投项目设计方案

序号	证券代码	证券简称	项目名称	募投类型	投资金额（万元）	有形资产投资	无形资产投资	预备费用	其他支出	铺底流动资金
1	000541	佛山照明	上市时间较早，此处不做分析							
2	200541	粤照明B	上市时间较早，此处不做分析							
3	002076	雪莱特	车用氙气金属卤化物放电灯系列及配套电子镇流器技术改造项目	改建	14,000.00	85.71%	—	—	—	14.29%
			节能灯自动化生产线技术改造项目	改建	5,000.00	80.00%	—	—	—	20.00%
			高强度、长寿命紫外线灯及配套电子镇流器技术改造项目	改建	3,000.00	91.20%	—	—	—	8.80%
4	002638	勤上股份	LED户外照明与景观照明项目	扩产	20,338.14	76.14%	—	6.23%	—	17.63%
			LED室内照明项目	扩产	14,111.95	75.90%	—	5.79%	—	18.31%
			LED照明研发设计中心项目	设计研发	7,660.14	74.80%	—	7.31%	—	17.89%
			公司营运管理中心项目	营销	4,223.10	21.98%	—	—	41.32%	36.70%

续表

序号	证券代码	证券简称	项目名称	募投类型	投资金额（万元）	有形资产投资	无形资产投资	预备费用	其他支出	铺底流动资金
5	002723	金莱特	可充电备用LED灯具扩产项目	扩产	17,506.78	91.76%	—	—	—	8.24%
			可充电交流直流两用风扇扩产项目	扩产	5,862.20	92.02%	—	—	—	7.98%
			研发中心项目	设计研发	3,881.00	83.25%	—	—	—	16.75%
6	002724	海洋王	生产线建设项目	扩产	33,585.28	61.74%	12.62%	5.44%	—	20.21%
			研发中心建设项目	设计研发	14,481.38	81.21%	—	6.19%	—	12.60%
			国内营销中心扩建项目	营销	6,977.45	65.60%	—	5.25%	—	29.16%
7	002922	伊戈尔	新能源用高频变压器产业基地项目	扩产	12,424.67	65.74%	4.61%	5.63%	—	24.02%
			LED照明电源生产项目	扩产	11,795.18	76.60%	0.97%	3.83%	—	18.60%
			伊戈尔研发中心项目	设计研发	3,074.27	96.89%	3.11%	—	—	—
			偿还银行贷款及补充流动资金	补流	9,718.08	—	—	—	69.13%	—
8	300317	珈伟新能	年产4,000万套太阳能草坪灯、太阳能庭院灯项目	扩产	28,004.61	82.44%	—	7.45%	—	10.11%
			光伏电源半导体照明系统产业化项目	扩产	12,021.55	79.39%	—	7.02%	—	13.59%
			光伏照明研发中心项目	设计研发	3,467.05	75.08%	—	1.44%	23.48%	—

续表

序号	证券代码	证券简称	项目名称	募投类型	投资金额（万元）	有形资产投资	无形资产投资	预备费用	其他支出	铺底流动资金
9	300625	三雄极光	LED绿色照明扩产建设项目	扩产	53,603.35	81.79%	—	4.09%	—	14.12%
			LED智能照明生产基地建设项目	扩产	23,661.45	84.12%	—	4.21%	—	11.67%
			研发中心扩建升级项目	设计研发	16,423.67	95.24%	—	4.76%	—	—
			实体营销网络下沉完善扩充项目	营销	17,141.11	3.21%	2.33%	3.48%	86.89%	4.08%
			O2O（线上到线下）电商平台建设项目	营销	12,016.24	13.90%	7.32%	4.76%	74.02%	—
			跨境电商海外市场拓展项目	营销	7,799.76	7.73%	—	4.76%	87.51%	—
10	300650	太龙照明	商业照明产业基地建设项目	扩产	25,763.26	77.05%	4.66%	3.85%	—	14.43%
			设计研发中心建设项目	设计研发	4,636.80	72.51%	—	3.63%	23.87%	—
11	600261	阳光照明	T5大功率节能荧光灯及配套灯具产业化示范工程项目	扩产	19,603.00	—	—	—	—	—
			扩大高效节能特种灯具生产技改项目	改建	16,604.00	—	—	—	—	—
			补充流动资金	补流	633.00	—	—	—	—	—
12	603303	得邦照明	年产11,000万只(套)LED照明系列产品建设项目	扩产	51,100.00	80.84%	—	3.91%	—	15.24%
			年产116万套LED户外照明灯具建设项目	扩产	10,590.00	76.96%	—	3.78%	—	19.26%
			照明研发中心及光体验中心建设项目	设计研发	7,470.00	92.69%	—	4.63%	—	2.68%
			补充流动资金	补流	35,000.00	—	—	—	—	—

续表

序号	证券代码	证券简称	项目名称	募投类型	投资金额（万元）	有形资产投资	无形资产投资	预备费用	其他支出	铺底流动资金
13	603515	欧普照明	绿色照明生产项目	扩产	56,659.04	80.79%	—	1.62%	0.20%	17.39%
			展示中心及营销网络建设项目	营销	47,132.62	—	—	—	98.24%	1.76%
			研发中心建设项目	设计研发	20,194.64	76.03%	—	—	23.97%	—
14	603679	华体科技	城市照明系统技术改造及扩产项目	扩产	9,930.87	72.05%	—	2.01%	—	25.94%
			研发与设计中心建设项目	设计研发	3,857.96	69.10%	—	—	12.75%	18.14%
			营销网络建设项目	营销	2,876.81	41.40%	—	—	38.60%	20.00%
			补充流动资金	补流	6,000.00	—	—	—	—	—
15	603685	晨丰科技	LED 绿色照明节能结构组件项目	扩产	38,265.00	79.06%	—	3.95%	—	16.99%
			绿色照明研发中心建设项目	设计研发	6,950.00	63.02%	—	—	36.98%	—
			补充流动资金	补流	1,110.00	—	—	—	—	—

注：1. 百分比存在四舍五入情况，总计不一定为100%，略有偏差，请注意。

2. 项目类型：根据项目目的分为扩产类项目、改建类项目、设计研发类项目、营销类项目、补流类项目。

数据来源：上市公司公告，立德咨询整理。

二、募集资金投向分析及具体内容

（一）募集资金投向

根据以往过会案例研究，照明器具制造业上市公司募投项目以生产型项目为主，可以分为扩产类项目和改建类项目。

从项目数量上看，生产型项目共22个，占募投项目总数的49%，其中扩产类项目18个，改建类项目4个。其次为设计研发类项目，共11个，占项目总数的24%；再次为营销类项目，共7个，占项目总数的16%；补流类项目为5个，占项目总数的11%（见图3-15）。

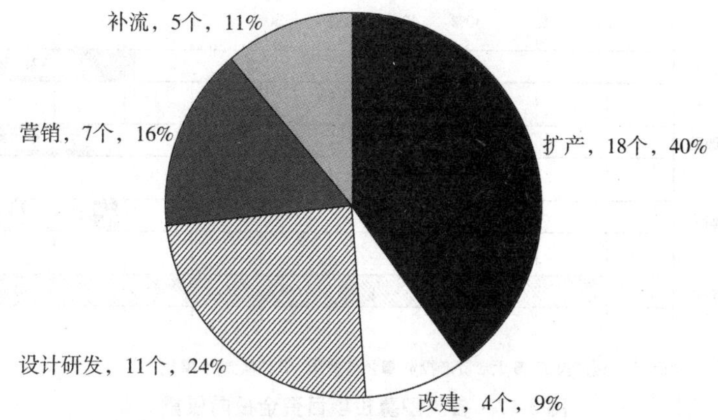

图 3-15 各募投类型项目数量

数据来源：上市公司公告，立德咨询整理。

从项目投资金额上看，生产型项目投资金额合计 483,430.33 万元，占所有项目投资总额的 66.57%，其中扩产类项目投资金额共 444,826.33 万元，改建类项目投资金额共 38,604.00 万元。营销类项目投资金额仅次于扩产类项目，共98,167.09 万元，占投资总额的 13.52%。设计研发类项目投资金额 92,096.91 万元，占投资总额的 12.68%。补流类项目投资金额 52,461.08 万元，占投资总额的 7.23%。各募投类型投资金额见图 3-16。

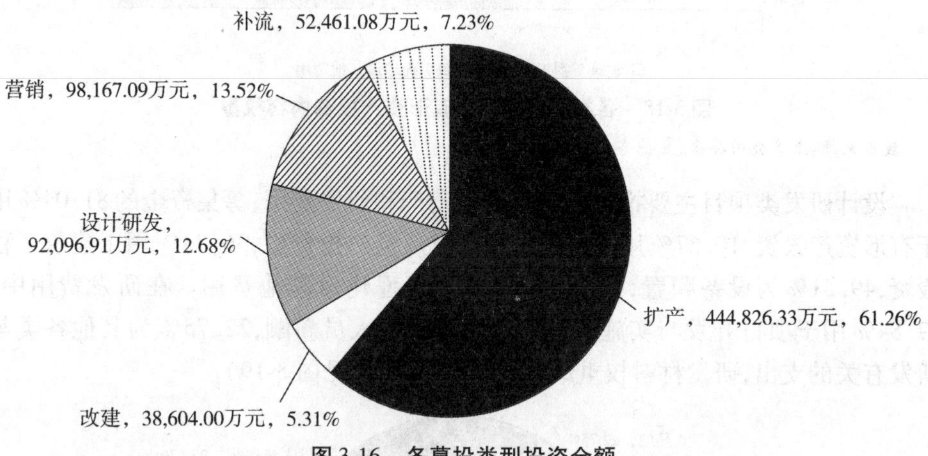

图 3-16 各募投类型投资金额

数据来源：上市公司公告，立德咨询整理。

（二）募集资金投资内容

从募投项目投资内容看，扩产类项目和改建类项目主要投资内容是有形资产和铺底流动资金，有形资产投资的权重分别为 78.66% 和 85.16%，铺底流动资金的权重分别为 15.83% 和 14.84%（见图 3-17）。扩产类项目投资内容为新建厂房或增设产线，故建筑工程权重较大，达 44.34%；改建类项目投资内容多通过装修和购置设备的方式实现现有设施、生产工艺条件的升级改造，不涉及新建厂房，故设备购置费用较高，为 80.36%（见图 3-18）。

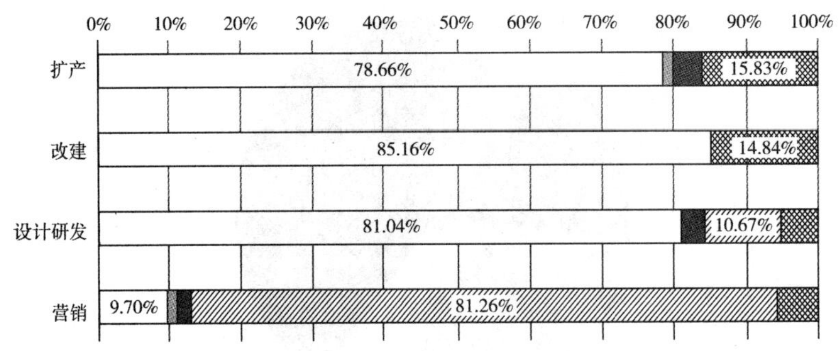

图 3-17 各类型募投项目资金投向权重

数据来源：上市公司公告，立德咨询整理。

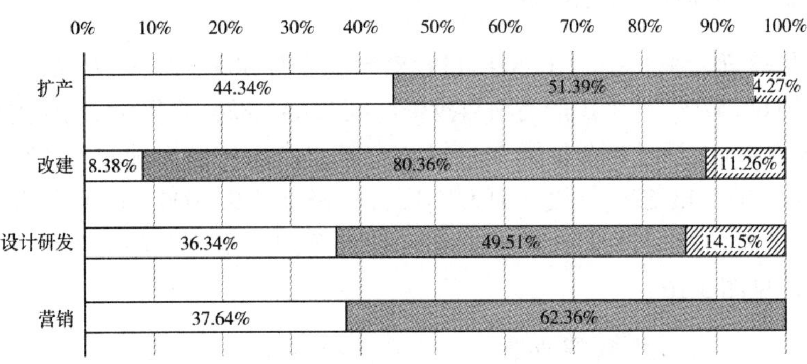

图 3-18 各类型募投项目有形资产投资内容权重

数据来源：上市公司公告，立德咨询整理。

设计研发类项目主要投资内容是有形资产和研发费用，募集资金的 81.04% 用于有形资产投资，10.67% 用于研发费用。有形资产投资中，36.34% 用于建筑工程投资，49.51% 为设备购置，剩余 14.15% 为工程建设其他费用。在研发费用中，47.84% 用于项目开发与实施，27.17% 用于研发人员薪酬，22.75% 为其他各类与研发有关的支出，研发材料权重最低，仅为 2.24%（见图 3-19）。

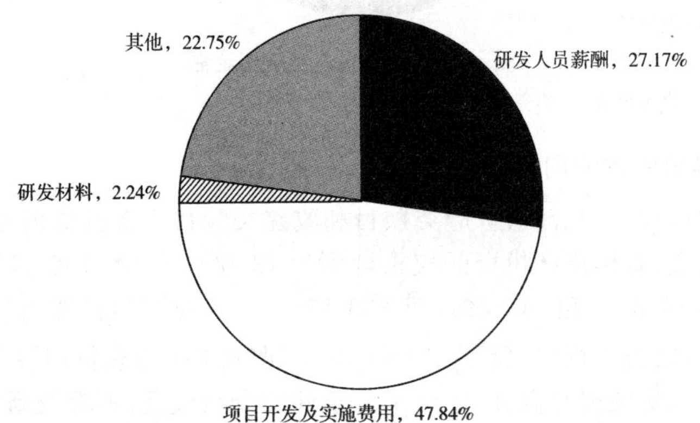

图 3-19 设计研发类项目研发费用构成权重

数据来源：上市公司公告，立德咨询整理。

营销类项目主要投资内容是有形资产和销售费用。有形资产投资权重较低，仅为9.70%，其中建筑工程和设备购置权重分别为37.64%和62.36%。销售费用权重高达81.26%，其中最大的开销是各类展示中心、分支机构的建设及装修费用，占83.90%，其次是人事薪酬和宣传与推广费用，分别为7.97%和6.05%（见图3-20）。

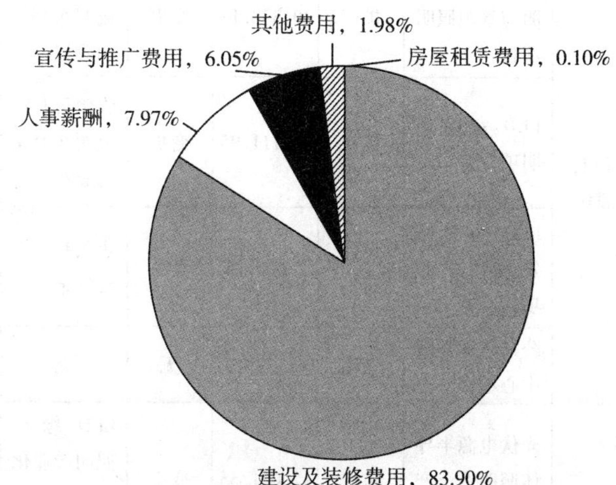

图3-20 营销类项目销售费用构成权重

数据来源：上市公司公告，立德咨询整理。

三、募投项目变更延期情况

在过往案例中，有两家涉及募投项目变更，分别是勤上股份(002638)和珈伟新能(300317)（见表3-15）。

勤上股份于2015年9月17日和2018年4月4日对外公告，变更募投项目资金用途。据2015年9月17日公告，LED户外照明与景观照明项目因项目已达到预定使用状态，LED室内照明项目由于LED行业增速不及预期、公司产能过剩而暂缓建设，故勤上股份将该两个项目剩余资金及剩余超募资金用于收购飞利浦流明6.15%的股权。据2018年4月4日公告，由于半导体照明业务增长乏力，公司进行重大资产重组，拟将半导体照明业务剥离，终止LED照明研发设计中心项目，并将剩余资金用于补充公司流动资金。

珈伟新能分别于2013年7月25日、2013年10月25日和2014年6月5日通过股东大会决议变更募投项目。基于LED市场前景和公司业绩、海外客户采购政策变化以及市场去库存化周期延长等因素，珈伟新能调整经营战略，重点发展LED业务，将“光伏电源半导体照明系统产业化项目”变更为“LED绿色照明产业化基地建设项目”，将“年产4,000万套太阳能草坪灯、太阳能庭院灯项目”变更为“年产2,400万套太阳能草坪灯、太阳能庭院灯项目”，将“光伏照明研发中心项目”变更为“LED照明研发中心项目”。

表 3-15　　募投项目变更情况

序号	证券代码	证券简称	项目名称	募投类型	变更前投资金额（万元）	变化情况	变更后项目名称	变更后投资金额（万元）	跨期（月）
1	002638	勤上股份	LED户外照明与景观照明项目	扩产	20,338.14	变更	收购飞利浦流明6.15%的股权	—	46.40
			LED室内照明项目	扩产	14,111.95	变更	收购飞利浦流明6.15%的股权	—	46.40
			LED照明研发设计中心项目	设计研发	7,660.14	变更	永久补充流动资金	—	77.40
			公司营运管理中心项目	营销	4,223.10	无	无	—	—
2	300317	珈伟新能	光伏电源半导体照明系统产业化项目	扩产	12,021.55	变更	LED绿色照明产业化基地建设项目	10,000.00	17.30
			年产4,000万套太阳能草坪灯、太阳能庭院灯项目	扩产	28,004.61	变更	年产2,400万套太阳能草坪灯、太阳能庭院灯项目	17,083.49	17.30
			光伏照明研发中心项目	设计研发	3,467.05	变更	LED照明研发中心项目	1,915.44	25.30

注：跨期指IPO招股说明书公告之日与募投项目变更公告之日之间的月份数。

数据来源：上市公司公告，立德咨询整理。

在过往案例中，有三家涉及募投项目延期，分别是伊戈尔（002922）、得邦照明（603303）和晨丰科技（603685）（见表3-16）。

据伊戈尔披露，2019年上半年项目建设地降雨频繁，影响施工进度，导致工程方未能按期交付。据得邦照明披露，“年产11,000万只（套）LED照明系列产品建设项目”及“年产116万套LED户外照明灯具建设项目”由于新增实施地点基础建设，实施进度受各项审批流程影响，延期至2019年12月31日；“照明研发中心及光体验中心建设项目”受行业技术和下游应用领域快速发展的影响，对项目的具体建设内容进行了调整，延期至2019年12月31日。据晨丰科技公告披露，受“LED绿色照明节能结构组件项目”实施地点发生变更、公司厂房布局及项目内部投资结构调整等因素的影响，“绿色照明研发中心建设项目”基础建设工程延期，这两个项目延期至2020年11月。

表 3-16 募投项目延期情况

证券代码	证券简称	项目名称	募投类型	投资金额（万元）	是否延期	延期(月)
002922	伊戈尔	新能源用高频变压器产业基地项目	扩产	12,424.67	未延期	—
		LED 照明电源生产项目	扩产	11,795.18	延期	12
		伊戈尔研发中心项目	设计研发	3,074.27	未延期	—
		偿还银行贷款及补充流动资金	补流	9,718.08	未延期	—
603303	得邦照明	年产 11,000 万只(套)LED 照明系列产品建设项目	扩产	51,100.00	延期	36
		年产 116 万套 LED 户外照明灯具建设项目	扩产	10,590.00	延期	30
		照明研发中心及光体验中心建设项目	设计研发	7,470.00	延期	30
		补充流动资金	补流	35,000.00	未延期	—
603685	晨丰科技	LED 绿色照明节能结构组件项目	扩产	38,265.00	延期	12
		绿色照明研发中心建设项目	设计研发	6,950.00	延期	12
		补充流动资金	补流	1,110.00	未延期	—

注：延期指 IPO 招股说明书公告项目预计建成日与项目延期建成日之间的月份数。

数据来源：上市公司公告，立德咨询整理。

第四节
照明器具制造业上市公司募投项目设计效益分析

一、行业上市公司募投项目分析

截至 2019 年 8 月，根据证监会行业分类，C387 照明器具制造业共有 20 家上市公司，由于佛山照明、阳光照明、粤照明 B 上市时间较早，此处不单独分析。

截至 2018 年，共有 3 家上市公司募投项目全部建成，分别是雪莱特、金莱特和欧普照明。剩余 9 家上市公司中，共有 7 家上市公司募投项目未全部建成，分别为海洋王、伊戈尔、三雄极光、太龙照明、得邦照明、华体科技、晨丰科技，其中伊戈尔、得邦照明和晨丰科技项目延期；共有 2 家上市公司变更募投项目，分别为勤上股份和珈伟新能。上市公司募投项目预期收益达成情况见表 3-17。

表 3-17　　上市公司募投项目预期收益达成情况

序号	证券代码	证券简称	项目名称	募集资金到位年度	实际建设期(年)	募投项目建成年度	截至2018年项目建设进度
1	002076	雪莱特	车用氙气金属卤化物放电灯系列及配套电子镇流器技术改造项目	2006	1.5	2009	100.00%
			节能灯自动化生产线技术改造项目		1.5	2008	100.00%
			高强度长寿命紫外线灯及配套电子镇流器技术改造项目		1.5	2009	100.00%
2	002638	勤上股份	LED户外照明与景观照明项目	2011	2.0	未建成	项目变更
			LED室内照明项目		2.0	未建成	项目变更
			LED照明研发设计中心项目		2.0	未建成	项目变更
			公司营运管理中心项目		1.0	2015	100.00%
3	002723	金莱特	可充电备用LED灯具扩产项目	2014	1.0	2014	100.09%
			可充电交直流两用风扇扩产项目		1.0	2014	100.46%
			研发中心项目		1.0	2014	99.84%
4	002724	海洋王	生产线建设项目	2014	2.0	2018	100.15%
			研发中心建设项目		2.0	未建成	44.79%
			国内营销中心扩建项目		2.0	未建成	49.61%
5	002922	伊戈尔	新能源用高频变压器产业基地项目	2017	1.5	未建成	47.66%
			LED照明电源生产项目		1.5	延期	27.45%
			伊戈尔研发中心项目		1.5	未建成	0.00%
			偿还银行贷款及补充流动资金项目		—	2018	100.02%
6	300317	珈伟新能	光伏电源半导体照明系统产业化项目	2012	2.0	未建成	项目变更
			年产4,000万套太阳能草坪灯、太阳能庭院灯项目		2.0	未建成	项目变更
			光伏照明研发中心项目		1.0	未建成	项目变更
7	300625	三雄极光	LED绿色照明扩产建设项目	2017	1.5	未建成	19.28%
			LED智能照明生产基地建设项目		1.5	未建成	12.47%
			研发中心扩建升级项目		3.0	未建成	35.33%
			实体营销网络下沉完善扩充项目		3.5	未建成	95.30%
			O2O电商平台建设项目		3.5	未建成	49.98%
			跨境电商海外市场拓展项目		2.5	未建成	37.60%

续表

序号	证券代码	证券简称	项目名称	募集资金到位年度	实际建设期(年)	募投项目建成年度	截至2018年项目建设进度
8	300650	太龙照明	商业照明产业基地建设项目	2017	1.5	未建成	30.05%
			设计研发中心建设项目		1.5	未建成	17.74%
9	603303	得邦照明	年产11,000万只(套)LED照明系列产品建设项目	2017	3.0	延期	52.93%
			年产116万套LED户外照明灯具建设项目		2.0	延期	70.31%
			照明研发中心及光体验中心建设项目		3.0	延期	25.13%
			补充流动资金		—	—	—
10	603515	欧普照明	绿色照明生产项目	2016	4.0	2017	100.60%
			展示中心及营销网络建设项目		3.0	2018	101.74%
			研发中心建设项目		—	2016	100.73%
11	603679	华体科技	城市照明系统技术改造及扩产项目	2017	1.5	未建成	17.99%
			研发与设计中心建设项目		1.0	未建成	24.78%
			营销网络建设项目		3.0	未建成	7.04%
			补充流动资金		—	—	—
12	603685	晨丰科技	LED绿色照明节能结构组件项目	2017	2.0	延期	52.10%
			绿色照明研发中心建设项目		1.0	延期	5.55%
			补充流动资金		—	—	—

数据来源:上市公司公告,立德咨询整理。

(一)雪莱特(002076)

雪莱特车用氙气金属卤化物放电灯系列及配套电子镇流器技术改造项目主要生产汽车灯系列产品;节能灯自动化生产线技术改造项目主要生产节能灯产品,包括灯管系列、插管灯系列和一体灯系列;高强度长寿命紫外线灯及配套电子镇流器技术改造项目主要生产紫外线灯系列产品。以上三个项目投资合计22,000.00万元,建设期1.5年,预计项目建成后每年可新增收入合计47,800.00万元,预计每年可新增净利润6,155.00万元(见表3-18)。

表3-18　雪莱特募投项目指标

项目名称	规划建设期(年)	募投项目建成年度	项目投资(万元)	预计新增收入(万元)	预计新增净利润(万元)
车用氙气金属卤化物放电灯系列及配套电子镇流器技术改造项目	1.5	2009	14,000.00	31,200.00	4,200.00

续表

项目名称	规划建设期（年）	募投项目建成年度	项目投资（万元）	预计新增收入（万元）	预计新增净利润（万元）
节能灯自动化生产线技术改造项目	1.5	2008	5,000.00	11,600.00	1,025.00
高强度长寿命紫外线灯及配套电子镇流器技术改造项目	1.5	2009	3,000.00	5,000.00	930.00
合计			22,000.00	47,800.00	6,155.00

数据来源：上市公司公告，立德咨询整理。

雪莱特募集资金2006年到位，募投项目2009年全部建成，并于2015年达到公司预计目标。雪莱特年度报告披露，公司2006年度营业收入27,023.96万元，是募集资金到位日近三年营业收入最高值。假设2006年营业收入即为公司产能饱和状况下的收入，则项目完全达产后公司预计年收入可达74,823.96万元①，2015年公司营业收入80,161.50万元，达成预计目标。雪莱特募投项目经济效益对比见图3-21。

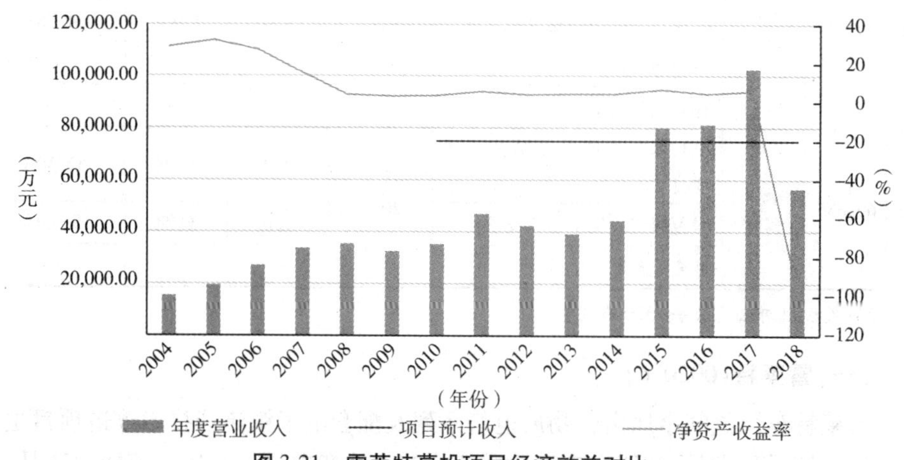

图3-21　雪莱特募投项目经济效益对比

数据来源：上市公司公告，立德咨询整理。

1. LED产品业务推动收入增长

2015年收入高速增长的动力主要来源于LED产品。从收入增长趋势（见图3-22）看，2015年雪莱特年度报告数据显示，LED产品有新增品类且取得较大成果。2015年LED产品收入达48,605.21万元，较2014年增长397.28%；2017年LED产品中的LED室内照明系列产品收入达25,072.94万元，同比增长92.73%，推动雪莱特收入大幅增长。2018年雪莱特营业收入下滑较为明显，主要是经济环境错综复杂、全球经济增速放缓、国内实体经济下行、中美贸易摩擦升级等原因导致的。

①项目建成后公司预计年收入=项目建成前公司产能饱和状况下的收入+项目建成后公司预计每年新增收入=27,023.96+47,800.00=74,823.96（万元）。

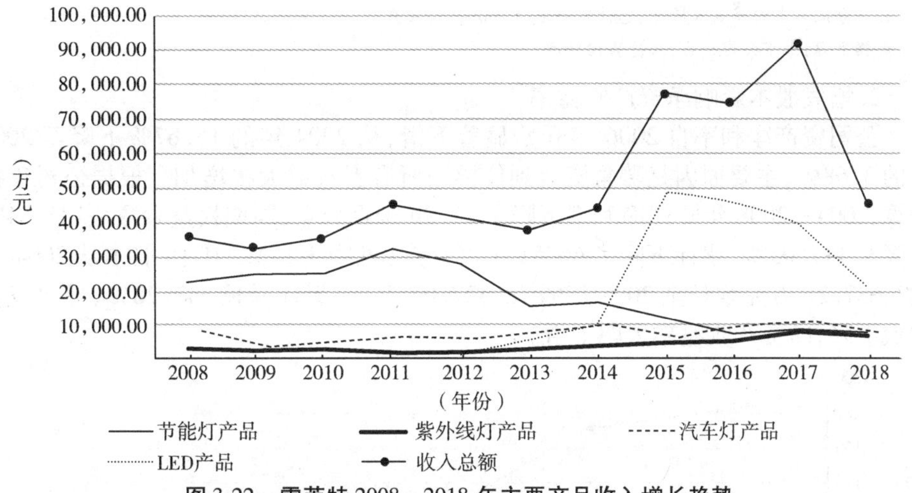

图 3-22 雪莱特 2008—2018 年主要产品收入增长趋势

数据来源：上市公司公告，立德咨询整理。

从收入结构看，据雪莱特年度报告数据统计，2012 年以前节能灯产品占公司主营业务收入的 64%～77%，占比总体保持稳定。2012 年《国务院关于印发“十二五”节能环保产业发展规划的通知》（国发〔2012〕19 号）提出大力发展高效照明产品，加快半导体照明（LED、OLED）的研发，对 LED 产业形成利好，雪莱特积极面对行业变化、调整产品结构。2012—2018 年，节能灯产品收入占主营业务收入比例从 67.58% 下降至 15.40%，减少了 52.18 个百分点，同期，LED 产品收入占主营业务收入比例从 3.19% 提高至 47.02%，其中 2015 年更是达到 62.88%，雪莱特 2012—2018 年主营业务收入逐渐以 LED 产品为主①（见图 3-23）。

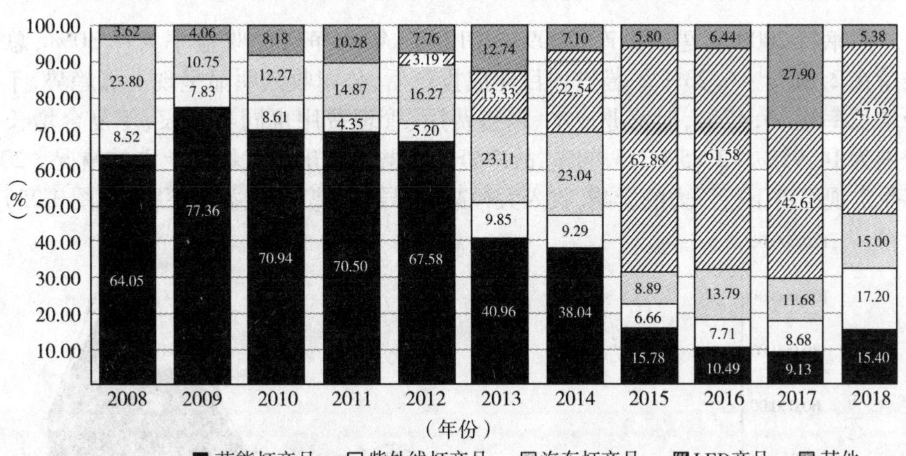

图 3-23 雪莱特 2008—2018 年主营业务收入结构

注：1. 节能灯产品包括灯管系列、插管灯系列和一体化电子灯系列，《2015—2018 年度报告》第四节管理层讨论与分析中合并为“荧光灯室内照明系列”。

紫外线灯产品指雪莱特年度报告中的“紫外线灯系列”，又称“环境净化系列”。

汽车灯产品指雪莱特年度报告中的“汽车灯系列”，又称“HID 灯系列”或“汽车照明系列”。

①根据雪莱特历年年度报告统计。

2. 百分比存在四舍五入情况，总计不一定为100%，请注意。

数据来源：上市公司公告，立德咨询整理。

2. 增发股本影响净资产收益率

公司资产净利率自2006年开始显著下滑，从2004年的15.67%下降至2008年的3.68%，主要原因是募集资金到位导致所有者权益大幅增加。根据公司年报计算，2004—2008年资产净利率下降了11.99个百分点，同期权益乘数从183.54%下降至117.03%，累计下降了66.51个百分点（见图3-24）。其中，股本从2004年的7,637.26万元增长至2008年的18,427.07万元，累计增长141.28%，导致权益乘数下降，净资产收益率大幅下滑。

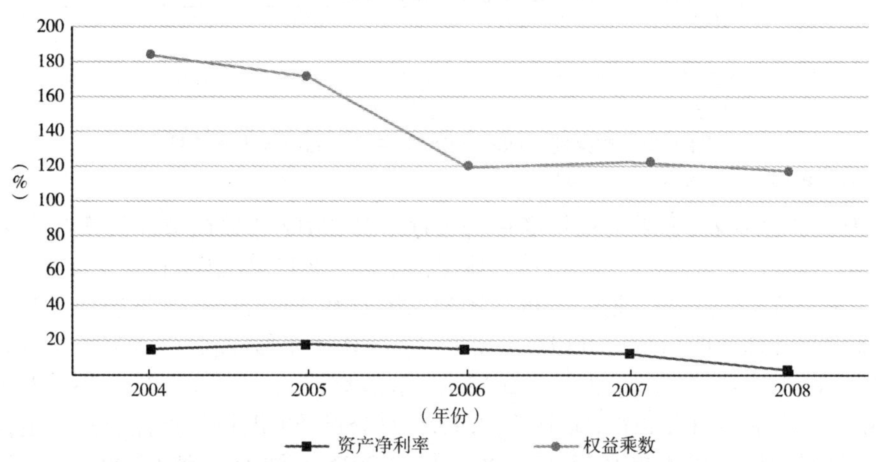

图3-24 雪莱特2004—2008年杜邦分析法财务指标

数据来源：上市公司公告，立德咨询整理。

雪莱特2009年建成投产，2009—2017年，年均净资产收益率为4.30%，总体维持在2.81%~6.23%。募投项目建成投产后，公司收入明显呈现上涨趋势，年复合增长率达15.47%，但营业成本、销售费用、管理费用也同步增长，年复合增长率分别为14.95%、12.85%、15.88%，故净资产收益率未出现大幅度上涨的情况。2018年受宏观经济下行压力的影响，收入大幅减少，导致净资产收益率下跌（见图3-25）。

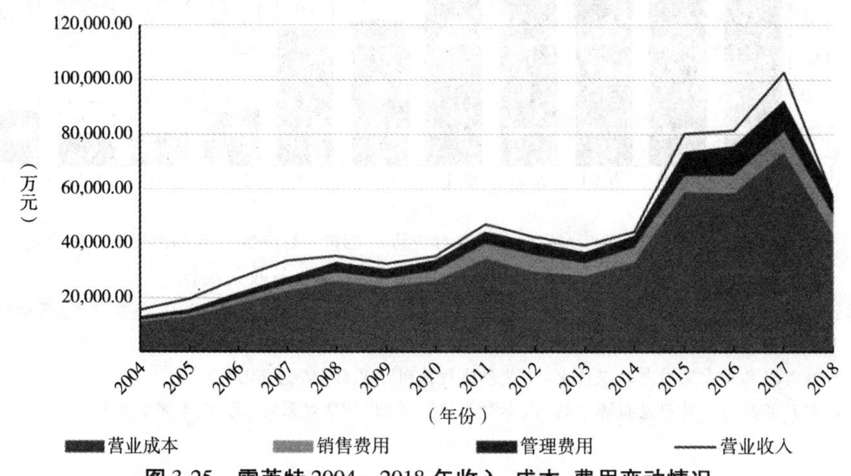

图3-25 雪莱特2004—2018年收入、成本、费用变动情况

数据来源：上市公司公告，立德咨询整理。

综合而言,雪莱特募投项目完成投产后,可以达到预计目标,对公司销售业绩增长起推动作用。

(二)金莱特(002723)

金莱特可充电备用LED灯具扩产项目和可充电交流直流两用风扇扩产项目主要扩产LED灯具产品和风扇产品;研发中心项目主要用于构建研发中心,为公司产品提供配套研发服务及测试环境。以上三个项目投资合计27,249.98万元,建设期1年,预计项目建成后每年可新增收入合计51,270.18万元,预计每年可新增净利润5,744.15万元(见表3-19)。

表3-19 **金莱特募投项目指标**

项目名称	规划建设期(年)	募投项目建成年度	项目投资(万元)	预计新增收入(万元)	预计新增净利润(万元)
可充电备用LED灯具扩产项目	1	2014	17,506.78	38,740.32	4,289.80
可充电交流直流两用风扇扩产项目	1	2014	5,862.20	12,529.86	1,454.35
研发中心项目	1	2014	3,881.00	—	—
合计			27,249.98	51,270.18	5,744.15

数据来源:上市公司公告,立德咨询整理。

金莱特募集资金2014年到位,募投项目同年建成,2017年基本达到公司预计目标。金莱特年度报告数据显示,公司2014年营业收入58,317.96万元,是募集资金到位日近三年营业收入的最高值,假设2014年营业收入为公司产能饱和状况下的收入,则项目完全达产后公司预计年收入可达109,588.14万元①,2017年营业收入98,664.57万元,达到预计目标的90.03%。若继续保持2012—2018年营业收入年复增长率6.82%,预计金莱特可于2023年达到预计目标(见图3-26)。

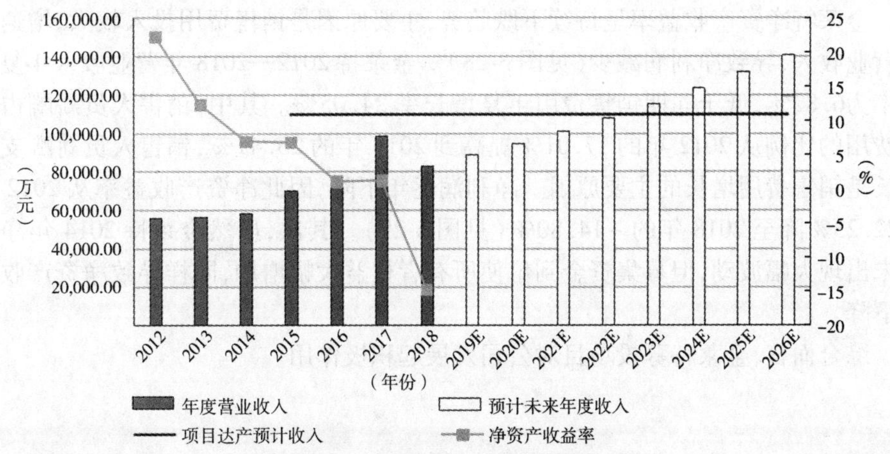

图3-26 金莱特募投项目经济效益对比

数据来源:上市公司公告,立德咨询整理。

①项目建成后公司预计年收入=项目建成前公司产能饱和状况下的收入+项目建成后公司预计每年新增收入=58,317.96+51,270.18=109,588.14(万元)。

1. 开拓国内市场是收入增长的主要原因

金莱特2017年收入同比增长28.15%,主要得益于公司调整战略,重点开发国内市场。据金莱特公告披露数据,2017年公司内销收入2.79亿元(见图3-27),同比增长50.38%,高于外销收入同比增长率22.32%,内销收入占总收入比例也从21.90%上升至25.38%。此外,金莱特2017年可充电备用照明灯具销量同比增长20.36%,产量同比增长15.31%,公司募投项目产能得到充分利用。

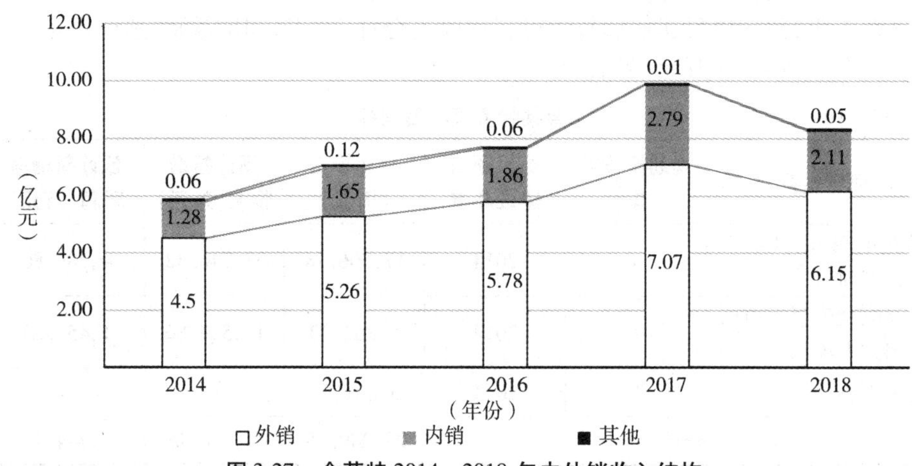

图3-27 金莱特2014—2018年内外销收入结构

数据来源:上市公司公告,立德咨询整理。

金莱特2018年受宏观经济下行的影响,营业收入较2017年降低了15.83%。金莱特长期深耕海外市场,2018年中美贸易摩擦等一系列国际性事件导致外汇市场大幅波动,加之国内经济下行压力显著、行业日趋成熟和增速放缓等原因,使得公司收入明显下滑。

2. 销售费用投入对净资产收益率有较大影响

金莱特净资产收益率呈持续下跌趋势,主要原因是销售费用投入较大,增速高于营业收入,导致净利润减少(见图3-28)。金莱特2012—2018年营业收入年复增长率为6.82%,低于同期销售费用年复增长率24.05%。其中,销售人员薪酬占销售费用的比例从2012年的17.01%提高到2018年的25.41%,销售人员薪酬支出增长是销售费用增长的主要原因。净利润逐年下降,因此净资产收益率从2012年的22.23%降至2018年的-14.80%(见图3-29)。其次,虽然金莱特2014年净利润未出现大幅波动,但募集资金到位使所有者权益大幅增加,同样导致净资产收益率下降。

综合而言,金莱特募投项目对公司发展起积极作用。

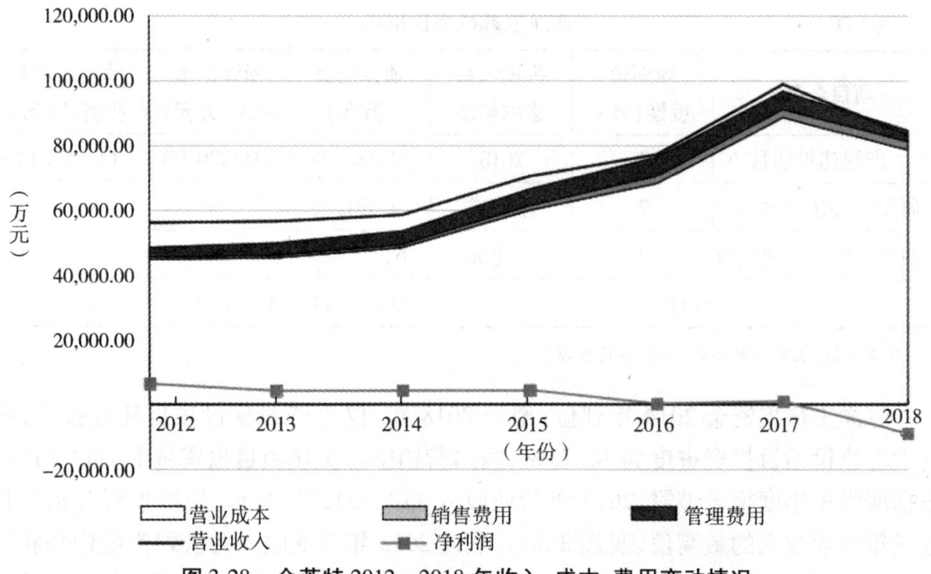

图 3-28 金莱特 2012—2018 年收入、成本、费用变动情况

数据来源:上市公司公告,立德咨询整理。

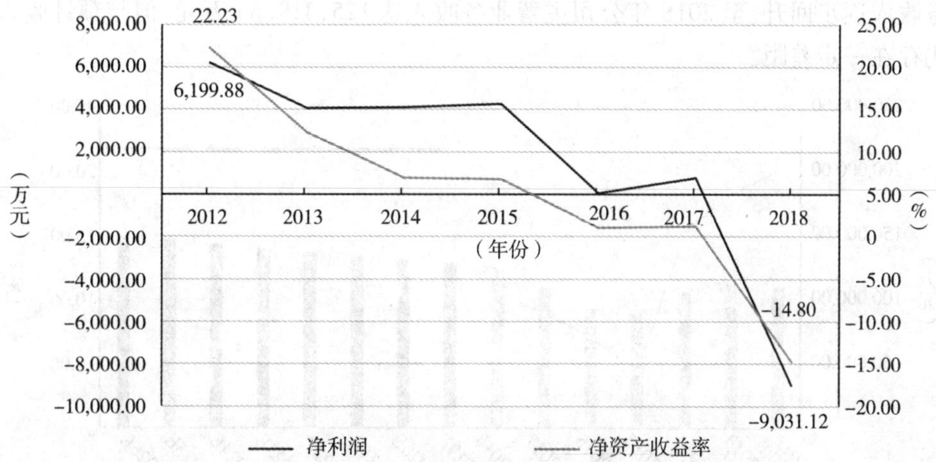

图 3-29 金莱特 2012—2018 年净利润、净资产收益率变动情况

数据来源:上市公司公告,立德咨询整理。

(三)海洋王(002724)

海洋王生产线项目主要生产特殊环境照明设备,是海洋王的主营业务。根据海洋王招股说明书披露,海洋王特殊照明设备产品涵盖固定照明设备、移动照明设备和便携照明设备三大系列。研发中心建设项目和国内营销中心扩建项目主要为海洋王提供研发和营销支持。三个项目投资合计 55,044.11 万元,建设期 2 年。预计项目建成后每年可新增收入合计 103,200.00 万元,预计每年可新增净利润 14,759.42 万元(见表 3-20)。

表 3-20 海洋王募投项目指标

项目名称	规划建设期(年)	募投项目建成年度	项目投资(万元)	预计新增收入(万元)	预计新增净利润(万元)
生产线建设项目	2	2018	33,585.28	103,200.00	14,759.42
研发中心建设项目	2	未建成	14,481.38	—	—
国内营销中心扩建项目	2	未建成	6,977.45	—	—
合计			55,044.11	103,200.00	14,759.42

数据来源:上市公司公告,立德咨询整理。

海洋王募集资金2014年到位,截至2018年,仅生产线建设项目建成投产,研发中心建设项目投资进度为44.79%,国内营销中心扩建项目投资进度为49.61%。根据海洋王年度报告披露,2013年营业收入113,131.00万元,是募集资金到位日近三年营业收入的最高值(见图3-30),假设2013年营业收入为公司产能饱和状况下的收入,则项目完全达产后公司预计年收入可达216,331.00万元①。海洋王2014年和2015年主营业务收入分别下降了6.62%和15.15%。2016年后主营业务收入逐步回升,至2018年公司主营业务收入达125,319.65万元,但与预计收入仍存在一定差距。

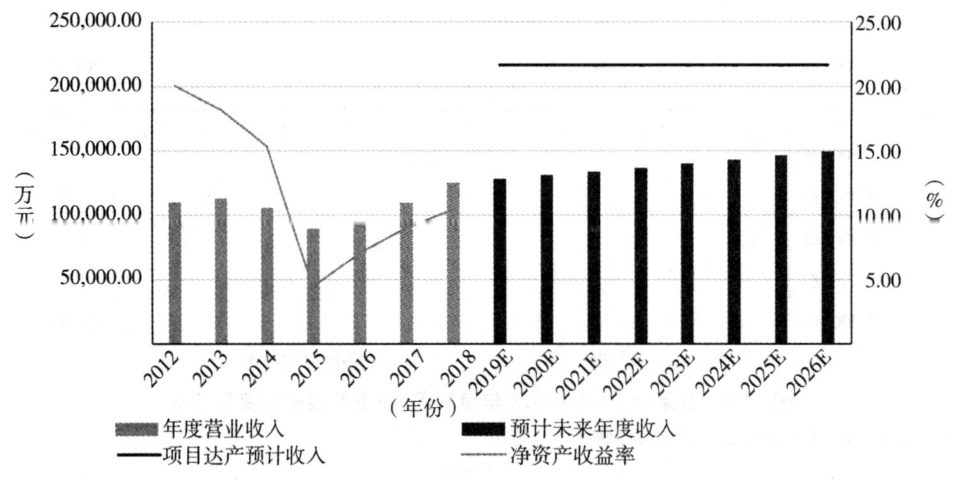

图 3-30 海洋王募投项目经济效益对比

数据来源:上市公司公告,立德咨询整理。

1. 宏观经济下行压力影响公司业绩

受2014—2015年宏观经济下行压力的影响,全球经济持续低迷、国内经济增速放缓,海洋王销售收入分别下降6.62%和15.15%(见图3-31)。其中,公司判断铁路、公安消防等行业在2015年销售形势较好,为及时满足市场需求而储备较多便携照明设备,导致2014年该产品库存增长较大,同比增长105.43%。2016年及

①项目建成后公司预计年收入=项目建成前公司产能饱和状况下的收入+项目建成后公司预计每年新增收入=113,131.00+103,200.00=216,331.00(万元)。

以后，海洋王调整行业事业部、服务中心市场布局，加之继续深化自主经营，营业收入逐步回升。

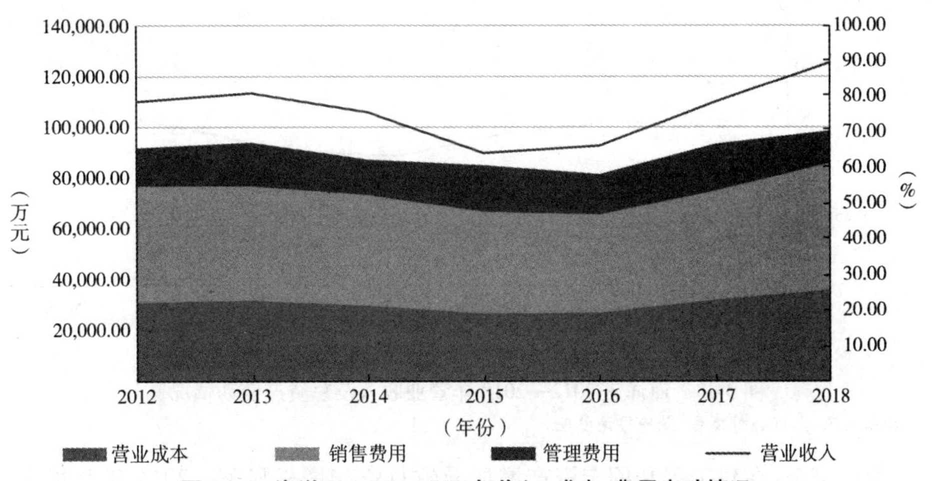

图 3-31 海洋王 2012—2018 年收入、成本、费用变动情况

数据来源：上市公司公告，立德咨询整理。

2. 收入增速不及资产增速，影响净资产收益率

2012—2015 年，海洋王净资产收益率大幅降低，原因是 2014 年募集资金到位和项目建设投入导致资产增长，而同期收入未显著增加。根据杜邦分析法可知，2012—2015 年，海洋王销售净利润率和权益乘数整体保持稳定，但资产周转率出现大幅下滑（见图 3-32），间接导致净资产收益率下降。这是 2012—2015 年总资产增长而收入下跌所致，2012—2015 年总资产年复增长率为 16.17%，同期营业收入年复增长率为 -6.55%（见图 3-33）。

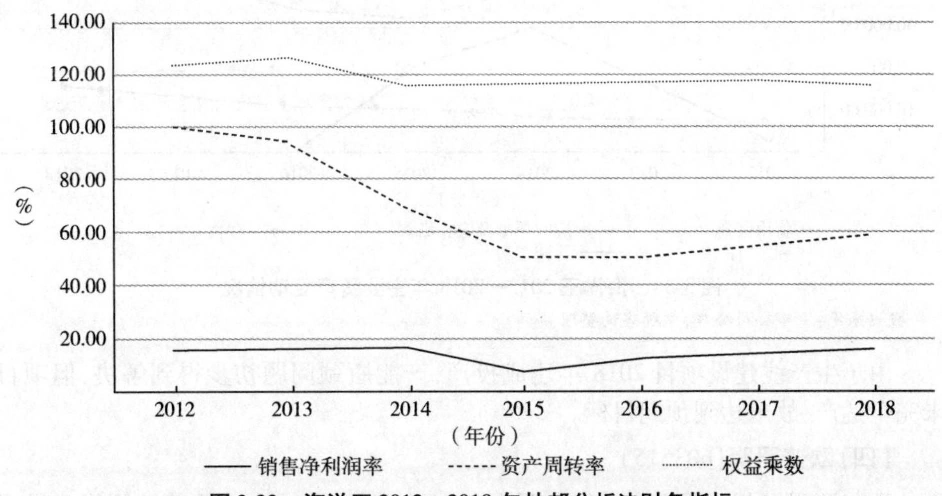

图 3-32 海洋王 2012—2018 年杜邦分析法财务指标

数据来源：上市公司公告，立德咨询整理。

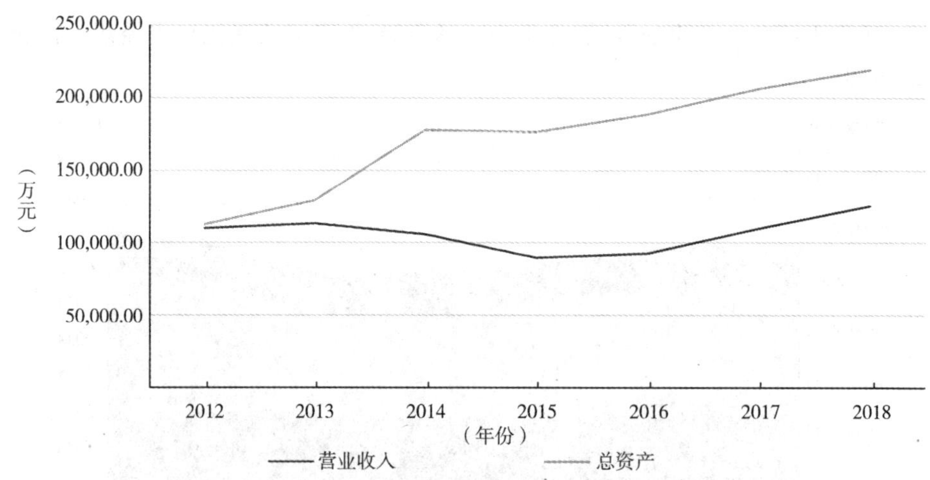

图 3-33　海洋王 2012—2018 年营业收入及总资产变动情况

数据来源：上市公司公告，立德咨询整理。

货币资金、在建工程和固定资产增加导致总资产增长显著。2014 年募集资金到位和募投项目建设，使得货币资金和在建工程出现较大增长，2015 年募集资金未全部投入项目、部分在建工程转入固定资产，均导致总资产较大。2016 年及以后，海洋王净资产收益率随收入增长而增长（见图 3-34）。

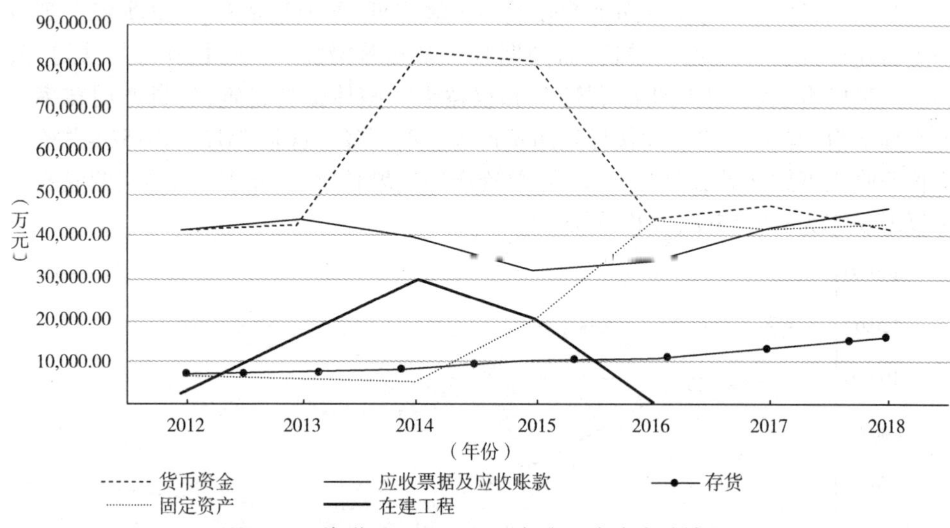

图 3-34　海洋王 2012—2018 年主要资产变动情况

数据来源：上市公司公告，立德咨询整理。

由于生产线建设项目 2018 年建成投产，产能瓶颈问题初步得到解决，但项目未完全达产，故未达到预期目标。

（四）欧普照明（603515）

欧普照明绿色照明生产项目主要生产 LED 产品，展示中心及营销网络建设项目主要建设展示中心、品牌专卖店和销售管理信息系统，研发中心建设项目以扩大现有研发和实验部门规模为主要目的。以上三个项目投资合计 123，986.30 万元，建设期 4 年。预计项目建成后每年可新增收入合计 224，068.21 万元，预计每年可新增净利润 3，612.66 万元（见表 3-21）。

表 3-21 欧普照明募投项目指标

项目名称	规划建设期（年）	募投项目建成年度	项目投资（万元）	预计新增收入（万元）	预计新增净利润（万元）
绿色照明生产项目	4	2017	56,659.04	224,068.21	3,612.66
展示中心及营销网络建设项目	3	2018	47,132.62	—	—
研发中心建设项目	1	2016	20,194.64	—	—
合计			123,986.30	224,068.21	3,612.66

数据来源：上市公司公告，立德咨询整理。

欧普照明年度报告披露，公司2016年度营业收入547,663.86万元，是募集资金到位日近三年营业收入的最高值（见图3-35），假设2016年营业收入即公司产能饱和状况下的收入，则项目完全达产后公司预计年收入可达771,732.07万元①。欧普照明绿色照明生产项目2017年建成，2018年营业收入为800,161.50万元，达到预计目标。

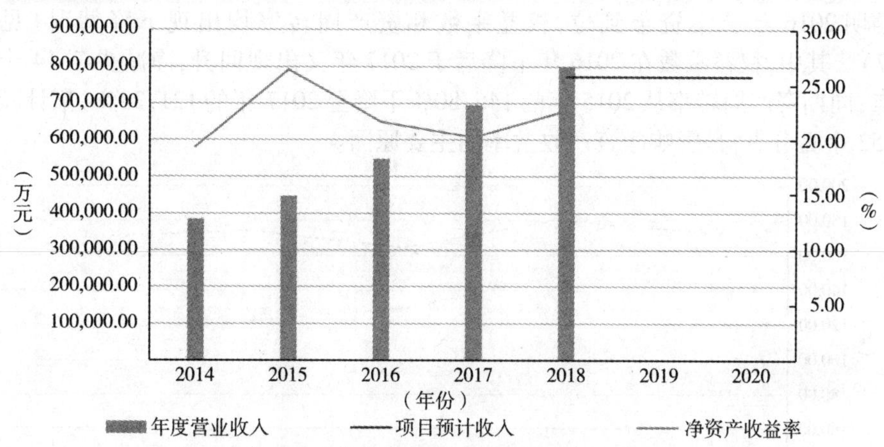

图 3-35 欧普照明募投项目经济效益对比

数据来源：上市公司公告，立德咨询整理。

1. 募投项目产能得到充分利用

欧普照明2014—2018年收入稳定增长，产能得到有效利用。欧普照明2014—2018年营业收入年复增长率为20.13%，毛利率稳定在36%～40%，主要得益于其积极开拓销售渠道、提升综合服务能力。2015—2018年，欧普照明产品年产量从18,057万件增长至35,596万件，年复增长率为25.39%；年销量从18,126万件增长至34,415万件，年复增长率为23.83%（见图3-36）。2015—2018年年产效率始终保持在96%以上，产能得到有效利用，对收入增长和公司发展起积极推动作用。

①项目建成后公司预计年收入＝项目建成前公司产能饱和状况下的收入＋项目建成后公司预计每年新增收入＝547,663.86＋224,068.21＝771,732.07（万元）。

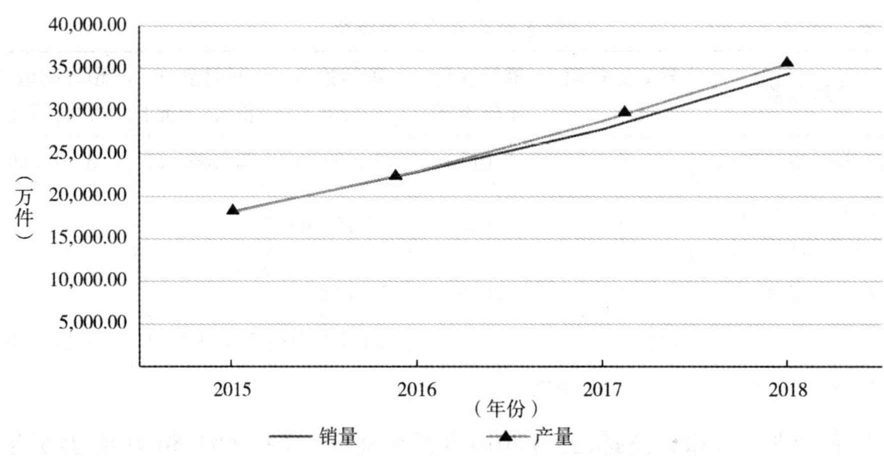

图 3-36　欧普照明 2015—2018 年产量及销量变动情况

数据来源：上市公司公告，立德咨询整理。

2. 利用闲散资金投资影响净资产收益率

2016—2017 年，欧普照明净资产收益率下跌，主要受资产周转率的影响。欧普照明 2016 年募集资金到位，权益乘数和资产周转率均出现下降情况（见图 3-37）。其中，权益乘数在 2016 年下降后于 2017 年又出现回升，净减少 7.14 个百分点；同期资产周转率从 2015 年的 146.80% 下降至 2017 年的 121.28%，累计减少 25.52 个百分点，是影响净资产收益率的主要原因。

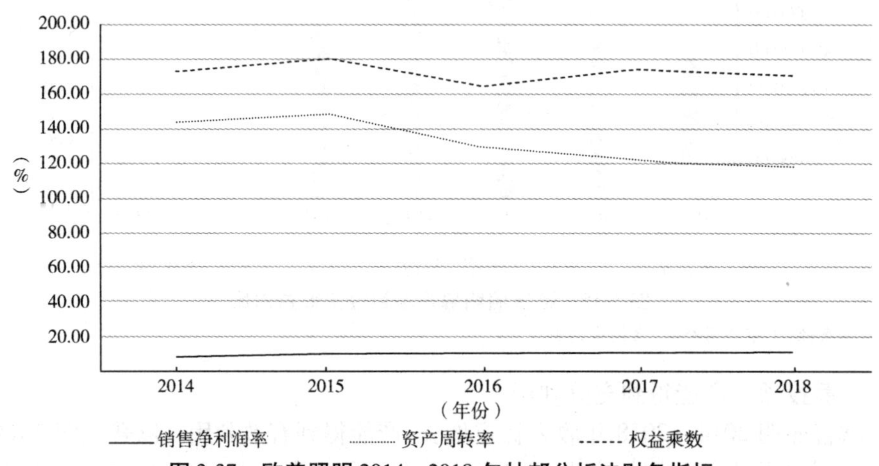

图 3-37　欧普照明 2014—2018 年杜邦分析法财务指标

数据来源：上市公司公告，立德咨询整理。

欧普照明利用闲散资金购置理财产品导致资产周转率下降。2015—2017 年总资产年复增长率为 37.93%，高于同期收入年复增长率 24.77%，且其中流动资产增长最快，同期年复增长率达 57.79%。流动资产中，其他流动资产增长趋势最为显著，较 2015 年增长 131.34%，其中 98% 以上是利用闲置募集资金购买的理财产品。理财产品从 2015 年的 115,652.41 万元增长至 2017 年的 332,372.55 万元，累计增长 187.39%，使得流动资产和总资产呈上升趋势（见图 3-38 与图 3-39），进而影响资产周转率和净资产收益率。

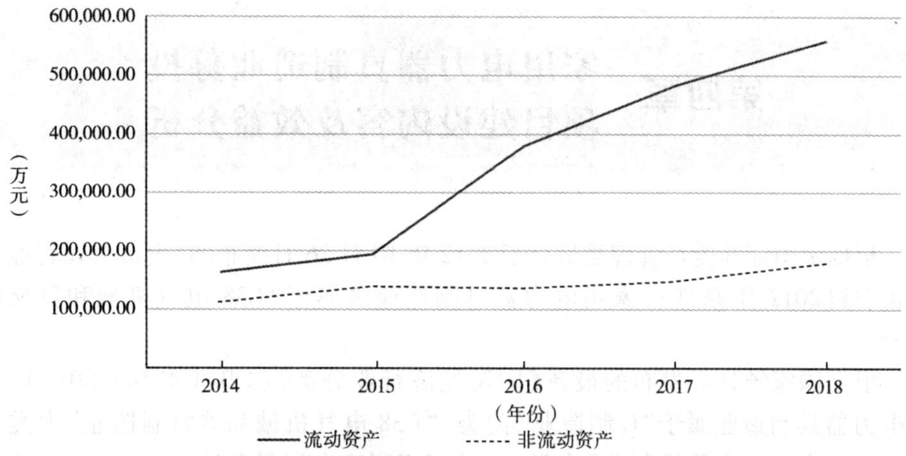

图 3-38　欧普照明 2014—2018 年资产变动情况

数据来源：上市公司公告，立德咨询整理。

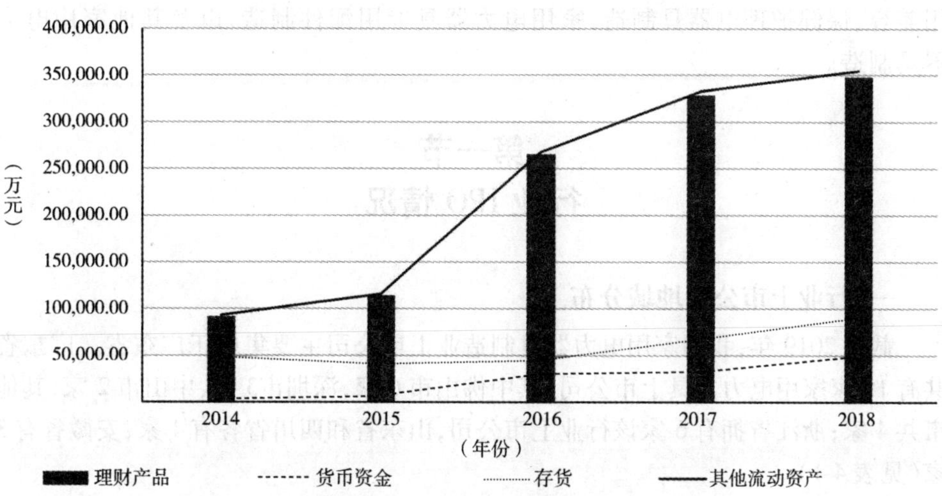

图 3-39　欧普照明 2014—2018 年主要流动资产变动情况

数据来源：上市公司公告，立德咨询整理。

二、影响募投项目效益的主要原因

照明灯具制造业中，渠道开拓有助于消化产能，充分发挥募投项目经济效益。上述案例中，雪莱特、金莱特虽未投资营销类募投项目，但均不同程度地加大了销售渠道的开拓力度。例如，雪莱特在 2015 年先后设立多家营销类合资公司，金莱特在 2017 年积极开拓国内市场。欧普照明展示中心及营销网络建设项目于 2018 年建成，也对其收入增长起积极推动作用。海洋王虽然投资了国内营销中心扩建项目，但截至 2018 年，投资进度仅为 49.61%，尚未能充分发挥渠道优势。此外，勤上股份和珈伟新能因过剩产能未能及时消耗变更募投项目。

可见，若公司销售能力未能与募投项目产能保持同步增长，可能导致产能过剩，影响募投项目的经济效益。

第四章 家用电力器具制造业募投项目建设内容及效益分析

根据中国证券监督管理委员会于2012年10月26日发布的《上市公司行业分类指引》(2012年修订),家用电力器具制造业隶属于“C38电气机械和器材制造业”。

根据国家统计局发布的最新《国民经济行业分类》(GB/T 4754—2017),家用电力器具制造业属于“C制造业”门类,“C38电气机械和器材制造业”大类下的“C385家用电力器具制造”中类,包括家用制冷电器具制造,家用空气调节器制造,家用通风电器具制造,家用厨房电器具制造,家用清洁卫生电器具制造,家用美容、保健护理电器具制造,家用电力器具专用配件制造,以及其他家用电力器具制造。

第一节 行业IPO情况

一、行业上市公司地域分布

截至2019年,我国家用电力器具制造业上市公司主要集中于广东省。广东省共有15家家用电力器具上市公司,其中佛山市6家,深圳市3家,中山市2家,其他市共4家;浙江省拥有6家该行业上市公司,山东省和四川省各有4家,安徽省有3家(见表4-1)。

表4-1 截至2019年家用电力器具制造业上市公司地域分布

证券代码	证券简称	注册省份(含直辖市)	注册城市	成立日期	上市板块	上市日期
603579	荣泰健康	上海	上海市	2002-11-15	上交所	2017-01-11
603868	飞科电器	上海	上海市	2006-06-10	上交所	2016-04-18
603996	ST中新	浙江	台州市	2007-05-23	上交所	2015-12-22
603355	莱克电气	江苏	苏州市	2001-12-26	上交所	2015-05-13
600983	惠而浦	安徽	合肥市	2000-03-30	上交所	2004-07-27
600336	澳柯玛	山东	青岛市	1998-12-28	上交所	2000-12-29
600060	海信电器	山东	青岛市	1997-04-17	上交所	1997-04-22
600854	春兰股份	江苏	泰州市	1988-12-03	上交所	1994-04-25
600839	四川长虹	四川	绵阳市	1993-04-08	上交所	1994-03-11
600690	海尔智家	山东	青岛市	1994-03-31	上交所	1993-11-19
300272	开能健康	上海	上海市	2001-02-27	深交所创业板	2011-11-02

续表

证券代码	证券简称	注册省份（含直辖市）	注册城市	成立日期	上市板块	上市日期
300249	依米康	四川	成都市	2002-09-12	深交所创业板	2011-08-03
300247	融捷健康	安徽	合肥市	1995-04-21	深交所创业板	2011-07-29
002959	小熊电器	广东	佛山市	2006-03-16	深交所中小板	2019-08-23
002848	高斯贝尔	湖南	郴州市	2001-08-23	深交所中小板	2017-02-13
002759	天际股份	广东	汕头市	1996-03-30	深交所中小板	2015-05-28
002723	金莱特	广东	江门市	2007-11-29	深交所中小板	2014-01-29
002705	新宝股份	广东	佛山市	1995-12-11	深交所中小板	2014-01-21
002677	浙江美大	浙江	嘉兴市	2001-12-29	深交所中小板	2012-05-25
002668	奥马电器	广东	中山市	2002-11-01	深交所中小板	2012-04-16
002614	奥佳华	福建	厦门市	1996-08-01	深交所中小板	2011-09-09
002543	万和电气	广东	佛山市	2003-12-29	深交所中小板	2011-01-28
002519	银河电子	江苏	苏州市	2000-06-15	深交所中小板	2010-12-07
002508	老板电器	浙江	杭州市	2000-11-07	深交所中小板	2010-11-23
002473	圣莱达	浙江	宁波市	2004-03-21	深交所中小板	2010-09-10
002429	兆驰股份	广东	深圳市	2007-06-01	深交所中小板	2010-06-10
002420	*ST 毅昌	广东	广州市	2007-09-27	深交所中小板	2010-06-01
002403	爱仕达	浙江	台州市	2007-12-27	深交所中小板	2010-05-11
002260	*ST 德奥	广东	佛山市	2006-08-30	深交所中小板	2008-07-16
002242	九阳股份	山东	济南市	2007-09-19	深交所中小板	2008-05-28
002052	同洲电子	广东	深圳市	2001-04-29	深交所中小板	2006-06-27
002035	华帝股份	广东	中山市	2001-11-30	深交所中小板	2004-09-01
002032	苏泊尔	浙江	台州市	1998-07-17	深交所中小板	2004-08-17
000333	美的集团	广东	佛山市	2000-04-07	深交所主板	2013-09-18
000921	海信家电	广东	佛山市	1992-12-16	深交所主板	1999-07-13
000810	创维数字	四川	遂宁市	1988-07-01	深交所主板	1998-06-02
000801	四川九洲	四川	绵阳市	1993-11-13	深交所主板	1998-05-06
000651	格力电器	广东	珠海市	1989-12-13	深交所主板	1996-11-18
000521	长虹美菱	安徽	合肥市	1992-12-31	深交所主板	1993-10-18
000016	深康佳 A	广东	深圳市	1980-10-01	深交所主板	1992-03-27

注：1. 行业分类以招股说明书上划分或者公司主营业务或产品对应国民经济行业分类标准为主。

2. ST 中新后更名为*ST 中新，海信电器后更名为海信视像，圣莱达后更名为 ST 圣莱，*ST 毅昌后更名为 ST 毅昌，同洲电子后更名为*ST同洲，余下情况同此表，不再额外标注。

数据来源：交易所、证监会、上市公司公开资料、巨潮网，立德咨询整理。

二、行业上市公司业绩规模

2019 年,家用电力器具制造业上市公司中以美的集团营业收入最高,约为 2,793.81亿元,最低的为圣莱达,营业收入为 9,481.64 万元(见表 4-2)。净利润最高的是美的集团,约为 252.77 亿元,最低的为*ST 中新,亏损约为 19.52 亿元(见表 4-3)。2019 年加权净资产收益率方面,以浙江美大最高,达到 33.05%,最低的是融捷健康,收益率为 -58.30%(见表 4-4)。

表 4-2　　2016—2019 年家用电力器具制造业上市公司营业收入规模　　单位:万元

证券代码	证券简称	2016 年	2017 年	2018 年	2019 年
000333	美的集团	15,984,170.10	24,191,889.60	26,181,963.50	27,938,050.60
600690	海尔智家	11,906,582.52	15,925,446.69	18,331,656.02	20,076,198.33
000651	格力电器	11,011,310.19	15,001,955.16	20,002,399.77	20,050,833.36
600839	四川长虹	6,717,534.32	7,763,247.67	8,338,526.29	8,879,289.59
000016	深康佳 A	2,029,934.81	3,122,776.33	4,612,679.73	5,511,912.55
000921	海信家电	2,673,021.95	3,348,759.04	3,601,959.83	3,745,304.40
600060	海信电器	3,183,245.60	3,287,041.09	3,512,827.82	3,410,473.88
002032	苏泊尔	1,194,712.32	1,418,734.74	1,785,126.48	1,985,347.79
000521	长虹美菱	1,252,671.09	1,679,743.68	1,749,017.50	1,655,325.29
002429	兆驰股份	747,734.64	1,022,867.05	1,286,776.81	1,330,220.14
002242	九阳股份	731,480.46	724,752.49	816,870.87	935,143.95
002705	新宝股份	698,534.07	822,230.20	844,433.30	912,453.20
000810	创维数字	592,709.14	725,480.56	776,261.65	889,562.41
002508	老板电器	579,489.79	701,739.71	742,488.53	776,058.19
002668	奥马电器	504,141.72	696,435.46	780,288.07	739,250.75
600336	澳柯玛	375,064.48	466,196.76	564,515.83	643,335.96
002543	万和电气	495,951.21	653,194.84	691,388.13	621,971.03
002035	华帝股份	439,503.63	573,069.67	609,505.00	574,805.76
603355	莱克电气	437,666.37	570,958.76	586,382.43	570,321.72
600983	惠而浦	677,381.88	636,409.19	628,563.32	528,165.81
002614	奥佳华	345,138.32	429,380.87	544,703.07	527,627.13
603868	飞科电器	336,389.48	385,342.89	397,655.55	375,936.78
002403	爱仕达	254,753.77	307,154.55	325,772.50	354,214.19
002420	*ST 毅昌	575,432.89	569,773.36	489,912.68	351,481.40
000801	四川九洲	391,573.29	316,516.56	379,496.75	298,896.22
002959	小熊电器	105,430.41	164,653.36	204,103.51	268,796.40

续表

证券代码	证券简称	2016 年	2017 年	2018 年	2019 年
603579	荣泰健康	128,504.97	191,800.74	229,564.82	231,391.18
002677	浙江美大	66,568.36	102,635.87	140,089.96	168,447.57
002519	银河电子	198,092.94	162,448.53	151,930.33	120,033.74
300249	依米康	97,320.40	124,714.84	137,117.79	117,935.49
300272	开能健康	64,299.50	70,750.16	90,102.28	105,252.55
002723	金莱特	76,991.36	98,664.57	83,050.21	100,081.79
002052	同洲电子	56,349.53	67,286.52	79,813.34	77,952.12
002759	天际股份	49,888.31	85,337.18	86,063.76	77,432.02
300247	融捷健康	60,029.72	121,805.57	106,335.79	73,015.34
002848	高斯贝尔	94,495.01	107,813.18	79,095.70	63,100.57
603996	ST 中新	418,847.85	665,540.81	673,112.95	49,071.71
002260	*ST 德奥	71,721.20	76,068.18	71,858.29	46,776.99
600854	春兰股份	18,646.93	81,859.10	65,977.27	19,831.73
002473	圣莱达	9,521.21	11,733.78	14,737.44	9,481.64

数据来源:上市公司公告、Wind,立德咨询整理。

表 4-3 2016—2019 年家用电力器具制造业上市公司净利润规模 单位:万元

证券代码	证券简称	2016 年	2017 年	2018 年	2019 年
000333	美的集团	1,586,191.20	1,861,119.00	2,165,041.90	2,527,714.40
000651	格力电器	1,552,463.49	2,250,859.90	2,637,902.98	2,482,724.36
600690	海尔智家	669,133.43	905,164.92	977,059.99	1,233,439.25
000921	海信家电	114,159.38	207,180.71	142,307.44	195,044.92
002032	苏泊尔	113,395.38	130,784.41	166,878.12	191,565.31
002508	老板电器	120,681.44	146,119.41	148,384.79	161,424.54
002429	兆驰股份	35,451.26	60,465.54	41,639.78	117,794.01
600060	海信电器	178,915.63	102,703.68	54,676.73	80,689.42
002242	九阳股份	73,336.23	70,991.03	74,166.15	80,576.01
002035	华帝股份	34,147.52	52,653.57	69,367.76	76,056.41
002705	新宝股份	43,284.70	40,964.02	50,358.44	68,848.98
603868	飞科电器	61,323.12	83,534.76	84,365.56	68,351.96
000810	创维数字	52,706.17	9,524.42	31,616.78	61,636.89

续表

证券代码	证券简称	2016 年	2017 年	2018 年	2019 年
002543	万和电气	43,031.29	42,031.42	49,477.67	60,867.90
603355	莱克电气	50,066.35	36,552.61	42,282.38	50,227.17
002677	浙江美大	20,265.61	30,519.21	37,752.51	46,001.29
000016	深康佳 A	9,217.54	508,683.41	66,861.84	33,493.61
600839	四川长虹	115,943.43	66,135.34	66,076.02	33,432.12
603579	荣泰健康	20,900.59	22,658.80	24,993.96	28,816.35
002614	奥佳华	26,559.89	35,546.66	44,280.73	28,764.00
002959	小熊电器	7,153.59	14,656.29	18,550.19	26,818.17
600336	澳柯玛	2,248.78	3,178.92	7,499.05	20,060.27
002519	银河电子	30,981.82	18,649.74	-116,857.72	15,276.34
002420	*ST 毅昌	1,495.80	-48,104.31	-81,596.25	13,439.51
002403	爱仕达	13,427.27	16,188.70	13,322.01	12,693.59
300272	开能健康	8,920.26	1,084.74	34,929.77	12,045.21
000521	长虹美菱	22,016.95	3,609.45	3,487.58	4,351.22
002668	奥马电器	39,249.09	39,889.37	-191,454.95	4,219.54
002723	金莱特	42.88	766.77	-9,031.12	3,906.94
002759	天际股份	7,700.90	2,218.26	8,380.13	3,246.55
002260	*ST 德奥	525.01	-51,558.68	-17,251.91	2,857.03
600854	春兰股份	-1,214.47	-3,024.89	1,588.56	2,543.22
000801	四川九洲	19,893.52	81.44	9,059.13	2,526.02
002848	高斯贝尔	6,013.06	1,498.46	-7,437.85	1,012.50
300249	依米康	3,924.96	8,783.64	3,726.87	-275.30
002473	圣莱达	-3,505.45	-5,776.27	1,145.15	-13,251.27
002052	同洲电子	-61,038.73	893.91	-33,092.58	-19,737.67
600983	惠而浦	28,325.76	-9,697.57	26,183.95	-32,283.92
300247	融捷健康	7,543.73	6,566.46	-78,943.29	-72,192.89
603996	ST 中新	11,761.84	14,604.50	-7,846.71	-195,159.71

数据来源：上市公司公告、Wind，立德咨询整理。

表 4-4　2016—2019 年家用电力器具制造业上市公司加权净资产收益率规模

证券代码	证券简称	2016 年	2017 年	2018 年	2019 年
002677	浙江美大	18.50%	25.73%	29.28%	33.05%

续表

证券代码	证券简称	2016 年	2017 年	2018 年	2019 年
002420	*ST 毅昌	1.16%	-33.67%	-105.00%	30.85%
002032	苏泊尔	22.79%	26.87%	28.84%	30.54%
002959	小熊电器	130.31%	75.77%	50.55%	29.60%
603868	飞科电器	34.30%	38.42%	34.46%	27.38%
002035	华帝股份	20.22%	26.10%	28.34%	26.54%
000333	美的集团	26.88%	25.88%	25.66%	26.43%
000651	格力电器	30.41%	37.44%	33.36%	25.72%
002508	老板电器	33.38%	31.66%	26.40%	25.10%
000921	海信家电	24.33%	34.71%	19.79%	22.21%
002242	九阳股份	21.36%	18.40%	20.70%	21.22%
600690	海尔智家	20.41%	23.59%	21.00%	19.12%
603579	荣泰健康	55.46%	18.85%	17.60%	18.90%
000810	创维数字	21.33%	3.55%	11.46%	18.41%
002543	万和电气	14.20%	13.21%	15.43%	17.18%
603355	莱克电气	18.13%	11.77%	12.64%	16.79%
002705	新宝股份	17.20%	11.92%	13.00%	16.74%
002429	兆驰股份	7.26%	7.56%	5.25%	12.30%
600336	澳柯玛	2.34%	1.84%	3.85%	10.01%
002614	奥佳华	10.36%	12.85%	14.28%	8.66%
002260	*ST 德奥	1.54%	0.00%	0.00%	8.54%
300272	开能健康	14.00%	7.90%	34.79%	8.49%
002723	金莱特	1.02%	1.19%	-14.80%	6.68%
002519	银河电子	12.75%	5.00%	-38.61%	6.21%
002403	爱仕达	7.18%	8.01%	6.73%	6.20%
600060	海信电器	13.99%	7.00%	2.80%	3.87%
000016	深康佳 A	3.35%	63.26%	5.11%	2.62%
002668	奥马电器	16.17%	11.66%	-54.99%	2.24%
002848	高斯贝尔	10.30%	1.93%	-11.81%	1.72%
600854	春兰股份	0.63%	0.91%	2.08%	1.35%
000521	长虹美菱	5.77%	0.64%	0.77%	1.13%
000801	四川九洲	8.22%	0.31%	3.75%	1.13%

续表

证券代码	证券简称	2016 年	2017 年	2018 年	2019 年
002759	天际股份	9.77%	0.66%	2.48%	1.04%
600839	四川长虹	4.49%	2.79%	2.35%	0.46%
300249	依米康	6.24%	12.31%	4.93%	0.41%
603996	ST 中新	8.59%	10.13%	-5.41%	0.00%
600983	惠而浦	6.01%	-2.44%	6.54%	-8.21%
002473	圣莱达	-9.74%	-18.28%	4.17%	-13.87%
002052	同洲电子	-49.47%	0.97%	-43.42%	-39.55%
300247	融捷健康	3.36%	2.19%	-40.10%	-58.30%

数据来源:上市公司公告、Wind,立德咨询整理。

三、行业中介机构排行榜

2004—2019 年,我国家用电力器具制造业保荐机构中,平安证券保荐的通过数量最多,有 5 家通过了发审过会,中信证券保荐的有 4 家通过了发审过会(见表 4-5)。

表 4-5　　2004—2019 年家用电力器具制造业券商排行榜

券商	证券简称	保荐代表人	业务量	
			数量(家)	排名
平安证券	*ST 中科	王海滨、廖志旭	5	1
	圣莱达	李红星、沈璐璐		
	万和电气	严卫、栾培强		
	融捷健康	汪岳、徐圣能		
	惠而浦	曾年生、崔岭		
中信证券	老板电器	樊倩、王英娜	4	2
	奥马电器	魏安胜、王宏岩		
	浙江美大	国磊峰、许刚		
	奇精机械	季诚永、张炜		
华夏证券	海信家电	—	4	2
	*ST 德豪	李伟、乔晖		
	海尔智家	—		
	春兰股份	—		
中金公司	美的集团	李晓岱、秦成栋、吴红日、赵亮	3	3
	汉宇集团	黄钦,龙亮		
	科沃斯	曹宇、刘路遥		

续表

券商	证券简称	保荐代表人	业务量	
			数量(家)	排名
华林证券	麦格米特	崔永新、朱文瑾	2	4
	莱克电气	张兴旺、刘哲		
安徽省证券公司	长虹美菱	—	1	5
国泰君安	九阳股份	饶慧民、岳远斌	1	5
安信证券	星帅尔	杨祥榕、肖江波	1	5
国金证券	天际股份	幸思春、宋乐真	1	5
东海证券	东方电热	孙兆院、魏庆泉	1	5
广发证券	日出东方	林文坛、张鹏	1	5
珠海证券	格力电器	—	1	5
珠海国际信托	格力电器	—	1	5
华欧国际	华帝股份	—	1	5
民生证券	*ST 德奥	梁江东、王学春	1	5
兴业证券	长青集团	袁盛奇、郑志强	1	5
长江证券	开能健康	孙玉龙、王珏	1	5
申万宏源	和晶科技	方欣、叶强	1	5
中信建投	天银机电	王广学、倪进	1	5
宏源证券	聚隆科技	李强、叶华	1	5
海通证券	澳柯玛	—	1	5
东方证券	澳柯玛	—	1	5
南方证券	澳柯玛	—	1	5
华泰联合	立霸股份	石丽、贾红刚	1	5
中信证券	飞科电器	苏健、董文	1	5

注:1. 部分公司上市时间较早,中介机构及其主要负责人以"—"表示。

2. *ST 中科后更名为 ST 禾盛,余下情况同此表,不再额外标注。

数据来源:上市公司公告、Wind,立德咨询整理。

2004—2019 年,家用电力器具制造业中,北京中伦和上海锦天城承揽该行业上市公司项目最多,各有 4 家上市公司(见表 4-6)。

表 4-6　2004—2019 年家用电力器具制造业律师事务所承揽业务量排行榜

律师事务所	证券简称	签字律师	业务量	
			数量(家)	排名
北京中伦	万和电气	王立新、赖江临	4	1
	长青集团	毛国权、胡刚		
	和晶科技	李虎桓、何植松、秦庆华		
	奇精机械	陈刚、金光辉、崔宏川		
上海锦天城	*ST 德奥	—	4	1
	星帅尔	章晓洪、劳正中、余飞涛		
	莱克电气	沈国权、孙亦涛、郁振华		
	立霸股份	周政、谢静		
国浩	九阳股份	吕红兵、林琳	3	2
	开能健康	林祯、钱大治、吕红兵		
	飞科电器	方祥勇、林琳		
安徽承义	长虹美菱	—	2	3
	*ST 中科	鲍金桥、司慧		
江苏世纪同仁	东方电热	杨亮、许成宝	2	3
	春兰股份	—		
北京嘉源	美的集团	刘兴、徐莹	2	3
	麦格米特	徐莹、苏敦渊		
北京金杜	奥马电器	潘渝嘉、林青松	2	3
	海尔智家	—		
广东非凡	格力电器	—	1	4
北京德和衡	海信家电	—	1	4
广东信达	*ST 德豪	麻云燕、林晓春	1	4
北京兰台	华帝股份	—	1	4
浙江和义观达	圣莱达	鲍卉芳、袁怀东	1	4
浙江京衡	老板电器	—	1	4
浙江天册	浙江美大	黄廉熙、吕崇华、金臻	1	4
北京国枫凯文	新宝股份	马哲、徐虎	1	4
北京德恒	天际股份	王贤安、沈宏山、王雨微	1	4
北京国枫	小熊电器	黄泽涛、周涛	1	4
安徽睿正	融捷健康	孙艺茹、汪心慧、鲍金桥	1	4

续表

律师事务所	证券简称	签字律师	业务量	
			数量(家)	排名
北京君泽君	天银机电	陶修明、宋修文、邢玉晟	1	4
广东君信	汉宇集团	高向阳、戴毅	1	4
北京海润	聚隆科技	刘煜、刘新宇	1	4
北京康达	澳柯玛	—	1	4
安徽天禾	惠而浦	—	1	4
北京天元	日出东方	李志丰、朱振武、王肖东	1	4
北京君合	科沃斯	石铁军、陶旭东	1	4

注:部分公司上市时间较早,中介机构及其主要负责人以"—"表示。
数据来源:上市公司公告、Wind,立德咨询整理。

2004—2019 年,立信会计师事务所在该行业承揽上市公司项目最多,其次是天健会计师事务所和信永中和会计师事务所,三家会计师事务所承揽业务量共有 13 家(见表 4-7)。

表 4-7 2004—2019 年家用电力器具制造业会计师事务所承揽业务量排行榜

会计师事务所	证券简称	签字会计师	业务量	
			数量(家)	排名
立信	奥马电器	潘渝嘉、林青松	5	1
	新宝股份	马哲、徐虎		
	星帅尔	章晓洪、劳正中、余飞涛		
	立霸股份	周政、谢静		
	飞科电器	方祥勇、林琳		
天健	美的集团	刘兴、徐莹	4	2
	九阳股份	郑启华、李德勇		
	浙江美大	黄廉熙、吕崇华、金臻		
	奇精机械	陈刚、金光辉、崔宏川		
信永中和	*ST 德豪	麻云燕、林晓春	4	2
	小熊电器	黄泽涛、周涛		
	莱克电气	沈国权、孙亦涛、郁振华		
	科沃斯	石铁军、陶旭东		

续表

会计师事务所	证券简称	签字会计师	业务量	
			数量(家)	排名
上海众华沪银	圣莱达	孙勇、朱依君	2	3
	长青集团	毛国权、胡刚		
天健正信	万和电气	王立新、赖江临	2	3
	日出东方	李志丰、朱振武、王肖东		
中汇	麦格米特	徐莹、苏敦渊	2	3
	天银机电	陶修明、宋修文、邢玉晟		
瑞华	汉宇集团	高向阳、戴毅	1	4
众环海华	聚隆科技	刘煜、刘新宇	1	4
大华	天际股份	王贤安、沈宏山、王雨微	1	4
上海上会	东方电热	杨亮、许成宝	1	4
华普天健	融捷健康	孙艺茹、汪心慧、鲍金桥	1	4
安永华明	开能健康	林祯、钱大治、吕红兵	1	4
广东大华德律	*ST 德奥	—	1	4
江苏公证天业	和晶科技	李虎桓、何植松、秦庆华	1	4
浙江天健东方	*ST 中科	朱大为、吕瑛群	1	4
中瑞岳华	老板电器	—	1	4
深圳南方民和	华帝股份	—	1	4
江苏	春兰股份	—	1	4
山东汇德	澳柯玛	—	1	4
中信	海尔智家	—	1	4
安徽华普	惠而浦	—	1	4
安达信华强	海信家电	—	1	4

注:部分公司上市时间较早,中介机构及其主要负责人以"—"表示。

数据来源:上市公司公告、Wind,立德咨询整理。

四、行业过会率及被否原因分析

2004 年 1 月—2019 年 10 月,中国家用电力器具制造业共有 47 家公司上会,全部通过发审会,行业过会率 100.00%(见表 4-8)。

表 4-8 2004 年 1 月—2019 年 10 月家用电力器具制造业过会情况

公司名称	上市板	审核委员	会议日期	审核结果
小熊电器股份有限公司	中小板	郭旭东、陈国飞、李德勇、刘云松、黄侦武、牟蓬、李世伟	2019－06－27	通过
广东日丰电缆股份有限公司	中小板	周辉、周海斌、刘云松、李德勇、李和金、陈鹤岚、龚凯	2019－03－26	通过
浙江捷昌线性驱动科技股份有限公司	主板	刘佳、龚剑、程建宏、周海斌、朱琳、李国春、陈闯	2018－06－12	通过
科沃斯机器人股份有限公司	主板	郭旭东、黄侦武、金文泉、毋晓琴、曾宏武、丁晓东、关丽	2018－03－20	通过
浙江长城电工科技股份有限公司	主板	程建宏、蔡琦梁、赵文进、龚剑、丁晓东、何玲、阙紫康	2018－01－30	通过
江苏雷利电机股份有限公司	创业板	朱海鹏、钟建兵、张涛、秦学昌、袁伟荣、谌传立、张亚兵	2017－04－18	通过
杭州星帅尔电器股份有限公司	中小板	朱国光、储钢汉、栗皓、林勇峰、刘燊、邱永红、杨金忠	2017－03－06	通过
深圳麦格米特电气股份有限公司	中小板	储钢汉、朱国光、栗皓、林勇峰、张永卫、杨金忠、颜志元	2017－01－04	通过
奇精机械股份有限公司	主板	储钢汉、栗皓、林勇峰、张永卫、邱永红、杨金忠、刘燊	2016－12－14	通过
上海飞科电器股份有限公司	主板	郭洪俊、姜业清、梁锋、曹茂喜、陈朝晖、李亚非、刘振平	2015－07－08	通过
广州白云电器设备股份有限公司	主板	朱毅、操舰、吴钧、刘志强、刘燊、颜志元、刘振平	2015－07－08	通过
安徽聚隆传动科技股份有限公司	创业板	朱海鹏、张亚兵、秦学昌、袁伟荣、谌传立、贾丽娜、张忠	2015－05－08	通过

续表

公司名称	上市板	审核委员	会议日期	审核结果
北京合纵科技股份有限公司	创业板	卢雄鹰、张忠、贾丽娜、朱海鹏、潘峰、何才元、单莉莉	2015-04-24	通过
广东天际电器股份有限公司	中小板	姜业清、余辉、张光毅、曹茂喜、曹冠业、陈翔、梁锋	2015-04-03	通过
莱克电气股份有限公司	主板	朱毅、陈翔、操舰、吴钧、刘志强、袁建军、曹茂喜	2015-04-01	通过
江苏立霸实业股份有限公司	主板	朱毅、陈翔、吴钧、操舰、刘志强、袁建军、张永卫	2015-02-04	通过
丹东欣泰电气股份有限公司	创业板	黎东标、李建辉、康吉言、谢忠平、张君、杨建平、吴国舫	2012-07-03	通过
上海良信电器股份有限公司	中小板	陆宏达、郑卫军、荣健、郑秀荣、刘艳、李曙光、何德明	2012-06-13	通过
汉宇集团股份有限公司	创业板	王国海、韩建旻、李童云、李建辉、任鹏、胡建军、王秀萍	2012-05-25	通过
广东新宝电器股份有限公司	中小板	郑秀荣、郑卫军、项振华、操舰、钟平、刘艳、赵燕	2012-05-18	通过
远程电缆股份有限公司	中小板	涂益、王永新、钟平、陆宏达、李旭冬、何德明、万勇	2012-04-11	通过
常熟市天银机电股份有限公司	创业板	李文祥、孔翔、孙小波、陈静茹、龚牧龙、谭红旭、李童云	2012-03-13	通过
江门市科恒实业股份有限公司	创业板	孔翔、李文祥、谭红旭、任鹏、龚牧龙、孙小波、陈静茹	2012-03-13	通过
日出东方控股股份有限公司	主板	万勇、荣健、杜坤伦、宋新潮、张晓彤、李旭冬、谢岭	2012-02-15	通过
浙江美大实业股份有限公司	中小板	宋新潮、万勇、荣健、李旭冬、杜坤伦、张晓彤、谢岭	2012-01-09	通过

续表

公司名称	上市板	审核委员	会议日期	审核结果
广东奥马电器股份有限公司	中小板	钟平、郑卫军、郑秀荣、项振华、刘艳、操舰、赵燕	2011－10－31	通过
无锡和晶科技股份有限公司	创业板	王国海、李童云、李建辉、韩建旻、谭红旭、任鹏、王秀萍	2011－10－17	通过
开能健康科技集团股份有限公司	创业板	王建平、谢忠平、朱增进、陈星辉、孙小波、蒋新红、张云龙	2011－07－29	通过
融钰集团股份有限公司	中小板	万勇、项振华、操舰、谢岭、赵燕、孔艳清、郑卫军	2011－06－27	通过
大连电瓷集团股份有限公司	中小板	郑卫军、赵燕、何德明、项振华、郑秀荣、刘艳、操舰	2011－06－27	通过
融捷健康科技股份有限公司	创业板	毛育晖、葛其泉、麻云燕、张云龙、韩建旻、徐寿春、郭澳	2011－06－09	通过
镇江东方电热科技股份有限公司	创业板	李文祥、韩建旻、王建平、陈臻、朱海武、蒋新红、吉争雄	2011－04－01	通过
广东万和新电气股份有限公司	中小板	操舰、沈莹、何德明、赵燕、张韶华、项振华、钟平	2010－12－15	通过
北京四方继保自动化股份有限公司	主板	王永新、杜坤伦、张晓彤、谢岭、刘杰生、万勇、宋新潮	2010－12－06	通过
杭州老板电器股份有限公司	中小板	王永新、刘杰生、谢岭、万勇、杜坤伦、宋新潮、张晓彤	2010－09－29	通过
宁波圣莱达电器股份有限公司	中小板	朱剑彪、孔艳清、郭宪明、谢峰、冯渊、戴钦公、何贤波	2010－07－02	通过
哈尔滨九洲电气股份有限公司	创业板	戴京焦、吉争雄、陈臻、王建平、朱海武、吴国舫、蒋新红	2009－12－01	通过
北京科锐配电自动化股份有限公司	中小板	刘登清、江浩雄、娄爱东、谢青、张新民、黄宏彬、谭红旭	2009－08－05	通过

续表

公司名称	上市板	审核委员	会议日期	审核结果
苏州中科创新型材料股份有限公司	中小板	谭红旭、江浩雄、张克东、郭旭东、娄爱东、黄宏彬、谢青	2008－08－15	通过
德奥通用航空股份有限公司	中小板	魏先锋、白彦春、陆军、金黎明、徐珊、傅炳辉、温京辉	2008－04－25	通过
九阳股份有限公司	中小板	白维、郭旭东、郭洪俊、高忻、梁烽、韩厚军、魏先锋	2008－04－03	通过
上海海得控制系统股份有限公司	中小板	李旭利、白彦春、吕苏阳、陆军、金黎明、徐珊、傅炳辉	2007－09－17	通过
深圳市惠程信息科技股份有限公司	中小板	李旭利、胡宝剑、白彦春、吕苏阳、陆军、金黎明、徐珊	2007－07－13	通过
贤丰控股股份有限公司	中小板	白维、郭洪俊、高忻、梁烽、韩厚军、魏先锋、胡宝剑	2007－06－18	通过
深圳拓邦股份有限公司	中小板	冯小树、王立华、邓建新、邱家赐、沈国权、鲍恩斯、邓召明	2007－04－06	通过
华帝股份有限公司	中小板	赵燕士、罗玉成、鲍恩斯、王俊峰、权忠光、邱家赐、贾小梁	2004－06－28	通过
安徽德豪润达电气股份有限公司	中小板	郑启华、周忠惠、吕红兵、吴晓东、贾小梁、史多丽、戴勇毅	2004－02－16	通过

数据来源：上市公司公告、Wind，立德咨询整理。

五、该行业主要投资机构及其获益情况

该行业已上市公司中，共23家公司有投资机构入股获利，其中九阳股份、奥马电器、小熊电器、天银机电、飞科电器、科沃斯大股东为投资机构。

由于上市后存在锁定期，投资机构所持股票抛售情况复杂，以发行价为基础衡量投资机构投资回报率较为便利，后期也将跟踪投资机构所持股票具体买卖情况调整回报率。以发行价所对应的回报率看，投资回报率最高的是投资于九阳股份的三家投资公司，上海力鸿新技术投资有限公司、Bilting Developments Limited 和上海鼎亦投资有限公司，回报率分别为298.17倍、292.58倍和316.12倍（见表4-9）。

表 4-9　　家用电力器具制造业上市公司背后的投资机构及其获益情况

证券简称	投资机构	投资金额（万元）	上市前持股比例	持股数量（万股）	对应市值（万元）	对应回报率（倍）
九阳股份	上海力鸿新技术投资有限公司	1,000.00	66.36%	13,272.68	299,166.21	298.17
	Bilting Developments Limited	350.00 -3,072.00	22.79%	4,558.74	102,754.00	292.58
	Dinghui Solar Energy (HongKong) Limited	11,523.00	6.86%	1,371.42	30,911.81	1.68
	上海鼎亦投资有限公司	56.66	3.99%	797.16	17,967.99	316.12
*ST 中科	上海福欣创业投资有限公司	1,138.80	4.15%	260.00	7,228.00	5.35
	苏州元风创业投资有限公司	313.20	1.44%	90.00	2,502.00	6.99
圣莱达	上海雍和投资发展有限公司	1,800.00	6.67%	400.00	6,400.00	2.56
	宁波市江北盛阳投资咨询有限公司	300.00	5.00%	300.00	4,800.00	15.00
	宁波东元创业投资有限公司	955.20	4.00%	240.00	3,840.00	3.02
老板电器	美好资本投资股份有限公司	6,050.00	8.33%	1,000.00	24,000.00	2.97
	杭州联和投资有限公司	4,840.00	6.67%	800.00	19,200.00	2.97
	杭州金创投资有限公司	860.00	3.58%	430.00	10,320.00	11.00
	杭州银创投资有限公司	715.00	2.98%	357.50	8,580.00	11.00
	杭州合创投资有限公司	625.00	2.60%	312.50	7,500.00	11.00
奥马电器	中山施诺工业投资有限公司	744.92 4,511.03	75.00%	9,300.00	102,300.00	18.46
	（香港）东盛投资有限公司	248.10 1,503.68	25.00%	3,100.00	34,100.00	18.47
新宝股份	成都明瑞投资咨询中心（普通合伙）	4,250.00	4.64%	1,700.00	17,850.00	3.20

续表

证券简称	投资机构	投资金额（万元）	上市前持股比例	持股数量（万股）	对应市值（万元）	对应回报率（倍）
天际股份	星嘉国际有限公司	343.00 900.00 -2,268.96	19.00%	1,368.00	16,443.36	12.23
	汕头市南信投资有限公司	475.00	5.17%	372.00	4,471.44	8.41
	汕头市天盈投资有限公司	430.26	4.68%	336.89	4,049.40	8.41
	揭阳市四方投资咨询有限公司	127.69	1.39%	100.00	1,202.00	8.41
星帅尔	杭州富阳星帅尔投资有限公司	500.00	20.77%	1,262.63	25,012.60	49.03
	苏州新麟二期创业投资企业（有限合伙）	2,028.73	5.56%	338.00	6,695.78	2.30
小熊电器	佛山市兆峰投资有限公司	1,245.00	59.22%	5,329.80	182,545.65	145.62
	永新县吉顺资产管理合伙企业（有限合伙）	700.00	6.00%	540.00	18,495.00	25.42
开能健康	鲁特投资咨询（上海）有限公司	3,500.00	18.18%	1,500.00	17,250.00	3.93
	上海高森投资有限公司	800.00	9.09%	750.00	8,625.00	9.78
天银机电	常熟市天恒投资管理有限公司	3,060.00	66.75%	5,006.25	85,106.25	26.81
	常熟市天聚投资管理有限公司	285.60	6.23%	467.25	7,943.25	26.81
	常熟市恒泰投资有限公司	285.60	6.23%	467.25	7,943.25	26.81
	上海天下资产管理有限公司	3,000.00	5.00%	375.00	6,375.00	1.13
	苏州高新国发创业投资有限公司	2,400.00	4.00%	300.00	5,100.00	1.13

续表

证券简称	投资机构	投资金额（万元）	上市前持股比例	持股数量（万股）	对应市值（万元）	对应回报率(倍)
聚隆科技	武汉长江富国资产管理有限公司	6,000.00	5.00%	750.00	6,600.00	0.10
	上海澄鼎股权投资基金管理中心（有限合伙）	6,000.00	5.00%	750.00	6,600.00	0.10
	宁国汇智项目投资中心(有限合伙)	3,133.90	2.98%	447.70	3,939.76	0.26
莱克电气	苏州立达投资有限公司	1,781.69	5.00%	1,800.00	34,344.00	18.28
	苏州国发众富创业投资企业(有限合伙)	17,892.00	4.14%	1,491.00	28,448.28	0.59
	苏州盛融创业投资有限公司	6,600.00	1.53%	550.00	10,494.00	0.59
	苏州工业园区吉盛创业投资有限公司	4,320.00	1.00%	360.00	6,868.80	0.59
	上海桑乾投资有限公司	4,320.00	1.00%	360.00	6,868.80	0.59
	宁波汇峰投资控股股份有限公司	4,200.00	0.97%	350.00	6,678.00	0.59
	深圳市大雄风创业投资有限公司	3,000.00	0.69%	250.00	4,770.00	0.59
	苏州和融创业投资有限公司	2,880.00	0.67%	240.00	4,579.20	0.59
	上海赛捷投资合伙企业(有限合伙)	2,160.00	0.50%	180.00	3,434.40	0.59
	苏州高锦创业投资有限公司	1,944.00	0.45%	162.00	3,090.96	0.59
	江苏华成华利创业投资有限公司	1,944.00	0.45%	162.00	3,090.96	0.59
	苏州润莱投资有限公司	1,440.00	0.33%	120.00	2,289.60	0.59
	苏州福马创业投资有限公司	1,080.00	0.25%	90.00	1,717.20	0.59
	苏州市利中投资有限公司	780.00	0.18%	65.00	1,240.20	0.59

续表

证券简称	投资机构	投资金额（万元）	上市前持股比例	持股数量（万股）	对应市值（万元）	对应回报率（倍）
莱克电气	平安财智投资管理有限公司	600.00	0.14%	50.00	954.00	0.59
日出东方	连云港中科黄海创业投资有限公司	22,750.00	6.50%	1,950.00	41,925.00	0.84
	江苏新典管理咨询有限公司	600.53	2.38%	712.62	15,321.33	24.51
	江苏太阳神管理咨询有限公司	600.53	2.38%	712.62	15,321.33	24.51
	江苏月亮神管理咨询有限公司	600.53	2.38%	712.62	15,321.33	24.51
	上海复星谱润股权投资企业（有限合伙）	6,300.00	1.80%	540.00	11,610.00	0.84
	广发信德投资管理有限公司	5,250.00	1.50%	450.00	9,675.00	0.84
	上海谱润股权企业（有限合伙）	4,200.00	1.20%	360.00	7,740.00	0.84
立霸股份	江苏锦诚投资有限公司	1,870.60	7.83%	470.00	6,434.30	2.44
飞科电器	上海飞科投资有限公司	5,265.00 2,700.00	90.00%	35,280.00	636,098.40	78.86
金莱特	上海星杉梧桐投资发展中心（有限合伙）	1,299.96	4.49%	314.00	4,201.32	2.23
	江门市向日葵投资有限公司	675.00	3.86%	270.00	3,612.60	4.35
华帝股份	中山市联动投资有限公司	233.33	27.00%	1448.55	11,588.40	48.66
*ST德奥	佛山市南海伊林实业投资有限公司	824.04	26.50%	2385.00	15,884.10	18.28
	佛山市南海伊拓投资有限公司	629.69	20.25%	1822.50	12,137.85	18.28

续表

证券简称	投资机构	投资金额（万元）	上市前持股比例	持股数量（万股）	对应市值（万元）	对应回报率(倍)
融捷健康	江苏高达创业投资有限公司	462.50	7.55%	462.50	7,400.00	15.00
	江苏天氏创业投资有限公司	281.25	4.59%	281.25	4,500.00	15.00
	江苏兴科创业投资有限公司	100.00	1.63%	100.00	1,600.00	15.00
	北京商契九鼎投资中心(有限合伙)	500.00	8.16%	500.00	8,000.00	15.00
麦格米特	上海复星创泓股权投资基金合伙企业(有限合伙)	13,300.00	8.18%	1,089.74	13,262.08	-0.00285
	常州金陵华软创业投资合伙企业(有限合伙)	2,500.00	1.54%	204.84	2,492.87	-0.00285
	华轩(上海)股权投资基金有限公司	5,000.00	3.08%	409.67	4,985.74	-0.00285
	金石投资有限公司	7,500.00	4.61%	614.51	7,478.62	-0.00285
汉宇集团	江门市江海区神韵投资中心(有限合伙)	—	20.68%	2,067.50	—	—
	苏州周原九鼎投资中心(有限合伙)	—	15.00%	1,500.00	—	—
	苏州金泽九鼎投资中心(有限合伙)	—	1.00%	100.00	—	—
科沃斯	苏州创领智慧投资管理有限公司	2416.79	46.80%	16,846.34	337,263.81	138.55
	Ever Group Corporation Limited(永协有限公司)	748.86	14.50%	5,220.00	104,504.40	138.55
	苏州创袖投资中心(有限合伙)	604.20	11.70%	4,211.60	84,316.31	138.55
	苏州苏创智慧投资中心(有限合伙)	195.93	3.79%	1,365.77	27,342.68	138.55
	苏州崇创投资中心(有限合伙)	156.75	3.04%	1,092.60	21,873.85	138.55
	苏州科蓝投资中心(有限合伙)	684.00	1.71%	615.60	12,324.31	17.02

续表

证券简称	投资机构	投资金额（万元）	上市前持股比例	持股数量（万股）	对应市值（万元）	对应回报率(倍)
科沃斯	苏州科航投资中心（有限合伙）	1033.52	1.29%	465.08	9,310.98	8.01
	苏州科帆投资中心（有限合伙）	1033.52	1.29%	465.08	9,310.98	8.01
	苏州科赢投资中心（有限合伙）	808.00	1.01%	363.60	7,279.27	8.01
	Fortune Lion Holdings Limited（同亨有限公司）	800.00	1.00%	360.00	7,207.20	8.01
	苏州科鼎投资中心（有限合伙）	784.00	0.98%	352.80	7,063.06	8.01
	苏州颂创投资中心（有限合伙）	39.19	0.76%	273.17	5,468.82	138.55
	苏州科卓投资中心（有限合伙）	408.00	0.51%	183.60	3,675.67	8.01

注：上述表中个别机构的投资金额为负数，是因为在投资活动中，现金流入大于现金流出为正数，反之为负，且投资金额为负时可能有多种情况：①公司处于扩张期；②公司购买大量固定资产；③收购另一家公司等。

数据来源：上市公司公告，立德咨询整理。

第二节 行业发展基本概况

一、家用电力器具制造行业分类

根据国家统计局发布的《国民经济行业分类》（GB/T 4754—2017），家用电力器具制造行业包括家用制冷电器具制造，家用空气调节器制造，家用通风电器具制造，家用厨房电器具制造，家用清洁卫生电器具制造，家用美容、保健护理电器具制造，家用电力器具专用配件制造，以及其他家用电力器具制造。

从家用电力器具用途看，家用电力器具产品可分为家用制冷电器具，家用空气调节器，家用通风电器具，家用厨房电器具，家用清洁卫生电器具，家用美容、保健护理电器具，家用电力器具专用配件及其他家用电力器具。从产品属性看，家用电力器具制造业可以划分为大家电和小家电。大家电一般指功率较大或体积较大的家用电器，可以分为白色家电和黑色家电，白色家电即指洗衣机、空调、冰箱等白色外观的家用电器，黑色家电指以电视机为主的影音视听娱乐家电。小家电则指大功率电器以外的小型家用电器，如电动剃须刀和电动牙刷等个人护理家电、吸尘器、电熨斗、电饭煲和电压力锅等厨房电器。家用电力器具制造业产品划分（见图4-1）。

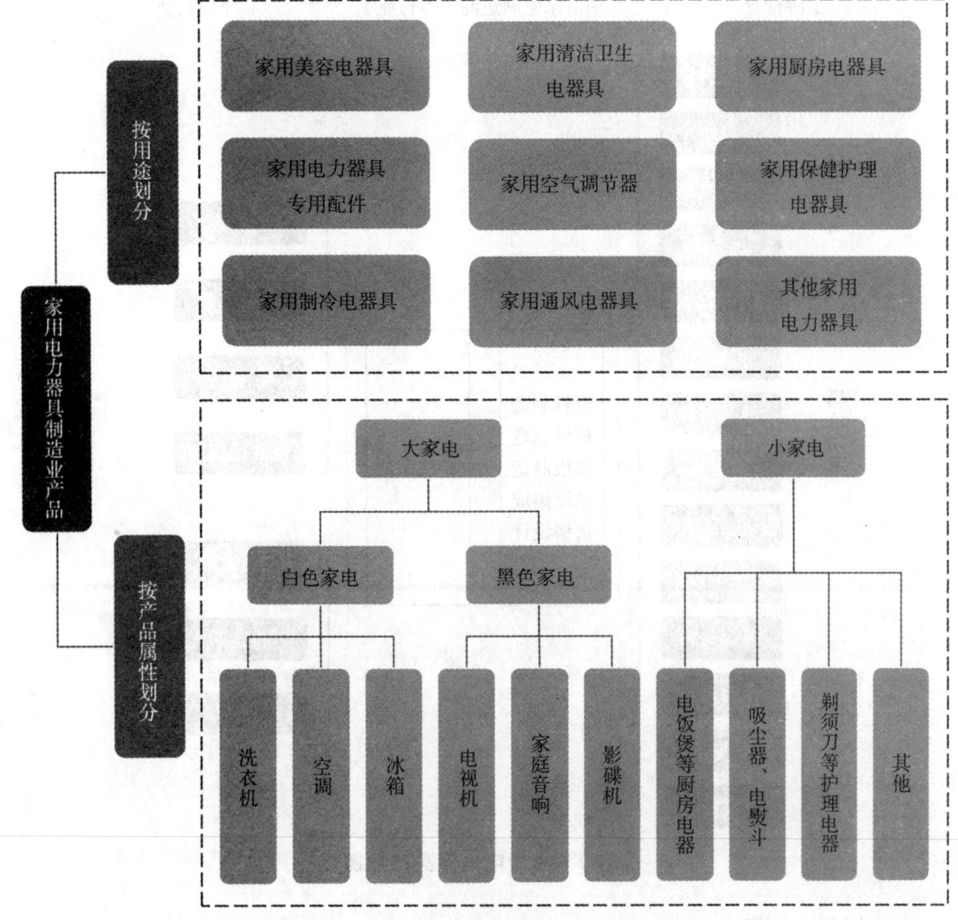

图 4-1　家用电力器具制造业产品划分

二、行业上下游产业链

家用电力器具产业链的中游家电制造商与上游供应商和下游客户相互依赖、相互促进，形成了一个有机结合的生态产业链（见图 4-2）。家用电力器具制造行业上游是压缩机、电机、电控组件、玻璃基板等零部件的供应商和五金材料、液晶材料、塑料材料、包装材料等原材料的供应商，已具备规模化的配套能力。家用电力器具制造行业下游为经销商、电子商务运营商、商超或家电连锁、个体门店和普通居民等最终消费者。近年来，随着我国经济的发展和人们生活水平的提高，最终消费群体对家电的需求量不断增加，拉动了家用电力器具制造行业市场的快速发展。

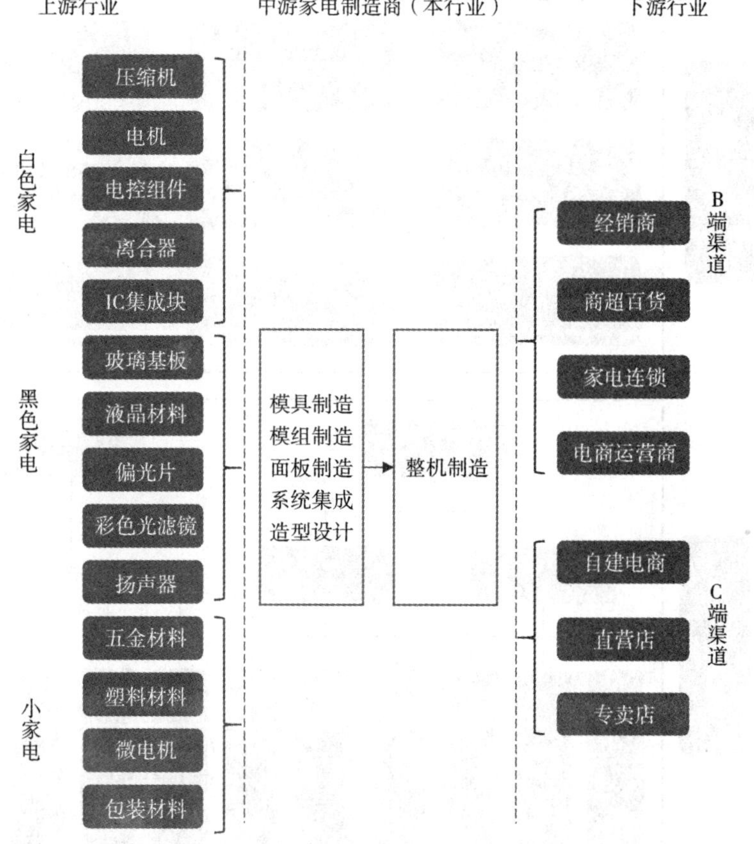

图 4-2　家用电力器具产业链

（一）行业上游

我国家用电力器具制造行业上游原材料和零部件市场较为完善。我国主要原材料采购均已实现市场化和规模化，原材料采购选择范围广、市场化程度高。

白色家电原材料市场基本实现国产化供应，原材料成本约占产成品成本的85.00%，零部件市场存在体量大、附加值低的特点。除了美的、格力、格兰仕等大型家电整机制造公司拥有自建零部件生产线，其他公司多向非配套零部件生产公司订购，国内供应商有上海日立、大连三洋、三花控股、盾安控股等，国外品牌有瑞典阿特拉斯（Atlas）、德国比泽尔（Bitzer）、美国英格索兰（Ingersoll Rand）等。

黑色家电核心基础材料是液晶基板。其技术壁垒体现为工艺壁垒、装备壁垒和配方壁垒。除了需要特定工艺和设备，最关键的是需要核心配方以实现基板的光学和化学特性要求。虽然彩虹集团、东旭集团等本土公司正加紧实现液晶基板进口替代，但目前玻璃基板的供应商仍以美国康宁、日本旭硝子和电气硝子等公司为主，液晶材料以德国默克和日本智索等为主，偏光片以日东电工、住友化学等为主。

小家电上游原材料厂家分散，整体话语权较低。小家电原材料主要有五金材料、塑料材料、微电机、包装材料等。相对于白色家电和黑色家电，小家电原材料采购难度小，公司数量多，公司体量小，故上游原材料供应商对中游制造公司议价能力低，尤其面对美的、九阳、老板电器等产业链中游大型家电制造商时更为明显。

(二)行业中游

产业链中游家电制造公司经过多年的发展,已有较大的影响力。我国家电公司以 OEM 为基础发展起来,在劳动力、成本优势逐步削弱和科技快速发展的情况下,中国家电向 ODM 模式转变。

行业中游白色家电公司多为整机厂商,向上游采购零部件进行整机生产。一方面,具有一定规模的家电公司产品系列多、采购规模大、品质要求高,对上游原材料市场零部件厂商具有议价优势。另一方面,部分家电公司拥有自建零部件生产线,不受上游行业影响,如格力电器、美的集团、格兰仕和四川长虹等,对上游原材料和零部件供应链的控制能力较强。

行业中游黑色家电公司以面板、模组和整机制造为主。面板、模组方面,液晶面板是黑色家电产品核心部件,约占电视机成本的70% ,技术壁垒较高。目前,我国本土厂商如京东方、华星光电和中电熊猫均有生产用于黑色家电产品的大尺寸面板,非我国厂商以韩国三星和 LGD、日本夏普等为主。整机制造方面,黑色家电技术迭代较快,但我国黑色家电整机制造公司普遍未完成上游核心技术的整合,对面板及模组供应商的议价能力较弱,供应链抗风险能力弱于白色家电所对应的公司。

小家电公司同样以整机生产为主。小家电产品差异性低,行业准入门槛低,九阳、苏泊尔、老板电器等著名小家电制造商具有更大的品牌优势和渠道优势。

(三)行业下游

中游家电公司通过下游的各类销售渠道进入终端消费者,线上线下销售平台是各类家电公司参与市场竞争的主要战场。家电零售渠道可细分为家电连锁、大型商超、专卖店、公司直营店和新兴的线上电商渠道,中游家电制造公司多以预售方式和票据结算销售给下游连锁家电卖场,交易普遍有账期。

传统线下销售渠道包括全国性家电连锁、大型商超、区域家电连锁、百货商店、乡镇家电专卖店、公司直营店等。其中,沃尔玛、家乐福、大润发、苏宁、国美等知名卖场在渠道、品牌知名度、售后服务等方面具有显著优势,卖场特定节假日销售收入的爆发式增长使其对中游家电公司具有较强的吸引力。此外,家电制造公司也通过多级经销商和代理商实现三四线城市渠道下沉。

随着线上天猫、京东、苏宁等电子商务平台的快速发展,以及居民消费习惯的改变,线上市场集中度逐渐提高。从消费者角度看,电子商务平台提供的平台服务、售前服务、售中服务、售后服务、增值服务等一站式的家电消费服务,极大地提高了消费者体验,为消费者和家电制造商提供了更大的平台。从公司角度看,电子商务平台销售渠道减少了制造公司和终端消费者中间的流转环节,扩大了公司利润,提高了产成品周转效率。

家电公司下游销售渠道丰富,线上线下协同发展为家电公司开拓市场。线下商店负责产品体验、线上平台负责销售与服务的零售业态已成为主流家电零售渠道商的共识,如苏宁依托线下卖场大力发展其自有电商平台;京东家电则依托目前的家电零售渠道,在线下打造“体验店 + 专卖店”的无界零售渠道组合。线上线下市场优势相结合，为消费者提供方便快捷的消费服务。

三、行业市场情况分析

（一）行业发展概述

家用电力器具制造业围绕居民需求而发展。家用电力器具制造业从第二次工业革命开始发展。1879年爱迪生发明的白炽灯开启了家庭用电的时代，1930年房间空气调节器问世，1937年出现了全自动洗衣机，1945年欧美家电类产品开始普及。我国首批家用电器国家标准于1984年制定完成，中国家电标准开始起步。

1. 全球家用电力器具制造行业发展概况

全球家电市场以第二次工业革命为契机进入第一阶段，开始生产大型实用性家电冰箱、洗衣机、电视机等。第二阶段从建立电信系统开始，家用电器类产品开始普及，出现许多更受消费者青睐、方便携带和个性化的小家电，带动了消费增长。第三阶段的信息时代是家电行业发展的新阶段，信息化、智能化、用户满意度、幸福感体验成为消费者选择家电用品的首要考虑因素。

全球家用电器市场总体保持稳定增长。德国权威市场研究公司GFK数据显示，2018年全球家用电器市场规模达4,625.00亿美元，2004—2018年全球电器行业年复合增长率达5.41%，总体保持稳定增长①。其中，空气处理设备（含空调）、洗碗机、大型厨房电器、冰箱、洗衣机等大家电2018年市场规模为3,607.00亿美元，占比为77.99%，2004—2018年市场规模年均复合增长5.50%；熨斗、小型厨房电器、吸尘器等小家电2018年市场规模为1,018.00亿美元，占比为22.01%，2004—2018年市场规模年均复合增长5.10%②（见图4-3）。

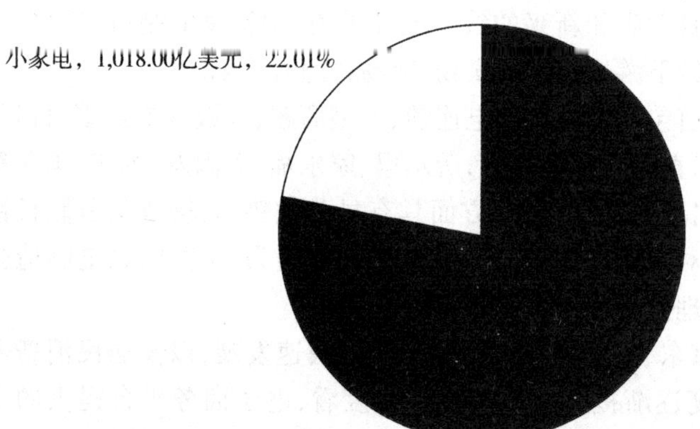

图4-3　2018年全球大、小家电全球市场规模占比

数据来源：GFK、广发证券发展研究中心。

从全球市场区域份额看，2018年全球大家电、小家电市场中亚太地区列于首位，北美和西欧紧随其后。亚太地区大家电、小家电的零售额分别占市场份额的

①广发证券：《家用电器行业家电海外专题：全球家电市场概览，中国企业粲然可观》，第7页。

②广发证券：《家用电器行业家电海外专题：全球家电市场概览，中国企业粲然可观》，第7页。

47.80%和33.80%；北美地区大家电、小家电零售额分别占市场份额的20.70%和23.00%，西欧地区大家电、小家电零售额分别占市场份额的15.50%和23.50%①（见图4-4与图4-5）。

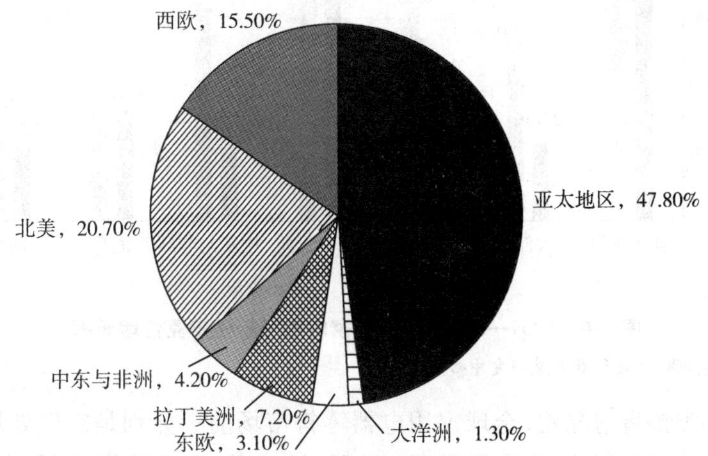

图4-4 2018年大家电零售额全球区域份额

注：图中百分比有四舍五入情况，请注意。

数据来源：GFK、广发证券发展研究中心。

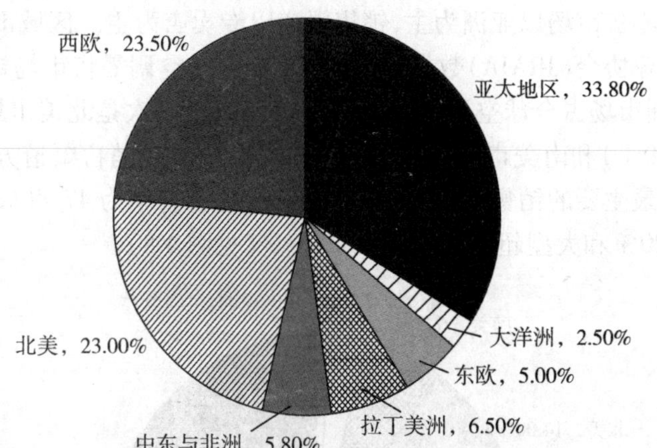

图4-5 2018年小家电零售额全球区域份额

注：图中百分比有四舍五入情况，请注意。

数据来源：GFK、广发证券发展研究中心。

亚太地区未来仍是全球家用电器市场竞争的主战场，拉丁美洲潜力不可小觑（见图4-6）。亚太地区不仅全球市场份额大，增速也快，2004—2018年大、小家电市场规模年复合增长率分别为9.00%和8.00%，未来仍是全球家用电器行业的主要市场。此外，拉丁美洲2018年大、小家电全球零售市场份额占比虽然不高，仅分别为7.30%和6.50%，但增速较快，2004—2018年大、小家电市场规模年复合增长率分别为9.10%和9.30%②，具有较大的市场潜力。

---

①广发证券：《家用电器行业家电海外专题：全球家电市场概览，中国企业粲然可观》，第9页。

②广发证券：《家用电器行业家电海外专题：全球家电市场概览，中国企业粲然可观》，第9、10页。

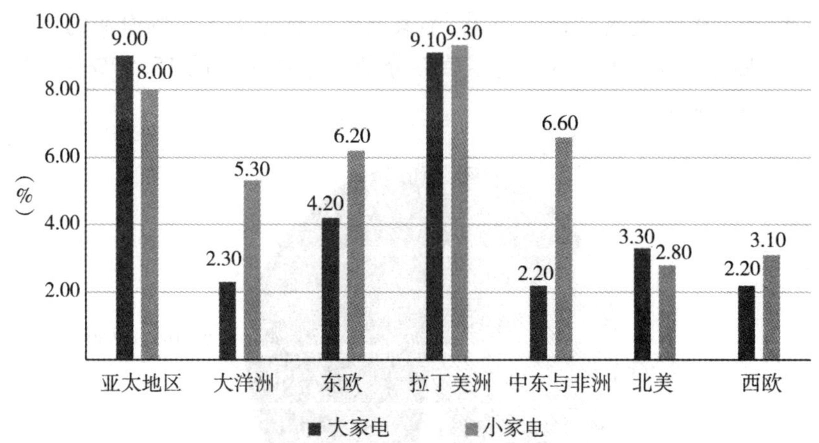

图 4-6 2004—2018 年大、小家电市场规模年复合增长率

数据来源:GFK、广发证券发展研究中心。

从各品类销售情况看,全球家用电器零售市场前三分别是空气处理设备、冰箱、洗衣机。2018 年空气处理设备、冰箱、洗衣机全球零售市场规模分别为 1,047.00 亿美元、974.00 亿美元和 647.00 亿美元①。

(1)全球空调市场。

全球空调零售市场以亚洲为主,销售渠道以专卖店为主。区域市场方面,日本制冷和空调工业协会(JRAIA)数据显示,2018 年全球空调零售市场销量约为 1.10 亿台,其中亚洲市场占全球空调零售比例为 65.80%,其次是北美市场(14.00%)、欧洲市场(6.20%)和南美市场(6.20%)(见图 4-7)。在销售渠道方面,专卖店是全球零售市场最主要的销售渠道,渠道零售量市场占有率为 47.40%,远远高于网购渠道的 21.20% 和大型超市渠道的 12.30%②(见图 4-8)。

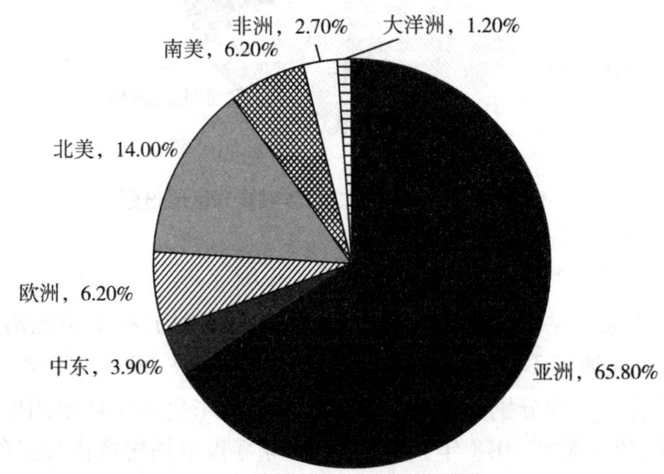

图 4-7 2018 年各区域空调市场零售量占比

数据来源:GFK、广发证券发展研究中心。

①广发证券:《家用电器行业家电海外专题:全球家电市场概览,中国企业粲然可观》,第 7 页。

②广发证券:《家用电器行业家电海外专题:全球家电市场概览,中国企业粲然可观》,第 13、15 页。

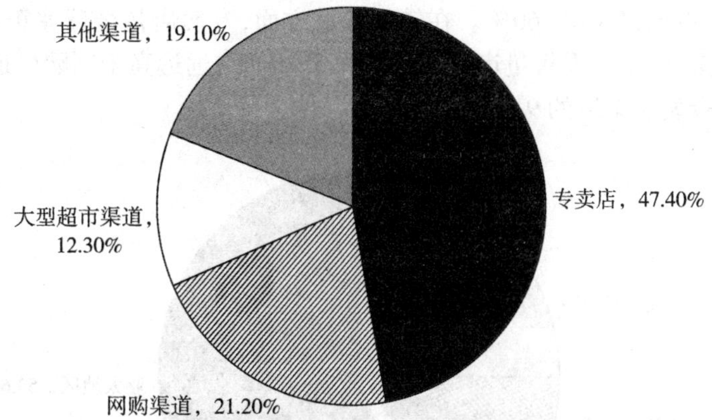

图 4-8　2018 年全球空调市场零售渠道零售量市场占有率

数据来源：GFK、广发证券发展研究中心。

各地区空调市场渗透率差距较大。北美地区市场份额虽然不及亚洲地区，但空调市场渗透率全球最高，达 88.20%；渗透率最低的是中东与非洲，渗透率为 14.20%（见图 4-9）。各地区空调市场渗透率差距和多方面因素有关。亚太地区、北美和大洋洲经济发展水平相对较高，人口多，需求大，人均购买力高，加之多数地区年均温度偏高，对空调需求较大，因此市场渗透率高于其他地区。

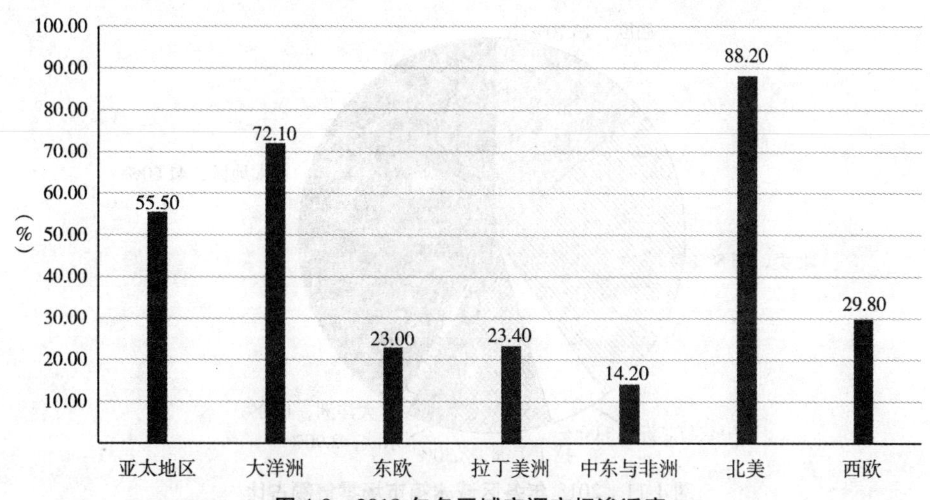

图 4-9　2018 年各区域空调市场渗透率

数据来源：GFK、广发证券发展研究中心。

（2）全球冰箱市场。

全球冰箱零售市场以亚太地区、西欧地区为主（见图 4-10）。在区域市场方面，GFK 数据统计显示，2018 年全球冰箱零售市场销量约为 1.69 亿台，零售额为 973.00 亿美元，2004—2018 年零售额年复合增长率为 5.20%。其中亚太地区和北美地区冰箱零售额占全球冰箱零售额比例分别为 41.60%、26.50%，其后是西欧市场（13.70%），拉丁美洲市场（8.30%）和中东与非洲市场（5.00%）（见图 4-11）。因北美冰箱单价偏高，使得北美地区在零售量占比仅为 11.20% 的情况下，零售额占比达到 26.50%。亚太地区单价偏低，在亚太地区零售量占比高达 53.60% 的情况下，零售额占比仅为41.60%。在销售渠道方面，专卖店是全球冰箱零售市场最主要的销售渠道，渠道零售量市场占有率为55.00%，远远高于网购渠道的16.40%和家装园艺专卖店渠道的9.40%①（见图4-12）。

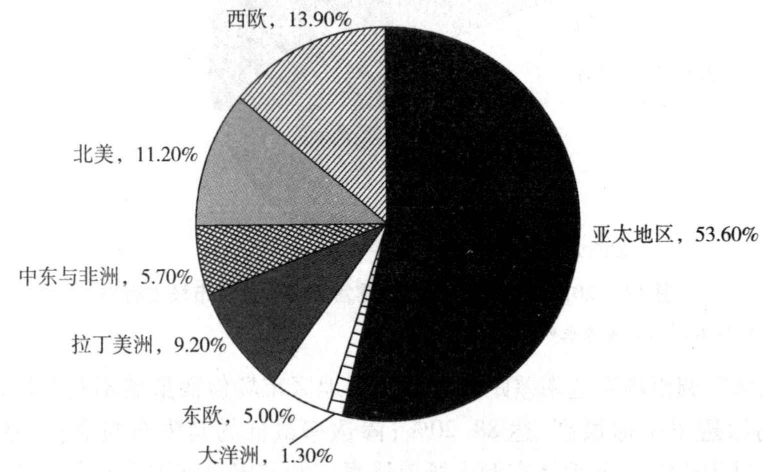

图4-10　2018年各区域冰箱市场零售量占比

注：图中百分比存在四舍五入情况。

数据来源：GFK、广发证券发展研究中心。

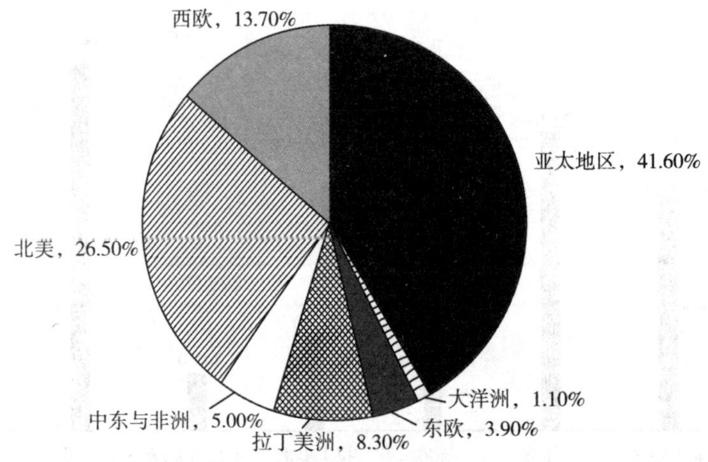

图4-11　2018年各区域冰箱市场零售额占比

注：图中百分比存在四舍五入情况。

数据来源：GFK、广发证券发展研究中心。

①广发证券：《家用电器行业家电海外专题：全球家电市场概览，中国企业粲然可观》，第16、18页。

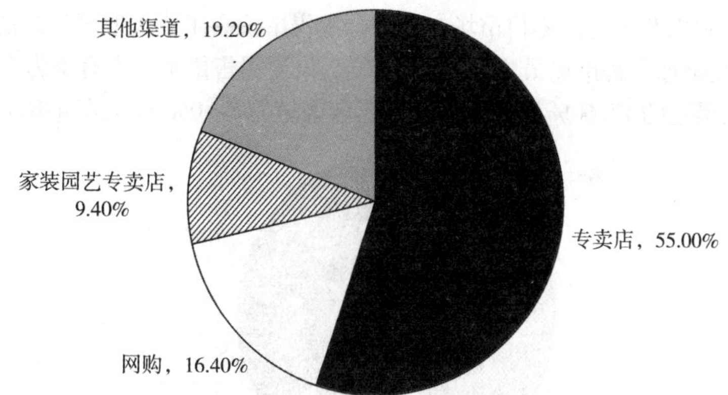

图 4-12　2018 年全球冰箱市场零售渠道零售量市场占有率

数据来源：GFK、广发证券发展研究中心。

全球冰箱市场渗透率较高。2018 年，全球冰箱市场渗透率为 75.80%，其中大洋洲、东欧、北美、西欧冰箱市场渗透率均超过 95.00%，拉丁美洲、亚太地区、中东与非洲的市场渗透率分别为 88.20%、69.00%、50.60%[①]（见图 4-13），但根据冰箱的刚需属性和多地区接近全渗透的情况，拉丁美洲地区、中东与非洲地区冰箱市场依旧有提升空间。

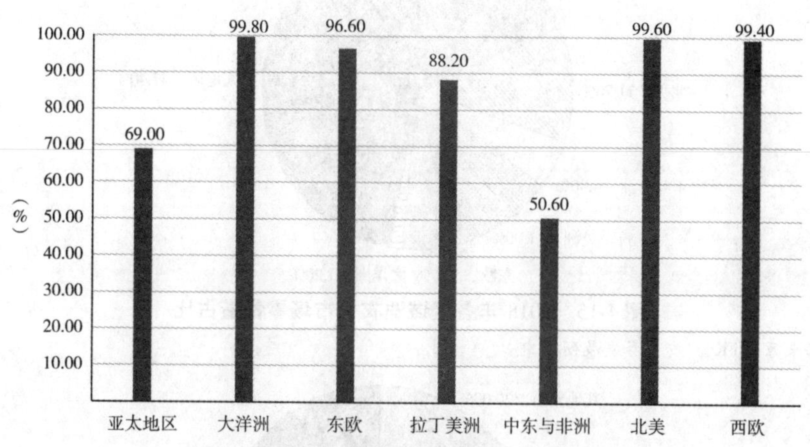

图 4-13　2018 年各区域冰箱市场渗透率

数据来源：GFK、广发证券发展研究中心。

（3）全球洗衣机市场。

全球洗衣机零售市场以亚太地区、北美、西欧地区为主。在区域市场方面，GFK 数据统计显示，2018 年全球洗衣机零售市场销量约为 1.51 亿台，零售额为 647.00 亿美元，2004—2018 年零售额复合增长率为 5.40%。其中亚太地区、北美、西欧地区洗衣机市场零售额占全球洗衣机零售额比例分别为 35.80%、23.20%、21.90%，随后是拉丁美洲市场（8.50%）、中东与非洲市场（4.70%）和东欧市场（4.60%）（见图 4-14）。2018 年，北美地区洗衣机产品 11.70% 的零售量份额占据了 23.20% 的零售额份额，但亚太地区47.40% 的零售量份额却只占到 35.80% 的零售额份额（见

①广发证券：《家用电器行业家电海外专题：全球家电市场概览，中国企业粲然可观》，第 17 页。

图 4-15）,反映出北美地区零售市场产品综合零售单价高于亚太地区。在销售渠道方面,专卖店是全球零售市场最主要的销售渠道,渠道零售量市场占有率为 53.90%,远远高于网购渠道的 17.60% 和家装园艺专卖店渠道的 8.50%[①]（见图 4-16）。

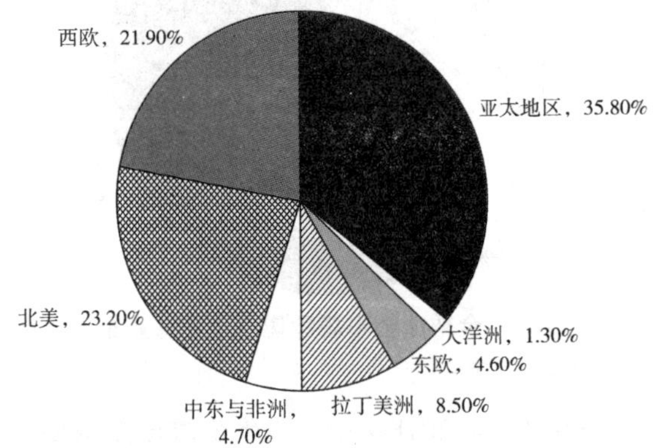

图 4-14　2018 年各区域洗衣机市场零售额占比

数据来源:GFK、广发证券发展研究中心。

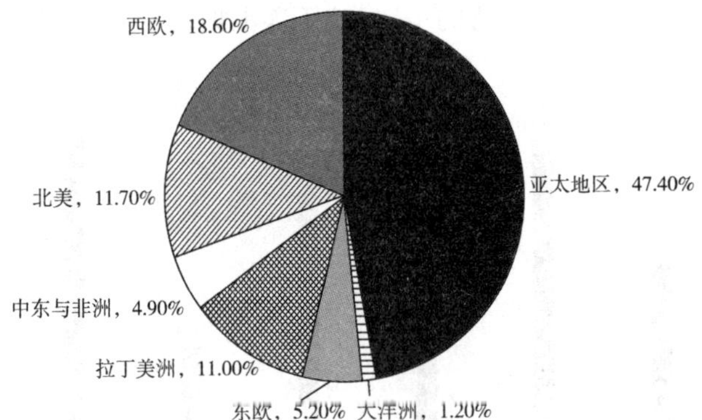

图 4-15　2018 年各区域洗衣机市场零售量占比

数据来源:GFK、广发证券发展研究中心。

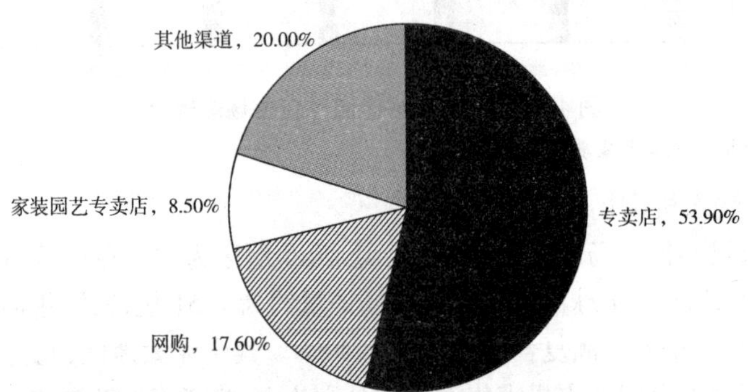

图 4-16　2018 年全球洗衣机市场零售渠道零售量市场占有率

数据来源:GFK、广发证券发展研究中心。

①广发证券:《家用电器行业家电海外专题:全球家电市场概览,中国企业粲然可观》,第 20、22 页。

洗衣机市场渗透率方面，大洋洲、东欧、西欧地区较高。2018 年大洋洲、东欧、西欧市场渗透率均超过 90.00%，拉丁美洲、亚太地区、中东与非洲的市场渗透率分别为64.60%、59.10%、38.80%①（见图 4-17）。拉丁美洲地区、中东与非洲地区洗衣机市场依旧有较大发展空间。

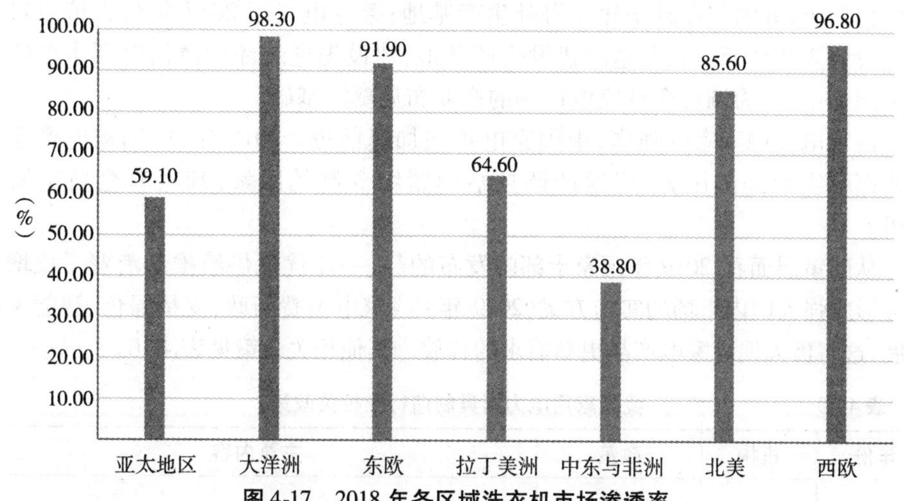

图 4-17　2018 年各区域洗衣机市场渗透率

数据来源：GFK、广发证券发展研究中心。

近年来，我国家电公司积极发展国外市场，技术水平不断提高，专业技术人员也在大量增加，对行业技术的发展有很大帮助，提高了国外对我国产品的认同度。随着全球家电行业的产业整合，国际大型家电制造公司的数量在迅速减少，市场已经形成寡头垄断的格局。特别是在大型白色家电领域，国际上仅剩格力、美的、海尔、惠而浦、博西、伊莱克斯、三星、LG（乐金）、GE（通用电气）、西门子等为数不多的大型公司。

2. 我国家用电力器具制造行业发展概况

新中国成立初期，我国家用电器使用人数较少，绝大部分家电产品依靠进口，仅有极少数电风扇和电器附件的生产厂商。为尽快恢复国民经济，国家采取严格限制进出口消费品的政策，保护了民族家用电器工业的成长。该时期家用电器行业产品单一，功能简单，市场规模小。

20 世纪 90 年代到 21 世纪初期，居民购买力急剧增长，我国家电进入了快速发展阶段。随着冰箱、微波炉、电饭煲等家电产品进入市场，大型家电也得到了越来越多的消费者的认可，家电种类迅速增多。该阶段，中国已具备生产庞大数量的家电产品的能力，家电制造公司集中的珠三角地区和江浙沿海地区成为全球家电产品的重要生产基地。产品除满足国内需求外，还大量出口。

2004—2013 年，家电公司借助市场的普及性需求和政府对家电行业的政策支持，在“家电下乡”“以旧换新”“节能惠民补贴”等多项政策长达 5 年的刺激下，对三线、四线城市的市场进行了开发，实现了第二次快速增长。在这 10 年间，中国家

①广发证券：《家用电器行业家电海外专题：全球家电市场概览，中国企业粲然可观》，第 21 页。

电市场零售额规模增长了95.00%,保持了7.70%的年均复合增长率①。

我国家用电力器具制造行业已在一些有发展前景的新兴市场建立了海外生产基地,如格力有巴西和巴基斯坦两大海外生产基地;美的集团拥有15个海外生产基地及数十家销售运营机构;海尔在海外拥有12个工业园、54个制造中心,海外布局较为完善;苏泊尔在越南建立海外生产基地;莱克电气于2018年公告拟以自有资金投资2,000万美元在越南建设生产基地,建设先进的环境清洁电器生产线以开拓国际市场,为调整全球家电市场的产业布局奠定基础。

从家电大国到家电强国,中国家电正在加速前进。2019年,中国家电产业虽然要面临宏观经济压力、房地产调控继续紧缩等制约因素,却也有全新发展的契机。

从政策层面看,2019年国家十部门发布的《进一步优化供给推动消费平稳增长促进形成强大国内市场的实施方案(2019年)》②家电消费新政,支持绿色、智能家电发展,这将极大促进家电产品更新需求的释放。其他相关政策见表4-10。

表4-10　我国家用电力器具制造行业相关政策

年份	机构	政策	主要内容
2015	国务院	《中国制造2025》③	文件中指出,基于信息物理系统的智能装备、智能工厂等智能制造正在引领制造方式变革;网络众包、协同设计、大规模个性化定制、精准供应链管理、全生命周期管理、电子商务等正在重塑产业价值链体系;可穿戴智能产品、智能家电、智能汽车等智能终端产品不断拓展制造业新领域。我国制造业在转型升级、创新发展方面迎来重大机遇
2015	国务院	《国务院关于积极发挥新消费引领作用加快培育形成新供给新动力的指导意见》④	文件中提出培育壮大战略性新兴产业。顺应新一轮科技革命和产业变革趋势,加快构建现代产业技术体系,高度重视颠覆性技术创新与应用,以技术创新推动产品创新,更好地满足智能化、个性化、时尚化的消费需求,引领、创造和拓展新需求。培育壮大节能环保、新一代信息技术、新能源汽车等战略性新兴产业。推动三维(3D)打印、机器人、基因工程等产业加快发展,开拓消费新领域。支持可穿戴设备、智能家居、数字媒体等市场前景广阔的新兴消费品发展。完善战略性新兴产业发展政策支持体系

①《中国家电创新零售发展研究白皮书》,第3页。

②中国政府网,http://www.gov.cn/xinwen/2019-01/29/content_5361940.htm。

③中国政府网,http://www.gov.cn/zhengce/content/2015-05/19/content_9784.htm。

④中国政府网,http://www.gov.cn/xinwen/2015-11/23/content_10340.htm。

续表

年份	机构	政策	主要内容
2016	中国家用电器协会	《中国家用电器工业"十三五"发展指导意见》①	文件中提出家电工业需要进一步转变增长方式,加快从要素驱动向创新驱动转型的步伐,全面提升国际竞争力和影响力。而近年来,主要家电公司也都加大对基础技术、前沿技术的投入和研究,拓展新业务成长空间,努力在探索与创新中发现机遇,建立新的竞争优势
2016	工信部、国家发改委、科学技术部等八部门	《电器电子产品有害物质限制使用管理办法》②	文件中提出,为了控制和减少电器电子产品废弃后对环境造成的污染,促进电器电子行业清洁生产和资源综合利用,鼓励绿色消费,保护环境和人体健康,根据《中华人民共和国清洁生产促进法》《中华人民共和国固体废物污染环境防治法》《废弃电器电子产品回收处理管理条例》等法律、行政法规,制定本办法
2016	工信部	《轻工业发展规划(2016—2020年)》③	文件中要求重点推进智能制造。促进工业互联网、云计算、大数据在轻工业的综合集成应用。在食品、家用电器、皮革和家具等基础条件好的行业,推进智能制造,加快智能制造软硬件产品应用与产业化,研发智能制造成套装备,推进数字化车间或智能工厂的集成创新与应用示范,加快典型经验交流和推广。强化应用牵引,在家用电器行业建立智能制造产业联盟,协同推动智能装备和产品研发、系统集成创新与产业化。加强推进智能制造的标准需求研究,建立健全智能制造综合标准体系
2016	国务院办公厅	《消费品标准和质量提升规划(2016—2020年)》④	文件中表示要适应家用电器高端化、智能化发展趋势,加大团体标准和高水平公司标准的供给力度。开展家用电器产品分等分级和评价标准化工作,改善电子坐便器、空气净化器、家用清洁机器人等新兴家电产品的性能和消费体验,提高空调器、电冰箱、洗衣机等传统大家电的产品舒适性、智能化水平,优化电饭锅、剃须刀等传统厨用、个人护理用小家电产品的外观和功能设计。提升多品种、多品牌家电产品深度智能化水平,推动智能家居快速发展。针对新型城镇化进程中居民生活方式的转变和农村家电消费的普及,加快制(修)订强制性国家标准,全面提高家电产品安全、节能节水、使用年限、安装维修等要求

①中国家用电器协会,https://www.cheaa.org/contents/9/4101.html。

②工信部,http://www.miit.gov.cn/n1146285/n1146352/n3054355/n3057254/n3057260/c4608532/content.html。

③工信部,http://www.miit.gov.cn/n1146285/n1146352/n3054355/n3057267/n3057272/c5185981/content.html。

④中国政府网,http://www.gov.cn/xinwen/2016-09/12/content_5107709.htm。

续表

年份	机构	政策	主要内容
2017	工信部办公厅	《2017年消费品工业“三品”专项行动计划》①	文件中要求支持骨干公司发展智能节能家电、智能坐便器、电饭煲;指导重点公司增强中高端婴幼儿配方乳粉有效供给能力;引导公司加强智能可穿戴设备研发与应用,制定智能可穿戴设备及服务推广目录等
2019	发改委、工信部、财政部、商务部等十部门	《进一步优化供给推动消费平稳增长 促进形成强大国内市场的实施方案(2019年)》	文件中提出支持绿色智能家电销售,积极推行绿色智能家电高端品质认证,支持有条件的地方对消费者销售旧家电并购买新家电产品给予适当补贴。积极开展消费扶贫带动贫困地区产品销售,鼓励民营公司采取“以购代捐”“以买代帮”等方式采购贫困地区的产品和服务
2019	国家市场监管总局	《消费品召回管理暂行规定》②	文件中对消费品缺陷、召回等做了明确规定,指出生产者对其生产的消费品的安全负责。明确总局、地方局管理职责,鼓励生产者和其他经营者建立消费品可追溯制度。同时,取消“儿童用品”和“家用电器”的召回目录管理,实现消费品全覆盖,增加“将责令召回情况及行政处罚信息记入信用档案,依法向社会公布”的条款。文件的发布与实施将为消费者提供更加全面、有力的安全保障

目前,我国家用电器的生产规模已达到世界首位,家用电器行业是我国具有较强国际竞争力的产业之一。近年来,我国地产市场和线上渠道的高速发展带动的家电需求,促使家用电器行业市场规模快速增长。然而,随着市场环境的变化,前期发展的原因已无法成为家电市场的推动力,家电行业全品类持续高增长的时代已经成为过去,现在总体进入市场周期的平稳增长阶段。

(1)洗衣机细分市场。

2019年家用洗衣机产销量较2018年产销量回升,整体呈上升态势。2019年洗衣机销售量达到7,426.80万台,产量为7,434.23万台,同比增长率分别为3.25%、3.97%,产销率为99.90%③,产销基本平衡(见图4-18)。由于国内洗衣机较早达到相对较高的保有量水平,产销量由更新需求主导,整体处于较为稳定的阶段。

---

①工信部,http://www.miit.gov.cn/n1146295/n1652858/n1652930/n3757019/c5540800/content.html。

②国家市场监管总局,http://gkml.samr.gov.cn/nsjg/fgs/201911/t20191126_308824.html。

③国家统计局,http://data.stats.gov.cn/easyquery.htm?cn=B01&zb=A03011R&sj=2019D。

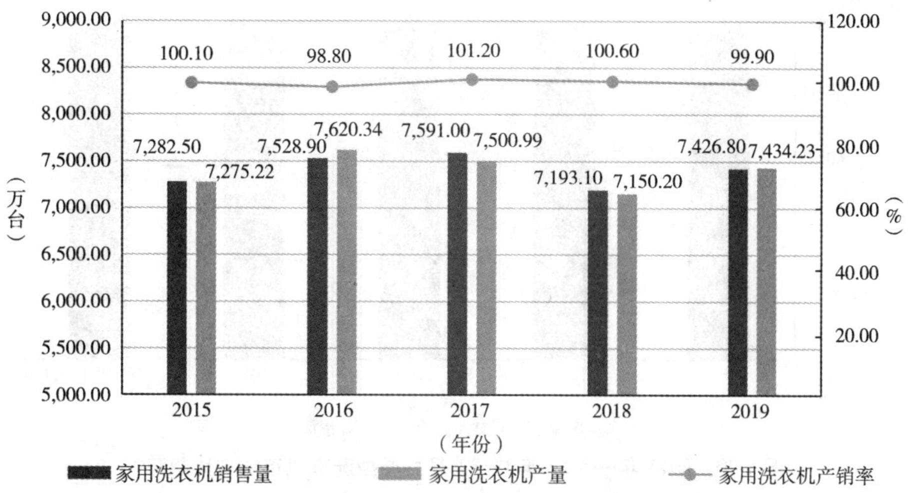

图 4-18　2015—2019 年家用洗衣机产销量趋势

数据来源:国家统计局,立德咨询整理。

洗衣机产品不断升级。从价格结构上看,售价低于 3,000 元的洗衣机市场份额比重从 2015 年的 72.60% 下降至 2019 年 1—11 月的 57.30%,累计下降了 15.30 个百分点(见图 4-19)。同期 3,000～5,500 元的洗衣机从 22.70% 增至 31.20%,5,500 元以上的洗衣机从 4.60% 增长至 11.60%①,3,000 元以上的洗衣机产品占比提升明显。从产品结构上看,滚筒洗衣机市场份额比重持续上升,从 2015 年的 37.10% 增长至 2019 年 1—11 月的 53.20%②,并于 2018 年超过单缸、双缸及波轮洗衣机(见图 4-20)。从市场份额上看,消费者偏好逐渐从以往注重高性价比的低端洗衣机向更多功能、更高质量的中高端洗衣机转变。

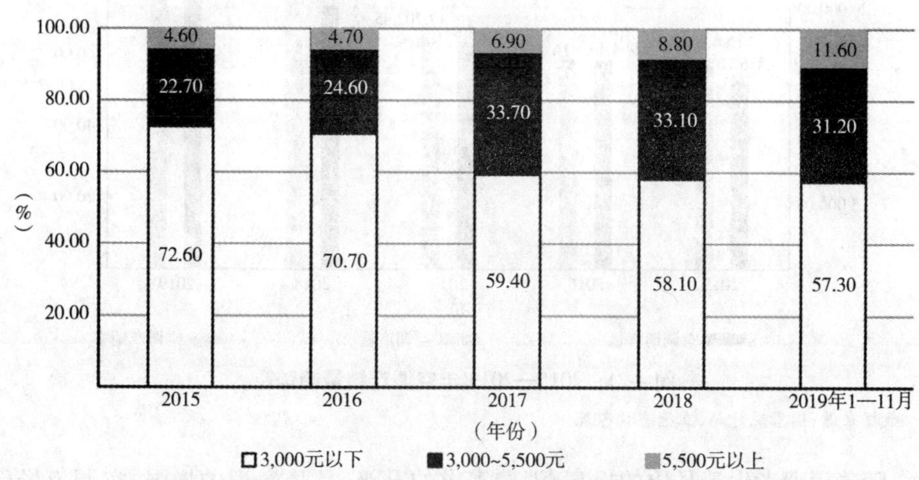

图 4-19　2015 年—2019 年 1—11 月各价位洗衣机市场占比趋势

数据来源:中怡康、天风证券。

①天风证券:《2020 年度策略报告:分化与进化,机遇共存》,第 14 页。

②天风证券:《2020 年度策略报告:分化与进化,机遇共存》,第 15 页。

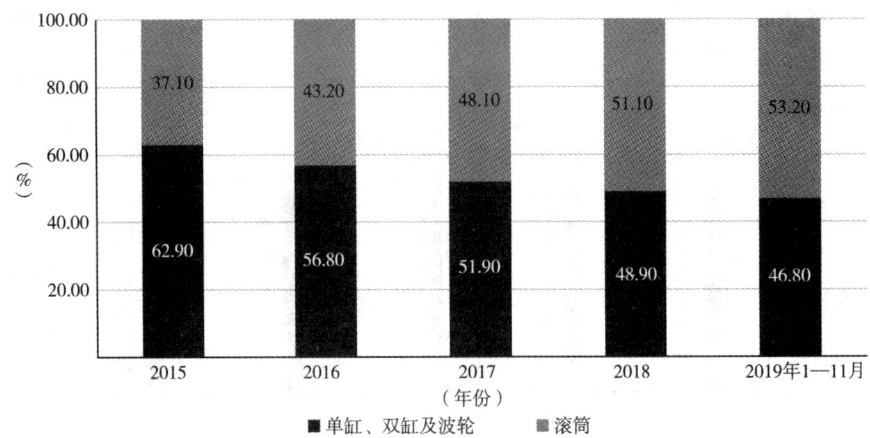

图 4-20　2015 年—2019 年 1—11 月各类型洗衣机市场占比趋势①

数据来源：中怡康、天风证券。

(2)空调细分市场。

我国空调制造公司不断优化空调产品功能、不断提升创新能力，空调产销量总体保持稳定增长。空调产量从 2015 年的 15，638.00 万台增长至 2019 年的 21，868.47万台，年均复合增长率为 8.75%（见图 4-21）。同期销售量从 14，856.10 万台增长至21，365.50万台，年均复合增长率为 9.51% 。产销率从 95.00% 增长至 97.70%，我国空调产销量持续平稳上升。

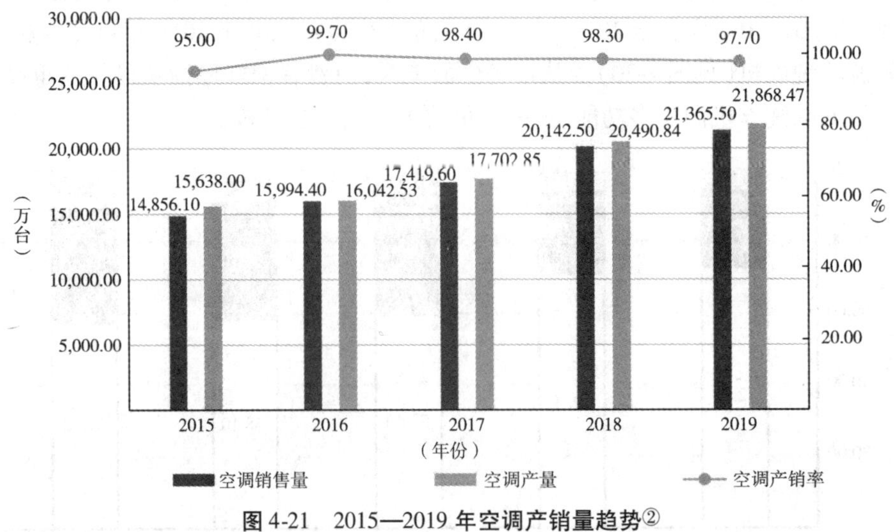

图 4-21　2015—2019 年空调产销量趋势②

数据来源：国家统计局，立德咨询整理。

随着消费者生活品质的提高、消费需求的升级、品牌意识的增强，空调市场已从产量竞争、价格竞争向营销、人才、科技研发全方面竞争转变。

一方面，智能化产品需求为产业优化提供了助力。具有语音交互、摄像头人脸

①GFK：《中国电子家电行业报告》，第 10 页。

②国家统计局，http://data.stats.gov.cn/easyquery.htm? cn = B01&zb = A03011W&sj = 2019D。

识别、分析消费者使用习惯、智能送风、自动温度设定等功能的空调产品逐渐受到市场青睐。2018 年,智能空调销售量占空调市场整体销售量的 24.98%,较上年度提高了近 6 个百分点;占空调市场整体销售额的 31.17%,较上年度提高了 10 个百分点①。智能化创新产品市场份额逐渐提高,吸引空调制造公司生产、研发重心向智能化倾斜,推动空调产业向智能化、高端化转型升级。

另一方面,消费者品牌意识的逐渐增强,使头部公司的优势增强。2018 年,前十位品牌市场占有率总和高达 95.17%,分别为格力、美的、海尔、海信、志高、奥克斯、TCL、长虹、科龙、格兰仕。其中,排名前三的公司 2018 年实现逆势增长,2018 年市场占有率提升近 3 个百分点②。在智能空调市场竞争中,格力、美的、海尔三大品牌牢牢掌握最大市场份额,其他智能空调品牌短期内无法撼动以三大品牌为主要竞争者的市场格局。

(3)冰箱细分市场。

家用冰箱细分市场供需平衡,但产量、销量逐年下降。我国 2015—2019 年家用冰箱产销率平均值为 100.48%,略有波动但总体保持稳定,基本维持在 98.70% ~101.90%(见图 4-22)。但同期家用冰箱的产销量总体呈下降趋势。伴随着产品产量、销量的下降,市场规模逐渐萎缩,未来市场将向存量产品更新换代转变。

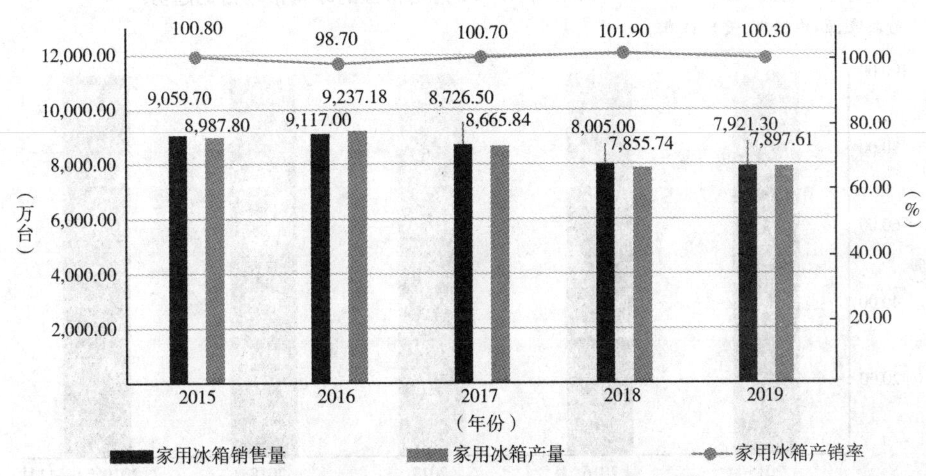

图 4-22　2015—2019 年家用冰箱产销量趋势③

数据来源:国家统计局,立德咨询整理。

更高质量、更多功能的家用冰箱的市场份额提高,该类冰箱逐渐成为市场上的主力产品。从价格结构上来看,截至 2019 年 11 月,3,000 元以下家用冰箱的市场份额比重从 2015 年的 59.19% 下降至 2019 年 1—11 月的 40.62%,累计下降了 18.57 个百分点(见图 4-23)。同期 3,000 ~7,000 元家用冰箱的市场份额从 32.85% 增至 45.27%,7,000 元以上家用冰箱的市场份额从 7.96% 增长至

①国家信息中心:《2018 年度空调市场分析报告》。

②国家信息中心:《2018 年度空调市场分析报告》。

③国家统计局,http://data.stats.gov.cn/easyquery.htm? cn = B01&zb = A03011T&sj = 2019D。

14.11%,中高端产品市场占比保持上升趋势。从产品结构上来看,多门及对开门家用冰箱产品的占比不断提升,从2015年的26.50%增长至2019年1—11月的51.30%,并于2019年超过了三门及以下家用冰箱的占比①。截至2019年11月,价格在3,000~7,000元的家用冰箱和多门及对开门的家用冰箱在冰箱细分市场占主导地位,从发展趋势看,其市场份额有望继续提高。

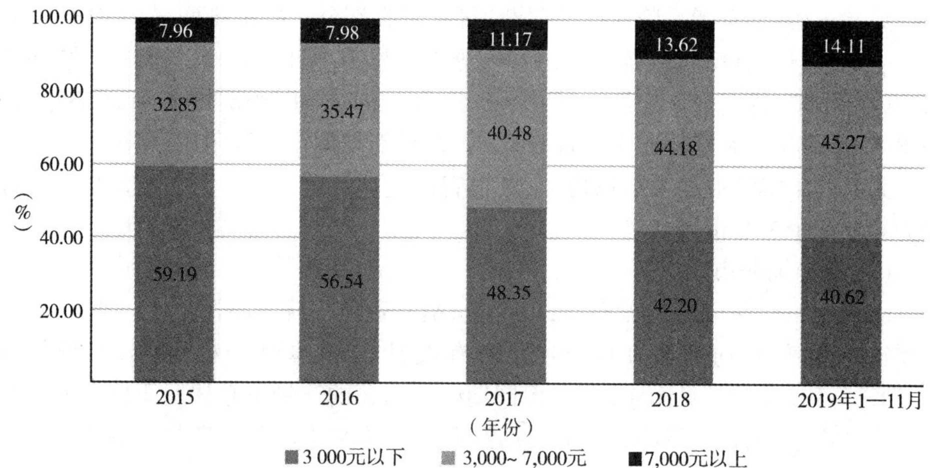

图4-23 2015年—2019年1—11月各价位的冰箱市场占比趋势

数据来源:中怡康、天风证券。

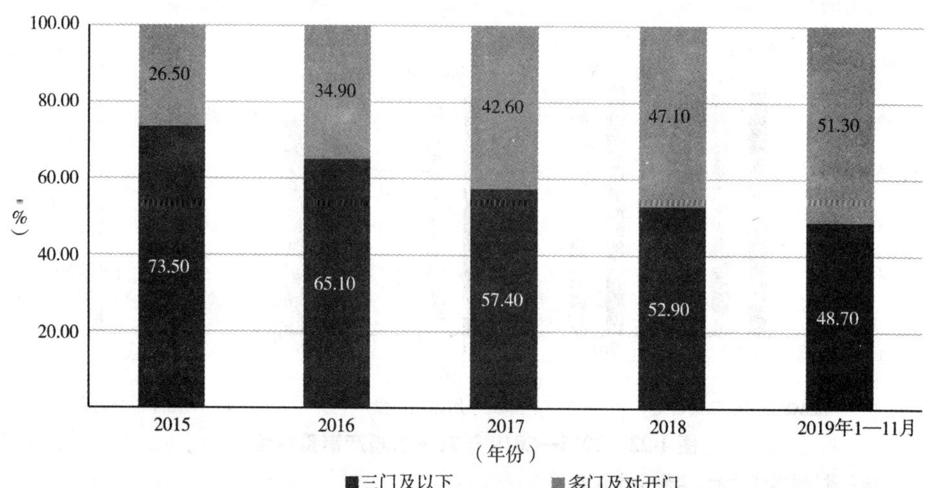

图4-24 2015年—2019年1—11月各类型家用冰箱市场占比趋势②

数据来源:中怡康、天风证券。

(4)彩色电视机细分市场。

当前,我国彩色电视机销售为存量市场,市场容量饱和,彩色电视机的品牌竞争加剧。从彩色电视机产销量来看,彩色电视机销售量由2015年的16,233.90万台增长到2019年的18,986.70万台(见图4-25),五年累计增长16.96%,年均复合

---

①天风证券:《2020年度策略报告:分化与进化,机遇共存》,第14页。

②GFK:《中国电子家电行业报告》,第9页。

增长3.99%，总体增幅较小，增速较慢。同期产量从16,169.22万台增长到18,986.70万台，累计增长17.42%，年均复合增长率为4.10%。其中，2019年彩色电视机销售量、产量均出现下滑，分别同比下降了6.50%和6.78%，初步呈现显著下滑及产能过剩，市场趋向饱和，存量市场竞争加剧。

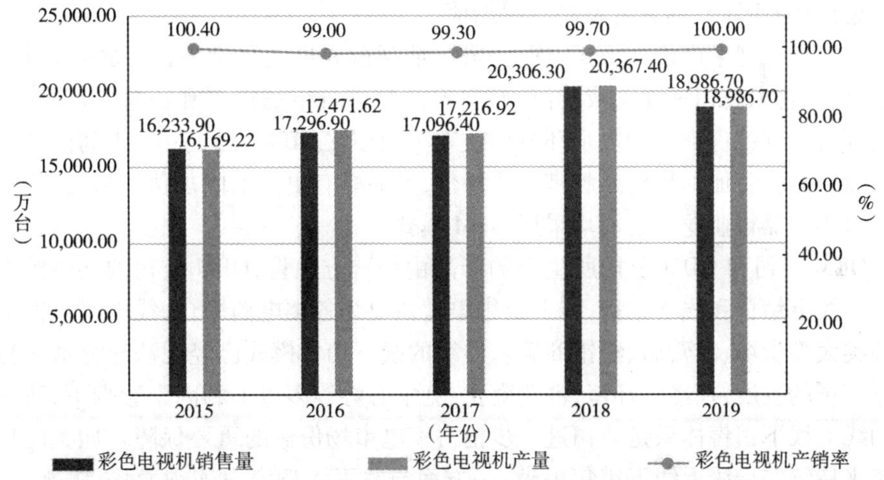

图4-25　2015—2019年彩电电视机产销量趋势①

数据来源：国家统计局，立德咨询整理。

“AI + IoT”（人工智能 + 物联网）所构建的智能彩色电视机是彩色电视机产业未来重要的发展方向。目前越来越多的彩色电视机制造公司通过构建彩色电视机和“AI + IoT”产业相融合，以电视为家庭互联网控制核心、通过电视操控家中其他家电产品和智能设备、为彩色电视机公司带来内容服务和系统构建等附加值的模式提高了彩色电视机产业的盈利。彩色电视机行业中AI产品的零售量渗透率已经达到51.60%，超过市场份额的一半，海信的人工智能彩色电视机产品市场渗透率更是接近80.00%②。“人工智能 + 物联网”模式将成为彩色电视机产业和存量市场竞争的重要领域。

（二）行业经营模式及技术水平状况

1. 行业经营模式

我国家用电器行业的经营模式分为三大类：代工生产模式（OEM，Original Equipment Manufacturer）、原厂设计制造模式（ODM，Original Design Manufacturer）、自有品牌生产模式（OBM，Original Brand Manufacturer）。

代工生产模式通常由采购方提供商品需求、生产所需设备和技术，制造方仅负责生产，我国家用电器行业的中小公司多采用该模式。该模式下，产品设计和研发由采购方完成，OEM公司仅负责投产环节的工作，不掌握核心技术，产业链条中的不可替代性较低，故生产活动产出价值较低，公司难以获得较大的发展空间。

原厂设计制造模式是由采购方提出产品需求，制造方包办设计、研发、生产全

①国家统计局，http://data.stats.gov.cn/easyquery.htm?cn = B01&zb = A030122&sj = 2019D。

②中怡康时代：《彩电公司转型AI + IoT，大势所趋》。

流程的模式。该模式下，生产方需要经历严格的业务管理体系、质量、环境、社会责任等方面的审核，审核通过后才能获得供应商资格认证，从而进入采购方的供应商体系。这种合作关系是稳定且长期的，因为 ODM 公司拥有更高的技术水平，有能力根据采购方需求进行定制化设计和生产，具备较强的不可替代性。同时，定制化生产也使得 ODM 产品具有较高的附加值。

在自有品牌生产模式下，OBM 公司既是制造方也是品牌方，产品需求、设计、采购、生产皆由公司独立完成，并以其自有品牌进行市场推广和销售。该模式下，从设计研发到销售推广的多个环节均被牢牢把控在 OBM 公司手中，中间流转环节少，产品利润高，加上自建品牌带来的溢价，产品具有更高的附加值。格力、美的等国产家用电器行业龙头公司均采用 OBM 模式。

OEM 公司和 ODM 公司所生产的产品由采购方销售，OBM 公司的终端销售可以分为线上销售和线下销售，线上销售渠道主要为各类电商平台，线下销售渠道包括各类大型卖场、专营店、经销商等。传统的线下销售模式已经无法充分适应当前家电市场的发展，在经济环境、消费变化、竞争态势等多重不利因素影响下，建立完善的线上线下销售体系是公司进一步抢占家电市场份额的重要保障。如美的集团多年来持续布局线上线下销售渠道：一方面与线下大型家电连锁卖场、旗舰店、专卖店等保持了良好的合作关系，另一方面快速拓展电商业务，发展线上销售渠道优势和物流布局优势，实现线上线下的有机结合。美的集团已是中国家电全网销售规模最大的家电公司，2018 年美的全网销售超过 500 亿元，同比增长超过22.00%，在京东、天猫、苏宁易购等主流电商平台继续保持家电全品类第一的行业地位①。

家电销售渠道业态正在发生大变革，需要业务交易重构，通过线上模式升级、线下数字化转型、全渠道融合等方式，解决公司渠道割裂、用户脱节、数据无法流通、营销粗放等问题，提升运营效率，构建数字化组织架构，线上线下多方位协同，实现生态场景运营。

2. 行业技术水平及趋势

我国家电行业经过多年发展，整体技术水平与国际领先公司的差距逐渐缩小，在自主技术、家电智能化、安全、快捷等方面已走在世界家电行业的前列。

(1)洗衣机细分市场。

我国洗衣机行业技术整体成熟，部分龙头公司基本达到国际一流大厂水平。如国际知名洗衣机公司——LG 公司，2009 年至今已推出多款采用变频直驱电机②的洗衣机，具有减震、降噪、节能、体积小等优势，海尔同样于 2012 年推出采用直驱电机的洗衣机。截至 2019 年，我国中高端洗衣机已普遍采用直驱电机技术，洗衣机直驱电机技术十分成熟。此外，我国主流中高端洗衣机还具备衣物自动识别、洗涤剂智能投放等高级功能，如 2019 年中国家电及消费电子博览会(Appliance & electronics World Expo, AWE)上，海尔推出了最新一代采用变频直驱电机和智能化投放技术的洗衣机，具备低噪声运行、自动感应衣物、智能选择洗涤程序、自动投放

①《美的集团 2018 年年度报告》，第 15 页。

②变频直驱电机：不采用皮带等传动结构，直接与洗衣机波盘或内筒连接并提供动力的电机。

洗衣液和柔顺剂等功能。

我国洗衣机行业技术具有领先性,部分技术已领先于国际水平。2019 年 AWE 上 TCL 发布的 X10 洗衣机具备多项领先技术:引入超声波洗涤,可同时清洗衣物和眼镜、珠宝等穿戴产品,并采用上波轮、下滚筒复式结构,避免交叉污染。美的发布基于视觉感知和动态参数自适应的智能洗衣机 COLMO,利用多模块融合技术,精准识别衣物类型,打破传统洗护识别领域射频识别技术①易受标签缺失、标签不准确等问题影响的局限性,并通过人工智能不断学习,提高衣物识别能力和智能化程度。

2019 年中国家用电器协会发布最新《中国家用电动洗衣机产业技术路线图》,提出洗衣机细分领域技术升级发展方向。根据文件内容,下阶段洗衣机产品将向大容量、低噪声、低震动、衣物呵护、智能化、网络化、嵌入式、节电、节水、低排放、轻量化等方向发展,洗衣机电机技术、洗衣机电机驱动控制技术、排水泵技术、感知算法技术、减震降噪与偏心技术、模块化技术、智能化技术、网络化技术、衣物材质和污渍种类识别技术等关键技术问题和技术瓶颈将是重点攻坚方向。

(2)空调细分市场。

经过多年的技术沉淀和积累,国产变频压缩机逐渐成为国产空调的主流选择。美的以美芝压缩机为主,格力以凌达压缩机为主,两者合计市场份额已从 2006 年的 26% 提升至 2017 年的 56%②。目前我国空调生产公司均已推出多款采用全直流变频压缩机的空调产品,在节能效果、运行噪声、性能稳定性和可靠性方面与国际一流大厂同类型产品相当。行业龙头公司更是积极开拓变频技术高端化应用,如美的结合磁悬浮离心压缩机、大功率变频器、水平对置叶轮结构、航天气动设计等技术推出磁悬浮变频离心式冷水机组,格力结合变频技术与压缩机工艺推出 CC 系列格力磁悬浮变频离心式冷水机组等。

在高端空调领域,三菱、东芝等进口空调品牌仍具备压缩机技术领先优势,国产空调品牌聚焦空调附加功能。如东芝目前拥有的 A4 全直流变频双转子压缩机能效技术优势显著,其名义制冷量为 28,000 ~ 84,000 W 的主要空调产品综合部分负荷性能系数(Integrated Part Load Value,IPLV)③在 7.45 ~ 8.85,远高于中国一级能效标准 3.55④。日立独有的高效涡旋压缩机技术和不对称涡旋盘技术,对比国产压缩机制冷效率、压缩机能耗、压缩机使用寿命等方面具有相对优势。国产空调品牌加紧压缩机技术研发以缩小技术差距之余,大力开拓空调附加功能。如格力推出恒温立体送风技术,基于冷气自然下降、暖气自然上升的原理打造均衡温度场。除此之外,智能控温、语音识别、物联网等同样是空调领域技术竞争的重点。

---

①射频识别技术(Radio Frequency Identification,RFID)是一种通过无线电信号识别特定目标并读写相关数据的技术。传统洗衣机洗护识别技术主要通过射频识别技术扫描识别洗护衣物标签,再选择合适的洗涤程序,当衣物标签缺失或不清晰时需要用户手动操作。

②申万宏源:《空调龙头护城河深厚,能效虚标之争加速行业集中度提升》,第 8 页。

③综合部分负荷性能系数:用于衡量制冷、热泵机组部分负荷工作情况下的运行效果的指标。

④国家标注化管理委员会,《房间空气调节器能效限定值及能效等级》(GB 21455—2019),http://openstd.samr.gov.cn/bzgk/gb/newGbInfo? hcno = BC04CDC71AD8C36B62C0FF4AE58F633C。

冷媒方面,我国正处于下一代新冷媒激烈竞争的阶段。目前全球主流空调冷媒为R410A[①],其具有环保、稳定、低毒、不可燃等优点,但R410A对全球变暖有明显的加速作用,因此更高效、更环保的新型冷媒是下一代市场竞争的重点之一。对此,我国大力推广拥有自主专利的R290冷媒,臭氧破坏潜势(Ozone Depletion Potential,ODP)[②]指标为0[③],全球暖化潜势(Global Warming Potential,GWP)[④]指标为3.3[⑤],对全球变暖的加速作用小,气化潜热大,系统充液量少,有利于延长压缩机使用寿命,但可燃性是阻碍其全面推广的一大障碍。欧盟、澳大利亚和日本更多使用R32冷媒,其爆炸点比R290更高,因此更安全,但GWP为675[⑥],对全球变暖的加速作用远大于R290。受国际标准《IEC 60335-2-24:2007》的限制,现阶段R290冷媒主要应用于1.5匹以下的家用空调,高匹数空调及中央空调多使用R32冷媒。

下阶段空调技术将向节能、环保、消费升级发展。根据《中国房间空气调节器产业技术路线图》,节能方面,2025年空调全年性能系数(Annual Performance Factor,APF)[⑦]能效一级标准最高需达到5.5;环保方面,大幅减少制冷剂HCFC-22[⑧]和制冷剂HFCs[⑨]的消费量,加强有害物质控制和资源回收利用;消费升级方面,提高房间空调器的制热制冷性能、加强智能化应用、提高可靠性。宽转速范围高能效压缩机技术、R290压缩机技术等压缩机技术、制冷制热能力提升技术、能效提升技术、空调智能化技术等技术瓶颈将是重点攻坚方向。

(3)冰箱细分市场。

我国冰箱行业技术水平整体较高。我国冰箱制造公司均已推出多款采用变频压缩机、多循环制冷系统、风冷无霜、智能控温等成熟技术的冰箱,除此之外还有抑菌除臭、保湿保鲜、自动制冰、Wi-Fi智能等多种附加功能,行业核心技术成熟。

能效与噪声是冰箱行业主要的技术瓶颈,提高能效和降低噪声是行业技术的主要发展方向。冰箱需要一天24小时不间断运行,一般200升直立双门冰箱一天约消耗1度电,对开门冰箱一天约消耗3.5度电,容量越大,空间越大,制冷能耗越高。目前我国冰箱产品性能系数(Coefficient of Performance,COP)[⑩]为1~2。据

①R410A:一种新型环保制冷剂,不会对臭氧层造成破坏,逐渐替代HCFC-22(R22)成为空调制冷行业最常见的冷媒,但R410A对温室效应的加速作用较大。

②臭氧破坏潜势:用于表示卤代烃所造成臭氧层破坏的程度。

③联合国环境署(UNEP),《2006 Report of the Refrigeration, Air Conditioning and Heat Pumps Technical Options Committee》,第32页,表2-1。

④指标全球暖化潜势(Global Warming Potential,GWP)通过比较特定气体和相同质量二氧化碳反映该特定气体对全球暖化的促进能力,是衡量温室气体对全球暖化影响的一种手段。

⑤政府间气候变化专门委员会(IPCC),《AR4 Climate Change 2007: The Physical Science Basis》,第215页,表2.15。

⑥政府间气候变化专门委员会(IPCC),《AR4 Climate Change 2007: The Physical Science Basis》,第212页,表2.14。

⑦全年性能系数:制冷及制热季节的总负荷之和与制冷及制热季节的总用电量之和的比值。

⑧HCFC-22:二氟一氯甲烷,别名氟利昂-22,俗称R22,是当今使用最广泛的中低温制冷剂,易对臭氧层造成破坏,已被逐渐替代。

⑨HFCs:氢氟烃,大量使用会引起全球气候变暖。

⑩性能系数:名义制冷量(制热量)与运行功率之比,是衡量热泵、空调或冰箱效率的关键指标。

《中国家用电冰箱产业技术路线图》规划，2025 年冰箱变频压缩机 COP 值较 2019 年提高 5%，使用占比达到 50%；2030 年冰箱变频压缩机 COP 值较 2025 年再提高 5%，使用占比达到 60%。目前，变频技术、新型高效换热器、高效小型化压缩机等是实现规划节能目标的重要发展方向。此外，《中国家用电冰箱产业技术路线图》规划 2025 年所有冰箱产品噪声不高于 36 dB，2030 年容量小于 500 升的冰箱产品噪声不高于 34 dB，容量大于 500 升的冰箱产品噪声不高于35 dB，目前我国冰箱产品噪声普遍在 40 dB 左右，仍有较大的发展空间。

（4）彩电细分市场。

薄膜晶体管液晶显示器（Thin Film Transistor-Liquid Crystal Display，TFT-LCD）是彩电行业的主流显示技术。LCD 结构相对复杂，包括彩色滤光片、薄膜晶体管、偏光片、背光模组、扩散膜、导光板等，其发光亮度均匀，具有使用寿命长、成本低、相同尺寸彩电可容纳高密度像素点等优点。目前我国的 LCD 技术发展成熟，中国知网数据显示，截至 2019 年全球累计公布 LCD 专利 104,763 项，其中我国 LCD 专利为 24,906 项，占比高达 23.77%，LCD 显示技术广泛应用于高、中、低端高清电视、电脑显示屏、室内大屏等产品。从彩电行业的主要发展趋势看，下一代显示技术的主导权集中在 OLED 与 QLED 间。

OLED 全称 Organic Light-Emitting Diode，即有机发光二极管技术、有机电致发光显示技术，是彩电显示技术重要的发展方向之一。OLED 结构较 LCD 简单，仅由薄膜、玻璃和塑料基板构成，采用可自发光的有机材料实现像素独立发光，进而实现像素点精准独立光控，因此 OLED 技术在彩电产品色彩与可视角度方面具有更好的表现。对比 LCD 产品，OLED 产品具有更轻薄、发光效率更高、响应速度更快、色域更宽等优势，甚至可以实现彩电折叠、卷曲、透明等功能，使彩电产品具备多场景拓展的可能性。

QLED 全称 Quantum Dot Light-Emitting Diode，即基于量子点电致发光特性的量子点发光二极管技术，是彩电显示技术的另一个重要发展方向。QLED 技术原理是利用 LED 背光源发射蓝光，透过量子点强化膜（Quantum Dot Enhancement Film，QDEF）上的量子点转化为红、绿、蓝三原色光线，实现显示成像，技术原理与 LCD 较为接近。QLED 色域宽，现行技术可以 100% 覆盖 DCI-P3 标准色域①；背光转换效率高，可以达到 2,000 nit②，甚至 4,000 nit；QLED 还是目前全尺寸和 8K 彩电的最佳显示方案之一。但由于背光层的存在，QLED 产品厚度难压缩至 OLED 产品水准，可挠曲性较差，未来的应用场景更多集中于大尺寸化彩电。

技术差距上，OLED 多项核心技术被国际大厂垄断，QLED 已实现自主研发。OLED 方面，首先技术核心在有机发光材料，其核心基础专利由国外大厂垄断，多项技术专利也掌握在韩国 LG Display 和三星手中，技术封锁严格，我国目前仅京东方具备大规模自主生产 OLED 屏幕的能力。其次，受制于 OLED 蒸镀材料成本居高不下、蒸镀精度不

①DCI-P3：又称 DCI/P3，美国电影行业推出的一种广色域标准，由数位电影联合（Digital Cinema Initiatives，DCI）组织定义，并由电影电视工程师协会（Society of Motion Picture and Television Engineers，SMPTE）于 2010 年发布，是目前数位电影回放设备的色彩标准之一。

②nit：尼特，亮度单位，指发光体（反光体）表面发光（反光）强弱的物理量。

足，OLED 大尺寸化应用尚不成熟，除 LG Display 具备大规模量产 OLED 彩电的实力之外，三星、京东方等大厂均处于布局和研发阶段。QLED 方面，量子点材料的设计和制备领域仅美国 Nanosys、英国 Nanoco、美国 QD Vision 和中国杭州纳晶科技拥有核心专利，已实现量子点光学膜的涂布和复合工艺的主要为美国 3M、中国宁波激智科技和康得新，QLED 终端设备生产商主要是三星和 TCL。

从短期看，具备成本优势和寿命优势的 LCD 技术仍将是市场主流。OLED 和 QLED 技术作为行业重要的技术发展方向，与 LCD 技术将继续保持并列发展、共存互补。从应用场景看，具备轻薄、可折叠、可卷曲、透明化、自发光等优势的 OLED 技术，未来市场潜力更大。

（三）行业利润水平及变动趋势

家电行业是我国制造业的支柱产业，对我国经济发展有重要影响，我国经济转型的同时家电行业同样面临变局。从 2018 年下半年开始，受到中美贸易战和国内宏观经济下行压力的影响，家电行业逐渐步入困局。从内部来看，渠道分流、获客成本增加、供应链成本不断上升挤压公司经营利润，线上渠道下沉和社交电商的崛起击穿行业底价。从外部来看，宏观经济下行，家电新增需求疲软，安装类家电销量受阻。从公司层面看，随着行业竞争愈发激烈，品牌商、渠道商进入洗牌高峰，寡头效应凸显。从用户层面来看，消费者阶层分化，追求高端品质需求的消费升级与追求性价比的用户并存，迫于压力，公司在推出高端产品的同时也要进行低端引流。

以该行业上市公司为参照样本，近几年，我国家用电器行业整体净利润呈增长态势，但在 2018 年速度放缓，进入调整阶段（见表 4-11）。从发展趋势看，2014—2018 年创维数字总体增长趋势显著，年均复合增长 144.92%。* ST 毅昌、荣泰健康、深康佳 A 年复合增长率同样高于 50%，上升势头明显。从单一年度看，2018 年创维数字、开能健康、天际股份均有很大突破。

表 4-11　　2014—2018 年家用电器行业上市公司净利润同比增长率

证券代码	证券简称	2014 年	2015 年	2016 年	2017 年	2018 年	CAGR①
000810	创维数字	10297.15%	7.40%	17.07%	-80.61%	247.64%	144.92%
002420	* ST 毅昌	-177.19%	10.80%	-59.28%	-2591.66%	70.04%	71.31%
603579	荣泰健康	138.45%	131.74%	44.81%	4.61%	15.28%	57.36%
000016	深康佳 A	16.52%	-2488.32%	-107.61%	5185.74%	-91.87%	55.55%
300272	开能健康	12.75%	18.33%	18.73%	-35.72%	499.91%	43.61%
300249	依米康	49.95%	31.48%	203.16%	104.70%	-57.91%	38.79%
002959	小熊电器	—	—	-0.29%	104.88%	26.57%	37.25%
002473	圣莱达	-471.50%	37.12%	163.46%	63.79%	-121.23%	36.08%
002614	奥佳华	34.38%	28.77%	39.03%	37.51%	27.22%	33.30%

①CAGR：平均年复合增长率。

续表

证券代码	证券简称	2014 年	2015 年	2016 年	2017 年	2018 年	CAGR
002508	老板电器	48.95%	44.58%	45.32%	21.08%	0.85%	30.75%
000333	美的集团	97.50%	20.99%	15.56%	17.70%	17.05%	30.64%
002677	浙江美大	27.91%	13.00%	30.21%	50.60%	23.70%	28.52%
002403	爱仕达	89.72%	39.40%	21.14%	25.75%	-13.92%	28.24%
002035	华帝股份	25.58%	-26.10%	57.67%	55.60%	32.83%	24.77%
603868	飞科电器	27.58%	35.33%	22.23%	36.22%	1.14%	23.80%
002032	苏泊尔	17.23%	28.86%	21.21%	21.35%	27.70%	23.19%
002705	新宝股份	11.00%	32.89%	52.01%	-5.33%	23.21%	21.20%
000651	格力电器	30.21%	-11.46%	23.05%	45.27%	16.97%	19.24%
002543	万和电气	7.74%	19.56%	35.12%	-4.12%	18.27%	14.57%
600690	海尔智家	19.75%	-13.84%	17.11%	37.51%	7.43%	12.29%
002242	九阳股份	13.19%	16.62%	12.53%	-1.26%	9.48%	9.94%
002759	天际股份	3.00%	2.76%	29.27%	-71.19%	277.78%	8.29%
603355	莱克电气	8.45%	5.75%	37.83%	-27.10%	15.73%	5.93%
600854	春兰股份	-64.01%	0.99%	8.02%	45.89%	131.50%	5.81%
000801	四川九洲	20.11%	151.42%	-12.02%	-96.18%	1118.60%	4.36%
000921	海信家电	-45.72%	-13.70%	87.43%	83.64%	-31.04%	2.14%
600983	惠而浦	-19.04%	24.90%	-22.76%	-134.24%	-370.01%	-6.31%
002429	兆驰股份	4.68%	-48.07%	8.31%	61.04%	-26.13%	-6.87%
600839	四川长虹	-88.52%	-3457.02%	-128.08%	-35.76%	-9.31%	-8.81%
600336	澳柯玛	-53.02%	-73.11%	24.64%	36.46%	113.83%	-14.41%
600060	海信电器	-11.55%	6.34%	18.14%	-45.05%	-59.40%	-24.34%
000521	长虹美菱	7.46%	-91.00%	731.12%	-85.25%	19.05%	-32.41%
603996	ST 中新	-7.69%	-27.22%	57.44%	24.17%	-153.73%	-193.27%
002848	高斯贝尔	-45.71%	60.30%	19.68%	-75.08%	-596.37%	-205.20%
002723	金莱特	0.98%	4.45%	-84.58%	16.43%	-1277.82%	-217.41%
002260	*ST 德奥	65.09%	-165.37%	-123.75%	-10085.72%	-62.63%	-257.08%
002052	同洲电子	-1320.14%	-116.11%	-1009.17%	-101.46%	-3802.01%	-257.49%
002668	奥马电器	3.80%	31.45%	14.16%	25.15%	-598.71%	-257.60%
002519	银河电子	7.83%	88.81%	36.12%	-39.58%	-722.91%	-259.83%
300247	融捷健康	19.85%	110.15%	86.40%	-11.05%	-1255.21%	-317.11%

数据来源：上市公司公告，立德咨询整理。

上市公司的净利润情况，依旧是格力电器、美的集团优势最为明显，遥遥领先（见表 4-12）。高斯贝尔、ST 中新、金莱特、*ST 德奥、同洲电子、融捷健康、*ST 毅昌、银河电子、奥马电器净利润为负。

表 4-12　　2013—2018 年家用电器行业上市公司净利润情况　　单位:亿元

证券代码	证券简称	2013 年	2014 年	2015 年	2016 年	2017 年	2018 年
000651	格力电器	108.71	141.55	125.32	154.21	224.02	262.03
000333	美的集团	53.17	105.02	127.07	146.84	172.84	202.31
600690	海尔智家	41.68	49.92	43.01	50.37	69.26	74.40
002032	苏泊尔	5.89	6.90	8.89	10.78	13.08	16.70
002508	老板电器	3.86	5.74	8.30	12.07	14.61	14.74
000921	海信家电	12.39	6.72	5.80	10.88	19.98	13.77
603868	飞科电器	2.91	3.71	5.02	6.13	8.35	8.45
002242	九阳股份	4.70	5.32	6.20	6.98	6.89	7.54
002035	华帝股份	2.24	2.81	2.08	3.28	5.10	6.77
002705	新宝股份	1.92	2.13	2.84	4.31	4.08	5.03
002543	万和电气	2.48	2.67	3.19	4.31	4.13	4.89
002429	兆驰股份	6.36	6.66	3.46	3.74	6.03	4.45
002614	奥佳华	1.04	1.40	1.81	2.51	3.45	4.39
603355	莱克电气	3.17	3.44	3.64	5.01	3.66	4.23
000016	深康佳 A	0.45	0.53	-12.57	0.96	50.57	4.11
600060	海信电器	15.83	14.00	14.89	17.59	9.67	3.92
002677	浙江美大	1.08	1.38	1.56	2.03	3.05	3.78
300272	开能健康	0.57	0.64	0.76	0.90	0.58	3.48
000810	创维数字	0.04	3.87	4.15	4.86	0.94	3.28
600839	四川长虹	5.12	0.59	-19.76	5.55	3.56	3.23
600983	惠而浦	3.63	2.94	3.67	2.83	-0.97	2.62
603579	荣泰健康	0.26	0.62	1.43	2.07	2.16	2.49
002959	小熊电器	—	—	0.72	0.72	1.47	1.86
002403	爱仕达	0.43	0.81	1.13	1.37	1.73	1.49
000801	四川九洲	0.72	0.86	2.17	1.91	0.07	0.89
002759	天际股份	0.56	0.58	0.60	0.77	0.22	0.84
600336	澳柯玛	1.52	0.71	0.19	0.24	0.33	0.70
600854	春兰股份	0.31	0.11	0.11	0.12	0.18	0.41
000521	长虹美菱	2.74	2.95	0.26	2.20	0.32	0.39
300249	依米康	0.07	0.11	0.15	0.44	0.91	0.38
002473	圣莱达	0.03	-0.10	-0.13	-0.35	-0.57	0.12
002848	高斯贝尔	0.58	0.31	0.50	0.60	0.15	-0.74
603996	ST 中新	1.11	1.03	0.75	1.18	1.46	-0.78
002723	金莱特	0.40	0.41	0.43	0.07	0.08	-0.90
002260	*ST 德奥	0.20	0.33	-0.22	0.05	-5.13	-1.92
002052	同洲电子	0.34	-4.17	0.67	-6.10	0.09	-3.31
300247	融捷健康	0.16	0.19	0.41	0.76	0.68	-7.82
002420	*ST 毅昌	-0.55	0.43	0.47	0.19	-4.79	-8.14
002519	银河电子	1.12	1.21	2.28	3.10	1.87	-11.67
002668	奥马电器	1.96	2.03	2.67	3.05	3.81	-19.03

数据来源:上市公司公告,立德咨询整理。

家电行业经过30多年的发展，已进入白银时代，总体增速呈放缓趋势。外部大环境存在较多不确定性：中美贸易战存在不少变数，导致家电行业出口压力加大；受宏观调控的影响，房地产市场增速下降，其配套的厨电行业也受到影响；家电市场的渠道结构加速裂变、获客成本提升等影响因素使家电市场的品牌竞争格局正在重塑。

（四）进入本行业的壁垒

1. 品牌壁垒

作为大众消费品行业，家电公司品牌体现了产品档次、质量、性能、服务和市场地位。目前消费者越来越重视产品品牌，消费者的品牌忠诚度正在形成。新进入公司在家电行业中要提升品牌知名度所需的成本更高、时间更长，随着收入水平的提高，中高端消费者对价格的敏感程度也在降低，在缺乏品牌知名度的情况下，仅凭借低价策略去扩大市场份额会变得越来越困难。

2. 技术工艺壁垒

随着家电控制技术的发展，消费者对家用电器的需求越来越多样，信息化、定制化、智能化等都是选购家电的考虑因素。家电应用产品涉及的技术门类越来越多，目前已从传统的计算机、电子技术应用、自动控制、传感技术、电子显示/驱动技术、电源技术、通信技术等方面发展到物联网技术、节能技术、新能源应用、医学健康等多个学科。

公司必须能够不断运用新技术，充分满足消费者的需求变化，这就要求生产公司掌握不同产品特性、技术、市场和消费情况。行业内龙头公司经过多年耕耘、技术沉淀形成了领先优势，如美的和格力具备压缩机和电机制造技术、TCL掌握QLED核心技术等，核心技术有助于公司稳固其市场份额，形成“护城河”，限制竞争对手进入。

3. 规模及资金壁垒

由于中游家电制造公司的整合，订单的规模越大，对技术研发、质量控制的要求越高，这使得家电公司需要不断增加新的研发设备、检验设备和制造设备，导致资金壁垒也越来越高。

（五）行业竞争格局

国内家电市场竞争格局已发生较大变化。家电行业竞争的加剧迫使一部分设备落后、管理水平低、产品品质缺乏保障、缺乏核心竞争力的公司出局，起到加速行业洗牌的作用。行业洗牌的同时也为设计能力强、生产水平高、生产规模大和品牌优势明显的公司提供了扩张的机遇。随着中国经济的日益活跃多变，传统产业发展空间趋小，消费需求趋于饱和，行业间竞争压力增大。

从细分领域看，我国家电制造业龙头公司基本实现了全细分领域覆盖。格力电器产业具体包括：以各类空调、冷冻冷藏设备为主的空调领域；以智能装备、精密铸造设备等为主的高端装备领域；以厨房电器、洗衣机、冰箱等为主的生活电器领域；以物联网设备、手机、芯片、大数据等为主的通信设备领域。美的主营以厨房家电、冰箱、洗衣机及各类小家电为核心的消费电器业务；以空调、供暖及通风系统为核心的暖通空调业务；以库卡集团、美的机器人公司等为核心的机器人及自动化系统业务；以安得智联为集成解决方案服务平台的智能供应链业务。海尔智家主要从事冰箱/冷柜、洗衣机、空调、热水器、厨电、小家电、U-home智能家居产品等的研发、生产和销售。此外，四川长虹、海信电器、海信家电、深康佳A、长虹美菱等均布局彩电、洗衣机、空调、冰箱、小家电,细分市场竞争激烈。

从竞争市场看,国内市场趋于饱和,海外市场开拓是竞争重点。2010—2018年营业总收入排名前十的家电制造公司,海外收入平均增长了349.45%。其中增幅较大的前五位分别为老板电器、海尔智家、惠而浦、九阳股份和创维数字,分别增长了1,245.76%、1,192.83%、876.93%、803.01%和743.44%,平均增长了972.39%,远高于行业平均水平。此外,2010—2018年合计营业收入超过10,000亿元的美的和格力,2010—2018年海外收入也分别增长了274.89%和128.38%。国产家电龙头公司已经从海外代工进入全球化品牌发展阶段,虽然国产家电龙头公司的市场份额稳固,但市场趋于饱和,海外发展中国家待释放的需求为外销发展提供了想象空间。

(六)行业发展前景及趋势

1.农村及乡镇是竞争的重点

国民经济的快速发展、行业整体需求的上升以及市场需求的转变,为新兴品牌提供了发展机会。三级、四级市场消费者的核心需求以性价比高的产品为主,部分产品物美价廉、设计开发能力突出、生产优势明显的新兴品牌较好地迎合了大量的三级、四级市场消费者的需求,未来将拥有较大的成长空间。此外,行业中端公司和高端公司也在谋求三线、四线城市的销售渠道下沉,三级、四级市场也将成为市场竞争的重要战场之一。

2.品牌的优势愈发突出

家电头部品牌的优势愈发突出。消费者的消费观念逐渐从功能消费向品质消费转变,消费升级大势不可逆转。日益理性化、品质化的消费需求,正在倒逼家电公司加速进行产品、服务、营销模式等方面的创新。与低端产品单纯的价格比拼不同,高端市场的竞争,在价格之外还包括了品牌竞争、服务体系竞争、渠道服务竞争等,而头部品牌因为拥有更强的资源整合能力,交易成绩也会更加优秀。

3.智能家电服务成为家电行业的发展趋势

传统家电公司的产品和研发优势与互联网公司的数据平台优势强强联合是智能家居发展的一大趋势。随着国民生活水平的提高,消费者不仅对产品质量有了更高的要求,还对服务方面有了进一步的需求。未来的家电公司将不再是单纯的硬件销售者,而是既销售硬件又销售服务,甚至以销售服务为主,这一点在智能电视领域已经表现得尤为突出。智能家电服务未来将成为整个家电行业的重要特点。

例如,格力自主研发的GMV6多联机是全球首款人工智能多联式空调机组,结合大数据云平台、人工智能控制技术以及国际领先的CAN+通信技术,通过研究天气预测联动控制、故障预测诊断、自适应调节控制、用户需求分析等技术,实现超低功耗1 W待机,解决多联机待机功耗高、实际运行效率低、舒适性差等技术难题。西门子家居互联App(Home Connect)可以实现烹饪、烘焙、衣物护理、保鲜等多个方面的智慧控制,如一键启动清洁程序、多种食谱等人性化极简操作;随时随地启动、选择或暂停洗衣机运行程序。

我国的高新技术产业发展迅速,高科技、节能低碳、智能化等极具竞争力的产品不断推陈出新,为消费者提供更个性化、交互更便捷的智能产品和服务,以提高消费者的生活品质。与此同时,拥有较高消费能力和愿意追求高端产品的中国中产阶级正在快速崛起,智能化、高端化产品的需求在不断扩大。

第三节 家用电力器具制造业募投项目概况

一、上市公司募投项目设计方案

根据公开信息统计，上市时属于家用电力器具制造业公司的招股说明书中募投设计如表4-13所示。

表4-13　　家用电力器具制造业过会案例募投项目设计方案

序号	证券代码	证券简称	项目名称	募投类型	投资金额（万元）	有形资产投资	无形资产投资	预备费用	其他支出	铺底流动资金
1	002242	九阳股份	济南年产800万台豆浆机及5万吨豆料项目	扩产	41,200.00	71.05%	—	7.10%	—	21.84%
			杭州厨房小家电生产建设项目	扩产	35,014.00	57.21%	—	5.39%	—	37.40%
			杭州年产25万台商用豆浆机建设项目	扩产	22,137.00	65.61%	—	—	—	34.39%
			杭州研发中心建设项目	设计研发	4,823.00	90.92%	—	9.08%	—	—
			营销网络建设项目	营销	20,000.00	100.00%	—	—	—	—
2	002260	*ST德奥	扩大小家电生产技术改造项目	改建	6,262.00	66.11%	—	6.61%	—	27.28%

续表

序号	证券代码	证券简称	项目名称	募投类型	投资金额（万元）	有形资产投资	无形资产投资	预备费用	其他支出	铺底流动资金
2	002260	*ST德奥	商用智能厨房电器生产技术改造项目	改建	2,868.00	72.00%	—	7.18%	—	20.82%
			研发中心扩建技术改造项目	改建	3,283.00	90.89%	—	9.08%	—	—
			扩大小家电模具生产技术改造项目	改建	3,424.00	84.11%	—	8.41%	—	7.48%
			扩大小家电零部件生产技术改造项目	改建	3,573.00	66.36%	—	6.63%	—	27.01%
3	002290	*ST中科	年产12万吨家电用复合材料（PCM/VCM）生产线项目	扩产	27,028.50	29.73%	—	2.97%	—	67.30%
			年产800万平方米高光膜生产线建设项目	扩产	7,275.50	73.17%	—	6.81%	—	20.02%

续表

序号	证券代码	证券简称	项目名称	募投类型	投资金额（万元）	有形资产投资	无形资产投资	预备费用	其他支出	铺底流动资金
4	002473	圣莱达	高精度钛镍合金记忆式温控器自动化生产线技改扩产项目	改建	8,725.00	52.81%	21.23%	3.70%	—	22.25%
			年产310万台水加热智能生活电器扩产项目	扩产	7,983.00	56.90%	23.20%	4.01%	—	15.90%
			研究开发中心建设项目	设计研发	2,836.00	76.45%	18.76%	4.76%	—	—
5	002508	老板电器	年新增15万台吸油烟机技改项目	改建	7,990.00	78.72%	—	—	—	21.28%
			年产100万台厨房电器生产建设项目	扩产	40,000.00	75.00%	—	—	—	25.00%
			研发中心建设项目	设计研发	3,900.00	100.00%	—	—	—	—

续表

序号	证券代码	证券简称	项目名称	募投类型	投资金额（万元）	有形资产投资	无形资产投资	预备费用	其他支出	铺底流动资金
6	002543	万和电气	节能环保燃气热水、供暖产品生产线扩建项目及公司营销网络建设项目	综合	37,280.60	40.02%	—	—	38.34%	21.64%
			健康厨房电器产品扩产项目	扩产	11,984.72	69.83%	—	—	—	30.17%
			新能源集成产品生产基地建设项目	扩产	31,060.97	71.60%	—	—	—	28.40%
			核心零部件规模化自制建设项目	扩产	11,425.75	77.72%	—	—	—	22.28%
			科技与研发中心扩建项目	设计研发	6,006.18	100.00%	—	—	—	—
			信息管理系统升级建设项目	信息运维	3,060.00	39.22%	60.78%	—	—	—
			其他与主营业务相关的营运资金	补流	57,568.86	—	—	—	—	100.00%

续表

序号	证券代码	证券简称	项目名称	募投类型	投资金额（万元）	有形资产投资	无形资产投资	预备费用	其他支出	铺底流动资金
7	002616	长青集团	明水生物质热电联产工程项目	扩产	35,382.00	95.72%	—	4.28%	4.28%	—
			燃气具系列产品扩建项目	扩产	18,221.63	47.61%	—	—	36.22%	16.17%
8	002668	奥马电器	多门大容量节能冰箱（五厂一期）新建项目	扩产	35,458.60	76.68%	8.65%	2.56%	—	12.11%
			大容量风冷冰箱和冰柜（一厂）改扩建项目	扩产	23,383.40	72.65%	—	5.81%	—	21.54%
			关键部件(蒸发器)新建项目	扩产	2,997.80	81.66%	—	4.90%	—	13.44%
			工程技术研发中心项目	设计研发	2,986.10	89.99%	—	5.40%	—	4.61%
			国内市场营销网络建设项目	营销	3,000.00	—	—	2.88%	96.12%	1.00%

续表

序号	证券代码	证券简称	项目名称	募投类型	投资金额（万元）	有形资产投资	无形资产投资	预备费用	其他支出	铺底流动资金
9	002677	浙江美大	新增年产集成灶10万台生产建设及5万台技术改造项目	扩产	29,965.83	74.22%	5.26%	0.93%	—	19.59%
			营销网络建设项目	营销	10,023.00	23.04%	11.31%	—	49.69%	15.96%
			研发及测试中心项目	设计研发	10,026.64	58.69%	25.42%	—	15.89%	—
10	002705	新宝股份	小家电生产基地项目	扩产	35,079.00	88.71%	—	0.91%	—	10.38%
			蒸汽压力型咖啡机技术改造项目	改建	15,429.00	85.63%	—	2.57%	—	11.80%
			家用电动类厨房电器技术改造项目	改建	14,704.00	85.83%	—	2.58%	—	11.59%
			技术中心改造项目	设计研发	9,000.00	99.02%	—	0.98%	—	—

续表

序号	证券代码	证券简称	项目名称	募投类型	投资金额（万元）	有形资产投资	无形资产投资	预备费用	其他支出	铺底流动资金
11	002759	天际股份	智能陶瓷烹饪家电及电热水壶建设项目	扩产	16,092.00	81.44%	8.65%	2.44%	—	7.47%
			技术研发中心建设项目	设计研发	2,308.00	81.46%	—	4.07%	14.47%	—
			补充流动资金	补流	7,300.00	—	—	—	—	100.00%
12	002851	麦格米特	株洲基地二期建设项目	扩产	19,815.30	88.17%	—	—	—	11.83%
			营销和服务平台建设项目	营销	7,795.00	90.51%	2.57%	—	4.26%	2.67%
			补充流动资金	补流	23,058.13	—	—	—	—	100.00%
13	002860	星帅尔	热保护器系列产品扩能项目	扩产	7,028.00	79.56%	—	5.57%	—	14.87%
			起动器系列产品扩能项目	扩产	7,982.00	78.72%	—	5.51%	—	15.76%
			技术研发中心改造升级项目	设计研发	1,819.00	93.45%	—	6.55%	—	—
			补充流动资金	补流	6,000.00	—	—	—	—	100.00%

续表

序号	证券代码	证券简称	项目名称	募投类型	投资金额（万元）	有形资产投资	无形资产投资	预备费用	其他支出	铺底流动资金
14	300217	东方电热	工业电加热器制造项目	扩产	6,729.80	63.17%	—	6.32%	—	30.51%
			家用电器用电加热器（管）生产项目	扩产	7,179.80	64.19%	—	6.42%	—	29.39%
			年产600万支陶瓷PTC电加热器项目	扩产	5,019.40	43.65%	—	4.37%	—	51.98%
			研发中心建设项目	设计研发	1,965.00	86.28%	—	8.63%	—	5.09%
15	300247	融捷健康	远红外桑拿房生产基地建设项目	扩产	15,095.33	59.89%	15.81%	—	—	24.30%
			信息化管理平台及区域市场营销中心建设项目	营销	1,910.00	23.56%	—	—	76.44%	—

续表

序号	证券代码	证券简称	项目名称	募投类型	投资金额（万元）	有形资产投资	无形资产投资	预备费用	其他支出	铺底流动资金
16	300272	开能健康	智能化家用全屋水处理设备及商用净化饮水机生产基地发展项目	扩产	9,250.00	91.78%	—	—	—	8.22%
			复合材料压力容器及多路控制阀发展项目	扩产	4,500.00	75.00%	—	—	—	25.00%
17	300279	和晶科技	智能控制器技术改造项目	改建	11,931.05	58.94%	—	—	—	41.06%
			智能控制器研发中心项目	设计研发	1,801.40	77.99%	11.12%	0.83%	—	10.05%
18	300342	天银机电	无功耗起动器产能扩建项目	扩产	4,295.00	77.50%	—	3.69%	—	18.81%
			整体式无功耗起动器产能扩建项目	扩产	5,960.00	75.93%	—	3.62%	—	20.45%
			吸气消音器产能扩建项目	扩产	2,245.00	72.49%	—	3.45%	—	24.05%
			研发中心建设项目	设计研发	1,000.00	100.00%	—	—	—	—

续表

序号	证券代码	证券简称	项目名称	募投类型	投资金额（万元）	有形资产投资	无形资产投资	预备费用	其他支出	铺底流动资金
19	300403	汉宇集团	家用电器排水泵扩产及技术升级项目	扩产	18,775.00	80.83%	—	—	—	19.17%
			洗碗机用洗涤循环泵项目	扩产	10,784.00	82.38%	—	—	—	17.62%
			洗碗机底部总成项目	扩产	10,804.00	73.16%	—	—	—	26.84%
			新型家庭水务节水系统项目	扩产	3,493.00	68.51%	—	—	—	31.49%
			其他与主营业务相关的营运资金	补流	16,144.00	—	—	—	—	100.00%
20	300475	聚隆科技	年产300万台(套)全自动洗衣机新型、高效节能减速离合器及一体化装置总装项目	扩产	22,120.90	64.04%	—	—	—	35.96%

续表

序号	证券代码	证券简称	项目名称	募投类型	投资金额（万元）	有形资产投资	无形资产投资	预备费用	其他支出	铺底流动资金
20	300475	聚隆科技	年产300万套全自动洗衣机减速离合器关键零部件加工项目	扩产	18,349.40	88.79%	—	—	—	11.21%
21	603355	莱克电气	年产800万台家居环境清洁电器扩产项目	扩产	39,952.81	74.51%	—	3.73%	—	21.77%
			年产1,200万台微特电机扩产项目	扩产	22,178.50	87.86%	—	4.39%	—	7.74%
			技术研发检测中心及信息管理系统升级项目	综合	8,394.50	79.96%	5.93%	1.62%	12.48%	—
			国内营销网络建设项目	营销	8,525.00	—	—	—	100.00%	—
22	603366	日出东方	连云港生产基地年产160万台太阳能热水器建设项目	扩产	50,000.00	71.43%	—	3.57%	—	25.00%

续表

序号	证券代码	证券简称	项目名称	募投类型	投资金额（万元）	有形资产投资	无形资产投资	预备费用	其他支出	铺底流动资金
22	603366	日出东方	沈阳生产基地年产50万台太阳能热水器建设项目	扩产	18,000.00	73.38%	—	4.40%	—	22.22%
			阳台壁挂式太阳能热水器建设项目	扩产	15,000.00	76.28%	—	3.82%	—	19.90%
			营销网络建设项目	营销	30,000.00	74.37%	—	4.73%	20.90%	—
			研发中心建设项目	设计研发	12,000.00	92.60%	—	7.40%	—	—
23	603486	科沃斯	年产400万台家庭服务机器人项目	扩产	50,000.00	92.20%	—	1.52%	—	6.28%
			机器人互联网生态圈项目	设计研发	26,908.47	57.62%	5.93%	—	36.45%	—
			国际市场营销项目	营销	14,300.00	5.64%	5.86%	—	79.91%	8.59%
24	603519	立霸股份	环保新型家电用覆膜板生产线技改扩能项目	改建	13,995.07	77.87%	—	—	3.37%	18.76%

续表

序号	证券代码	证券简称	项目名称	募投类型	投资金额（万元）	有形资产投资	无形资产投资	预备费用	其他支出	铺底流动资金
24	603519	立霸股份	家电用复合材料研发中心项目	设计研发	3,169.94	97.16%	—	—	—	2.84%
			补充营运资金	补流	5,000.00	—	—	—	—	100.00%
25	603677	奇精机械	年产400万套洗衣机离合器扩产与技改项目	改建	16,000.00	89.04%	—	—	—	10.96%
			年产2500万套电动工具零部件产业化项目	扩产	15,000.00	89.39%	—	—	—	10.61%
			偿还银行贷款	补流	7,249.80	—	—	—	—	100.00%
26	603868	飞科电器	个人护理电器松江生产基地扩产项目	扩产	17,500.00	85.71%	—	2.86%	—	11.43%
			个人护理电器芜湖生产基地扩产项目	扩产	18,500.00	86.49%	—	2.70%	—	10.81%
			研发及管理中心项目	设计研发	24,000.00	91.67%	8.33%	—	—	—
			个人护理电器检测及调配中心项目	综合	12,800.00	94.14%	5.86%	—	—	—

续表

序号	证券代码	证券简称	项目名称	募投类型	投资金额（万元）	有形资产投资	无形资产投资	预备费用	其他支出	铺底流动资金
27	002959	小熊电器	小熊电器创意小家电生产建设（大良五沙）项目	扩产	52,729.18	84.51%	—	4.23%	—	11.26%
			小熊电器智能小家电制造基地项目	扩产	31,313.02	84.40%	—	4.22%	—	11.38%
			小熊电器创意小家电生产建设（均安）项目	扩产	15,877.96	83.51%	—	4.18%	—	12.31%
			小熊电器研发中心建设项目	设计研发	3,679.92	87.47%	—	4.37%	—	8.15%
			小熊电器信息化建设项目	信息运维	4,325.42	14.20%	37.34%	4.76%	43.70%	—

注：1. 表中百分比存在四舍五入情况。

2. 项目类型：根据项目目的分为扩产类项目、改建类项目、设计研发类项目、营销类项目、信息运维类项目、综合类项目、补流类项目。

数据来源：上市公司公告，立德咨询整理。

二、募集资金投向分析及具体内容

（一）募集资金投向

根据以往过会案例研究，家具电力器具制造业上市公司募投项目以生产型项目为主，可以分为扩产类项目和改建类项目。

从项目数量上看，首先为生产型项目，共60个，占募投项目总数的62%，其中扩产类项目48个，改建类项目12个。其次为设计研发类项目，共17个，占项目总数的18%。再次为营销类项目,共8个,占项目总数的8%;补流类项目7个,占项目总数的7%;综合类项目和信息运维类项目分别有3个、2个,分别占总项目数的3%、2%(见图4-26)。

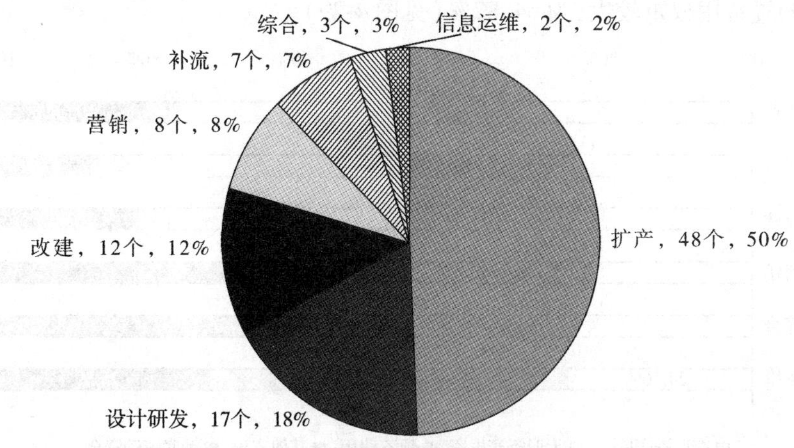

图4-26　各募投类型项目数量

数据来源:上市公司公告,立德咨询整理。

从项目投资金额上看,生产型项目投资金额合计1,065,351.22万元,占所有项目投资总额的72.60%,其中扩产类项目投资金额共957,167.10万元,改建类项目投资金额共108,184.12万元。补流类项目投资金额仅次于扩产类项目,共122,320.79万元,占投资总额的8.34%;设计研发类项目投资金额共118,229.65万元,占投资总额的8.06%;营销类项目投资金额共95,553.00万元,占投资总额的6.51%;综合类项目和信息运维类项目投资金额分别为58,475.10万元、7,385.42万元,分别占投资总额的3.99%、0.50%(见图4-27)。

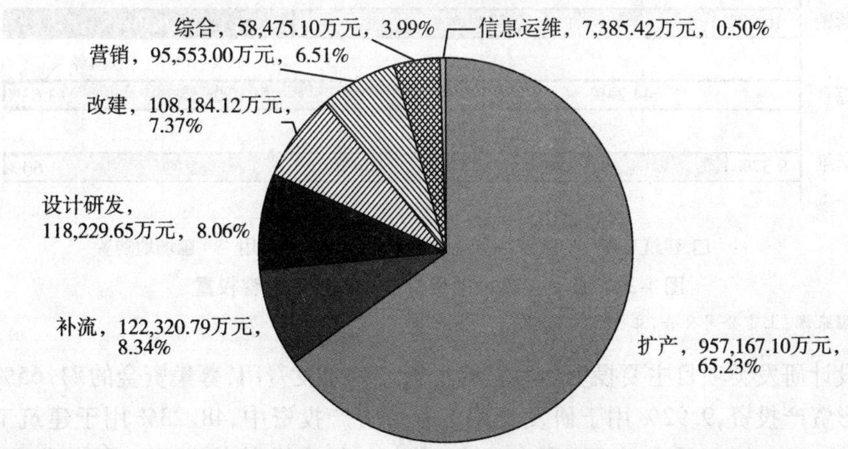

图4-27　各募投类型投资金额

数据来源:上市公司公告,立德咨询整理。

(二)募集资金投资内容

从募投项目投资内容看,扩产类项目和改建类项目的主要投资内容是有形资产和铺底流动资金,有形资产投资的权重分别为75.94%和77.04%,铺底流动资金的权重分别为19.66%和18.46%（见图4-28）。扩产类项目投资内容为新建厂房或增设产线，故建筑工程权重较大，达45.96%；改建类项目投资内容多为通过装修和购置设备的方式实现现有设施、生产工艺条件的升级改造，不涉及新建厂房，故设备购置费用权重较大，为64.82%（见图4-29）。

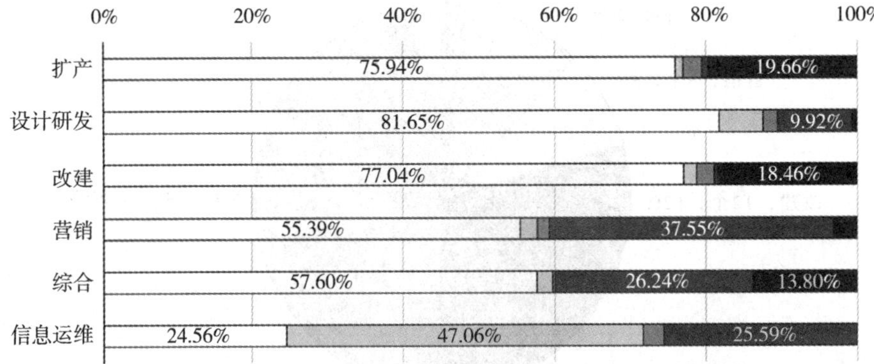

图4-28　各类型募投项目资金投向权重

数据来源：上市公司公告，立德咨询整理。

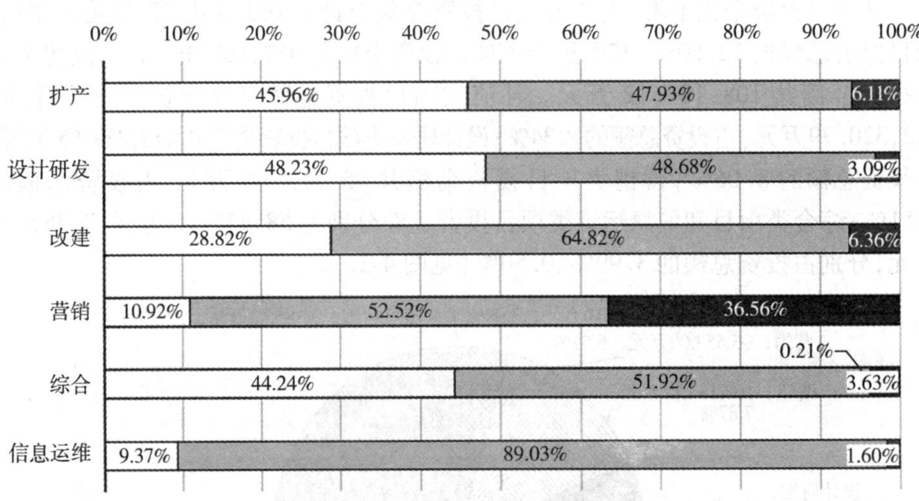

图4-29　各类型募投项目有形资产投资内容权重

数据来源：上市公司公告，立德咨询整理。

设计研发类项目主要投资内容是有形资产和研发费用，募集资金的81.65%用于有形资产投资，9.92%用于研发费用。有形资产投资中，48.23%用于建筑工程投资，48.68%用于设备购置，剩余3.09%为工程建设其他费用。研发费用中，87.09%用于人事薪酬，12.91%用于项目开发及实施费用（见图4-30）。

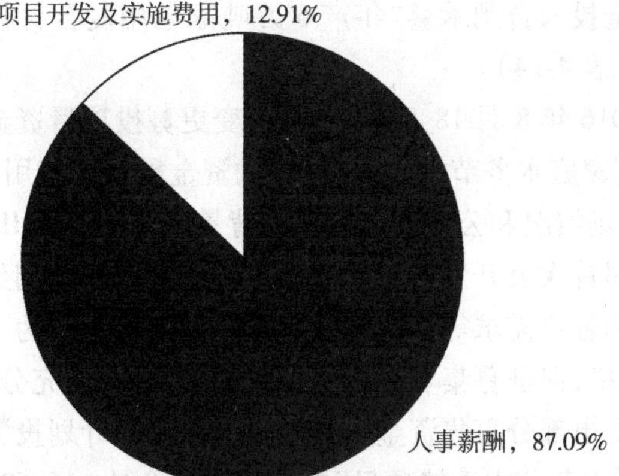

图 4-30　设计研发类项目研发费用构成

数据来源：上市公司公告，立德咨询整理。

营销类项目的主要投资内容是有形资产和销售费用。有形资产投资权重为 55.39%，其中建筑工程、设备购置和场地购置权重分别为 10.92%、52.52% 和 36.56%。销售费用权重为 37.55%，其中最大的开销是各类展示中心、分支机构的建设及装修费用，为 41.19%，其次是人事薪酬、宣传与推广费用和房屋租赁费用，分别为 28.87%、14.39% 和 14.31%（见图 4-31）。

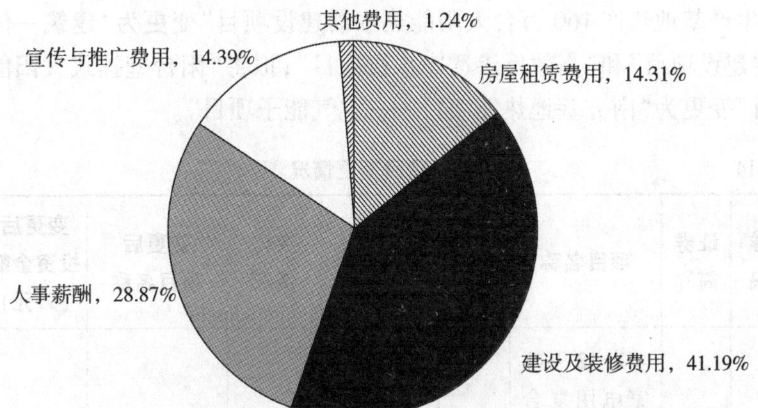

图 4-31　营销类项目销售费用构成

数据来源：上市公司公告，立德咨询整理。

三、募投项目变更延期情况

过往案例中，有三家涉及募投项目变更，分别是*ST 中科（002290）、汉宇集团（300403）和日出东方（603366）。

*ST 中科于 2010 年 5 月 4 日对外公告，变更募投项目资金用途。下游冰箱、洗衣机等家电厂商对 VCM 产品的需求基本维持不变，增速较为缓慢，如公司继续实施“年产 800 万平方米高光膜生产线建设项目”，可能使得所产高光膜与公司目前的 VCM 产品实际生产情况不相适应，从而可能造成高光膜产能闲置。为了实现募集资金使用效益最大化，以及为股东和公司带来更为稳定的回报，公司拟终止该

项目的实施，将资金投入合肥禾盛"年产6万吨家电用复合材料(PCM/VCM)生产线建设项目"中(见表4-14)。

汉宇集团于2016年8月18日对外公告，变更募投项目资金用途。"洗碗机底部总成项目""新型家庭水务节水系统项目"的资金需求和使用计划是公司在2011年基于上市前的市场情况和公司产能情况的背景制订的。因IPO发行上市审核进度等客观原因，公司首次公开发行股票并上市的进展较原计划延迟，并且随着时间的推移，市场环境和客户需求等情况都发生了一定的变化。为了整合公司资源，提高募集资金使用效率，保证募集资金投资项目的实施质量，充分维护上市公司股东的利益，公司决定变更部分募集资金投资项目。拟将原计划投资于"洗碗机底部总成项目""新型家庭水务节水系统项目"未使用完的合计146,608,547.46元的募投资金，用于"工业机器人产业化项目"，实施主体由江门市甜的电器有限公司变更为江门市地尔汉宇电器股份有限公司。

日出东方于2015年7月27日对外公告，变更募投项目资金用途。由于太阳能行业环境发生变化，行业整体下滑，产能过剩，短期内太阳能热水器难以有大规模增长。随着农村人口向城市转移及城镇化的推进，太阳能产品的市场消费格局也发生了变化，农村市场萎缩，同时，包括工程市场在内的城市市场成为公司的"主战场"，太阳能建筑一体化热水器产品成为城市市场的主流产品。因此，公司拟将"连云港生产基地年产160万台太阳能热水器建设项目"变更为"建筑一体化太阳能热水器建设项目"和"高效反渗透净水机项目"；拟将"阳台壁挂式太阳能热水器建设项目"变更为"南方基地热能项目——空气能子项目"。

表4-14　　募投项目变更情况

序号	证券代码	证券简称	项目名称	募投类型	变更前投资金额(万元)	变化情况	变更后项目名称	变更后投资金额(万元)	跨期(月)
1	002290	*ST中科	年产12万吨家电用复合材料(PCM/VCM)生产线项目	扩产	27,028.50	未变更	—	—	—
			年产800万平方米高光膜生产线建设项目	扩产	7,275.50	变更	年产6万吨家电用复合材料(PCM/VCM)生产线建设项目	13,119.23	8.7

续表

序号	证券代码	证券简称	项目名称	募投类型	变更前投资金额（万元）	变化情况	变更后项目名称	变更后投资金额（万元）	跨期（月）
2	300403	汉宇集团	家用电器排水泵扩产及技术升级项目	扩产	18,775.00	未变更	—	—	—
			洗碗机用洗涤循环泵项目	扩产	10,784.00	未变更	—	—	—
			洗碗机底部总成项目	扩产	10,804.00	变更	工业机器人产业化项目	—	22
			新型家庭水务节水系统项目	扩产	3,493.00	变更	工业机器人产业化项目	—	22
			其他与主营业务相关的营运资金	补流	16,144.00	未变更	—	—	—
3	603366	日出东方	连云港生产基地年产160万台太阳能热水器建设项目	扩产	50,000.00	变更	建筑一体化太阳能热水器建设项目	30,000.00	38
							高效反渗透净水机项目	20,000.00	38
			沈阳生产基地年产50万台太阳能热水器建设项目	扩产	18,000.00	未变更	—	—	—

续表

序号	证券代码	证券简称	项目名称	募投类型	变更前投资金额（万元）	变化情况	变更后项目名称	变更后投资金额（万元）	跨期（月）
3	603366	日出东方	阳台壁挂式太阳能热水器建设项目	扩产	15,000.00	变更	南方基地热能项目——空气能子项目	15,158.80	38
			营销网络建设项目	营销	30,000.00	未变更	—	—	—
			研发中心建设项目	设计研发	12,000.00	未变更	—	—	—

注：跨期指IPO招股说明书公告之日与募投项目变更公告之日之间的月份数。

数据来源：上市公司公告，立德咨询整理。

过往案例中，有三家涉及募投项目延期，分别是聚隆科技（300475）、立霸股份（603519）和麦格米特（002851）（见表4-15）。

表4-15 募投项目延期情况

证券代码	证券简称	项目名称	募投类型	投资金额（万元）	是否延期	延期（月）
300475	聚隆科技	年产300万台（套）全自动洗衣机新型、高效节能减速离合器及一体化装置总装项目	扩产	22,120.90	延期	24
		年产300万套全自动洗衣机减速离合器关键零部件加工项目	扩产	18,349.40	延期	24
603519	立霸股份	环保新型家电用覆膜板生产线技改扩能项目	改建	13,995.07	未延期	—
		家电用复合材料研发中心项目	设计研发	3,169.94	延期	14
		补充营运资金	补流	5,000.00	未延期	—
002851	麦格米特	株洲基地二期建设项目	扩产	19,815.30	延期	24
		营销和服务平台建设项目	营销	7,795.00	延期	24
		补充流动资金	补流	23,058.13	未延期	—

注：延期指IPO招股说明书公告项目预计建成日与项目延期建成日之间的月份数。

数据来源：上市公司公告，立德咨询整理。

据聚隆科技2018年1月27日公告，近年来，受国家去产能政策及环保力度加大的影响，公司主要原材料价格上涨，导致生产成本上升。若按原项目进度实施，公司募集资金投资项目可能面临未达预期投资收益的风险。为了更加有效地使用募集资金，减少投资风险，保障资金安全合理运用，本着谨慎投资的原则，公司董事会决定根据市场形势变化进行阶段性投入，以调整投资进度，延长募集资金投资项目建设期，即延期至2019年12月31日。

据立霸股份2019年4月23日公告，公司拟将研发中心项目达到预定可使用状态的时间由2019年4月30日延期至2019年12月31日。主要原因是公司中试车间的建设需拆除、搬离部分现有库房、设备等，为了不影响公司现有生产运营，相关拆除、搬离工作分阶段循序渐进展开，导致该中试车间的项目建设进度有所推迟；同时中试车间的部分设备为专用定制设备，与通用设备相比其生产制造需要更长的时间。立霸股份于2019年12月31日再次对外公告，公司增加了本项目的研发设备投入，设备增加后，相应的设备需要调试安装的工作量增多，工作时间较预期需延长，故2019年12月底无法按原计划完成本项目的结项工作。为了保证研发中心项目能保质保量完成，公司将募投项目之研发中心项目达到预定可使用状态的时间由2019年12月31日延迟至2020年6月。

据麦格米特2019年4月17日公告，有限的自主产能限制了公司竞争力的提升，成为公司亟待突破的发展瓶颈。公司目前的产能规模已经制约了公司承接更多的国内外一流客户的订单，限制了公司的进一步发展。因此，公司对“株洲基地二期建设项目”的实施主体和实施地点进行变更。结合项目当前实际建设进度的情况，经谨慎研究和分析论证，公司决定将“株洲基地二期建设项目”和“营销和服务平台建设项目”建设期分别延期2年。

第四节
家用电力器具制造业上市公司募投项目设计效益分析

一、行业上市公司募投项目分析

截至2019年8月，根据证监会行业分类，C385家用电力器具制造业共有39家上市公司，由于长虹美菱、格力电器、海信家电、华帝股份、海尔智家等12家公司上市时间较早，此处不单独分析。

截至2018年，共有7家上市公司募投项目达到可使用状态，分别是圣莱达、老板电器、天际股份、东方电热、融捷健康、莱克电气、飞科电器。剩余20家上市公司募投项目未全部建成，分别为九阳股份、*ST德奥、*ST中科、万和电气、长青集团、奥马电器、浙江美大、新宝股份、麦格米特、星帅尔、开能健康、和晶科技、天银机电、汉宇集团、聚隆科技、日出东方、科沃斯、立霸股份、奇精机械、小熊电器（见表4-16）。其中，*ST中科、奥马电器、汉宇集团和日出东方变更募投项目，聚隆科技、立霸股份、麦格米特项目延期。

表 4-16 上市公司募投项目预期收益达成情况

序号	证券代码	证券简称	项目名称	募投类型	募集资金到位年度	实际建设期(年)	募投项目建成年度	截至2018年项目建设进度
1	002242	九阳股份	济南年产800万台豆浆机及5万吨豆料项目	扩产	2008	1	2013	96.68%
			杭州厨房小家电生产建设项目	扩产		1	未建成	83.51%
			杭州年产25万台商用豆浆机建设项目	扩产		1	2013	103.69%
			杭州研发中心建设项目	设计研发		1	未建成	85.27%
			营销网络建设项目	营销		—	2011	105.51%
2	002260	*ST德奥	扩大小家电生产技术改造项目	改建	2008	1	未建成	93.61%
			商用智能厨房电器生产技术改造项目	改建		1	未建成	90.43%
			研发中心扩建技术改造项目	改建		—	未建成	79.97%
			扩大小家电模具生产技术改造项目	改建		1	未建成	100.00%
			扩大小家电零部件生产技术改造项目	改建		1	未建成	98.15%

续表

序号	证券代码	证券简称	项目名称	募投类型	募集资金到位年度	实际建设期(年)	募投项目建成年度	截至2018年项目建设进度
3	002290	*ST中科	年产12万吨家电用复合材料(PCM/VCM)生产线项目	扩产	2009	1	未建成	100.63%
			年产800万平方米高光膜生产线建设项目	扩产		2	项目变更	—
4	002473	圣莱达	高精度钛镍合金记忆式温控器自动化生产线技改扩产项目	改建	2010	1.5	2017	100.00%
			年产310万台水加热智能生活电器扩产项目	扩产		2.5	2017	100.00%
			研究开发中心建设项目	设计研发		—	2017	100.00%
5	002508	老板电器	年新增15万台吸油烟机技改项目	改建	2010	2	2013	101.87%
			年产100万台厨房电器生产建设项目	扩产		2	2013	93.78%
			研发中心建设项目	设计研发		2	2013	82.52%

续表

序号	证券代码	证券简称	项目名称	募投类型	募集资金到位年度	实际建设期(年)	募投项目建成年度	截至2018年项目建设进度
6	002543	万和电气	节能环保燃气热水、供暖产品生产线扩建项目及公司营销网络建设项目	综合	2011	2	未建成	72.02%
			健康厨房电器产品扩产项目	扩产		1	未建成	100.58%
			新能源集成产品生产基地建设项目	扩产		1	未建成	101.23%
			核心零部件规模化自制建设项目	扩产		1	未建成	94.11%
			科技与研发中心扩建项目	设计研发		—	未建成	29.38%
			信息管理系统升级建设项目	信息运维		—	未建成	83.08%
			其他与主营业务相关的营运资金	补流		—	—	—
7	002616	长青集团	明水生物质热电联产工程项目	扩产	2011	2	未建成	100.00%
			燃气具系列产品扩建项目	扩产		1.5	未建成	—

续表

序号	证券代码	证券简称	项目名称	募投类型	募集资金到位年度	实际建设期(年)	募投项目建成年度	截至2018年项目建设进度
8	002668	奥马电器	多门大容量节能冰箱(五厂一期)新建项目	扩产	2012	2	未建成	100.00%
			大容量风冷冰箱和冰柜(一厂)改扩建项目	扩产		1	未建成	100.00%
			关键部件(蒸发器)新建项目	扩产		1	项目变更	—
			工程技术研发中心项目	设计研发		1	项目变更	—
			国内市场营销网络建设项目	营销		2.3	项目变更	—
9	002677	浙江美大	新增年产集成灶10万台生产建设及5万台技术改造项目	扩产	2012	2	未建成	50.80%
			营销网络建设项目	营销		2	未建成	71.88%
			研发及测试中心项目	设计研发		2	2015	100.05%
10	002705	新宝股份	小家电生产基地项目	扩产	2014	2	未建成	83.36%
			蒸汽压力型咖啡机技术改造项目	改建		1.5	2017	100.00%
			家用电动类厨房电器技术改造项目	改建		1.5	2017	100.00%
			技术中心改造项目	设计研发		1.5	2018	153.46%

续表

序号	证券代码	证券简称	项目名称	募投类型	募集资金到位年度	实际建设期(年)	募投项目建成年度	截至2018年项目建设进度
11	002759	天际股份	智能陶瓷烹饪家电及电热水壶建设项目	扩产	2015	1.5	2015	97.08%
			技术研发中心建设项目	设计研发		1	2015	100.05%
			补充流动资金	补流		—	2015	106.03%
12	002851	麦格米特	株洲基地二期建设项目	扩产	2017	2	未建成	38.09%
			营销和服务平台建设项目	营销		—	未建成	30.35%
			补充流动资金	补流		—	2017	100.00%
13	002860	星帅尔	热保护器系列产品扩能项目	扩产	2017	1.5	未建成	39.22%
			起动器系列产品扩能项目	扩产		1.5	未建成	25.42%
			技术研发中心改造升级项目	设计研发		1.5	未建成	7.93%
			补充流动资金	补流		—	2017	100.00%
14	300217	东方电热	工业电加热器制造项目	扩产	2011	1	2016	100.00%
			家用电器用电加热器(管)生产项目	扩产		1	2016	100.00%
			年产600万支陶瓷PTC电加热器项目	扩产		1	2016	100.00%
			研发中心建设项目	设计研发		1	2016	100.00%

续表

序号	证券代码	证券简称	项目名称	募投类型	募集资金到位年度	实际建设期(年)	募投项目建成年度	截至2018年项目建设进度
15	300247	融捷健康	远红外桑拿房生产基地建设项目	扩产	2011	1	2014	102.05%
			信息化管理平台及区域市场营销中心建设项目	营销		1	2012	95.06%
16	300272	开能健康	智能化家用全屋水处理设备及商用净化饮水机生产基地发展项目	扩产	2011	1	未建成	88.81%
			复合材料压力容器及多路控制阀发展项目	扩产		3	未建成	74.37%
17	300279	和晶科技	智能控制器技术改造项目	改建	2011	2	2014	100.00%
			智能控制器研发中心项目	设计研发		1	2014	100.00%
18	300342	天银机电	无功耗起动器产能扩建项目	扩产	2012	1	未建成	56.55%
			整体式无功耗起动器产能扩建项目	扩产		1	未建成	23.00%
			吸气消音器产能扩建项目	扩产		1	未建成	63.42%
			研发中心建设项目	设计研发		—	2016	94.31%

续表

序号	证券代码	证券简称	项目名称	募投类型	募集资金到位年度	实际建设期(年)	募投项目建成年度	截至2018年项目建设进度
19	300403	汉宇集团	家用电器排水泵扩产及技术升级项目	扩产	2014	1.75	2015	100.16%
			洗碗机用洗涤循环泵项目	扩产		1.5	未建成	65.20%
			洗碗机底部总成项目	扩产		1.5	项目变更	—
			新型家庭水务节水系统项目	扩产		1.5	项目变更	—
			其他与主营业务相关的营运资金	补流		—	2017	102.62%
20	300475	聚隆科技	年产300万台(套)全自动洗衣机新型、高效节能减速离合器及一体化装置总装项目	扩产	2015	1.5	未建成	21.13%
			年产300万套全自动洗衣机减速离合器关键零部件加工项目	扩产		1.5	未建成	37.53%
21	603355	莱克电气	年产800万台家居环境清洁电器扩产项目	扩产	2015	1	2016	82.13%
			年产1,200万台微特电机扩产项目	扩产		1	2015	100.14%

续表

序号	证券代码	证券简称	项目名称	募投类型	募集资金到位年度	实际建设期(年)	募投项目建成年度	截至2018年项目建设进度
21	603355	莱克电气	技术研发检测中心及信息管理系统升级项目	综合	2015	1	2015	100.11%
			国内营销网络建设项目	营销		2	2015	100.13%
22	603366	日出东方	连云港生产基地年产160万台太阳能热水器建设项目	扩产	2012	2	项目变更	—
			沈阳生产基地年产50万台太阳能热水器建设项目	扩产		1.5	终止	—
			阳台壁挂式太阳能热水器建设项目	扩产		2	项目变更	—
			营销网络建设项目	营销		2	终止	—
			研发中心建设项目	设计研发		1.5	结项	—
23	603486	科沃斯	年产400万台家庭服务机器人项目	扩产	2018	3	未建成	33.05%
			机器人互联网生态圈项目	设计研发		3	未建成	16.28%
			国际市场营销项目	营销		3	未建成	38.79%

续表

序号	证券代码	证券简称	项目名称	募投类型	募集资金到位年度	实际建设期(年)	募投项目建成年度	截至2018年项目建设进度
24	603519	立霸股份	环保新型家电用覆膜板生产线技改扩能项目	改建	2015	—	2018	100.00%
			家电用复合材料研发中心项目	设计研发		1	未建成	44.79%
			补充营运资金	补流		—	2015	100.00%
25	603677	奇精机械	年产400万套洗衣机离合器扩产与技改项目	改建	2017	1.5	未建成	83.17%
			年产2,500万套电动工具零部件产业化项目	扩产		1.5	未建成	70.48%
			偿还银行贷款	补流		—	2017	100.00%
26	603868	飞科电器	个人护理电器松江生产基地扩产项目	扩产	2016	2	2017	99.97%
			个人护理电器芜湖生产基地扩产项目	扩产		2	2017	100.00%
			研发及管理中心项目	设计研发		2	未建成	83.58%
			个人护理电器检测及调配中心项目	综合		2	2016	100.40%

续表

序号	证券代码	证券简称	项目名称	募投类型	募集资金到位年度	实际建设期(年)	募投项目建成年度	截至2018年项目建设进度
27	002959	小熊电器	小熊电器创意小家电生产建设(大良五沙)项目	扩产	2019	2	未建成	—
			小熊电器智能小家电制造基地项目	扩产		2	未建成	—
			小熊电器创意小家电生产建设(均安)项目	扩产		2	未建成	—
			小熊电器研发中心建设项目	设计研发		2	未建成	—
			小熊电器信息化建设项目	信息运维		3	未建成	—

注:一般认为90%即视为投成,即视为达到90%,上市公司公告显示"已达到可使用状态"同样视为已建成投产。其次,有研发、营销等非生产项目不创造收益,故扩产项目"达到可使用状态"即视为项目整体已开始实现经济效益。再次,超过100%表明企业实际投入高于预期。本书进度数据均来源于上市公司公告。

数据来源:上市公司公告,立德咨询整理。

(一)老板电器(002508)

老板电器年新增15万台吸油烟机技改项目主要生产吸油烟机产品;年产100万台厨房电器生产建设项目主要生产吸油烟机、燃气灶和消毒柜产品;研发中心建设项目以建成国家级电器实验室为主要目标,对现有实验楼进行扩建,新增各类先进检验检测设备和软硬件系统。以上三个项目投资合计51,890.00万元,建设期2年,预计项目建成后每年可新增收入合计122,800.00万元,预计每年可新增净利润10,462.50万元(见表4-17)。

表4-17 老板电器募投项目指标

项目名称	规划建设期(年)	募投项目建成年度	项目投资(万元)	预计新增收入(万元/年)	预计新增净利润(万元/年)
年新增15万台吸油烟机技改项目	2	2013	7,990.00	18,000.00	1,375.00
年产100万台厨房电器生产建设项目	2	2013	40,000.00	104,800.00	9,087.50

续表

项目名称	规划建设期（年）	募投项目建成年度	项目投资（万元）	预计新增收入（万元/年）	预计新增净利润（万元/年）
研发中心建设项目	2	2013	3,900.00	—	—
合计			51,890.00	122,800.00	10,462.50

数据来源：上市公司公告，立德咨询整理。

老板电器募集资金2010年到位，募投项目2013年全部建成，并于2013年达到预计目标。根据老板电器年度报告披露，公司2010年度营业收入为123,159.71万元，是募集资金到位日近三年营业收入的最高值（见图4-32）。假设2010年营业收入即公司产能饱和状况下的收入，则项目完全达产后公司预计年收入可达245,959.71万元①，2013年公司营业收入为265,381.00万元，达成预计目标。

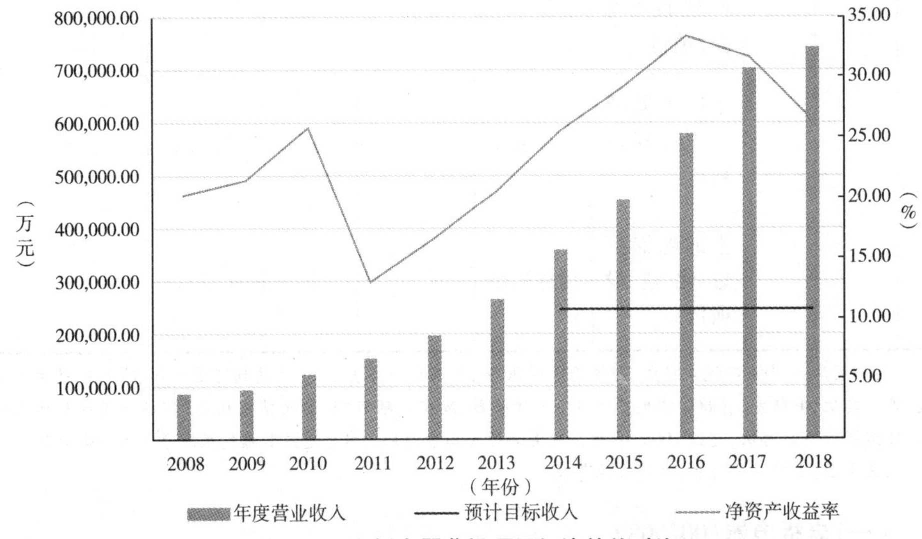

图4-32 老板电器募投项目经济效益对比

数据来源：上市公司公告，立德咨询整理。

1.募投项目产能得到充分利用

募投项目的建成对公司的收入具有非常大的推动作用。募投项目主要生产油烟机和厨房家电产品，2013—2018年油烟机产品增长了163.52%，年均复合增长21.38%；燃气灶产品增长了309.65%，年均复合增长22.32%；消毒柜产品增长了222.85%，年均复合增长18.23%：三大产品收入合计权重达公司营业收入的90.16%。2018年老板电器营业收入增速放缓，同比增长5.81%，较2017年下降了15.29个百分点，主要是由于国内外宏观经济形势错综复杂，地产调控对厨电行业的影响日趋显现，厨电行业整体低迷。

老板电器2013—2018年主要产品收入增长趋势如图4-33所示。

①项目建成后公司预计年收入=项目建成前公司产能饱和状况下的收入+项目建成后公司预计每年新增收入=123,159.71+122,800.00=245,959.71（万元）。

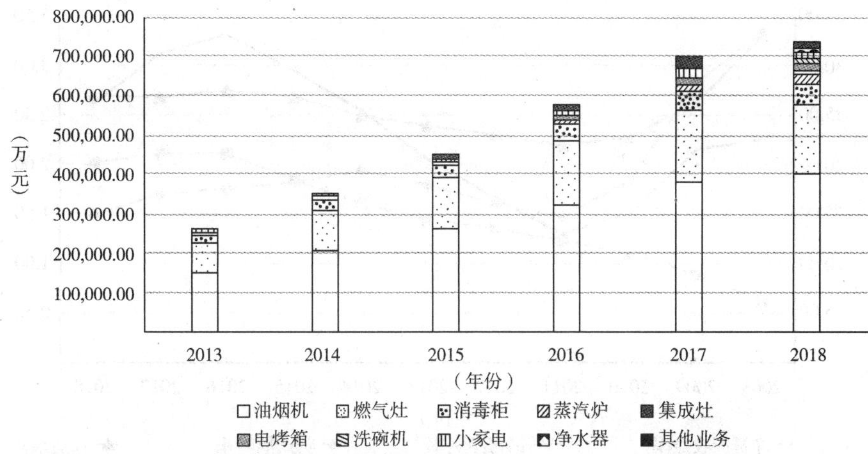

图 4-33　老板电器 2013—2018 年主要产品收入增长趋势

数据来源:上市公司公告,立德咨询整理。

产销率方面,公司产量和销量基本保持同步增长,公司产能得到了充分利用(见图 4-34)。2013—2018 年公司厨房家电产品产量累计增长 121.19%,年复增长率为 17.21%,销量累计增长 122.55%,年复增长率为 17.35%,年均产销率为 93.15%,募投项目新增产能得到有效利用,对公司营业收入增长起推动作用。

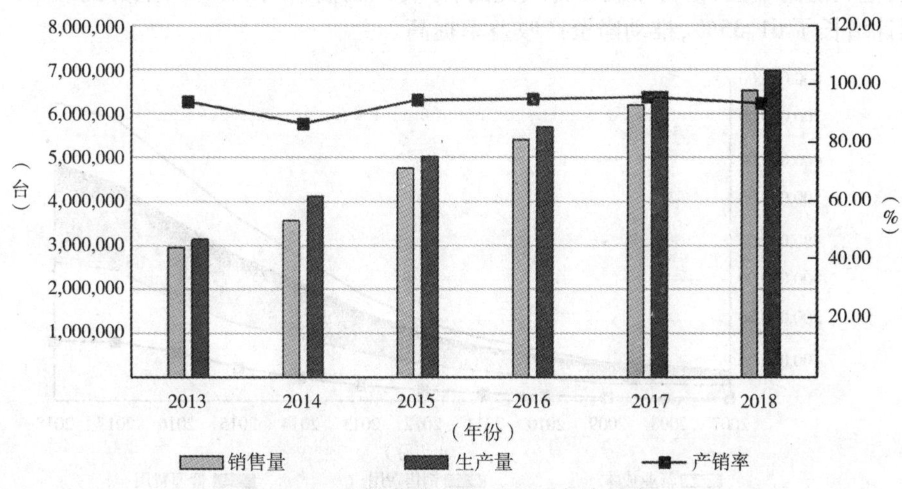

图 4-34　老板电器 2013—2018 年产销率

数据来源:上市公司公告,立德咨询整理。

2. 资产使用效率下降导致净资产收益率下跌

公司净资产收益率自 2010 年开始显著下滑,从 2008 年的 22.52% 下降至 2011 年的 12.98%,主要原因是募集资金到位导致资产周转率大幅下降(见图4-35)。根据公司年报计算,2010 年货币资金同比增长 513.04%,拉动资产总额增长 159.76%,同期营业收入同比增长仅为 31.84%。资产总额波动幅度远高于营业收入波动幅度,导致资产周转率降幅超过权益乘数和销售净利率降幅,同比减少 35.30%,进而影响净资产收益率下降 30.23%。

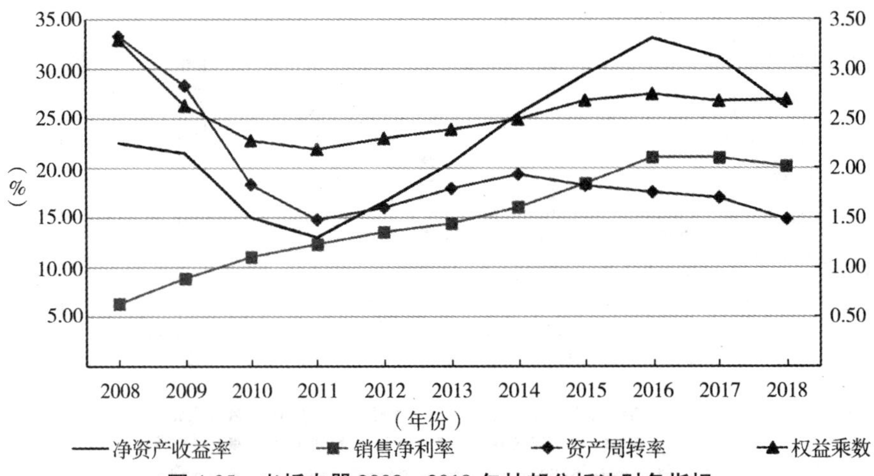

图 4-35 老板电器 2008—2018 年杜邦分析法财务指标

数据来源:上市公司公告,立德咨询整理。

老板电器募投项目 2013 年建成投产,净资产收益率整体保持增长趋势,并于 2014 年超过上市前的水平。2013—2016 年公司营业收入年均复合增长 29.74%,较营业成本高出 3.45 个百分点,其中营业成本和销售费用控制较好,年均复增长率分别为 26.95% 和 24.63%,低于营业收入增速(见图 4-36)。公司利润空间扩大,盈利能力增强,销售净利率持续提高,净资产收益率从 20.50% 上升到33.07%,累计增长了 61.35%,推动净资产收益率提高。

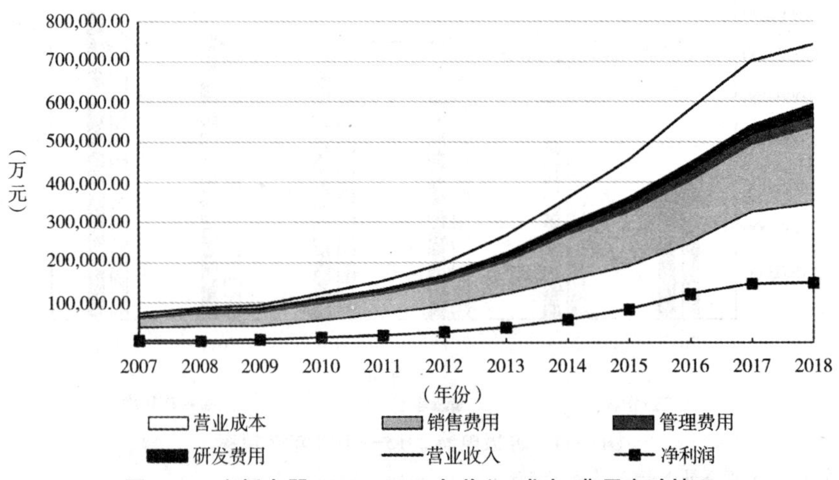

图 4-36 老板电器 2007—2018 年收入、成本、费用变动情况

数据来源:上市公司公告,立德咨询整理。

公司利用部分自有闲置资金购买理财产品、投资基建,导致资产周转率下降。2017 年公司利用自有闲置资金购买 15 亿元理财产品,当年度其他流动资产从 1,742.72万元骤升至 151,161.66 万元,同比增长 8,573.89%。2018 年,公司投资茅山智能制造科创园基建,在建工程同比增长 774.73%。在此影响下,公司 2017—2018 年资产总额增速分别达到 23.56% 和 19.29%。同时,2017—2018 年厨电行业受房地产市场宏观调控影响,增速放缓,公司营业收入增长疲软,2017 年、2018 年营业收入增速分别为 21.10% 和 5.81%,低于资产总额增速,导致资产周转率下降,进而致使净资产收益率下跌。

综合而言,老板电器募投项目完成投产后,达到了预计目标,对公司销售业绩增长起推动作用。

(二)天际股份(002759)

天际股份智能陶瓷烹饪家电及电热水壶建设项目主要是针对公司现有产品的扩产;技术研发中心建设项目主要用于构建研发中心,进一步增强公司核心竞争力;补充流动资金项目为公司实现业务发展目标提供必要的资金来源。以上三个项目投资合计25,700.00万元,建设期分别为1.5年和1年,预计项目建成后每年可新增收入合计35,935.00万元,新增利润总额为5,661.00万元(见表4-18)。

表4-18 天际股份募投项目指标

项目名称	规划建设期(年)	募投项目建成年度	项目投资(万元)	预计新增收入(万元/年)	预计新增利润总额(万元/年)
智能陶瓷烹饪家电及电热水壶建设项目	1.5	2015	16,092.00	35,935.00	5,661.00
技术研发中心建设项目	1	2015	2,308.00	—	—
补充流动资金项目	—	2015	7,300.00	—	—
合计			25,700.00	35,935.00	5,661.00

数据来源:上市公司公告,立德咨询整理。

天际股份募集资金2015年到位,募投项目同年达到可使用状态,公司2017年基本达到预计目标。天际股份年度报告数据显示,2015年营业收入为41,207.74万元,是募集资金到位日近三年营业收入的最高值,假设2015年营业收入即公司产能饱和状况下的收入,则项目完全达产后公司预计年收入可达77,142.74万元①,2017年营业收入为85,337.18万元(见图4-37),达到预计目标。

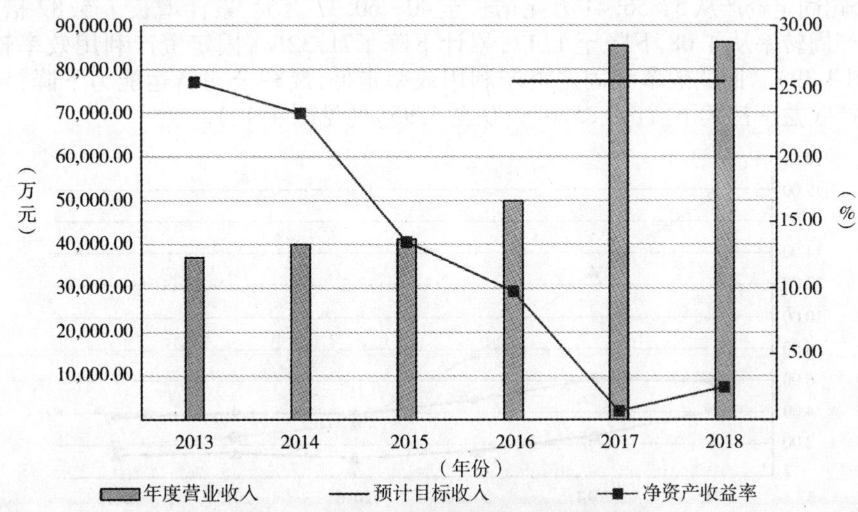

图4-37 天际股份募投项目经济效益对比

数据来源:上市公司公告,立德咨询整理。

①项目建成后公司预计年收入=项目建成前公司产能饱和状况下的收入+项目建成后公司预计每年新增收入=41,207.74+35,935.00=77,142.74(万元)。

1. 并购标的公司合并营业收入是收入骤升的主要原因

子公司营业收入纳入财务报表合并范围使公司营业收入爆发式增长。2016年公司收购江苏新泰材料有限公司原股东100%股权,合并报表营业收入增加了子公司的主导产品六氟磷酸锂,因此当年度新增销售收入为4,516.72万元。公司募投项目主要生产智能陶瓷烹饪家电及电热水壶,自2016年项目投产至2018年,公司营业收入分别为44,791.42万元、44,723.98万元和42,950.63万元(见图4-38),平均仅达成预计目标的57.24%,募投项目新增产能未能充分消化。

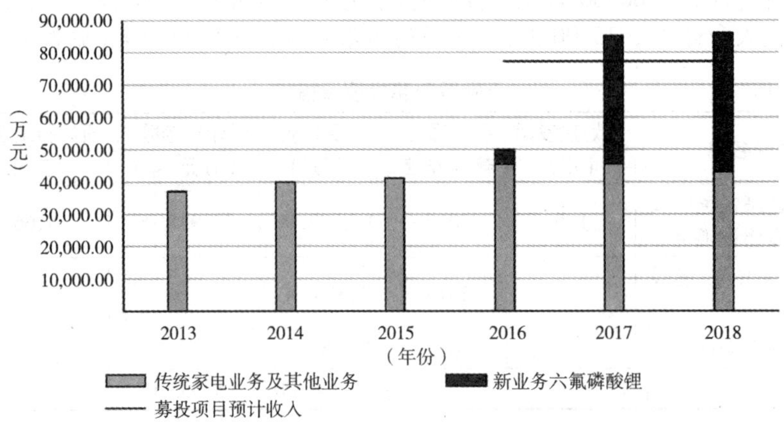

图4-38 天际股份2013—2018年收入结构

数据来源:上市公司公告,立德咨询整理。

2. 回款效率和固定资产使用效率降低导致净资产收益率下降

公司营运能力下降,净资产收益率自2013年起持续下降。2013—2016年,应收票据增长了11.25倍,公司应收账款增长了2.79倍,应收账款周转率从17.50下降至3.26,累计下降了81.37%,回款周期延长,回款效率降低。同时,由于募投项目建设,公司固定资产从5,856.44万元增长至40,260.37万元,累计增长了5.87倍,固定资产周转率从4.08下降至1.17,累计下降了71.32%,固定资产利用效率较低(见图4-39)。回款效率和固定资产利用效率走低,反映公司营运能力下降,导致净资产收益率持续下滑,由25.67%跌至3.95%(见图4-40)。

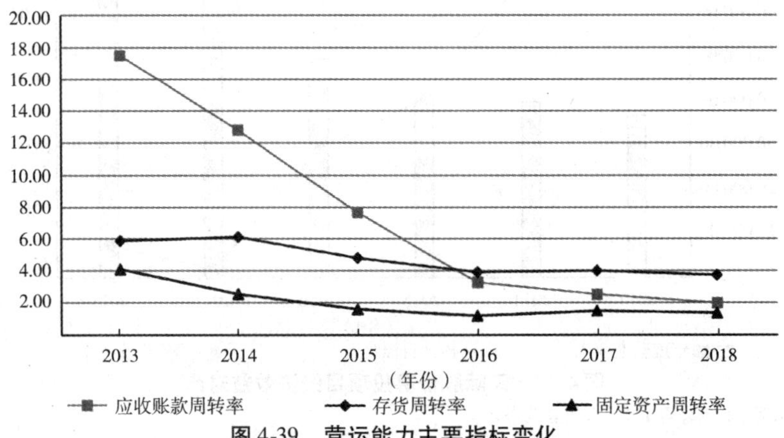

图4-39 营运能力主要指标变化

数据来源:上市公司公告,立德咨询整理。

2017—2018年,随着销售利润率的波动,净资产收益率跌至低谷后反弹,但仍未能回到上市前的水平。综上所述,募投项目的经济效益未充分实现。

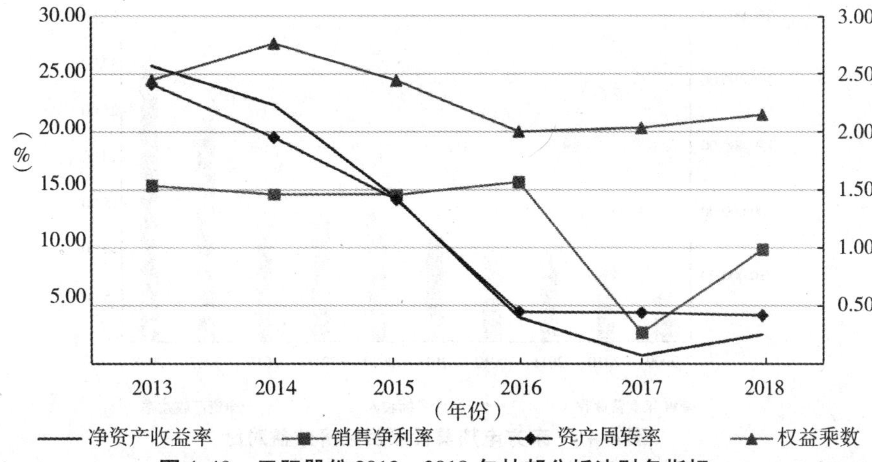

图 4-40 天际股份 2013—2018 年杜邦分析法财务指标

数据来源:上市公司公告,立德咨询整理。

(三)东方电热(300217)

东方电热工业电加热器制造项目主要生产四氯化硅冷氢化用电加热器、石化及其他行业用(防爆)电加热器、防爆电加热芯;家用电器用电加热器(管)生产项目主要生产空调用电加热器组件、小家电及其他日用电加热元件;年产 600 万支陶瓷 PTC 电加热器项目主要生产陶瓷 PTC 电加热器;研发中心建设项目主要对现有科研条件改造升级,为东方电热提供研发支持。三个项目投资合计 20,894.00 万元,建设期为 1 年。预计项目建成后每年可新增收入合计 45,200.00 万元,预计每年可新增净利润 4,793.70 万元(见表 4-19)。

表 4-19 东方电热募投项目指标

项目名称	规划建设期(年)	募投项目建成年度	项目投资(万元)	预计新增收入(万元/年)	预计新增净利润(万元/年)
工业电加热器制造项目	1	2016	6,729.80	12,850.00	2,698.50
家用电器用电加热器(管)生产项目	1	2016	7,179.80	16,750.00	1,177.80
年产 600 万支陶瓷 PTC 电加热器项目	1	2016	5,019.40	15,600.00	917.40
研发中心建设项目	1	2016	1,965.00	—	—
合计			20,894.00	45,200.00	4,793.70

数据来源:上市公司公告,立德咨询整理。

东方电热募集资金 2011 年到位,募投项目 2016 年全部建成,并于 2017 年达到预计目标。根据东方电热年度报告披露,2011 年营业收入为 71,587.60 万元,是募集资金到位日近三年营业收入的最高值,假设 2011 年营业收入即公司产能饱和状况下的收入,则项目完全达产后公司预计年收入可达 116,787.60 万元[①],2017 年公司营业收入为 173,019.78 万元,达成预计目标(见图 4-41)。

①项目建成后公司预计年收入=项目建成前公司产能饱和状况下的收入+项目建成后公司预计每年新增收入=71,587.60+45,200.00=116,787.60(万元)。

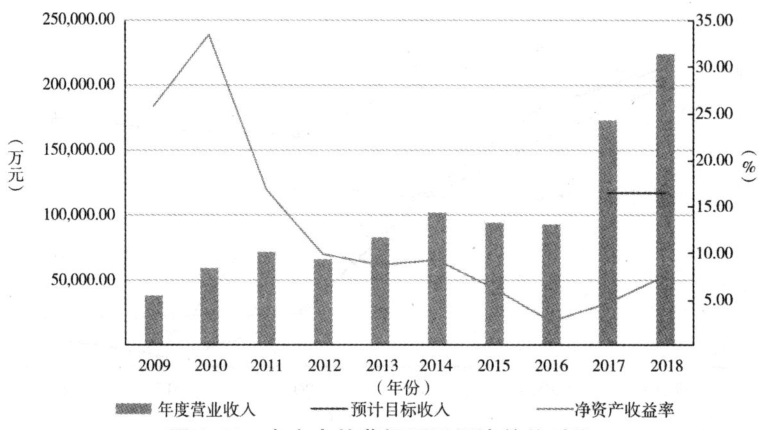

图 4-41　东方电热募投项目经济效益对比

数据来源:上市公司公告,立德咨询整理。

1. 新产品收入提高是营业收入大幅增长的主要原因

公司 2017—2018 年收入大幅增长,原因是公司新产品创收带动公司整体营业收入超过预期目标。2015 年公司收购江苏九天 51% 的股权,获得光通信产品和动力锂电池产品,2017 年光通信行业快速发展,公司光通信产品同比增长 887.43%,达到 38,131.57 万元,所占营业收入的比例从 4.15% 提高到 22.04%,超过工业装备产品,成为公司第二大产品。2017 年新能源汽车行业产销两旺,推动同期公司动力锂电池产品同比增长 1,036.18%,所占营业收入的比例从 1.60% 提高到 9.80%,对公司整体营业收入增长同样具有较大推动作用。

募投项目所生产的家用电器用电加热器产品和工业电加热器产品投产首年基本达到预计目标。2017 年,公司家用电器用电加热器所属的民用电加热器产品营业收入为 107,655.41 万元,同比增长 33.49%;工业电加热器所属的工业装备营业收入为 7,885.45 万元,同比增长 38.67%。2018 年,民用电加热器产品和工业装备营业收入持续增长,分别增长 21.40% 和 239.86%,产销率持续保持在 90% 以上,产能得到充分消化,募投项目对公司营业收入增长具有一定的推动作用(见图 4-42、图 4-43)。

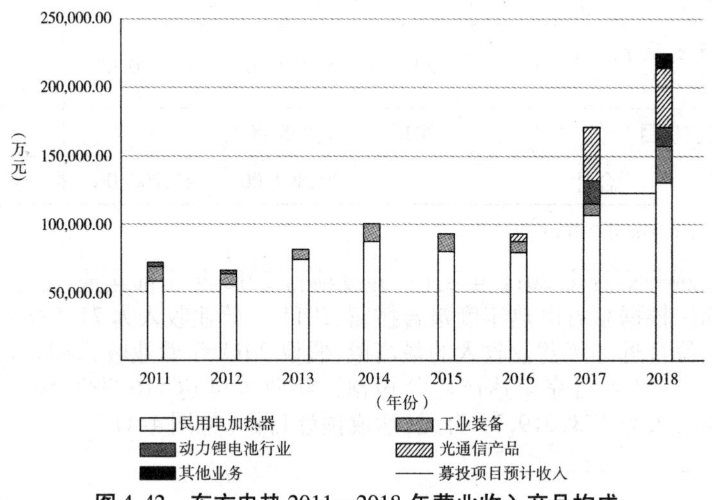

图 4-42　东方电热 2011—2018 年营业收入产品构成

数据来源:上市公司公告,立德咨询整理。

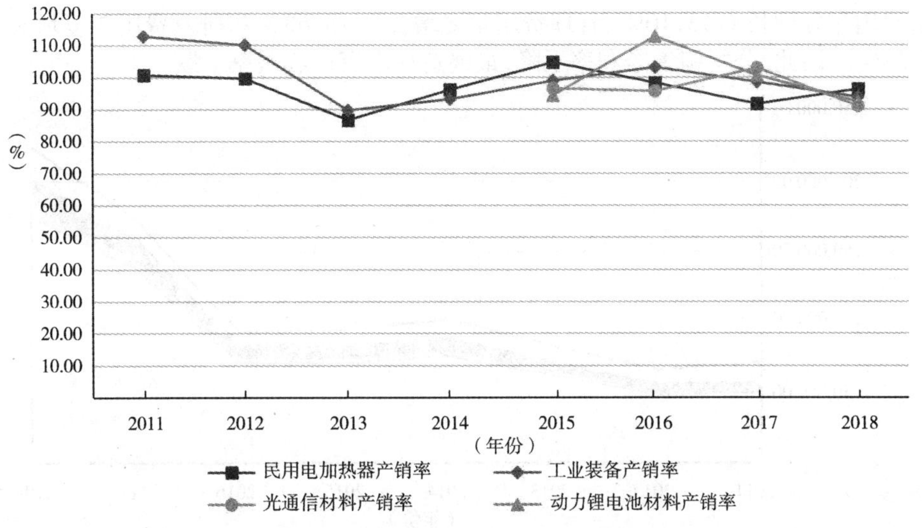

图 4-43 东方电热 2011—2018 年产品产销率

数据来源：上市公司公告，立德咨询整理。

2. 成本费用增速高于营业收入，盈利能力下降

2011—2016 年净资产收益率下降是盈利能力下降所致。2011 年募集资金到位，所有者权益大幅增加，权益乘数下跌 37.82%，导致净资产收益率较 2010 年出现大幅下滑。净资产收益率从 2010 年的 33.48% 下降至 2016 年的2.54%，销售净利率是最大的影响因素（见图 4-44）。2011—2016 年销售净利率从 16.10% 下降至 4.99%，累计波动 69.01%，波动幅度大于资产周转率波动幅度 -48.47% 和权益乘数波动幅度 -16.08%。

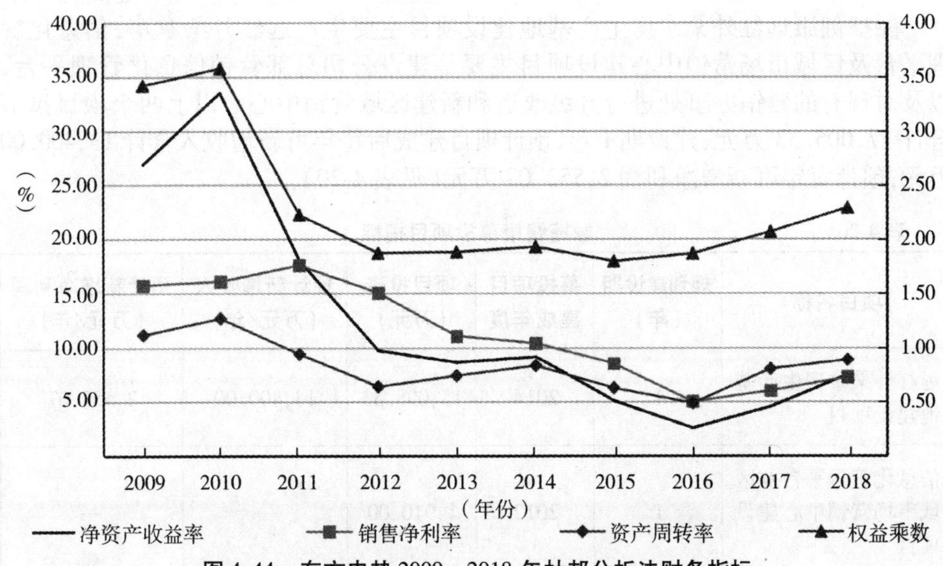

图 4-44 东方电热 2009—2018 年杜邦分析法财务指标

数据来源：上市公司公告，立德咨询整理。

营业收入增速不及营业成本增速，导致销售净利率降低（见图 4-45）。2011—2016 年公司营业收入年复增长率为 5.37%，低于营业成本年复增长率 7.24%、销

售费用年复增长率 13.10%、管理费用年复增长率 13.68% 和研发费用年复增长率 7.27%。因此,公司销售净利率下降,最终造成净资产收益率下跌。

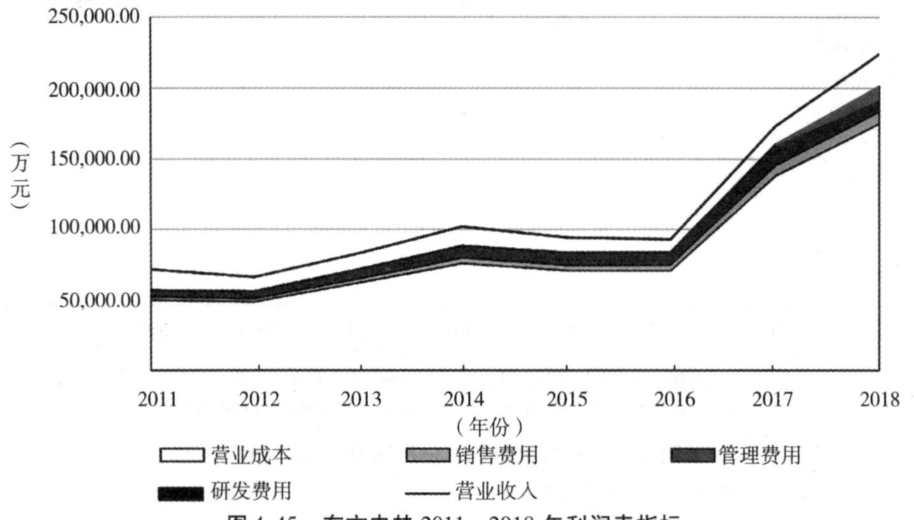

图 4-45　东方电热 2011—2018 年利润表指标

数据来源:上市公司公告,立德咨询整理。

2017—2018 年,随着项目投产,资产使用效率提高推动净资产收益率上升。2017—2018 年,固定资产周转率分别同比增长 67.36% 和 10.99%,单位固定资产创造更多收益,固定资产使用效率提高。公司整体营运能力有所提高,对净资产收益率产生积极影响。

综合而言,募投项目在一定程度上推动了公司发展。

(四)融捷健康(300247)

融捷健康远红外桑拿房生产基地建设项目主要生产远红外桑拿房;信息化管理平台及区域市场营销中心建设项目主要是建设公司总部营销信息化管理平台,以及对现有的营销办事处进行升级改造和新建区域营销中心。以上两个项目投资合计 17,005.33 万元,建设期 1 年,预计项目建成后每年可新增收入合计 13,400.00 万元,预计每年可新增净利润 2,553.07 万元(见表 4-20)。

表 4-20　融捷健康募投项目指标

项目名称	规划建设期(年)	募投项目建成年度	项目投资(万元)	预计新增收入(万元/年)	预计新增净利润(万元/年)
远红外桑拿房生产基地建设项目	1	2014	15,095.33	13,400.00	2,553.07
信息化管理平台及区域市场营销中心建设项目	1	2012	1,910.00	—	—
合计			17,005.33	13,400.00	2,553.07

数据来源:上市公司公告,立德咨询整理。

募集资金 2011 年到位,募投项目 2014 年全部建成,并于 2015 年达到预计目标。根据融捷健康年度报告披露，公司2011年年度营业收入为20,735.15万元，是募集资金到位日近三年营业收入的最高值（见图4-46），假设2011年营业收入即公司产能饱和状况下的收入，则项目完全达产后公司预计年收入可达34,135.15万元①。融捷健康远红外桑拿房生产基地建设项目2014年建成，2015年年度营业收入为42,921.94万元，达到预计目标。

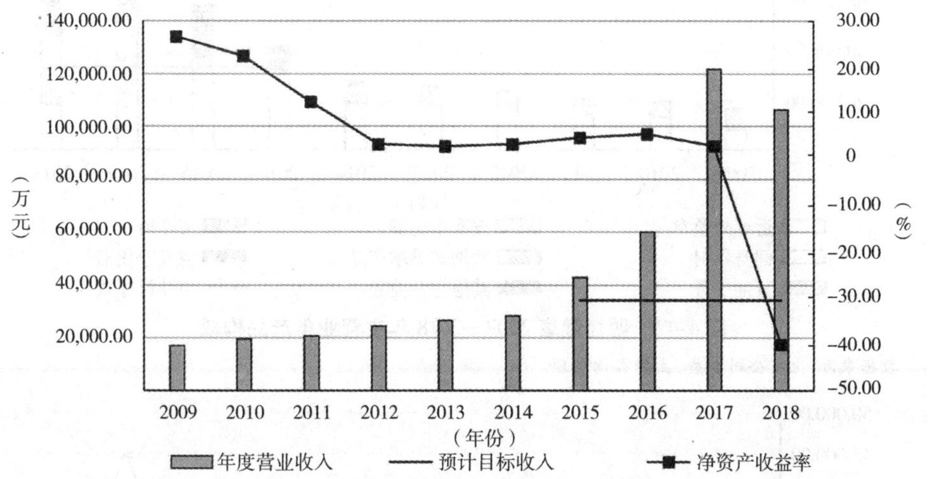

图4-46 融捷健康募投项目经济效益对比

数据来源：上市公司公告，立德咨询整理。

1. 募投项目产能未得到充分利用

2015年，公司营业收入已达到预计目标且持续增长，但增长动力来源于公司收购标的公司的新产品。2015—2018年，按摩小电器、按摩椅、健身器材逐渐成为公司的主要产品。据年报披露，2015年公司收购久工健业，新增按摩小电器产品和按摩椅产品；2016年收购瑞宇健身，新增健身器材产品。2015—2018年，按摩小电器产品营业收入累计增长2,097.72%，营业收入占比从3.56%提高至31.56%；同期按摩椅产品营业收入累计增长434.06%，营业收入占比从8.98%提高至19.36%。2016—2018年，健身器材产品营业收入累计增长2,159.54%，营业收入占比从1.67%提高至21.33%。截至2018年，按摩小电器、按摩椅、健身器材成为公司前三大产品，合计占营业收入的72.76%。

公司募投项目主要生产远红外桑拿房产品，2015年远红外桑拿房产品营业收入达到峰值，为31,162.33万元，相当于预期目标的91.29%。之后逐年下跌，从31,162.33万元下跌至2018年的18,229.35万元，营业收入占比也从2015年的72.60%降至2018年的17.14%，项目经济效益未能充分体现（见图4-47、图4-48）。

①项目建成后公司预计年收入＝项目建成前公司产能饱和状况下的收入＋项目建成后公司预计每年新增收入＝20,735.15＋13,400.00＝34,135.15（万元）。

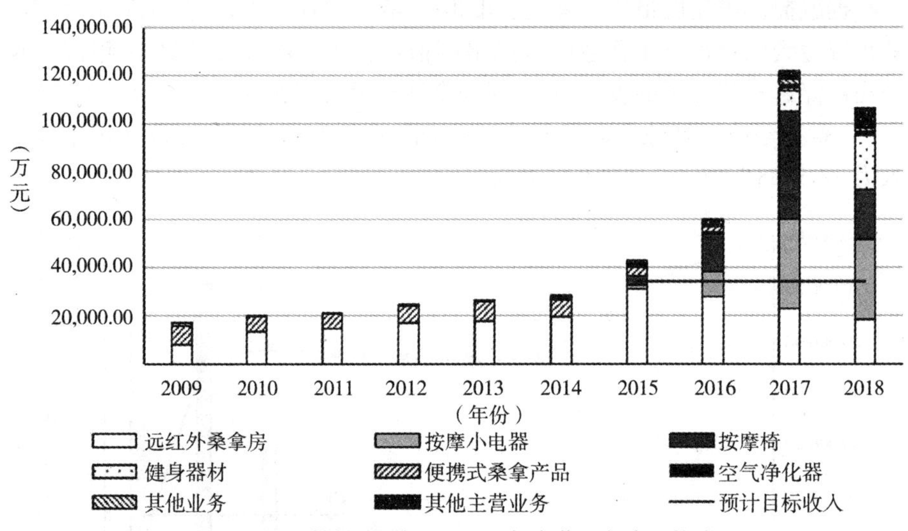

图 4-47　融捷健康 2009—2018 年主营业务产品构成

数据来源：上市公司公告，立德咨询整理。

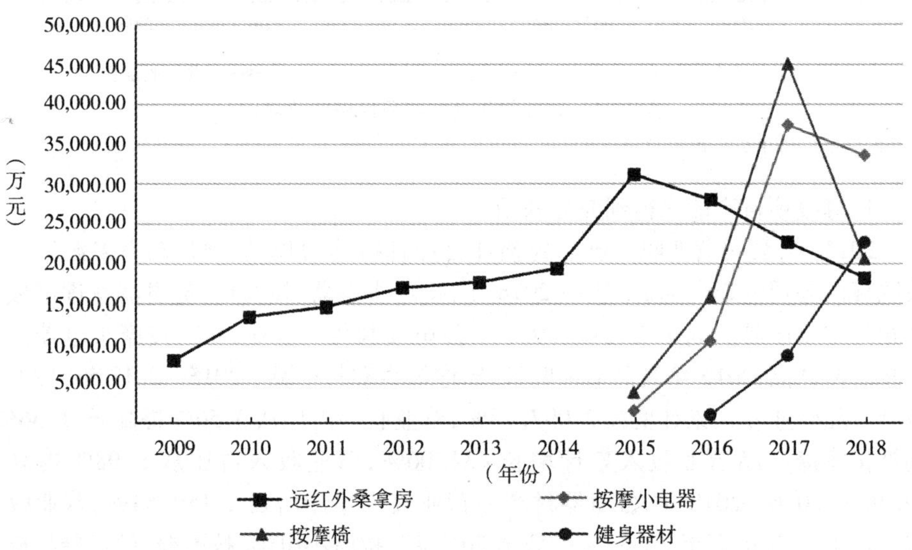

图 4-48　融捷健康 2009—2018 年主要产品营业收入增长趋势

数据来源：上市公司公告，立德咨询整理。

2. 盈利能力和营运能力对净资产收益率影响较大

2009—2012 年，资产周转率大幅下降，净资产收益率从 26.60% 降至 3.39%（见图 4-49）。2009—2012 年，公司资产周转率从 1.00 降低至 0.40，累计下降 60.20%，主要是 2010 年和 2012 年公司购置固定资产、2011 年募集资金到位，导致资产大幅增加。2009—2012 年，固定资产累计增长 735.92%，固定资产周转率因此下降 78.68%。同期货币资金累计增长 237.07%，尤其在 2011 年，货币资金增长 388.15%，流动资产周转率因此下降 57.31%。固定资产和货币资金增加，导致资产周转率同比下跌 60.20%，资产营运能力下降，最终影响净资产收益率。2014 年之后，固定资产周转率和存货周转率虽然有所回升，但应收账款周转率持续下降，未能令资产周转率回到上市前的水平（见图4-50）。

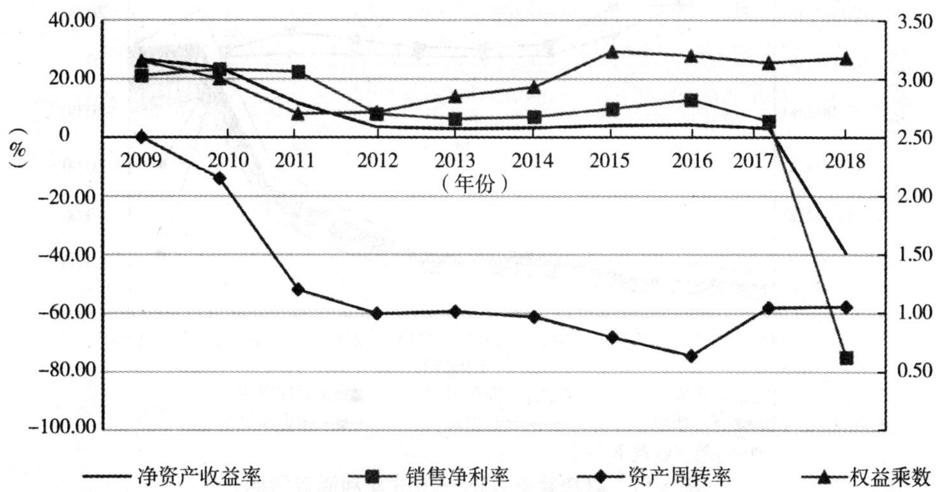

图4-49 融捷健康2009—2018年杜邦分析法财务指标

数据来源：上市公司公告，立德咨询整理。

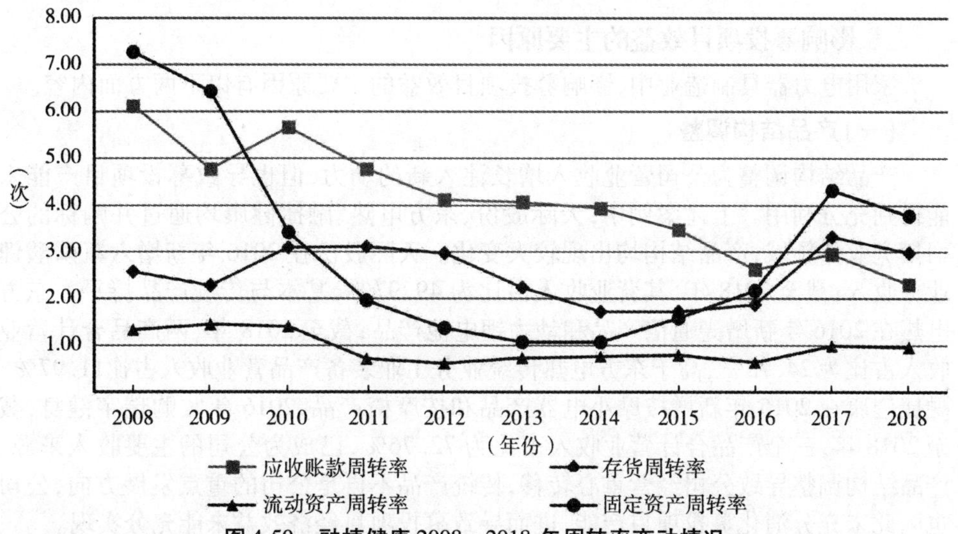

图4-50 融捷健康2008—2018年周转率变动情况

数据来源：上市公司公告，立德咨询整理。

2012年，销售净利率大幅下降同样拉低净资产收益率（见图4-51）。2012年营业收入同比增长18.31%，低于营业成本同比增长45.95%。营业收入增速不及营业成本增速，利润空间缩小，销售净利率下降，导致净资产收益率降低。

2012—2017年，净资产收益率总体保持稳定，2018年销售业绩不及预期，营业收入大幅减少导致净资产收益率大幅下降。2018年公司全资子公司久工健业所生产的按摩椅收入不及预期，同比减少了54.30%，远红外桑拿房和按摩小电器分别同比减少了19.76%和10.12%。合并报表层面营业收入大幅下滑，2018年度净利润严重亏损78,943.29万元，销售净利率骤降，最终影响净资产收益率。

综上所述，募投项目未充分实现其经济效益，未能推动公司业绩进一步提高。

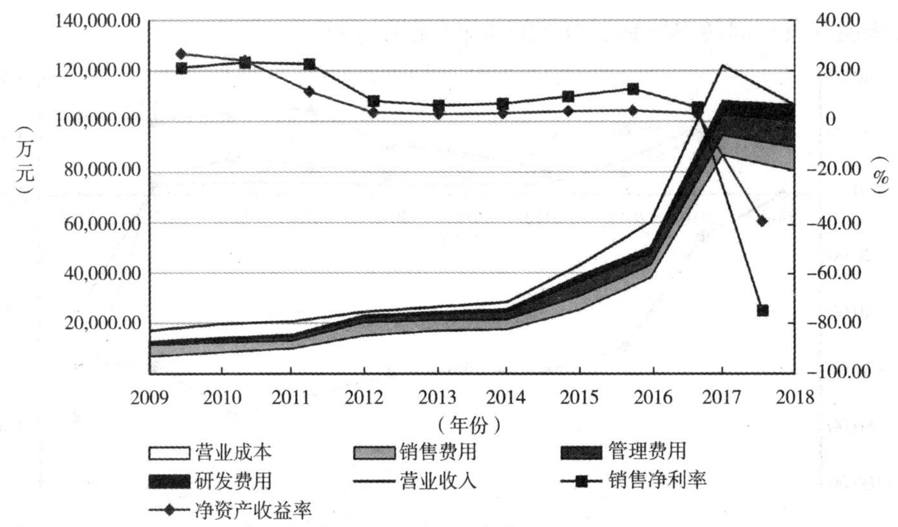

图 4-51　融捷健康 2009—2018 年利润表指标

数据来源：上市公司公告，立德咨询整理。

二、影响募投项目效益的主要原因

家用电力器具制造业中，影响募投项目效益的主要原因有以下两方面内容。

（一）产品结构调整

产品结构调整为公司营业收入增长注入新的动力，但也导致募投项目产能未能得到充分利用。上述案例中，天际股份、东方电热、融捷健康均通过并购标的公司拓宽业务领域，产品结构均出现较大变化。天际股份在 2016 年新增六氟磷酸锂业务收入，截至 2018 年，其营业收入占比为 49.97%，基本与传统产品持平。东方电热在 2016 年新增光通信产品和动力锂电池产品，截至 2018 年，两产品合计营业收入占比为 24.78%，高于东方电热传统业务工业装备产品营业收入占比11.97%。融捷健康在 2015 年新增按摩小电器产品和按摩椅产品，2016 年收购瑞宇健身，截至 2018 年，三个产品合计营业收入占比为 72.76%，已成为公司的主要收入来源。产品结构调整导致公司经营重心转移，传统产品不再是公司的重点发展方向，公司也因此未充分消化募投项目产能，进而导致募投项目经济效益未能充分实现。

因此，公司在规划募投项目时，应充分考虑募投项目所生产产品的未来发展方向。

（二）资产利用效率降低

资产周转率下跌，营运能力下降，可能导致净资产收益率下降。家用电力器具制造业公司上市后通常会规划扩产类募投项目，提高公司产能，固定资产将大幅增加。但公司若无法充分消化新增产能，将导致固定资产周转率下降，固定资产使用效率低下，进而影响净资产收益率。同时，随着公司产能提高，业务规模扩大，回款周期可能延长，由此导致应收账款周转率下降，同样会影响净资产收益率。

因此，公司募投项目建成后，需重点关注公司资产营运能力，提高资产利用效率。

第五章　医药商业行业募投项目建设内容及效益分析

根据中国证券监督管理委员会于 2012 年 10 月 26 日发布的《上市公司行业分类指引》(2012 年修订)，医药商业属于批发和零售业(F)。

根据国家统计局发布的《国民经济行业分类》(GB/T 4754—2017)，医药商业行业属于批发和零售业(F)下的医药及医疗器材批发(F515)和医药及医疗器材专门零售(F525)。

医药及医疗器材批发是指各种化学药品、生物药品、中药及医疗器材的批发和进出口活动，包括兽用药的批发和进出口活动。医药及医疗器材专门零售是指专门经营各种化学药品、生物药品、中药、医疗用品及器材的店铺零售活动。

第一节
行业 IPO 情况

一、行业上市公司地域分布

医药商业行业上市公司主要集中于浙江省和湖北省。从注册省份看，28 家医药商业行业上市公司中，浙江省和湖北省各 4 家，广东省紧随其后，有 3 家上市公司。从注册城市看，武汉医药商业行业上市公司最多，为 4 家，其次是上海，为 3 家(见表 5-1)。其中，柳药股份是成立最早的公司，国药一致是上市最早的公司。

表 5-1　　截至 2020 年 2 月医药商业行业上市公司地域分布

证券代码	证券简称	注册省份（含直辖市）	注册城市	成立日期	上市板块	上市日期
600511	国药股份	北京	北京市	1999 - 12 - 21	上交所	2002 - 11 - 27
603233	大参林	广东	广州市	1999 - 02 - 12	上交所	2017 - 07 - 31
600538	国发股份	广西	北海市	1993 - 01 - 28	上交所	2003 - 01 - 14
603368	柳药股份	广西	柳州市	1981 - 12 - 23	上交所	2014 - 12 - 04
600829	人民同泰	黑龙江	哈尔滨市	1994 - 02 - 19	上交所	1994 - 02 - 24
603716	塞力斯	湖北	武汉市	2004 - 02 - 23	上交所	2016 - 10 - 31
600998	九州通	湖北	武汉市	1999 - 03 - 09	上交所	2010 - 11 - 02
600993	马应龙	湖北	武汉市	1994 - 05 - 09	上交所	2004 - 05 - 17

续表

证券代码	证券简称	注册省份（含直辖市）	注册城市	成立日期	上市板块	上市日期
600976	健民集团	湖北	武汉市	1993-05-28	上交所	2004-04-19
603939	益丰药房	湖南	常德市	2008-06-20	上交所	2015-02-17
603883	老百姓	湖南	长沙市	2005-12-01	上交所	2015-04-23
600713	南京医药	江苏	南京市	1994-01-25	上交所	1996-07-01
603108	润达医疗	上海	上海市	1999-01-06	上交所	2015-05-27
600272	开开实业	上海	上海市	1993-03-18	上交所	2001-02-28
600833	第一医药	上海	上海市	1992-09-23	上交所	1994-02-24
600090	同济堂	新疆	乌鲁木齐市	1993-04-26	上交所	1997-06-16
002462	嘉事堂	北京	北京市	2003-11-18	深交所中小板	2010-08-18
002788	鹭燕医药	福建	厦门市	2008-09-03	深交所中小板	2016-02-18
002589	瑞康医药	山东	烟台市	2004-09-21	深交所中小板	2011-06-10
002727	一心堂	云南	昆明市	2000-11-08	深交所中小板	2014-07-02
002758	华通医药	浙江	绍兴市	1999-08-16	深交所中小板	2015-05-27
002872	*ST天圣	重庆	重庆市	2001-10-16	深交所中小板	2017-05-19
000078	海王生物	广东	深圳市	1992-12-13	深交所主板	1998-12-18
000028	国药一致	广东	深圳市	1993-07-03	深交所主板	1993-08-09
000963	华东医药	浙江	杭州市	1999-03-31	深交所主板	2000-01-27
000411	英特集团	浙江	杭州市	1993-04-01	深交所主板	1996-07-16
000705	浙江震元	浙江	绍兴市	1993-06-14	深交所主板	1997-04-10
000950	重药控股	重庆	重庆市	1999-05-28	深交所主板	1999-09-16

注：1. 行业分类以招股说明书上划分或者公司主营业务或产品对应国民经济行业分类标准为主。

2. 同济堂后更名为*ST济堂，*ST天圣后更名为ST天圣，华通医药已更名为浙农股份，塞力斯已更名为塞力医疗，余下情况同此表，不再额外标注。

数据来源：交易所、证监会、上市公司公开资料、巨潮网，立德咨询整理。

二、行业上市公司业绩规模

2019年，医药商业行业上市公司中九州通营业收入最高，为9,949,707.74万元，最低为国发股份，为25,115.35万元（见表5-2）。2019年净利润最高的公司为华东医药，达292,540.27万元，最低为瑞康医药，亏损43,497.99万元（见表5-3）。2019年加权净资产收益率方面，华东医药最高，达到25.29%，最低为瑞康医药，为-11.77%（见表5-4）。

表5-2　2016—2019年医药商业行业上市公司营业收入规模　单位：万元

证券代码	证券简称	2016年	2017年	2018年	2019年
600998	九州通	6,155,683.99	7,394,289.44	8,713,635.86	9,949,707.74

续表

证券代码	证券简称	2016 年	2017 年	2018 年	2019 年
000028	国药一致	4,124,842.93	4,126,362.91	4,312,238.55	5,204,576.41
600511	国药股份	1,338,641.75	3,628,474.63	3,873,982.71	4,464,447.64
000078	海王生物	1,360,592.17	2,493,963.77	3,838,090.73	4,149,270.39
600713	南京医药	2,672,050.07	2,747,344.92	3,130,304.63	3,715,574.23
000963	华东医药	2,537,966.75	2,783,182.31	3,066,337.43	3,544,569.82
002589	瑞康医药	1,561,866.62	2,329,362.05	3,391,853.43	3,525,850.95
000950	重药控股	256,705.07	2,304,460.07	2,580,273.92	3,384,382.15
000411	英特集团	1,725,732.66	1,890,733.10	2,049,214.09	2,460,092.72
002462	嘉事堂	1,097,157.66	1,423,889.97	1,795,988.55	2,218,657.29
002788	鹭燕医药	698,288.50	833,823.28	1,150,089.10	1,500,887.61
603368	柳药股份	755,939.54	944,698.28	1,171,452.97	1,485,682.53
603883	老百姓	609,443.13	750,143.23	947,108.93	1,166,317.62
600090	同济堂	899,656.84	985,534.65	1,084,154.17	1,116,213.80
603233	大参林	627,372.20	742,119.69	885,927.37	1,114,116.51
002727	一心堂	624,933.57	775,113.94	917,626.97	1,047,909.31
603939	益丰药房	373,361.91	480,724.90	691,257.65	1,027,617.47
600829	人民同泰	900,555.90	800,888.10	705,522.09	835,388.45
603108	润达医疗	216,468.88	431,880.98	596,433.92	705,195.02
000705	浙江震元	244,000.39	257,791.60	285,805.86	324,314.94
600993	马应龙	210,280.69	175,059.24	219,750.75	270,539.62
600976	健民集团	236,365.31	271,150.28	216,147.66	223,893.71
603716	塞力斯	62,732.81	92,051.65	131,744.61	183,077.16
002758	华通医药	125,797.70	136,909.81	152,268.91	167,907.50
002872	*ST 天圣	208,693.16	226,141.44	217,143.99	167,805.25
600833	第一医药	151,902.94	155,614.62	117,666.58	124,316.95
600272	开开实业	90,605.85	96,210.16	87,756.91	87,039.83
600538	国发股份	45,540.85	43,448.78	22,452.38	25,115.35

数据来源：上市公司公告、Wind，立德咨询整理。

表 5-3　2016—2019 年医药商业行业上市公司净利润规模　单位：万元

证券代码	证券简称	2016 年	2017 年	2018 年	2019 年
000963	华东医药	153,541.03	188,821.57	239,516.96	292,540.27

续表

证券代码	证券简称	2016 年	2017 年	2018 年	2019 年
600511	国药股份	56,394.31	133,919.96	159,265.64	188,047.69
600998	九州通	90,434.03	147,291.54	138,147.14	178,148.31
000028	国药一致	128,188.03	115,673.88	134,843.11	148,421.87
000950	重药控股	-66,632.15	115,282.08	75,091.40	94,434.75
603368	柳药股份	34,357.10	42,766.83	56,817.33	76,485.32
603233	大参林	42,861.34	47,461.08	52,568.79	69,654.28
002462	嘉事堂	40,999.93	46,944.39	57,061.22	65,980.24
603883	老百姓	34,204.40	39,685.52	50,400.43	61,498.34
603939	益丰药房	22,791.98	31,747.02	44,156.92	60,888.40
002727	一心堂	35,356.68	42,274.58	51,977.46	60,331.84
600090	同济堂	55,126.44	58,101.37	56,461.81	56,572.81
000078	海王生物	49,884.56	82,082.97	69,334.83	55,284.37
603108	润达医疗	13,219.68	29,732.80	43,204.67	51,110.15
600713	南京医药	23,859.44	31,125.17	34,583.20	43,155.03
600993	马应龙	23,299.74	30,884.58	16,455.81	35,339.52
000411	英特集团	19,187.89	19,145.11	22,386.47	33,767.23
600829	人民同泰	22,450.99	25,419.62	25,785.48	26,730.01
002788	鹭燕医药	11,677.25	14,500.61	18,458.10	25,750.96
000705	浙江震元	4,675.41	6,294.99	7,183.42	21,407.19
603716	塞力斯	7,354.78	10,658.07	11,642.78	14,244.09
600976	健民集团	6,506.50	9,144.14	8,129.96	9,263.36
600833	第一医药	4,603.42	4,347.68	4,718.63	5,308.94
600272	开开实业	2,068.34	3,880.14	3,514.21	2,167.52
002758	华通医药	3,986.38	3,986.04	3,106.32	1,970.04
600538	国发股份	-4,905.12	235.47	-2,161.11	577.29
002872	*ST 天圣	23,404.44	25,581.10	11,750.69	-21,893.91
002589	瑞康医药	67,507.36	136,845.57	127,780.59	-43,497.99

数据来源:上市公司公告、Wind,立德咨询整理。

表 5-4　　2016—2019 年医药商业行业上市公司加权净资产收益率

证券代码	证券简称	2016 年	2017 年	2018 年	2019 年
000963	华东医药	22.19%	23.02%	24.87%	25.29%
603233	大参林	37.96%	24.28%	18.47%	20.39%

续表

证券代码	证券简称	2016 年	2017 年	2018 年	2019 年
603368	柳药股份	11.49%	12.04%	14.33%	16.85%
600511	国药股份	16.70%	16.06%	16.23%	16.31%
600829	人民同泰	14.62%	16.32%	16.93%	15.60%
603883	老百姓	14.06%	18.10%	14.87%	15.58%
002788	鹭燕医药	14.91%	9.02%	11.99%	15.24%
600993	马应龙	13.47%	15.41%	7.87%	14.96%
002727	一心堂	14.96%	16.02%	13.47%	14.00%
002462	嘉事堂	11.94%	12.59%	13.93%	13.38%
000705	浙江震元	3.53%	4.59%	5.08%	13.36%
603939	益丰药房	10.78%	10.23%	12.42%	12.72%
000411	英特集团	12.12%	10.42%	10.59%	12.40%
603108	润达医疗	10.95%	9.98%	10.97%	11.61%
000028	国药一致	15.06%	11.91%	11.56%	10.43%
000950	重药控股	-48.44%	17.70%	9.84%	10.11%
600998	九州通	8.29%	10.75%	7.19%	9.32%
600713	南京医药	7.31%	8.83%	7.29%	9.02%
600090	同济堂	10.30%	9.11%	8.76%	8.26%
600976	健民集团	6.48%	8.62%	7.29%	7.71%
600833	第一医药	6.12%	6.06%	6.89%	7.63%
603716	塞力斯	12.59%	10.57%	9.30%	7.31%
600272	开开实业	4.10%	7.69%	6.94%	4.39%
002758	华通医药	7.41%	7.55%	5.90%	3.77%
000078	海王生物	11.87%	11.55%	7.25%	3.34%
600538	国发股份	-4.78%	1.35%	-3.33%	0.90%
002872	*ST 天圣	13.26%	9.98%	3.48%	-7.42%
002589	瑞康医药	13.02%	13.74%	9.53%	-11.77%

数据来源：上市公司公告、Wind，立德咨询整理。

三、行业中介机构排行榜

2004—2019 年，医药商业行业承揽过会公司数量最高的券商为国信证券，合计承揽 2 家（见表 5-5）。

表 5-5　　2004—2019 年医药商业行业券商排行榜

券商	证券简称	保荐代表人	业务量	
			数量(家)	排名
国信证券	九州通	龙飞虎、范茂洋	2	1
	鹭燕医药	范茂洋、欧煦		
平安证券	瑞康医药	谢运	1	2
安信证券	塞力斯	黄坚、于冬梅	1	2
信达证券	一心堂	于思博、邹玲	1	2
光大证券	健民集团	—	1	2
华西证券	*ST 天圣	田晓光、陈国星	1	2
国都证券	柳药股份	蒲江、许捷	1	2
瑞银证券	老百姓	赵源、蒋理	1	2
国金证券	润达医疗	张胜、王强林	1	2
长江证券	马应龙	—	1	2
中信建投	大参林	张星明、许荣宗	1	2
中信证券	益丰药房	樊长勇、秦成栋	1	2
爱建证券	华通医药	胡欣、彭娟娟	1	2
华泰联合	嘉事堂	郑守林、杜卫民	1	2

注：健民集团、马应龙上市公告书及招股说明书未披露部分中介机构信息，以“—”表示。

数据来源：上市公司公告、Wind，立德咨询整理。

2004—2019 年，湖南启元律师事务所在该行业承揽的过会项目最多，合计有 2 家公司（见表 5-6）。

表 5-6　　2004—2019 年医药商业行业律师事务所承揽业务排行榜

律师事务所	证券简称	签字律师	业务量	
			数量(家)	排名
湖南启元	老百姓	谢勇军、廖青云、许智	2	1
	益丰药房	陈金山、朱志怡		
山东乾元	瑞康医药	张明远、张恒顺	1	2
湖北天元兄弟	健民集团	柳平、彭波	1	2
上海锦天城	润达医疗	沈国权、江志君、李和金	1	2
北京明税	*ST 天圣	武礼斌、施志群	1	2
北京竞天公诚	一心堂	李达、原君凯、章志强、张冰	1	2
湖北瑞通天元	马应龙	蔡学恩、邹明春	1	2

续表

律师事务所	证券简称	签字律师	业务量	
			数量(家)	排名
北京中咨	嘉事堂	詹敏、蒋红毅	1	2
上海广发	华通医药	许平文、李伟一	1	2
福建新世通	鹭燕医药	焦福刚、冯艾	1	2
北京天银	九州通	朱玉栓、颜克兵	1	2
广东华商	柳药股份	张燃、周宝荣、傅曦林、周燕	1	2
北京金杜	大参林	王建学、刘晓光	1	2
国浩	塞力斯	李辰、陈一宏	1	2

数据来源:上市公司公告、Wind,立德咨询整理。

2004—2019 年,立信会计师事务所和武汉众环会计师事务所在该行业承揽的业务量最多,承揽业务量皆为 3 家(见表 5-7)。天健会计师事务所在该行业承揽的业务量紧随其后,承揽业务量为 2 家。

表 5-7　　2004—2019 年医药商业行业会计师事务所承揽业务排行榜

会计师事务所	证券简称	注册会计师	业务量	
			数量(家)	排名
立信	华通医药	沈利刚、洪全付	3	1
	嘉事堂	王云成、肖常和		
	润达医疗	潘莉华、江强		
武汉众环	健民集团	欧阳韬、夏远玉	3	1
	九州通	钟建兵、王明璀		
	马应龙	吴杰、王郁		
天健	大参林	李剑、赵娇	2	2
	益丰药房	李永利、魏五军		
普华永道中天	老百姓	王斌、陈建孝	1	3
中审亚太	一心堂	杨漫辉、方自维	1	3
中勤万信	柳药股份	覃丽君、吴慈英	1	3
北京天圆全	瑞康医药	周瑕、刘光玺	1	3
中审众环	塞力斯	肖峰、代娟	1	3
北京兴华	*ST 天圣	胡毅、叶民	1	3
致同	鹭燕医药	连益民、李建彬	1	3

数据来源:上市公司公告、Wind,立德咨询整理。

四、行业过会率及被否原因分析

2004—2019 年,医药商业行业共有 22 家公司上会,仅 1 家公司未通过发审会,行业过会率达 95.45%。其中主板共有 11 家公司上会,无公司未通过发审会,行业过会率为 100.00%;中小板共有 8 家公司上会,所有申报公司均通过发审会,行业过会率为 100%;创业板共有 3 家公司上会,有 1 家公司未通过发审会,行业过会率为 66.67%(见表 5-8)。

表 5-8　　2004—2019 年医药商业行业公司过会情况

公司名称	上市板	审核委员	会议日期	审核结果
广东泰恩康医药股份有限公司	创业板	周辉、李超、赵瀛、周海斌、刘云松、龚凯、陈国飞	2019-08-22	未通过
三只松鼠股份有限公司	创业板	李超、龚凯、姚旭东、牟蓬、陈鹤岚、李世伟、沈洁	2019-05-16	通过
华致酒行连锁管理股份有限公司	创业板	郭旭东、龚俊、马哲、许成宝、毋晓琴、周芊、陈巍	2018-11-13	通过
大参林医药集团股份有限公司	主板	陈朝晖、刘振平、邱永红、曹茂喜、李亚非、梁锋、张永卫	2017-06-06	通过
天圣制药集团股份有限公司	中小板	朱国光、储钢汉、栗皓、林勇峰、张永卫、杨金忠、邱永红	2017-04-10	通过
塞力斯医疗科技股份有限公司	主板	储钢汉、朱国光、张永卫、栗皓、林勇峰、吴钧、邱永红	2016-07-06	通过
上海来伊份股份有限公司	主板	储钢汉、朱国光、栗皓、张永卫、邱永红、杨金忠、梁锋	2016-03-30	通过
海尔施生物医药股份有限公司	主板	操舰、朱毅、吴钧、刘志强、刘燊、邱永红、朱国光	2016-03-09	通过
鹭燕医药股份有限公司	中小板	储钢汉、栗皓、林勇峰、张永卫、朱国光、杨金忠、姜业清	2015-06-19	通过
上海润达医疗科技股份有限公司	主板	陈翔、操舰、吴钧、汪阳、刘志强、袁建军、邢彪	2015-04-15	通过
浙江华通医药股份有限公司	中小板	汪阳、姜业清、储钢汉、张永卫、栗皓、邢彪、林勇峰	2015-04-10	通过
老百姓大药房连锁股份有限公司	主板	梁锋、朱毅、操舰、吴钧、袁建军、刘志强、曹冠业	2015-02-11	通过
益丰大药房连锁股份有限公司	主板	余辉、姜业清、梁锋、曹茂喜、张光毅、曹冠业、吴钧	2014-12-03	通过
广西柳州医药股份有限公司	主板	储钢汉、张永卫、栗皓、林勇峰、邢彪、汪阳、陈翔	2014-10-15	通过
一心堂药业集团股份有限公司	中小板	张晓彤、宋新潮、万勇、杜坤伦、李旭冬、荣健、谢岭	2012-05-23	通过

续表

公司名称	上市板	审核委员	会议日期	审核结果
上海龙宇燃油股份有限公司	主板	张晓彤、万勇、谢岭、杜坤伦、荣健、钟平、宋新潮	2012-04-20	通过
瑞康医药集团股份有限公司	中小板	赵燕、钟平、何德明、项振华、张韶华、操舰、陈骞	2011-04-18	通过
九州通医药集团股份有限公司	主板	冯中圣、刘明、何贤波、戴钦公、郭宪明、孔艳清、冯渊	2010-08-18	通过
嘉事堂药业股份有限公司	中小板	雷小玲、陈利民、蔡碧鹤、田颇、杨雄、柏凌菁、陈飞	2010-04-26	通过
天虹商场股份有限公司	中小板	江浩雄、谢青、蔡碧鹤、谭红旭、黄宏彬、田颇、徐林	2010-02-08	通过
文峰大世界连锁发展股份有限公司	主板	蔡碧鹤、黄宏彬、谭红旭、雷小玲、娄爱东、江浩雄、谢青	2010-01-25	通过
江苏国泰国际集团股份有限公司	中小板	陈瑛明、邓建新、陈永民、封和平、鲍卉芳、马季华、谢卫	2006-10-27	通过

数据来源：上市公司公告、Wind，立德咨询整理。

广东泰恩康医药股份有限公司被否，主要因为经营的稳定性、可持续性存疑；行业政策对经营的影响存在不确定性；华铂凯盛技术服务收入确认口径存在不确定性；收购股权存在巨额商誉减值风险等。其具体反馈问题如下：

(1)报告期内，发行人以代理业务收入为主。请发行人代表：①结合核心代理产品的市场竞争力、授权厂商代理合同期限及续期条件、进口药品注册证书再注册等因素，说明发行人核心代理产品授权的稳定性、代理业务的可持续性；②说明报告期内核心代理产品的销售收入及变化情况；③结合代理与自产产品的业务结构、自产产品的销售情况与市场前景、在研项目储备等，说明发行人的核心竞争力及竞争优势，未来业务发展重点及可持续性。请保荐代表人说明核查依据、过程并发表明确核查意见。

(2)请发行人代表：①结合其仿制药销售情况，说明"一致性评价"政策对发行人未来业绩的影响及应对措施；②结合报告期内处方药销售客户的构成情况，说明"带量采购"政策对发行人生产经营的具体影响，发行人代理的核心原研药未来被替代或大幅降价的风险；③说明"两票制"政策实施后，发行人经销商(配送商)模式、产品售价、毛利率、信用政策、市场推广等方面的变化情况，是否对发行人未来财务状况和经营成果构成重大不利影响；④结合"两票制"政策的影响，说明收购第一大经销商武汉威康股权的原因及合理性，经销商推广服务的内容及必要性，是否存在商业贿赂或者其他利益输送的情形。请保荐代表人说明核查依据、过程并发表明确核查意见。

(3)报告期内，发行人控股子公司华铂凯盛按完工百分比法确认技术服务收入，按"里程碑"条款分期确认技术转让收入。请发行人代表：①结合技术服务合同的内容及执行情况，说明合同约定的结算比例与实际工作量是否匹配，合同完工进度的确认依据是否准确，技术服务收入的确认方法、时点是否谨慎、合理；②说明与上海凯茂技术转让合同中双方的权利义务是否对等，是否具备商业合理性，技术转让的定价依据及公允性，未来取得销售提成收入的不确定性是否充分披露；③结合具体合同条款、同行业可比公司情况等，说明技术转让收入的确认方法、时点是否谨慎、合理，是否符合公司会计准则的规定。请保荐代表人说明核查依据、过程并发表明确核查意见。

（4）发行人因收购天福康、武汉威康股权形成大额商誉。2019 年，发行人调整天福康 2018 年年末的盈利预测，对 2018 年年报进行会计差错更正，计提商誉减值准备 1,230.94 万元。请发行人代表说明：①收购天福康、武汉威康形成商誉的确认情况，收购完成后天福康、武汉威康的经营情况；②天福康资产组商誉减值测试前期预测数据与实现数据差异较大的原因，2015 年年末、2016 年年末和 2017 年年末未对天福康资产组计提商誉减值的合理性，2018 年年末对天福康资产组商誉减值测试调整的依据及具体情况，上述会计差错更正的具体影响；③与武汉威康内部交易的定价原则及公允性，2016—2018 年武汉威康实现业绩与承诺业绩基本接近的原因及合理性，是否通过内部转移定价达成业绩承诺，对各期末武汉康威资产组商誉减值测试的影响，商誉减值计提是否准确、充分。请保荐代表人说明核查依据、过程并发表明确核查意见。

五、该行业主要投资机构及其获益情况

2004—2018 年，医药商业行业上市公司中，老百姓、九州通的大股东为投资机构。由于上市后存在锁定期，投资机构所持股票抛售情况复杂，以发行价为基础衡量投资机构投资回报率则较为便利，后期也将跟踪投资机构所持股票具体买卖情况调整回报率。以发行价所对应的回报率看，投资回报率最高的是投资于柳药股份的柳州众诚投资中心（有限合伙），柳药股份上市时回报率为 900.87 倍（见表 5-9）。而回报率最低为 0.27 倍，主要集中于大参林的部分投资公司。

表 5-9 医药商业行业上市公司背后的投资机构及其获益情况

证券简称	投资机构	投资金额（万元）	上市前持股比例	持股数量（万股）	对应市值（万元）	对应回报率（倍）
大参林	广州拓宏投资有限合伙公司（有限合伙）	135.00	0.75%	270.00	6,674.40	48.44
	广州鼎业投资有限合伙公司（有限合伙）	135.00	0.75%	270.00	6,674.40	48.44
	广州联耘投资有限合伙公司（有限合伙）	135.00	0.75%	270.00	6,674.00	48.44
	广州智威投资有限合伙公司（有限合伙）	135.00	0.75%	270.00	6,674.00	48.44

续表

证券简称	投资机构	投资金额（万元）	上市前持股比例	持股数量（万股）	对应市值（万元）	对应回报率（倍）
大参林	天津鼎晖嘉尚股权投资合伙公司（有限合伙）	26,400.00	4.40%	1,584.00	39,156.48	0.48
	杭州长堤股权投资合伙公司（有限合伙）	6,461.54 6,000.00	1.78%	641.81	15,865.54	0.27
	上海春堤投资管理合伙公司（有限合伙）	3,138.46	0.52%	188.31	4,655.02	0.48
*ST天圣	重庆德同创业投资中心（有限合伙）	2,550.00 1,500.00	2.83%	450.00	10,066.50	1.49
	广州力鼎凯得创业投资有限合伙公司（有限合伙）	2,619.90	2.40%	380.80	8,518.50	2.25
	北京力鼎财富成长投资管理中心（有限合伙）	2,064.00	1.89%	300.00	6,711.00	2.25
	苏州贝塔股权投资合伙公司（有限合伙）	2,550.00	1.89%	300.00	6,711.00	1.63
	天津和光成长股权投资基金合伙公司（有限合伙）	1,995.20	1.82%	290.00	6,487.30	2.25
	宿迁华元兴盛投资合伙公司（有限合伙）	2,000.00	1.26%	200.00	4,474.00	1.24
	成都德同银科创业投资合伙公司（有限合伙）	1,275.00	0.94%	150.00	3,355.50	1.63
	上海宾州投资有限公司	825.60	0.76%	120.00	2,684.40	2.25
	昆明龙兴投资中心（有限合伙）	1,200.00	0.76%	120.00	2,684.40	1.24

续表

证券简称	投资机构	投资金额（万元）	上市前持股比例	持股数量（万股）	对应市值（万元）	对应回报率（倍）
*ST 天圣	宿迁人合安康投资合伙公司(有限合伙)	1,000.00	0.63%	100.00	2,237.00	1.24
	新疆盛世诚金股权投资合伙公司（有限合伙）	1,000.00	0.63%	100.00	2,237.00	1.24
	重庆泰豪渝晟股权投资基金中心（有限合伙）	1,000.00	0.63%	100.00	2,237.00	1.24
	上海力鼎明阳创业投资管理中心（有限合伙）	816.00	0.60%	96.00	2,147.52	1.63
	天津和光远见股权投资基金合伙公司(有限合伙)	297.50	0.22%	35.00	782.95	1.63
塞力斯	宿迁天沐君合投资管理中心(有限合伙)	5,000.00	7.85%	300.03	8,073.78	0.61
	传化控股集团有限公司	1,000.00 4,000.00	7.85%	300.03	8,073.78	0.61
	南京蔚蓝股权投资公司(有限合伙)	2,500.00 -3,500.00	6.47%	247.00	6,646.77	1.66
	厦门市思明区昭丰股权投资合伙公司(有限合伙)	3,500.00	5.66%	216.13	5,815.92	0.66
	上海合睿众投资管理有限公司	800.00	3.88%	148.05	3,984.07	3.98
	海口林沐科技有限公司	547.80	1.45%	55.42	1,491.23	1.72
	上海朴山投资管理中心(有限合伙)	333.30	0.52%	20.00	538.20	0.61

续表

证券简称	投资机构	投资金额（万元）	上市前持股比例	持股数量（万股）	对应市值（万元）	对应回报率（倍）
鹭燕医药	建银国际医疗产业股权投资有限公司	12,638.30	20.81%	1,834.84	34,219.76	1.71
	泉州市红桥民间资本管理股份有限公司	2,000.00 1,053.19 -1,166.67	5.55%	533.33	9,946.67	3.97
	泉州丰泽红桥创业投资有限公司	3,000.00	3.12%	300.00	5,595.00	0.87
	厦门铭源红桥高科创业投资有限合伙公司（有限合伙）	2,000.00	2.08%	200.00	3,730.00	0.87
	泉州市红桥创业投资有限公司	1,166.67	1.73%	166.67	3,108.33	1.66
华通医药	浙江广晋创业投资有限公司	2,000.00	5.95%	250.00	4,510.00	1.26
	杭州中鼎创业投资合伙公司（有限合伙）	980.80	2.92%	122.60	2,211.70	1.26
	绍兴翔辉五期创业投资合伙公司（有限合伙）	1,303.68	3.88%	162.96	2,939.80	1.26
润达医疗	宁波嘉信上凯股权投资合伙公司（有限合伙）	2,000.00	5.10%	359.90	6,118.27	2.06
	上海嘉信佳禾创业投资中心（有限合伙）	3,200.00	4.66%	328.92	5,591.62	0.75
	上海祥禾股权投资合伙公司（有限合伙）	2,000.00	4.42%	312.06	5,305.04	1.65
	上海达恩慧投资有限公司	382.00	1.96%	137.97	2,345.43	5.14
	上海宝升科技投资有限公司	500.00	1.11%	78.01	1,326.20	1.65
老百姓	泽星投资有限公司	42,254.15 890.70	46.42%	9,284.07	152,351.52	2.53

续表

证券简称	投资机构	投资金额（万元）	上市前持股比例	持股数量（万股）	对应市值（万元）	对应回报率（倍）
老百姓	湖南老百姓医药投资管理有限公司	950.00 -403.21 779.40	40.62%	8,123.56	133,307.58	99.52
	西安圣大投资发展有限公司	1,215.35	1.90%	380.03	6,236.31	4.13
	长沙瑞途投资合伙公司（有限合伙）	1,401.05	2.19%	438.10	7,189.18	4.13
	长沙正和投资合伙公司（有限合伙）	1,105.15	1.73%	345.57	5,670.84	4.13
益丰药房	Capital Today Investment XV（HK）Limited	10,004.51	15.88%	1,905.60	37,102.03	2.71
	Capital Today Investment XIV（HK）Limited	10,000.30	15.79%	1,894.80	36,891.76	2.69
	湖南益丰医药投资管理有限公司	490.00	44.23%	5,307.60	103,338.97	209.90
柳药股份	苏州周原九鼎投资中心（有限合伙）	9,090.00 -3,745.08 10,560.00	9.75%	877.35	23,004.08	0.45
	柳州柳药投资中心（有限合伙）	127.87	5.85%	526.57	13,806.59	106.97
	柳州众诚投资中心（有限合伙）	14.40	5.50%	495.30	12,986.87	900.87
	柳州新干线投资中心（有限合伙）	108.00	4.94%	444.74	11,660.98	106.97
一心堂	北京君联睿智创业投资中心（有限合伙）	7,984.77 2,048.09	6.62%	1,292.89	15,773.26	0.57

续表

证券简称	投资机构	投资金额（万元）	上市前持股比例	持股数量（万股）	对应市值（万元）	对应回报率（倍）
一心堂	弘毅投资产业一期基金（天津）（有限合伙）	5,968.96	4.95%	966.50	11,791.30	0.57
		1,531.04				
	惠州市百利宏创业投资有限公司	1,193.79	0.99%	193.30	2,358.26	0.57
		306.21				
瑞康医药	TB Nature Limited	10,404.00	24.73%	1,731.57	34,631.33	2.33
	青岛睿华方略医药咨询服务有限公司	3,320.10	6.00%	419.81	8,396.19	1.53
九州通	上海弘康实业投资有限公司	4,000.00	33.35%	42,372.91	550,847.85	30.73
		400.00				
		1,000.00				
		3,500.00				
		460.00				
		8,000.00				
	狮龙国际集团（香港）有限公司	46,320.00	27.30%	34,682.06	450,866.79	8.73
	武汉楚昌投资有限公司	2,000.00	12.95%	16,457.76	213,950.92	32.46
		1,800.00				
		1,000.00				

续表

证券简称	投资机构	投资金额（万元）	上市前持股比例	持股数量（万股）	对应市值（万元）	对应回报率（倍）
九州通	武汉楚昌投资有限公司	1,600.00	12.95%	16,457.76	213,950.92	32.46
		1,250.00				
		500.00				
		2,245.00				
		-4,000.00				
	中山广银投资有限公司	1,000.00	10.44%	13,262.46	172,411.96	32.48
		1,000.00				
		1,800.00				
		3,400.00				
		800.00				
		1,150.00				
		-4,000.00				
	北京点金投资有限公司	995.00	8.09%	10,276.39	133,593.04	32.44
		1,000.00				
		1,080.00				
		420.00				
		500.00				

续表

证券简称	投资机构	投资金额（万元）	上市前持股比例	持股数量（万股）	对应市值（万元）	对应回报率（倍）
嘉事堂	上海张江高科技园区开发股份有限公司	2,400.00	20.96%	2,514.86	30,178.32	10.58
		800.00				
		715.78				
		-1,309.82				
	新产业投资股份有限公司	2,400.00	9.47%	1,136.13	13,633.54	12.52
		1,600.00				
		-1,200.00				
		-1,200.00				
		-591.73				
	中国青少年发展基金会	977.22	7.86%	943.07	11,316.79	10.58
	北京超市发国有资产经营公司	1,136.94	7.45%	850.72	10,208.64	14.20
		-465.37				
	北京市裕丰投资经营公司	1,036.00	2.93%	334.32	4,011.86	3.65
		-173.70				
	北京宏润投资经营公司	664.99	1.05%	119.39	1,432.65	9.40
		-117.39				
		-409.81				

续表

证券简称	投资机构	投资金额（万元）	上市前持股比例	持股数量（万股）	对应市值（万元）	对应回报率（倍）
马应龙	武汉华汉投资管理有限公司	2,409.87	12.75%	507.89	8,182.08	2.17
		-251.12				
		425.00				
	武汉东湖创新科技投资有限公司	600.00	6.18%	120.00	1,933.20	2.22
	华一发展有限公司	80.00	1.51%	50.00	805.50	9.07
健民集团	武汉开元科技创业投资有限公司	1,398.00	5.40%	227.20	2,635.52	4.03
		-873.60				

注：上述表中个别机构的投资金额为负数，是因为在投资活动中，现金流入大于现金流出为正数，反之为负，且投资金额为负时可能有多种情况，①公司处于扩张期，②公司购买了大量固定资产，③收购了另一家公司等。

数据来源：上市公司公告，立德咨询整理。

第二节 行业发展基本概况

一、医药商业行业分类

根据国家统计局发布的《国民经济行业分类》（GB/T 4754—2017），医药商业行业对应国民经济行业分类中的 F515 医药及医疗器材批发和 F525 医药及医疗器材专门零售。

医药及医疗器材批发是指各种化学药品、生物药品、中药及医疗器材的批发和进出口活动，包括兽用药的批发和进出口活动。医药及医疗器材专门零售是指专门经营各种化学药品、生物药品、中药、医疗用品及器材的店铺零售活动。医药商业行业产品划分如图 5-1 所示。

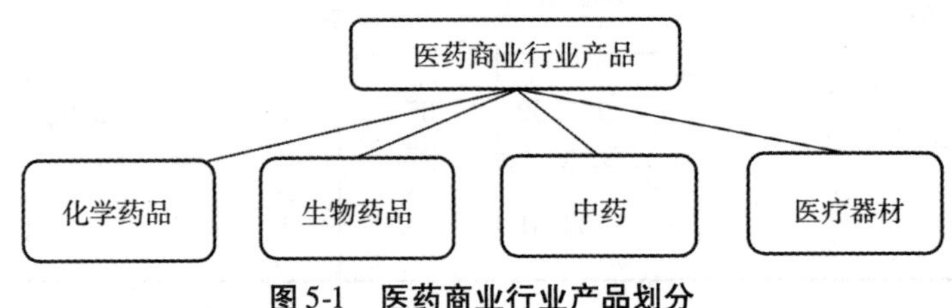

图 5-1　医药商业行业产品划分

二、行业上下游产业链

医药商业行业上游为医药制造企业，主要生产中药、化学药、生物药、器械等，下游为医药分销公司、医院、药店、诊所和第三终端等药品消耗群体。医药商业公司以医药商品流通为主，其向上游医药制造企业采购中药、化学药、生物药及各类器械，以批发或零售的模式销售给医院、零售药店或其他第三终端，最终进入消费市场(见图 5-2)。

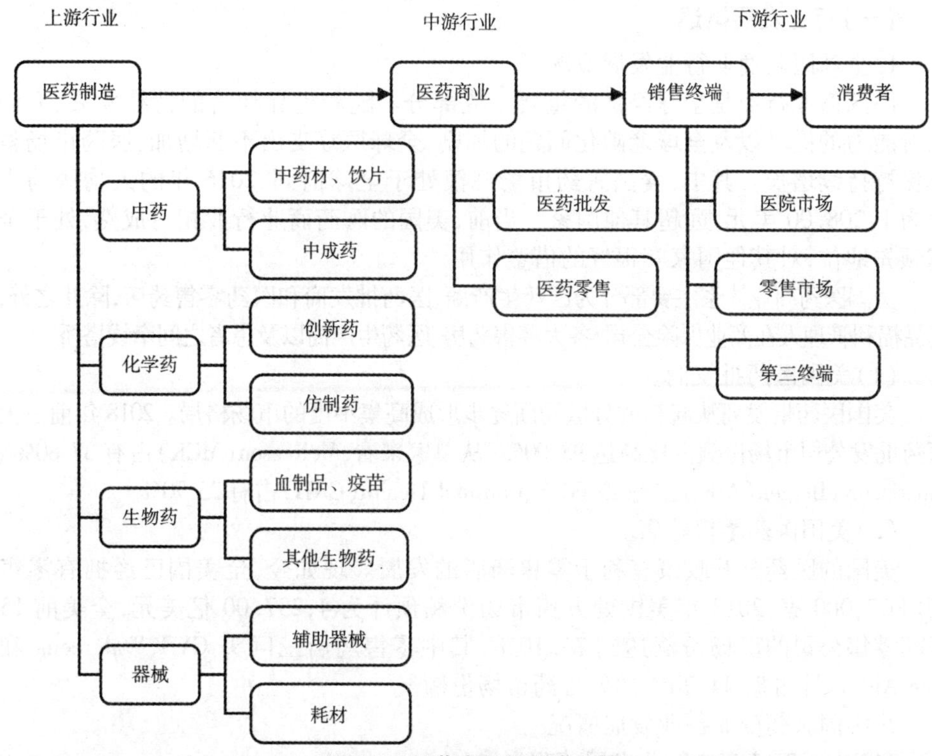

图 5-2 医药商业行业产业链

上游行业处于医药商业产业链的核心环节，直接决定本行业所能流通的商品。目前我国医药制造公司数量很多，除了扬子江药业集团有限公司、广州医药集团有限公司、中国医药集团有限公司、修正药业集团股份有限公司等为较大型医药制造公司，其他大多是规模小的公司，且同质化严重，公司与公司之间竞争激烈。

医药商业作为产业链中游，起着连接医药制造公司和销售终端的重要作用。医药商业公司从上游医药制造公司采购药品，然后再批发给下游的医药分销公司、医院、药店等，通过交易差价及提供增值服务获取利润。由于上游大部分公司同质化严重，产品差异性小，同类药物可替代产品较多，对医药商业公司来说有更多选择余地，不必受限于单家医药制造公司。

医药商业行业的下游行业包括医疗行业和药品零售行业。在我国，药品的主要市场在医院，2018 年医药商业公司对医疗机构的销售占据终端销售 69.70% 的份额，具有十足的话语权。随着国家政策引导医药分开，以后医药市场会逐步向药品零售倾斜，对于医药商业公司来说，能否在这种转变中及时调整方向，布局药品零售市场，抢占先机十分关键，否则容易被淘汰。

医药行业上中下游之间紧密联系、彼此影响。医药制造业是生产行业，由于生产普通药物的公司数量众多，导致医药制造公司在普通药物流通环节上没有太大的话语权,但在品牌类药物上可以牵制医药商业行业。医疗行业和药品零售行业深耕医药产品用户群体,掌握着医药产品用户群体的相关信息,医药制造业需要借助它们的信息进行规划。医药商业行业则起到中间人的作用,沟通上下游。

三、行业市场概况分析

(一)行业发展概述

1. 全球医药商业行业发展概况

医药商业行业是全球经济的重要组成部分。随着世界经济的持续发展、人们消费能力的提升以及全球老龄化问题的加剧,全球医疗支出不断增加,医药市场整体保持持续增长。其中,美国医药市场规模处于全球前列,2016 年的人均医药支出为 1,208.00 美元,远超其他国家。当前,美国的医药商业行业相对成熟,处于全球领先地位,对其他国家有很好的借鉴作用。

美国医药商业体系主要部分为医药生产商、医药批发商和医药零售药店,除此之外,药品福利管理人在商业保险公司、各大零售药房、医药生产商以及患者之间牵线搭桥。

(1)美国医药批发商。

美国医药批发商从起初的分散局面逐步形成高集中度的市场格局。2018 年前三大医药批发公司市场份额占比高达 93.00%,从单家来看,McKesson(MCK)占有 37.80%、AmerisourceBergen(ABC)占有 29.60%、Cardinal Health(CAH)占有 25.70%①。

(2)美国医药零售药店。

美国的医药分开政策有利于零售药店的发展。现如今,全美国已经拥有零售药店 67,000 家,2018 年美国处方药市场份额预计为 4,237.00 亿美元,全美前 15 医药零售公司的市场份额达到 76.10%,其中零售药店三巨头 CVS、Walgreens 和 Rite Aid 合计占据 44.30% 的处方药市场份额②。

2. 中国医药商业行业发展概况

(1)中国医药商业行业发展历程。

新中国成立之初,我国药品资源极其匮乏,不得不实行统购统销的管制模式。随着国家药品工业的发展和市场经济的活跃,今天的医药商业已经实现了药品多样化、模式多元化的市场竞争格局。中国医药商业行业发展历程见表 5-10。

表 5-10　　中国医药商业行业发展历程

时间	体制	发展概况
1949—1983 年	计划经济体制	新中国刚成立,人口众多,经济实力不强,医药商业行业处于规划和建设初期,计划经济是医药商业的主要政策。中央政府每年会根据实际情况制订年度药品生产计划,同时国家负责药品的采购和推销,医药生产公司只需负责按照被分配的任务进行生产。药品的流通则由三级医药公司负责,最高级别的是国家级医药公司,其次是省级,再者为县市级别

①国信证券:《批发苦尽等甘来,零售坚守见云开》,第 22 页。
②浙商证券:《中美药品体系与医保体系分析对比》,第 7 页。

续表

时间	体制	发展概况
1984—1998 年	计划市场兼有体制	自 1978 年开始,中国经济迅速发展,医药制造公司数量增多,给医药市场带来了大量供应,计划经济限制着医药商业行业的发展。所以,1984 年,政府部门审时度势,下放权力,不再管理药品的流通
1999 年至今	市场经济体制	1999 年,九州通的出现彻底改变了国有公司独占市场的局面,随着民营公司的一步步发展,医药商业行业所有制改革正式拉开序幕。 2002 年,国外资本开始进入中国,并在 2003 年试点医药商业中的零售模块,此后,外资、民营和混合等多种所有制在我国迸发出活力

(2)中国医药商业行业概况。

随着人们生活的改善,卫生保健需求扩大,医药商业行业近些年发展迅速,2014 年到 2019 年第四季度行业内上市公司营业收入从 2,873.00 亿元增长至 6,124.00亿元,累计增长 113.16%,年复合增长率达 16.34%。

①行业主管部门和自律组织。医药商业行业属于国家重点管理的行业之一,主管部门为卫计委、国家药监局及地方药品监督管理部门、商务部、国家发改委,中国医药商业协会和中国医药企业管理协会是行业内公司的自律组织,其具体管理职责如下(见表 5-11)。

表 5-11　　行业相关职能部门及其具体职责

相关职能部门	具体职责
卫计委	负责医药行业的监督管理,主要职责包括推进医药卫生体制改革,建立国家基本药物制度并组织实施
国家药监局	负责制定药品安全监督管理的政策,负责对药品的研究、生产、流通、使用进行行政监督和技术监督,监督药品质量安全,制定药品经营质量管理规范并监督实施
商务部	负责研究拟定药品流通行业发展的规划、政策和相关标准,推进药品流通行业结构调整,指导药品流通公司改革,推动现代药品流通方式的发展
国家发改委	对医药行业的发展规划、项目立项备案及审批、医药公司的经济运行状况进行宏观管理和指导,并负责对药品的价格进行监督管理

续表

相关职能部门	具体职责
中国医药商业协会和中国医药企业管理协会	推进医药流通行业自律，规范和完善行规行约，推进行业“规范经营、诚信服务”，维护和健全市场秩序，维护行业、公司、会员的合法权益

②行业相关政策（见表5-12）。

表5-12　我国医药商业行业相关政策

年份	机构	政策	主要内容
2016	商务部	《全国药品流通行业发展规划（2016—2020）》①	规划提出五大任务，包括：提升行业集中度；发展现代绿色医药物流；推进“互联网＋药品流通”；提升行业开放水平；完善行业标准体系。行业发展的具体目标为：到2020年，培育形成一批网络覆盖全国、集约化和信息化程度较高的大型药品流通企业。药品批发百强企业年销售额占药品批发市场总额90%以上；药品零售百强企业年销售额占药品零售市场总额40%以上；药品零售连锁率达50%以上。该规划对于进一步推动我国药品流通行业转型升级，指导药品流通企业改革发展，推进药品流通现代化建设具有重要意义
2016	国务院	《“十三五”深化医药卫生体制改革规划》②	推进医药分开，调整利益驱动机制，破除以药补医；深化药品供应领域改革，解决好低价药、“救命药”“孤儿药”以及儿童用药的供应问题；深化药品流通体制改革，加快发展药品现代物流，推动物流公司向智慧型医药服务商转型，力争到2020年形成1家年销售额超过5,000亿元的超大型药品流通公司，药品批发百强公司年销售额占批发市场总额的90%以上；完善国家药物政策体系，调整市场格局，使零售药店逐步成为向患者售药和提供药学服务的重要渠道
2018	国务院办公厅	《深化医药卫生体制改革2018年下半年重点工作任务》③	对推进分级诊疗制度建设、建立健全现代医院管理制度、加快完善全民医保制度、推进药品供应保障制度建设、加强综合监管制度建设、建立优质高效的医疗卫生服务体系、统筹推进相关领域改革等工作内容做出了工作部署

①商务部，《全国药品流通行业发展规划（2016—2020）》，http://www.mofcom.gov.cn/article/guihua/201612/20161202419508.shtml。

②国务院，《“十三五”深化医药卫生体制改革规划》，http://www.gov.cn/zhengce/content/2017－01/09/content_5158053.htm。

③国务院办公厅，《深化医药卫生体制改革2018年下半年重点工作任务》，http://www.gov.cn/zhengce/content/2018－08/28/content_5317165.htm。

续表

年份	机构	政策	主要内容
2019	国务院办公厅	《国家组织药品集中采购和使用试点方案》①	选择北京、天津、上海、重庆、沈阳、大连、厦门、广州、深圳、成都、西安11个城市开展国家组织药品集中采购和使用试点,实现药价明显降低,减轻患者药费负担;降低公司交易成本,净化流通环境,改善行业生态;引导医疗机构规范用药,支持公立医院改革;探索完善药品集中采购机制和以市场为主导的药品价格形成机制。同时对试点的范围和形式、具体措施、组织形式与工作安排等内容进行了说明

③整体销售情况。2013—2018 年,全国七大类药品商品销售总额从 13,036.00 亿元增长至21,586.00亿元,累计增长 65.59%,年复合增长率为 10.61%。其中,2018 年全国七大类药品商品销售总额扣除不可比因素同比增长 7.84%。行业销售额持续增长,但销售增速逐年下降,从 2013 年的 16.66% 下降至 2018 年的 7.84%,并于 2017 年首次低于 10%②(见图 5-3)。

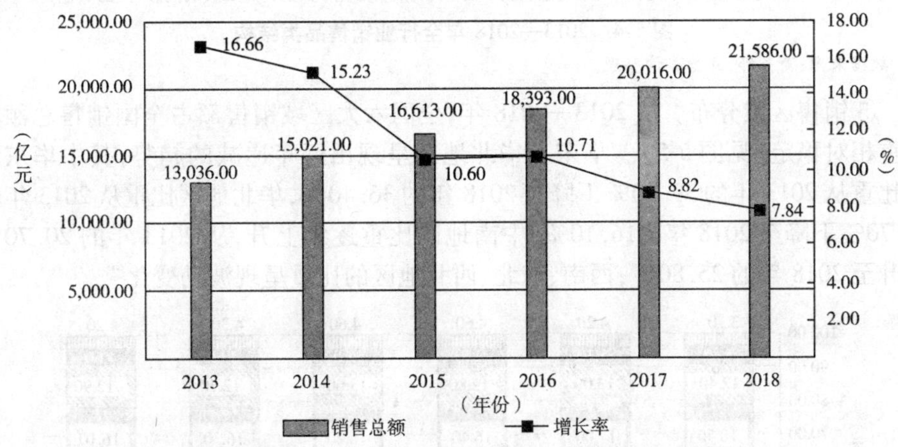

图 5-3 2013—2018 年全国七大类药品商品销售情况

数据来源:商务部,立德咨询整理。

④销售品类。从销售品类来看,2013—2018 年,西药类销售额一直占比最高,其次为中成药类(见图 5-4)。各销售品类变动如下:

西药类销售额从 9,620.57 亿元增长至 15,585.09 亿元,年复合增长率为 10.13%,增长率逐年下降,从 2014 年的 15.23%下降至 2018 年的 6.37%。

中成药类销售额从 1,981.47 亿元增长至 3,259.49 亿元,年复合增长率为10.47%,增长率从 2014 年的 10.68%上升至 2016 年的 13.75%,2018 年再次下降至 8.56%。

医疗器材类销售额从 430.19 亿元增长至 1,036.13 亿元,年复合增长率为 19.22%。2014—2018 年的增长率分别为 25.7%、4.45%、7.46%、54.99%、

①国务院办公厅,《国家组织药品集中采购和使用试点方案》,http://www.gov.cn/zhengce/content/2019-01/17/content_5358604.htm。

②根据(2012—2017)《药品流通行业运行统计分析报告》《中国药品流通行业发展报告(2019)》数据整理。

7.84%,波动较大。

中药材类销售额从469.30亿元增长至669.17亿元,年复合增长率为7.35%,增长率从2014年的28.03%下降到2016年的-7.74%,之后上升到2018年的7.84%①,已走出行业低谷,开始回暖。

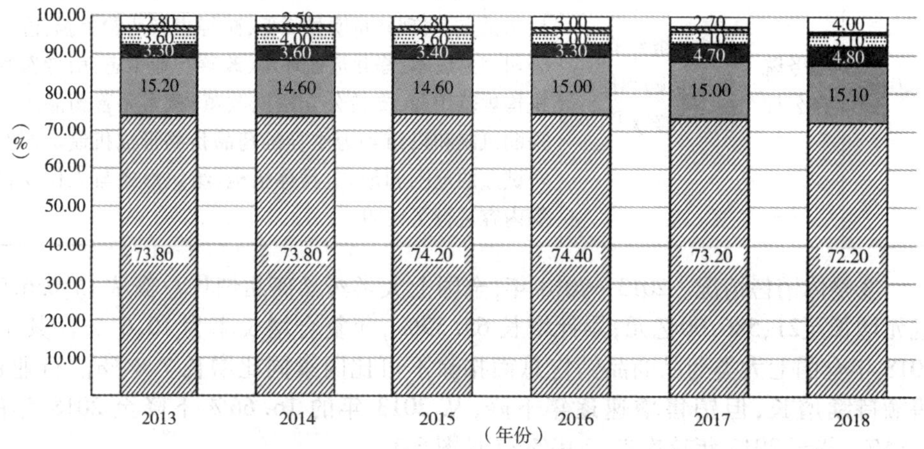

图5-4　2013—2018年全行业销售品类结构

数据来源:商务部,立德咨询整理。

⑤销售区域分布。从2013—2018年,全国六大区域销售额占全国销售总额的比重相对稳定(见图5-5)。华东和华北地区呈现出逐年递减的趋势,其中华东地区比重从2013年的39.20%下降至2018年的36.40%,华北地区比重从2013年的18.70%下降至2018年的16.10%;中南地区比重逐年上升,从2013年的20.70%上升至2018年的25.80%;西南、东北、西北地区的比重呈现波动变化②。

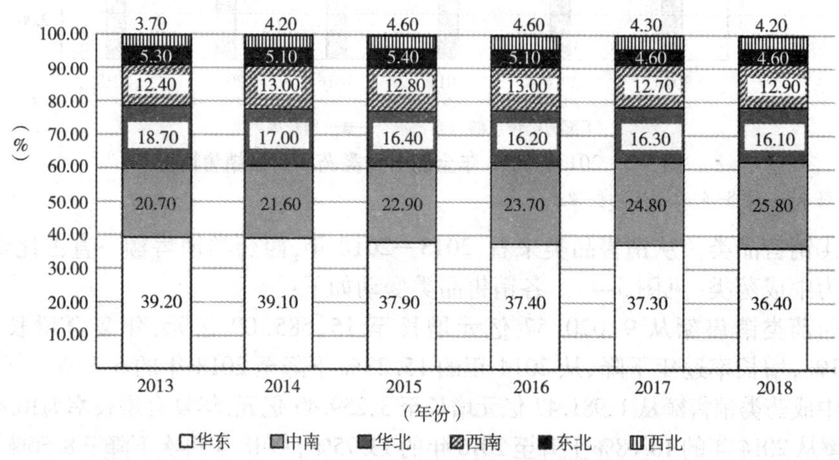

图5-5　2013—2018年全国六大区域销售额占全国销售总额的比重

数据来源:商务部,立德咨询整理。

从2015—2018年,三大经济区药品销售额占全国销售总额的比重未出现明显变

①根据(2012—2017)《药品流通行业运行统计分析报告》《中国药品流通行业发展报告(2019)》数据整理。

②根据(2012—2017)《药品流通行业运行统计分析报告》《中国药品流通行业发展报告(2019)》数据整理。

动。京津冀经济区从2015—2016年仅下降了0.30%，之后两年变化平缓；长江三角洲经济区在22.70%上下波动；珠江三角洲经济区近四年缓步上升[①]（见图5-6）。

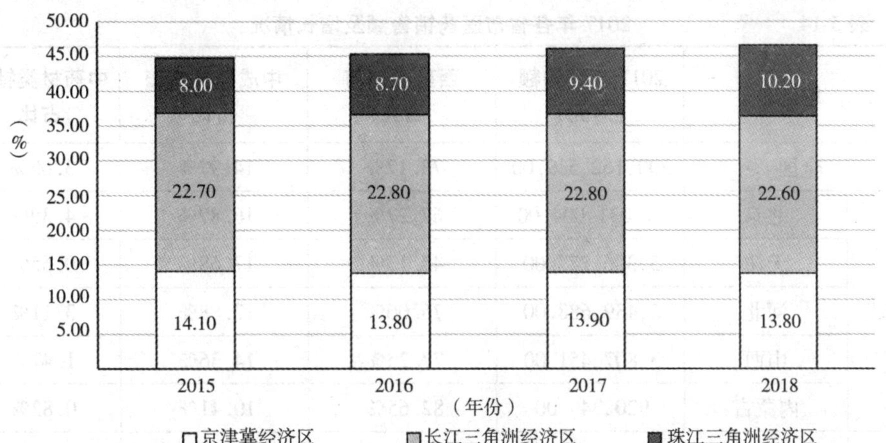

图5-6 2015—2018年三大经济区药品销售额占全国销售总额的比重

数据来源：商务部，立德咨询整理。

2013—2018年，销售额居前十位的省市，基本分布在北京、广东、上海、浙江、江苏、安徽、山东、河南、重庆、云南、四川、天津、湖北。其中前五位比较稳定，分布在北京、广东、上海、浙江、江苏，后五位排名在安徽、山东、河南、重庆、云南、四川、天津、湖北中变化。同时，十省市的销售额占全国销售总额从2013年的64.60%上升至2018年的65.30%，集中度缓慢提升[②]（见表5-13）。

表5-13 2013—2018年销售额居前10位的省市[③]

排名	2013年	2014年	2015年	2016年	2017年	2018年
1	北京	北京	北京	广东	广东	广东
2	上海	上海	广东	北京	北京	北京
3	广东	广东	上海	上海	上海	上海
4	江苏	浙江	浙江	浙江	江苏	浙江
5	浙江	江苏	江苏	江苏	浙江	江苏
6	安徽	安徽	安徽	安徽	山东	山东
7	山东	山东	山东	山东	河南	河南
8	重庆	重庆	河南	河南	安徽	安徽
9	天津	河南	重庆	四川	四川	四川
10	四川	云南	云南	云南	云南	湖北
十省市销售额占全国销售总额	64.60%	64.30%	63.80%	64.20%	65.30%	65.30%

①根据（2012—2017）《药品流通行业运行统计分析报告》《中国药品流通行业发展报告（2019）》数据整理。
②根据（2012—2017）《药品流通行业运行统计分析报告》《中国药品流通行业发展报告（2019）》数据整理。
③根据（2012—2017）《药品流通行业运行统计分析报告》《中国药品流通行业发展报告（2019）》数据整理。

2017年，从全国各省市医药销售额及增长情况来看，西药类销售占比最高，其次是中成药类，再者是中药材类（见表5-14）。

表5-14　　2017年各省市医药销售额及增长情况

地区		2017年销售额（万元）	西药类销售占比	中成药类销售占比	中药材类销售占比
全国		200,162,539.00	73.17%	14.97%	3.05%
华北	北京	17,031,004.00	67.27%	16.87%	4.39%
	天津	5,306,277.00	48.13%	17.68%	0.65%
	河北	5,439,688.00	76.06%	12.88%	3.11%
	山西	3,807,451.00	77.25%	14.36%	1.47%
	内蒙古	920,349.00	82.65%	10.41%	0.82%
东北	辽宁	4,273,159.00	76.06%	20.24%	1.03%
	吉林	2,285,439.00	71.54%	20.31%	1.06%
	黑龙江	2,708,203.00	67.19%	25.35%	1.27%
华东	上海	16,177,115.00	79.83%	8.16%	3.66%
	江苏	14,882,591.00	75.21%	17.06%	1.53%
	浙江	14,513,488.00	74.73%	15.66%	3.70%
	安徽	10,975,667.00	82.48%	6.16%	0.42%
	福建	3,736,565.00	84.35%	7.72%	3.00%
	江西	2,836,262.00	68.7%	22.34%	2.00%
	山东	11,439,902.00	74.11%	16.95%	0.81%
中南	河南	11,176,306.00	73.61%	11.12%	1.63%
	湖北	7,523,394.00	77.38%	10.79%	1.19%
	湖南	6,841,040.00	70.12%	15.51%	5.20%
	广东	18,702,598.00	72.24%	17.88%	3.04%
	广西	3,329,441.00	76.79%	15.12%	2.49%
	海南	2,039,183.00	85.85%	8.56%	0.43%
西南	重庆	6,820,411.00	47.71%	27.83%	17.22%
	四川	8,101,777.00	81.72%	10.43%	2.48%
	贵州	2,530,016.00	64.44%	20.86%	2.89%
	云南	7,610,200.00	74.88%	15.75%	2.01%
	西藏	494,623.00	100.00%	0.00%	0.00%
西北	陕西	3,886,379.00	63.77%	17.56%	5.49%
	甘肃	1,399,345.00	62.42%	20.86%	10.18%

续表

地区		2017 年销售额（万元）	西药类销售占比	中成药类销售占比	中药材类销售占比
西北	青海	304,369.00	74.92%	17.30%	2.69%
	宁夏	1,420,326.00	74.28%	15.41%	5.30%
	新疆	1,649,937.00	80.40%	16.44%	0.11%

⑥所有制结构。全国各所有制药品流通直报企业收入持续增长。2013—2018年，全国药品流通直报企业中的国有及国有控股药品流通企业主营业务收入从6,246.00亿元增长至9,541.00亿元，累计增长约为52.75%，年复合增长率达8.84%；股份制企业主营业务收入从2,546.00亿元增长至5,034.00亿元，累计增长约为97.72%，年复合增长率达14.61%；私营企业主营业务收入从473.90亿元下降至378.58亿元，出现明显下跌趋势①（见图5-7）。

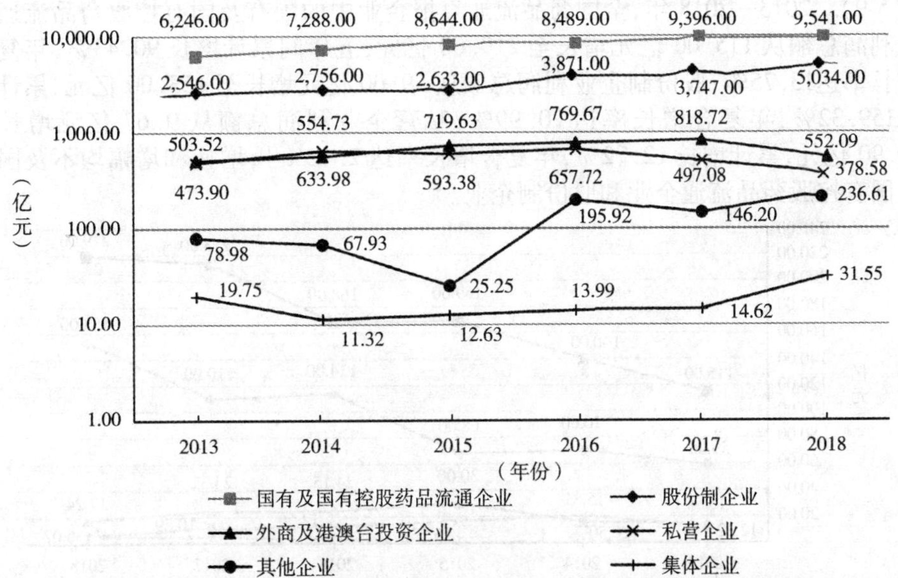

图5-7　2013—2018年全国各所有制药品流通直报企业主营业务收入

数据来源：商务部，立德咨询整理。

全国药品流通直报企业以国有及国有控股药品流通企业为主。国有及国有控股药品流通企业近五年占比均未低于60.00%，尤其在2015年，更是达到了68.50%（见图5-8）。主要原因是中国医药商业行业发展之初是由国家负责药品的采购和推销，虽然之后国家逐步放开政策，外资、民营和混合等多种所有制在中国迸发活力，但局面的改变并非一朝一夕就能实现的②。

①根据（2012—2017）《药品流通行业运行统计分析报告》《中国药品流通行业发展报告（2019）》数据整理。

②根据（2012—2017）《药品流通行业运行统计分析报告》《中国药品流通行业发展报告（2019）》数据整理。

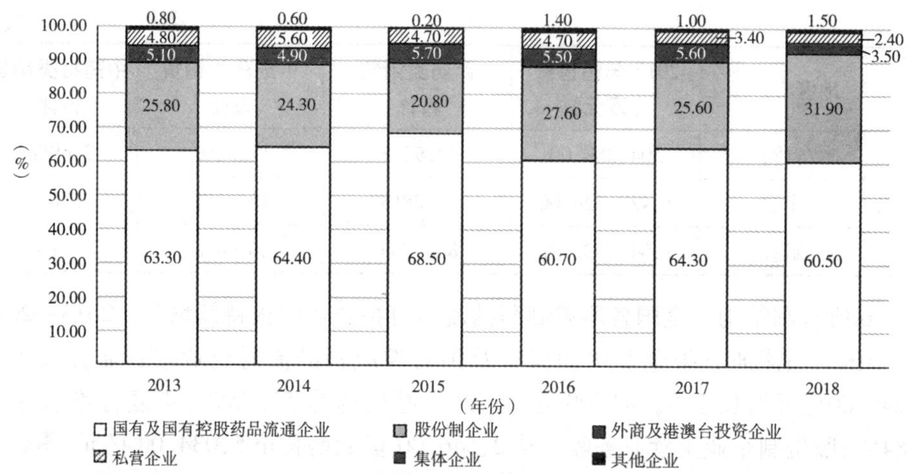

图 5-8　2013—2018 年全国药品流通直报企业主营业务收入所有制结构

数据来源：商务部，立德咨询整理。

国有及国有控股药品流通企业和股份制企业的利润总额均出现大幅增长（见图 5-9）。2013—2018 年，全国药品流通直报企业中的国有及国有控股药品流通企业利润总额从 115.00 亿元增长至 219.00 亿元，五年间累计增长 90.43%，年复合增长率达13.75%；股份制企业利润总额从 59.00 亿元增长至 153.00 亿元，累计增长159.32%，年复合增长率达 20.99%；私营企业利润总额从 9.67 亿元增长至 10.90 亿元，累计增长 12.72%，年复合增长率达 2.42%①，增速和增幅均不及国有及国有控股药品流通企业和股份制企业。

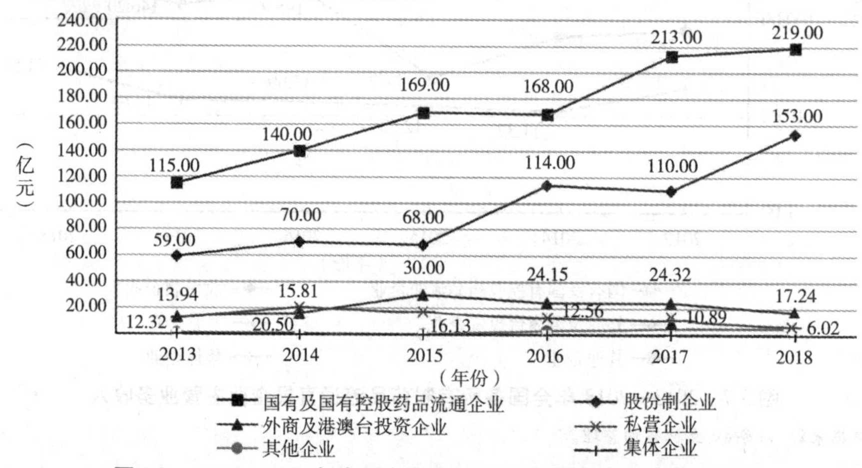

图 5-9　2013—2018 年全国各所有制药品流通直报企业利润总额

数据来源：商务部，立德咨询整理。

从比例变化来看，行业所有制结构相对稳定，股份制企业规模有扩张的趋势（见图 5-10）。国有及国有控股药品流通企业占比除了在 2016 年数值较低为 52.20% 以外，其他年份均在 57.00% 上下波动；股份制企业占比在从 2013 年的 29.30% 下降至 2015 年的 24.10% 后迅速上升至 2016 年的 35.50%，2015—2018 年提高了 14.10 个百分点；外商及港澳台投资企业在 2015 年达到近五年峰值

①根据（2012—2017）《药品流通行业运行统计分析报告》《中国药品流通行业发展报告（2019）》数据整理。

10.60%后一路下降至2018年的4.30%①。

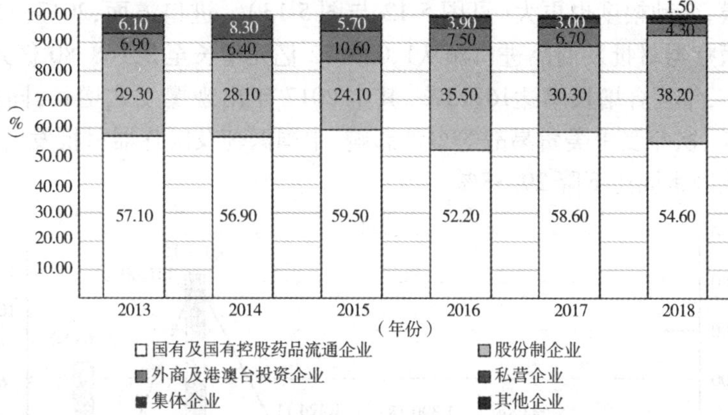

图5-10 2013—2018年全国药品流通直报企业利润总额所有制结构

数据来源:商务部,立德咨询整理。

(3)中国医药批发概况。

与美国成熟的医药批发市场相比,中国的医药批发市场呈现出发展时间短、集中度低等特点。中国的医药批发公司前身为医药批发站,具有国有属性且以区域化的形式存在,公司规模大小不一。到2018年年底,全国有14,000家医药批发公司,和2013年相比减少了900家,目前全国性龙头公司主要有国药集团、华润医药、上海医药,区域性龙头公司主要有柳药股份、鹭燕医药等。

①中国医药批发市场整体规模。中国医药批发市场规模持续增大,但增速逐步放缓。2013—2018年,中国医药批发市场规模从10,429.00亿元增长至17,269.00亿元,累计增长65.59%,年复合增长率达10.61%,其中2018年中国医药批发市场规模扣除不可比因素同比增长7.84%。但从增长率来看,逐年下降,从2013年的16.54%下降至2018年的7.84%,并于2017年首次低于10.00%②(见图5-11)。

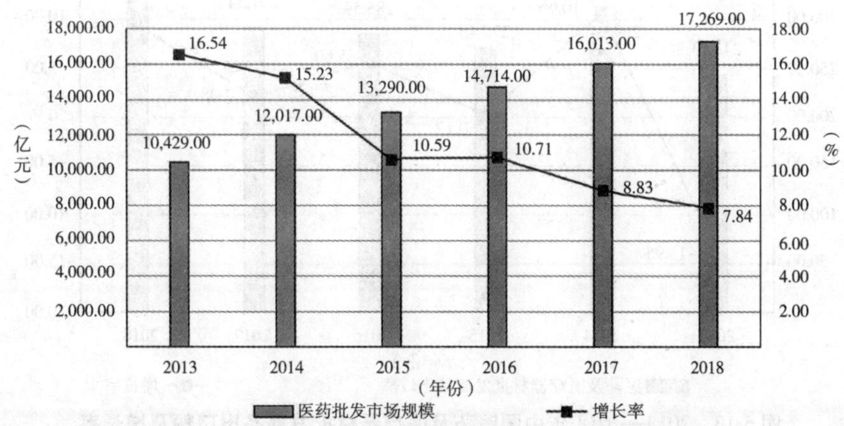

图5-11 2013—2018年中国医药批发市场规模和增速

数据来源:商务部,立德咨询整理。

---

①根据(2012—2017)《药品流通行业运行统计分析报告》《中国药品流通行业发展报告(2019)》数据整理。

②根据(2012—2017)《药品流通行业运行统计分析报告》《中国药品流通行业发展报告(2019)》数据整理。

②中国医药批发市场进出口情况。进出口方面,我国医药批发进口规模远大于出口规模,变动幅度也更大(见图 5-12 与图 5-13)。进口方面,2013—2018 年中国医药及医疗器材批发商品进口额从1,026.72 亿元增长至 2,168.80 亿元,累计增长111.23%,年复合增长率达16.13%。其中 2017 年出现爆发式增长,同比增长高达 116.00%,次年受中美贸易战等事件影响,中国医药及医疗器材批发商品进口额扣除不可比因素同比下降 29.38%。

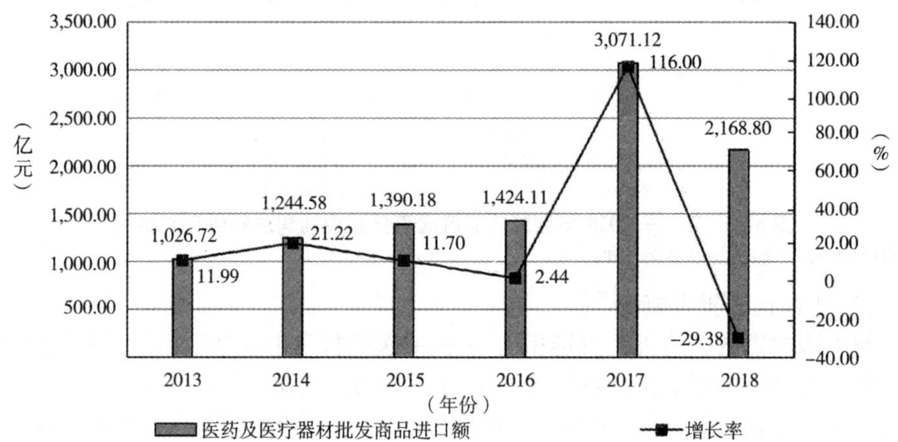

图 5-12 2013—2018 年中国医药及医疗器材批发商品进口额及增长率

数据来源:国家统计局,立德咨询整理。

出口方面,2013—2018 年中国医药及医疗器材批发商品出口额从 243.93 亿元增长至 318.80 亿元,累计增长 30.69%,年复合增长率达 5.50%。增长率虽有波动但整体增长稳定。其中 2018 年中国医药及医疗器材批发商品出口额扣除不可比因素同比增长 9.35%。

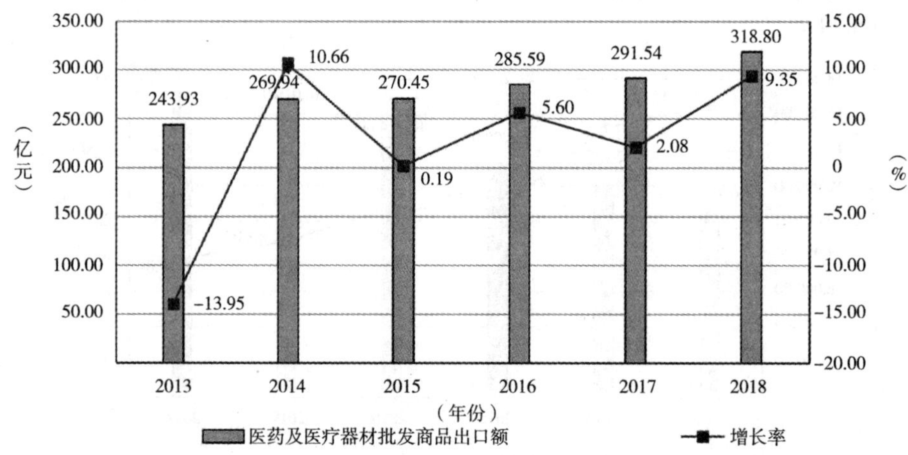

图 5-13 2013—2018 年中国医药及医疗器材批发商品出口额及增长率

数据来源:国家统计局,立德咨询整理。

③中国医药批发市场竞争环节。行业竞争者方面,中国医药批发企业数量变动较为明显。2013—2018 年,中国医药批发公司数量从 2013 年的 14,900 家下降

至2016年的12,975家,此后又增加至14,000家[①](见图5-14)。

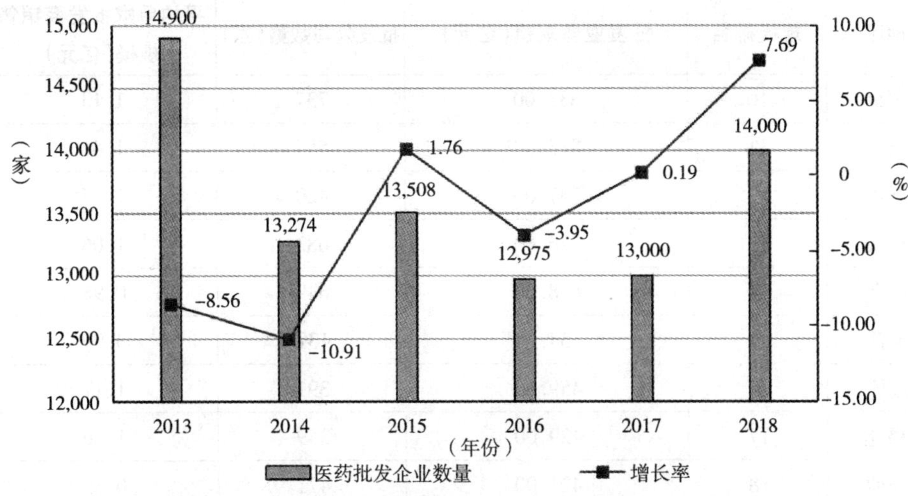

图5-14 2013—2018年中国医药批发企业数量和数量同比

数据来源:商务部,立德咨询整理。

区域竞争者方面,各省市无论在数量上还是规模上差距都很大。广东省在批发业务规模和批发公司数量上都是最高的,其批发业务规模为2,211.00亿元,拥有1,557家药品批发商;而青海省无论在批发业务规模上还是批发公司数量上都是最低的,其批发业务规模为30.00亿元,只有90家药品批发商(见表5-15)。北京、上海的批发业务规模也比较大,分别排名第二和第三,上海的平均单家批发商销售规模为全国最高。

表5-15　2018年全国各省市的药品批发业务规模及批发公司数量

地区	规模排名	批发业务规模(亿元)	批发公司数量(家)	平均单家批发商销售规模(亿元)
广东	1	2,211.00	1,557	1.42
北京	2	1,788.00	251	7.12
上海	3	1,661.00	147	11.30
浙江	4	1,611.00	413	3.90
江苏	5	1,603.00	430	3.73
山东	6	1,245.00	609	2.04
河南	7	1,242.00	397	3.13
安徽	8	984.00	432	2.28
四川	9	927.00	1,007	0.92

①根据(2012—2017)《药品流通行业运行统计分析报告》《中国药品流通行业发展报告(2019)》数据整理。

续表

地区	规模排名	批发业务规模(亿元)	批发公司数量(家)	平均单家批发商销售规模(亿元)
湖北	10	833.00	737	1.13
云南	11	813.00	555	1.46
湖南	12	737.00	420	1.75
重庆	13	726.00	683	1.06
河北	14	638.00	649	0.98
天津	15	554.00	139	3.99
辽宁	16	459.00	391	1.17
福建	17	429.00	259	1.66
陕西	18	421.00	471	0.89
山西	19	410.00	411	1.00
广西	20	380.00	350	1.09
江西	21	325.00	399	0.81
贵州	22	272.00	312	0.87
吉林	23	266.00	498	0.53
黑龙江	24	254.00	522	0.49
新疆	25	182.00	268	0.68
海南	26	165.00	329	0.50
甘肃	27	141.00	429	0.33
宁夏	28	135.00	145	0.93
内蒙古	29	93.00	196	0.47
西藏	30	52.00	111	0.47
青海	31	30.00	90	0.33

数据来源：中国平安，立德咨询整理。

④中国医药批发公司物流资源情况。医药物流资源情况方面，短期内提高配送效率是主流。2018 年，941 家样本公司共有 1,476 个配送网点，合计仓储面积为 1,296.00 万平方米，配送车 1.79 万台，冷库 2,856 家①。其中，冷藏配送车从 2016 年的 1,879 辆增长至 2,856 辆，累计增长了 52.00%；配送车从 10,704 辆增长至 17,857 辆，累计新增 7,153 辆，是冷藏配送车增长数量的 7.32 倍，增长幅度高达 66.83%，反映了行业内主要通过新增物流车辆以提高配送效率。

①中国平安：《药品流通行业全景图》，第 9 页。

续表

序号	证券代码	证券简称	项目名称	募投类型	投资金额（万元）	有形资产投资	无形资产投资	预备费用	其他支出	铺底流动资金
15	600998	九州通	黑龙江九州通医药有限公司现代医药仓储中心（一期）项目	仓储物流	6,000.00	60.17%	—	3.17%	—	36.67%
			天津九州通达医药有限公司年处理250,000万元药品仓储和配送能力项目(一期)	仓储物流	4,980.00	56.83%	—	3.01%	—	40.16%
			厦门九州通现代医药物流中心厂房及配套设施（一期）项目	仓储物流	4,000.00	60.63%	—	1.88%	—	37.50%
			补充流动资金项目	补流	32,000.00	—	—	—	—	100.00%
16	603108	润达医疗	上市时间较早，此处不做分析							
17	603368	柳药股份	现代物流配送中心工程项目	仓储物流	18,303.87	86.30%	—	5.92%	—	7.78%
			连锁药店扩展业务项目	营销	5,130.00	53.04%	—	—	—	46.98%
			补充营运资金和偿还银行贷款项目	补流	29,700.00	—	—	—	—	100.00%

续表

序号	证券代码	证券简称	项目名称	募投类型	投资金额（万元）	有形资产投资	无形资产投资	预备费用	其他支出	铺底流动资金
18	603716	塞力斯	扩大医疗检验集约化营销及服务业务规模项目	营销	23,042.93	80.35%	—	3.03%	—	16.61%
18	603716	塞力斯	仓储物流供应链建设项目	仓储物流	2,129.11	78.04%	—	7.02%	—	14.93%
18	603716	塞力斯	凝血类体外诊断试剂生产技术改造建设项目	改建	2,000.03	79.42%	—	4.76%	—	15.82%
18	603716	塞力斯	补充流动资金	补流	13,000.00	—	—	—	—	100.00%
19	000078	海王生物	上市时间较早，此处不做分析							
20	000963	华东医药	上市时间较早，此处不做分析							
21	002727	一心堂	直营连锁营销网络建设	营销	46,926.00	12.26%	—	—	86.88%	0.86%
21	002727	一心堂	信息化电子商务建设	信息运维	6,000.00	26.67%	23.33%	—	50.00%	—
21	002727	一心堂	补充流动资金	补流	10,000.00	—	—	—	—	100.00%
21	002727	一心堂	偿还银行贷款	补流	12,000.00	—	—	—	—	100.00%
22	600272	开开实业	二期收购雷允上药业并增资	股权投资	14,569.00	—	—	—	—	—
22	600272	开开实业	投资控股援生制药	股权投资	4,300.00	—	—	—	—	—
22	600272	开开实业	投资控股其胜公司	股权投资	4,134.00	—	—	—	—	—
22	600272	开开实业	投资组建开开药物研发中心	设计研发	3500	—	—	—	—	—
22	600272	开开实业	补充运营资金	补流	3,500.00	—	—	—	—	100.00%

续表

序号	证券代码	证券简称	项目名称	募投类型	投资金额（万元）	有形资产投资	无形资产投资	预备费用	其他支出	铺底流动资金
23	600713	南京医药	上市时间较早，此处不做分析							
24	600833	第一医药	上市时间较早，此处不做分析							
25	600976	健民集团	武汉健民颗粒剂生产线技术改造	改建	4,475.00	56.31%	—	—	—	43.69%
			武汉健美片剂、胶囊剂生产线及配套前处理、仓储技术改造	改建	5,015.00	83.09%	—	—	—	16.91%
			中药外用药开发生产基地建设	扩产	3,815.00	78.11%	—	—	—	21.89%
			武汉健民液体制剂生产线技术改造	改建	2,431.00	78.16%	—	—	—	21.84%
			武汉健民前处理车间及仓贮GMP技术改造	改建	1,700.00	100.00%	—	—	—	—
			健民—随州片剂及新药慢肝宁产业化	扩产	4,197.00	66.71%	—	—	—	33.29%
			健民—随州颗粒剂产业化	扩产	3,697.00	73.30%	—	—	—	26.70%

续表

序号	证券代码	证券简称	项目名称	募投类型	投资金额（万元）	有形资产投资	无形资产投资	预备费用	其他支出	铺底流动资金
25	600976	健民集团	武汉健民与湖北省十堰康迪制药厂合资建立生产中药注射液产品企业用于中药注射液车间GMP技术改造项目	改建	4,420.00	67.83%	—	—	—	32.17%
25	600976	健民集团	武汉健民英山中药材茯苓规范化种植基地建设	扩产	3,402.00	68.64%	—	—	—	31.36%
25	600976	健民集团	武汉市中药现代化工程研究中心建设	设计研发	4,900.00	59.18%	—	—	—	40.82%
25	600976	健民集团	健民大药房连锁店建设	营销	5,034.00	59.40%	—	—	—	40.60%
26	603233	大参林	医药连锁营销网络建设项目	营销	91,770.00	7.43%	—	—	92.00%	0.57%
26	603233	大参林	玉林医药物流中心建设项目	仓储物流	15,000.00	100.00%	—	—	—	—
26	603233	大参林	信息化建设项目	信息运维	10,360.00	—	—	—	—	—
26	603233	大参林	补充流动资金项目	补流	62,870.00	—	—	—	—	100.00%

续表

序号	证券代码	证券简称	项目名称	募投类型	投资金额（万元）	有形资产投资	无形资产投资	预备费用	其他支出	铺底流动资金
27	603883	老百姓	新店建设项目	营销	14,961.47	11.36%	—	4.73%	47.74%	36.16%
			老店改造项目	营销	12,058.67	5.76%	—	4.28%	47.77%	42.19%
			长沙物流配送中心建设工程项目（二期）	仓储物流	7,459.23	91.16%	—	7.08%	—	1.77%
			医药连锁信息服务平台建设项目	信息运维	6,097.00	34.62%	51.09%	7.36%	6.23%	0.69%
			安徽百姓缘80.01%股权收购项目	股权投资	20,002.50	—	—	—	—	—
			补充流动资金	补流	45,000.00	—	—	—	—	100.00%
28	603939	益丰药房	营销网络建设项目	营销	61,588.21	57.01%	—	—	13.55%	29.44%
			补充流动资金等其他与主营业务相关的营运资金	补流	20,000.00	—	—	—	—	100.00%

注：表中百分数存在四舍五入的情况，请注意。

数据来源：上市公司公告，立德咨询整理。

二、募集资金投向分析及具体内容

（一）募集资金投向

根据以往过会案例研究，医疗商业上市公司募投项目以营销类项目、改建类项目、补流类项目及仓储物流类项目为主（见图5-27）。

从项目数量上看，仓储物流类项目19个，占募投项目总数的23.75%；改建类项目14个，占项目总数的17.50%；营销类项目13个，占项目总数的16.25%；补流类项目12个，占项目总数的15.00%；扩产类项目10个，占项目总数的12.50%；

信息运维类项目4个，占项目总数的5.00%；股权投资类项目4个，占项目总数的5.00%；设计研发类项目4个，占项目总数的5.00%。

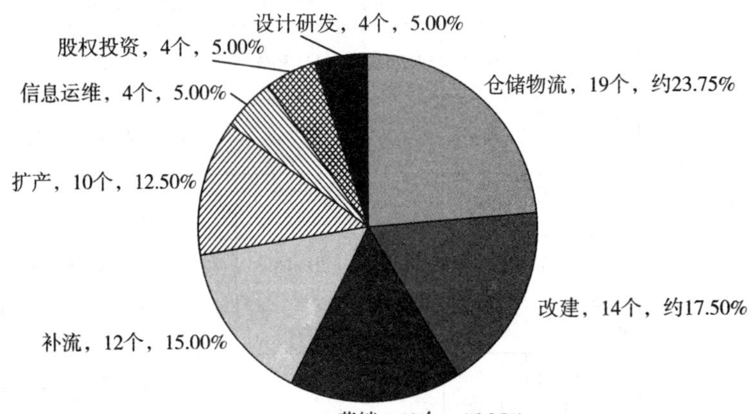

图5-27　各募投类型项目数量

数据来源：上市公司公告，立德咨询整理。

从项目投资金额上看，营销类项目投资金额合计312,401.67万元，占所有项目投资总额的31%；补流类项目投资金额仅次于营销类项目，共256,086.20万元，占投资总额的25%；仓储物流类项目投资金额为206,999.45万元，占投资总额的20%；改建类项目投资金额为120,733.73万元，占投资总额的12%；股权投资类项目投资金额为43,005.50万元，占投资总额的4%；扩产类、信息运维类、设计研发类项目分别占投资总额的3%、3%、2%（见图5-28）。

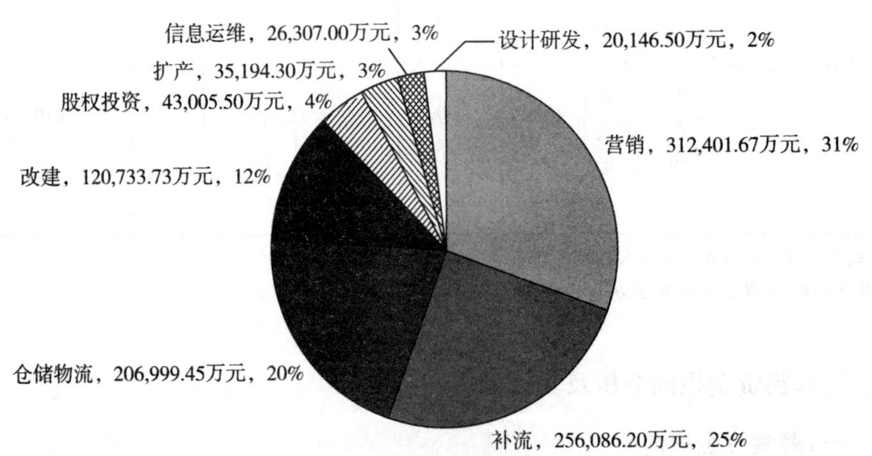

图5-28　各募投类型项目金额

数据来源：上市公司公告，立德咨询整理。

（二）募集资金投资内容

从募投项目投资内容看，营销类项目主要投资内容是有形资产和其他支出，有形资产投资的权重为29.58%，其他支出的权重为46.88%（见图5-29）。营销类项目有形资产投资主要为建筑工程和设备购置,分别占有形资产投资总额的30.66%和46.77%(见图5-30)。营销类项目其他支出权重占比较高的主要原因为项目多涉及租用场地并投入装修,包括营销项目在建设期内运营所需销售费用投入。

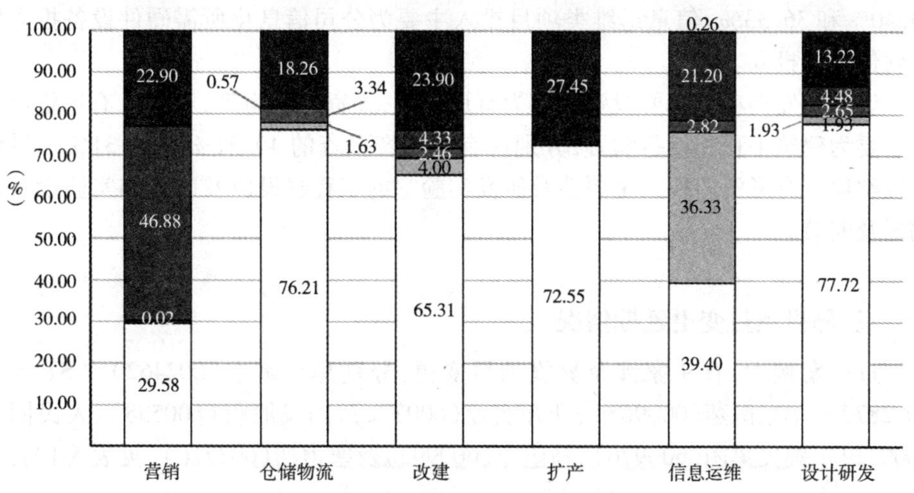

图5-29 各类型募投项目资金投向权重

数据来源:上市公司公告,立德咨询整理。

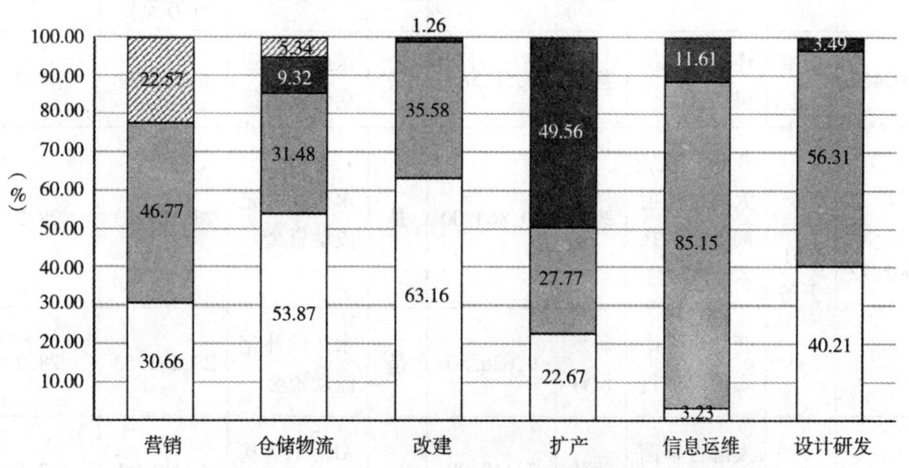

图5-30 各类型募投项目有形资产投资内容权重

注:图中百分比存在四舍五入的情况。

数据来源:上市公司公告,立德咨询整理。

仓储物流类项目主要投资内容为有形资产,投资权重为76.21%。有形资产投入中,建筑工程与设备购置投入权重较高,分别为53.87%和31.48%。仓储物流类项目需对项目实施场地进行改造、装修,并购置仓储、搬运所需设备,因此仓储物流类项目有形资产投入权重较高。

改建类项目主要投资内容为有形资产以及铺底流动资金,投资权重分别为65.31%和23.90%。有形资产投入中,建筑工程与设备购置投入较高,两者加和占有形资产投资的98.74%。由于改建类项目主要涵盖产品的生产以及生产线的改造升级,因此建筑工程和设备购置投入为改建类项目的主要投入。

信息运维类项目主要投资内容为有形资产和无形资产,投资权重分别为39.40%和36.33%。信息运维类项目投入主要为公司信息化所需硬件设备投入以及软件设备投入。

设计研发类项目主要投资内容为有形资产,投资权重为77.72%。有形资产投入主要为建筑工程和设备购置,分别占有形资产投资的40.21%和56.31%。设计研发类项目有形资产投入主要涉及研发实验室的工程建设以及研发和实验设备的购置及安装。

三、募投项目变更延期情况

过往案例中,有9家涉及募投项目变更,分别是嘉事堂(002462)、*ST天圣(002872)、华东医药(000963)、开开实业(600272)、国发股份(600538)、人民同泰(600829)、健民集团(600976)、马应龙(600993)及塞力斯(603716)(见表5-19)。

表5-19 募投项目变更情况

证券代码	证券简称	项目名称	募投类型	投资金额(万元)	是否变更	变更后项目名称	变更后投资金额(万元)	跨期(月)
002462	嘉事堂	连锁药店扩展项目	营销	6,511.88	是	医药物流三期建设项目	6,030.29	44.0
002872	*ST天圣	非PVC软袋大容量注射剂GMP技术改造项目	改建	19,863.00	是	永久性补充流动资金	28,181.53	28.2
		药物研发中心建设项目	研发设计	9,826.50	是	永久性补充流动资金	28,181.53	28.2
000963	华东医药	发酵虫草菌粉技改项目	改建	3,410.00	是	AK-107基建技改	5,930.00	63.6
		克拉霉素技改项目	改建	3,050.00	是	投资组建杭州生物医药孵化器有限公司	765.00	31.2

续表

证券代码	证券简称	项目名称	募投类型	投资金额（万元）	是否变更	变更后项目名称	变更后投资金额（万元）	跨期(月)
000963	华东医药	环孢素技改项目	改建	3,400.00	是	AK－107 基建技改	5,930.00	63.6
		黄霉素技改项目	改建	3,400.00	是	收购北京市西安博华制药责任有限公司78.87%的股权及陕西九州制药有限责任公司 65% 的股权	4,777.00	99.8
600272	开开实业	投资人民币 7,500 万元设立嘉兴港区开凌服饰有限公司	股权投资	6,380.00	是	拟受让百联国际投资有限公司所持有的大唐旅游用品（常熟)有限公司75% 的股权并对大唐旅游用品（常熟)有限公司进行增资	6,975.00	38.7
600538	国发股份	新建年产150 万盒珍珠贝免疫与代谢调控因子项目	扩产	4,166.00	是	中药生产线技改扩建项目	4,620.00	31.8
600829	人民同泰	劈离砖生产线工程	扩产	2,102.00	是	投资哈尔滨丰光房地产开发有限公司	2,000.00	88.3

续表

证券代码	证券简称	项目名称	募投类型	投资金额（万元）	是否变更	变更后项目名称	变更后投资金额（万元）	跨期（月）
600829	人民同泰	劈离砖生产线工程	扩产	2,102.00	是	投资哈尔滨市宏大房屋开发公司	500.00	88.3
		劈离砖生产线工程	扩产	2,102.00	是	投资哈尔滨天鹅桥工程	305.00	88.3
		劈离砖生产线工程	扩产	2,102.00	是	投资天鹅股份房屋开发分公司	4,306.00	88.3
		劈离砖生产线工程	扩产	2,102.00	是	投资哈尔滨三环实业总公司	332.00	88.3
600976	健民集团	健民大药房连锁店建设	营销	5,034.00	是	武汉大鹏药业有限公司重组项目	5,850.00	84.7
		武汉健民前处理车间及仓贮 GMP 技术改造	改建	1,700.00	是	健民集团中药生产技术及设备升级改造项目	6,268.71	179.1
		武汉健民英山中药材茯苓规范化种植基地建设	扩产	3,402.00	是	健民集团中药生产技术及设备升级改造项目	6,268.71	179.1
		中药外用药开发生产基地建设	扩产	3,815.00	是	健民集团叶开泰智能制造基地建设与扩产升级项目(一期)	—	179.1
		武汉市中药现代化工程研究中心建设	设计研发	4,900.00	是	健民集团叶开泰智能制造基地建设与扩产升级项目(一期)	—	179.1

续表

证券代码	证券简称	项目名称	募投类型	投资金额（万元）	是否变更	变更后项目名称	变更后投资金额（万元）	跨期(月)
600993	马应龙	建设武汉马应龙大药房连锁有限公司物流配送中心	仓储物流	1,677.40	是	设立武汉马应龙医药物流有限公司	1,677.40	83.4
		增资深圳大佛药业有限公司	股权投资	4,000.00	是	与武汉天一医药科技投资有限公司合作设立武汉马应龙医院投资管理有限公司	4,000.00	83.4
603716	塞力斯	仓储物流供应链建设项目	仓储物流	2,129.11	是	永久性补充流动资金	942.07	30.7

注：跨期指IPO招股说明书公告之日与募投项目变更公告之日之间的月份数。

数据来源：上市公司公告，立德咨询整理。

2011年4月14日，嘉事堂第三届第七次董事会通过《关于变更连锁药店扩展募投项目为医药物流建设项目》的决议，决议将原投资连锁药店扩展项目的6,030.29万元募集资金变更为投资医药物流三期建设项目，2011年5月5日公司2010年度股东大会决议公告通过了《关于变更连锁药店扩展募投项目为物流建设项目的议案》。其公布的变更原因为由于公司计划使用自有资金，完成对北京地区药店连锁网络的布局，达到原募投项目的目标和效益，为提高募集资金的使用效率。

天圣制药集团股份有限公司于2019年8月23日召开了第四届董事会第二十八次会议及第四届监事会第十六次会议，审议通过了《关于终止部分募投项目并将节余募集资金永久性补充流动资金的议案》。同意公司终止实施部分募集资金投资项目"非PVC软袋大容量注射剂GMP技术改造项目""药物研发中心建设项目"，且将上述募集资金投资项目节余募集资金28,181.53万元（含利息，具体金额以实际结转时项目专户资金余额为准）永久性补充流动资金，用于公司日常经营活动。在《关于终止部分募集资金投资项目并将节余募集资金永久性补充流动资金的公告》中对"非PVC软袋大容量注射剂GMP技术改造项目"变更做出的解释为"近年来，国家及地方卫计委相继出台了诸多医药政策，随着医保控费、限制抗生素滥用、限制门诊输液等政策的发布，整个输液市场的总容量缩减，'限抗限输'已然成为未来局势。考虑到输液行业发展趋势及竞争格局，结合非PVC软袋大容量注射剂GMP技术改造项目建设的实际投资情况，若继续实施该募投项目，预计很难达到预期的效益,甚至可能产生亏损";对"药物研发中心建设项目"变更做出的解释为"药物研发受审批政策影响较大,加大了公司产品研发的成本投入和风险,同时将延长公司产品研发周期,公司在研产品的获批时间及结果的不确定性加大,可能使公司的市场机会丧失"。

华东医药股份有限公司2008年4月3日发布《关于公司首次募集资金使用项目变更的公告》,此公告为华东医药黄霉素技改项目的变更原因做出了解释:"黄霉素技改项目是公司在1999年上市时制定的募集资金投资项目之一,公司目前现有的生产条件和发展规划与当时相比发生了较大的变化。就生产条件而言,公司虽然于2003年12月获批了'黄霉素技改项目'的新药证书,但是该项目的实施条件在公司范围内一直不够成熟;就发展规划而言,黄霉素项目在医药行业领域内市场竞争能力一般,不符合公司'专注专科、特殊用药'的经营理念。"因此,华东医药决定将该部分募集资金使用变更为"收购北京市西安博华制药责任有限公司78.87%的股权及陕西九州制药有限责任公司65%的股权"。其余变更项目由于公司上市时间及变更时间较早,无法找到相关变更公告。

2003年10月17日,开开实业发布《上海开开实业股份有限公司改变部分募集资金用途公告》,原投资项目"投资人民币7,500万元设立嘉兴港区开凌服饰有限公司"变更为"拟受让百联国际投资有限公司所持有的大唐旅游用品(常熟)有限公司75%的股权并对大唐旅游用品(常熟)有限公司进行增资"。其变更原因为"经2002年8月28日公司2002年度第1次临时股东大会审议通过了变更部分募集资金投向的议案,公司出资人民币7,500万元与Dynamic Key Group Limited共同投资设立嘉兴港区开凌服饰有限公司,总投资人民币1亿元,其中本公司出资7,500万元,占合资公司75%的股份, Dynamic Key Group Limited出资人民币2,500万元,占合资公司25%的股份。按照合资合同第五章第十一条规定, Dynamic Key Group Limited应于合资公司营业执照领取后的三个月之内分两期缴清出资额人民币2,500万元。嘉兴港区开凌服饰有限公司已于2002年10月16日取得了企业法人营业执照,但因Dynamic Key Group Limited的出资额未按合同要求在规定时间内到位,经双方多次协商,出资问题仍未解决。另外因Dynamic Key Group Limited的生产经营情况的变化,造成其海外市场接单能力发生了变化, Dynamic Key Group Limited原先承诺的一些事项都不能如期兑现,导致该合作项目无法正常进行下去,为此,须终止该项目的实施,抽回7,500万元人民币的投资额,并追究Dynamic Key Group Limited的违约责任"。

2004年8月23日,北海国发海洋生物产业股份有限公司发布《变更部分募集资金投资项目的公告》,将部分募集资金由原项目"新建年产150万盒珍珠贝免疫与代谢调控因子项目"变更为"中药生产线技改扩建项目",公告解释其变更的主要原因为"在2003年之前,北部湾地区的珍珠养殖普遍是在浅海滩涂上进行,珍珠养殖户主要采用传统数量型密集平养技术,因此普遍存在脱核率高、含珠率低、优质珠少、珍珠层较薄等问题。针对该状况,公司开发生产了珍珠贝免疫与代谢调控因子产品,该产品通过调节育珠母贝的免疫与代谢机能,从而可以达到降低育珠贝的死亡率,提高珍珠产量和质量的目的。该产品对浅水滩涂贝类养殖使用具有特效，当时预测市场前景广阔。随着近年来北海沿岸地区的工业快速发展，环境污染加剧，浅海滩涂养殖环境进一步恶化，珍珠养殖户开始采用从日本引进的质量型低密度深水吊养新技术进行珍珠养殖，养殖场所由原来的浅海滩涂转变到深水区域。在深水区域使用珍珠贝免疫与代谢调控因子项目产品的效用会明显降低，由于养殖户珍珠养殖方式的改变，使该项目产品的市场前景变得不容乐观，如果继续实施原项目将面临较大风险。另外，由于公司股票2002年12月27日才被核准发行，距项目科研编制时间较长，募集资金2003年年初才到位，市场情况发生了较大变化”。

2005年4月26日，武汉健民药业集团股份有限公司发布《改变募集资金用途公告》，决定将原募投项目“健民大药房连锁店建设”变更为“武汉大鹏药业有限公司重组项目”，其无法实施原募投项目的主要原因是项目立项时间与公司实际募集资金到位时间相隔较长，国内药品零售市场竞争日趋白热化，继续实施原项目的风险较大。此外，其余涉及变更的募投项目由于公司上市时间及募投项目变更时间较早，已无法找到相关变更公告。

2005年12月2日，武汉马应龙药业集团股份有限公司发布《变更募集资金投资项目的公告》，将原募投项目“建设武汉马应龙大药房连锁有限公司物流配送中心”变更为“设立武汉马应龙医药物流有限公司”，其变更的主要原因为原项目选址周边整体规划发生变更，在原址上建设已不合适，且马应龙大药房的快速发展使物流配送中心项目势在必行；此外，2006年5月26日，公司发布《改变募集资金用途公告》，将原募投项目“增资深圳大佛药业有限公司”变更为“与武汉天一医药科技投资有限公司合作设立武汉马应龙医院投资管理有限公司”，原投资项目通过原实施主体的主观努力，所需费用已从其他渠道和通过资源共享获得，再实施该项目已缺乏意义，为保证投资者利益，公司拟不再实施该项目。

2019年4月26日，塞力斯医疗科技股份有限公司发布《关于终止仓储物流供应链建设项目并将剩余募集资金永久补充流动资金的公告》，其项目变更原因为“由于城市公共建设因素，项目拟改造的仓库用地面临规划调整，政府部门对后续建设项目不予审批，故不再具备继续建设的条件。考虑到目前已建成的部分已投入使用，可以满足公司现有生产经营需求，提高募集资金的使用效率”。

此外，人民同泰（600829）由于上市时间较早，已无法找到其IPO募集资金使用变更相关公告。

过往案例中，只有华通医药（002758）的募投项目涉及延期（见表5-20），其延期原因为“国内宏观经济增长放缓，药品零售需求增长放缓”。

表5-20　　募投项目延期情况

证券代码	证券简称	项目名称	募投类型	投资金额	是否延期	延期（月）
002758	华通医药	连锁药店扩展项目	营销	6,073.16	是	15.0

注：延期指IPO招股说明书公告项目预计建成日与项目延期建成日之间的月份数。

数据来源：上市公司公告，立德咨询整理。

第四节
医药商业上市公司募投项目设计效益分析

一、行业上市公司募投项目分析

截至2019年8月，根据证监会行业分类，F515医药及医疗器材批发及F525医药及医疗器材专门零售并属于医疗商业行业的A股上市公司共计28家，由于国药一致、英特集团、浙江震元、重药控股、华东医药、南京医药、第一医药、海王生物、润达医疗、马应龙、人民同泰、同济堂上市时间较早，国药股份招股书未披露募投项目完整收益预测，此处不单独分析。

截至2018年，共4家上市公司募投项目全部建成，分别为瑞康医药、九州通、老百姓、益丰药房。有5家仍处于建设期内，分别是一心堂、华通医药、鹭燕医药、大参林、柳药股份；6家项目发生变更，分别为嘉事堂、*ST天圣、开开实业、国发股份、塞力斯、健民集团（见表5-21）。

表5-21　上市公司募投项目预测收益达成情况

序号	证券代码	证券简称	项目名称	募集资金到位年度	实际建设期（年）	募投项目建成年度	截至2018年项目建设进度
1	002462	嘉事堂	医药物流二期建设项目	2010	—	2014	100.00%
			连锁药店扩展项目（变更）		—	未建成	变更
			医药批发业务扩展项目		—	2011	100.00%
2	002589	瑞康医药	药品现代物流配送项目（“济南项目”）	2011	3	2014	100.00%
			药品现代物流配送项目（“烟台项目”）		3	2014	100.00%
3	002758	华通医药	医药物流二期建设项目	2015	—	未建成	88.91%
			连锁药店扩展项目		—	未建成	20.56%
			医药批发业务扩展项目		—	未建成	99.95%

续表

序号	证券代码	证券简称	项目名称	募集资金到位年度	实际建设期(年)	募投项目建成年度	截至2018年项目建设进度
4	002788	鹭燕医药	鹭燕厦门现代医药仓储中心	2016	—	未建成	14.41%
			鹭燕医药福州仓储中心		—	未建成	79.09%
			鹭燕医药莆田仓储物流中心		—	2018	100.08%
			零售连锁扩展项目		—	未建成	43.80%
			补充流动资金项目		—	2017	100.00%
5	002872	*ST天圣	口服固体制剂GMP技术改造项目	2017	2	未建成	47.66%
			非PVC软袋大容量注射剂GMP技术改造项目		2	未建成	27.45%
			天圣(重庆)现代医药物流总部基地		2	未建成	变更
			药物研发中心建设项目		2	2018	100.02%
6	600538	国发股份	年产5,000吨净土灵海洋生物农药技改项目	2002	1	—	—
			新建年产3,000吨海藻氨基酸叶面肥项目		1	—	—
			年产2,000万支珍珠明目滴眼液技改项目		0.8	—	—
			珍珠超微粉体生产线扩建项目		1	—	—
			新建年产150万盒珍珠贝免疫与代谢调控因子项目		1	—	—
			扩建北海国发海洋生物技术研究开发中心项目		0.5	—	—
			补充流动资金项目		—	—	—

续表

序号	证券代码	证券简称	项目名称	募集资金到位年度	实际建设期(年)	募投项目建成年度	截至2018年项目建设进度
7	600998	九州通	上海九州通达医药仓储中心(一期)项目	2010	2	2013	100.00%
			九州通集团杭州医药有限公司现代医药分拣配送中心项目		2	2013	100.00%
			湖北地市级(十堰、宜昌、恩施)医药物流中心建设项目		1	2013	100.00%
			九州通集团安国中药材物流中心(一期)项目		1	2011	100.00%
			黑龙江九州通医药有限公司现代医药仓储中心(一期)项目		2	2012	100.00%
			天津九州通达医药有限公司年处理250,000万元药品仓储和配送能力项目(一期)		1	2011	100.00%
			厦门九州通现代医药物流中心厂房及配套设施(一期)项目		1	2011	100.00%
			补充流动资金项目		1	2011	100.00%
8	603368	柳药股份	现代物流配送中心工程项目	2014	1	—	74.35%
			连锁药店扩展业务项目		2	2015	100.00%
			补充营运资金和偿还银行贷款项目		—	—	—
9	603716	塞力斯	扩大医疗检验集约化营销及服务业务规模项目	2016	2	2017	100.00%
			仓储物流供应链建设项目		1	—	55.45%
			凝血类体外诊断试剂生产技术改造建设项目		2	—	56.92%
			补充流动资金项目		—	—	—

续表

序号	证券代码	证券简称	项目名称	募集资金到位年度	实际建设期(年)	募投项目建成年度	截至2018年项目建设进度
10	002727	一心堂	直营连锁营销网络建设	2014	—	2017	100.00%
			信息化电子商务建设		3	—	92.96%
			补充流动资金项目		—	2016	100.00%
			偿还银行贷款项目		—	—	100.00%
11	600272	开开实业	二期收购雷允上药业并增资	2001	—	—	—
			投资控股援生制药		—	—	—
			投资控股其胜公司		—	—	—
			投资组建开开药物研发中心		—	—	—
			补充运营资金项目		—	—	—
12	600976	健民集团	武汉健民颗粒剂生产线技术改造	2004	1	—	—
			武汉健美片剂、胶囊剂生产线及配套前处理、仓储技术改造		1	—	—
			中药外用药开发生产基地建设		1	—	—
			武汉健民液体制剂生产线技术改造		1	—	—
			武汉健民前处理车间及仓贮 GMP 技术改造		1	—	—
			健民—随州片剂及新药慢肝宁产业化		1.5	—	—
			健民—随州颗粒剂产业化		1.5	—	—
			武汉健民与湖北省十堰康迪制药厂合资建立生产中药注射液产品公司用于中药注射液车间 GMP 技术改造项目		1	—	—
			武汉健民英山中药材茯苓规范化种植基地建设		2	—	—
			武汉市中药现代化工程研究中心建设		1	—	—
			健民大药房连锁店建设		1	—	—

续表

序号	证券代码	证券简称	项目名称	募集资金到位年度	实际建设期(年)	募投项目建成年度	截至2018年项目建设进度
13	603233	大参林	医药连锁营销网络建设项目	2017	3	2020	95.94%
			玉林医药物流中心建设项目		—	—	23.18%
			信息化建设项目		3	2017	100.00%
			补充流动资金项目		—	—	—
14	603883	老百姓	新店建设项目	2015	2	2017	100.00%
			老店改造项目		2	2017	100.00%
			长沙物流配送中心建设工程项目(二期)		1.7	2017	100.00%
			医药连锁信息服务平台建设项目		—	2017	100.00%
			安徽百姓缘80.01%股权收购项目		—	2017	100.00%
			补充流动资金项目		—	2018	100.00%
15	603939	益丰药房	营销网络建设项目(一期)	2015	1	2016	101.40%
			营销网络建设项目(二期)		1	2016	101.40%
			补充流动资金等其他与主营业务相关的营运资金		—	2016	100.00%

注:部分公司上市较早,募集资金使用进度以"—"表示。

数据来源:上市公司公告,立德咨询整理。

(一)瑞康医药(002589)

瑞康医药通过建立现代物流基地提高公司物流配送能力。项目投资合计27,413.00万元,建设期3年,预计项目建成后每年可新增收入合计450,000.00万元,预计每年可新增利润总额18,856.53万元(见表5-22)。

表 5-22　　瑞康医药募投项目指标

项目名称	规划建设期(年)	募投项目建成年度	项目投资(万元)	预计新增收入(万元/年)	预计新增利润总额(万元/年)
药品现代物流配送项目("济南项目")	1	2014	21,135.00	350,000.00	14,173.50
药品现代物流配送项目("烟台项目")	1	2014	6,278.00	100,000.00	4,683.03
合计			27,413.00	450,000.00	18,856.53

数据来源:上市公司公告,立德咨询整理。

瑞康医药募集资金 2011 年到位,募投项目 2014 年全部建成,并于当年度达到预计目标。根据瑞康医药年度报告披露,公司 2011 年度营业收入为 31.95 亿元,是募集资金到位日近三年营业收入最高值,假设 2011 年营业收入即公司产能饱和状况下的收入,则项目完全达产后公司预计年收入可达 76.95 亿元①,2014 年公司营业收入 77.86 亿元,达成预计目标(见图 5-31)。

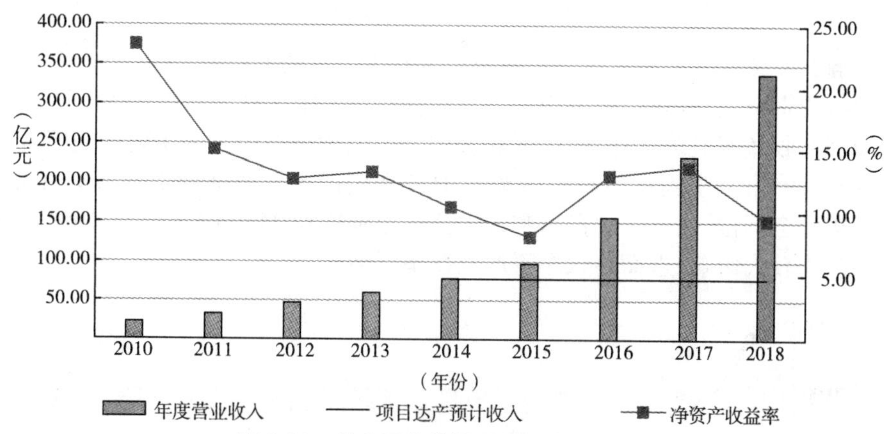

图 5-31　瑞康医药募投项目经济效益对比

数据来源:上市公司公告,立德咨询整理。

1. 募投项目大幅提高公司物流配送能力

公司募投项目大幅提高公司物流配送能力,物流相关支出显著提高。2011—2018 年,公司销售费用累计增长 3,312.67%,年均复合增长 65.58%,增速和增幅均高于营业成本和其他期间费用。其中运杂费、车辆费用分别增长了 4,666.14%和 1,643.68%,仅次于市场推广及广告宣传费增幅。尤其是项目建成后的 2015—2016 年,运杂费分别同比增长 76.12%、153.13%,车辆费用分别同比增长 208.00%、418.86%。

募投项目提高物流配送能力,对收入增长具有推动作用。公司营业收入从 2011 年的 31.95 亿元增长至 2018 年的 339.19 亿元。项目建成后(2014—2018 年)公司营业收入年复增长率为 44.47%,较项目建成前(2011—2014 年)提高了 9.91%,项目的建成有效推动公司收入增长。瑞康医药 2011—2018 年营业收入增

①项目建成后公司预计年收入 = 项目建成前公司产能饱和状况下的收入 + 项目建成后公司预计每年新增收入 = 319,544.81 + 450,000.00 = 769,544.81(万元)。

长趋势如图5-32所示。

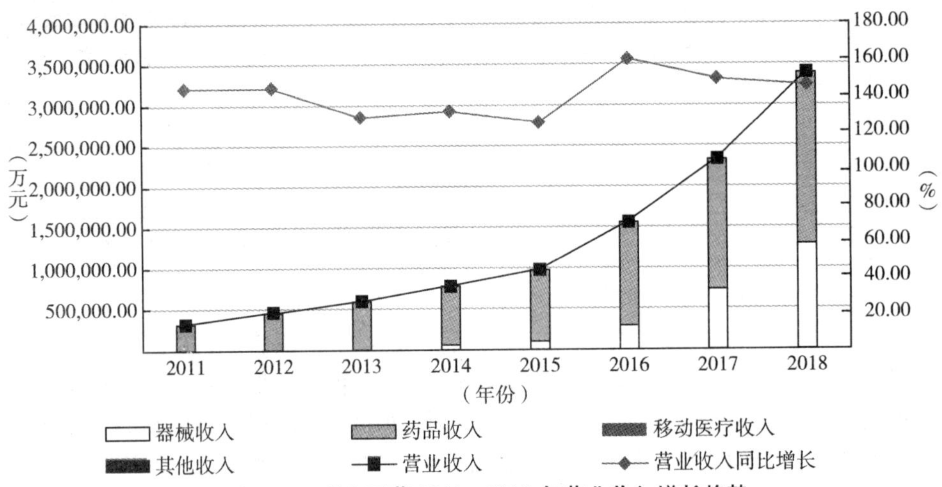

图5-32　瑞康医药2011—2018年营业收入增长趋势

数据来源：上市公司公告，立德咨询整理。

2. 商誉和营业收入增长对公司净资产收益率产生较大影响

受募集资金到位影响，上市初期净资产收益率大幅下跌（见图5-33）。2011年公司净资产收益率显著下降，同比下降35.45%，其中权益乘数是主要影响因素，同比下降29.89%，大于销售净利率降幅6.41%和资产周转率降幅1.70%。主要原因是募集资金到位，公司实收资本和资本公积分别增长34.00%和270.70%，对权益乘数产生较大影响，进而导致净资产收益率下降。

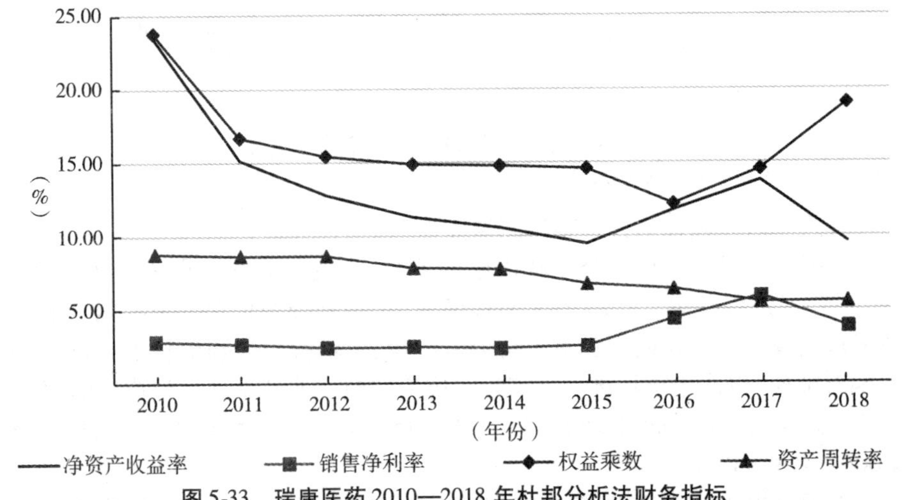

图5-33　瑞康医药2010—2018年杜邦分析法财务指标

数据来源：上市公司公告，立德咨询整理。

公司上市后净资产收益率持续下跌，系募投项目建设及收购子公司计提商誉所致。一方面，公司募集资金到位后进行募投项目建设，固定资产从2011年的5,132.00万元增长至2015年的73,056.40万元，累计增长13.24倍。另一方面，公司上市后陆续收购子公司，收购价格高于被收购公司可辨认净资产公允价值形成的商誉。2011—2015年，商誉累计增长了130.41倍，2013年和2015年更是同比增长了467.89%和734.84%，至2015年高达46,362.88万元。固定资产和商誉大幅增加，资产总额也因此出现较大增长，同期资产周转率受影响下降22.54%，进而导致公司净资产收益率累计下跌37.54%。瑞康医药2011—2015年主要非流动性资产科目变动情况如图5-34所示。

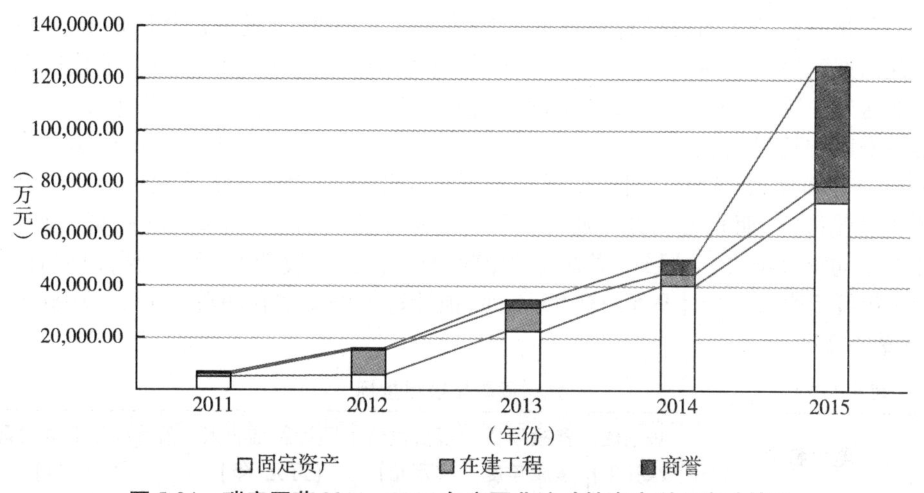

图5-34 瑞康医药2011—2015年主要非流动性资产科目变动情况

数据来源：上市公司公告，立德咨询整理。

随着募投项目的建成，公司净资产收益率逐渐回升。2011—2018年，募投项目使公司物流配送能力大幅提高，公司营业总收入累计增长961.46%，高出同期营业总成本增幅3.17个百分点；同期营业总收入年复增长率达40.14%，高出同期营业总成本增速6.00个百分点。营业总收入增幅和增速均高于营业总成本（见图5-35），公司利润空间扩大，推动2016年和2017年公司销售净利率分别提高73.49%和35.88%，影响净资产收益率从2015年的9.45%上升到2017年的13.73%。

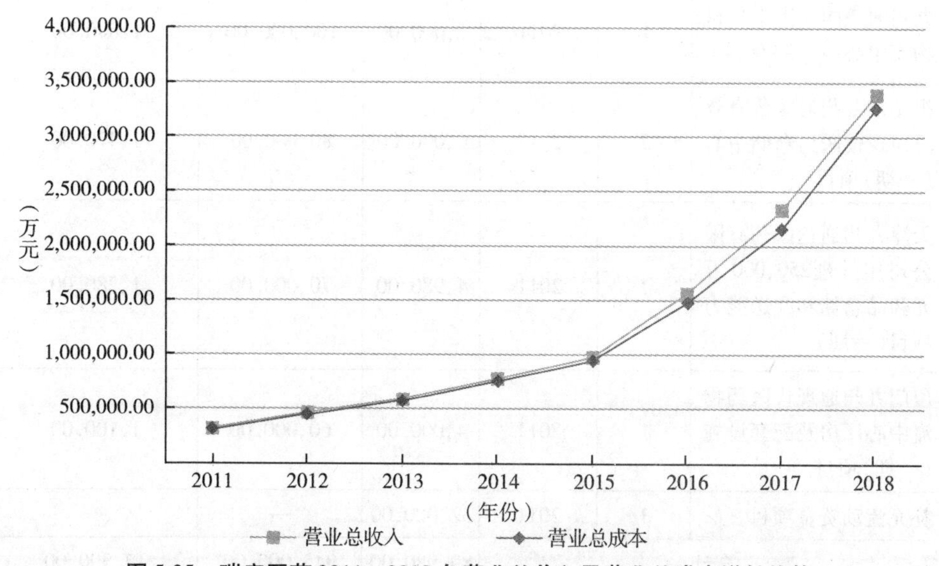

图5-35 瑞康医药2011—2018年营业总收入及营业总成本增长趋势

数据来源：上市公司公告，立德咨询整理。

虽然2018年受宏观经济下行压力的影响，公司整体净资产收益率出现下滑，但综合而言，瑞康医药募投项目完成后，可以达到预计目标，对公司销售业绩增长起推动作用。

（二）九州通（600998）

九州通医药集团股份有限公司于2010年上市，IPO募投项目共计8个，包括上海九州通达医药仓储中心（一期）项目、九州通集团杭州医药有限公司现代医药分拣配送中心项目、湖北地市级（十堰、宜昌、恩施）医药物流中心建设项目、九州通集团安国中药材物流中心（一期）项目、黑龙江九州通医药有限公司现代医药仓储中心（一期）项目、天津九州通达医药有限公司年处理250,000万元药品仓储和配送能力项目（一期）、厦门九州通现代医药物流中心厂房及配套设施（一期）项目和补充流动资金项目。项目投资总额89,980.00万元，建设期1～2年，预计项目建成后每年可新增收入合计945,000.00万元，预计每年可新增利润总额17,390.00万元（见表5-23）。

表5-23　　九州通募投项目指标

项目名称	规划建设期（年）	募投项目建成年度	项目投资（万元）	预计新增收入（万元/年）	预计新增利润总额（万元/年）
上海九州通达医药仓储中心（一期）项目	2	2013	15,000.00	300,000.00	5,520.00
九州通集团杭州医药有限公司现代医药分拣配送中心项目	2	2013	12,000.00	200,000.00	3,680.00
湖北地市级（十堰、宜昌、恩施）医药物流中心建设项目	1	2013	9,000.00	135,000.00	2,500.00
九州通集团安国中药材物流中心（一期）项目	1	2011	7,000.00	100,000.00	1,840.00
黑龙江九州通医药有限公司现代医药仓储中心（一期）项目	2	2012	6,000.00	80,000.00	1,470.00
天津九州通达医药有限公司年处理250,000万元药品仓储和配送能力项目（一期）	1	2011	4,980.00	70,000.00	1,280.00
厦门九州通现代医药物流中心厂房及配套设施（一期）项目	1	2011	4,000.00	60,000.00	1,100.00
补充流动资金项目	1	2011	32,000.00	—	—
合计			89,980.00	945,000.00	17,390.00

数据来源：上市公司公告，立德咨询整理。

九州通募集资金2010年到位，募投项目2013年全部建成，并于当年度达到预计目标（见图5-36）。根据九州通年度报告披露，2010年营业收入212.52亿元，是募集资金到位日近三年营业收入最高值，假设2010年营业收入即公司产能饱和状况下的收入，则项目完全达产后公司预计年收入可达307.02亿元①。2013年公司所有IPO募投项目均已完工，2014年年度营业收入为410.68亿元，达成预计目标。

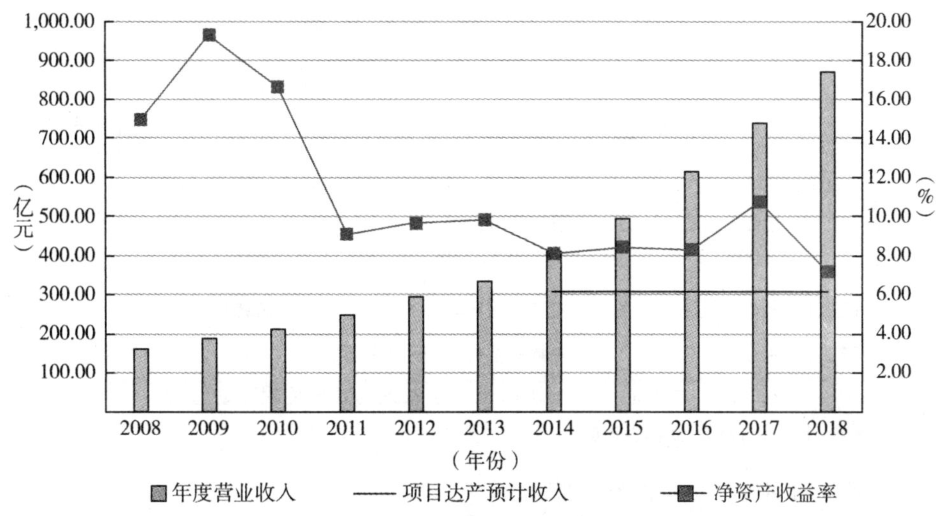

图5-36　九州通募投项目经济效益对比

数据来源：上市公司公告，立德咨询整理。

1. 募投项目显著提高公司仓储物流及配送能力

公司募投项目建成后，营业收入的增长速度明显加快。据年报数据计算，项目建成前公司2008—2013年营业收入的年均复合增长率为15.47%，项目建成后2013—2018年营业收入的年复合增长率为21.11%，较项目建成前高了5.64个百分点，公司业务规模持续扩大。

公司营业收入大幅增长与仓储物流及配送能力的提高密不可分。项目建成后（2013—2018年）销售费用年复增长率较项目建成前（2008—2013年）提高了8.96个百分点，其中工资薪酬和运杂费是销售费用最主要的开支。2013—2018年，销售有关人员工资薪酬占销售费用的权重为56.13%，年均复合增长26.34%，公司职工规模随公司业务发展不断增加；运杂费权重仅次于工资薪酬，为13.73%，年均复合增长22.17%，基本上与营业收入保持同步增长。项目建成后，公司对物流仓储的持续投入带来配送能力的显著提高，截至2018年，九州通已在全国布局31个省级物流中心和96个地市级物流中心，物流配送能力有效支撑公司拓展医疗机构客户、零售药店和下游批发商客户，有序推进终端业务销售稳步提升（见图5-37）。

①项目建成后公司预计年收入＝项目建成前公司产能饱和状况下的收入＋项目建成后公司预计每年新增收入＝2,125,177.28＋945,000.00＝3,070,177.28（万元）。

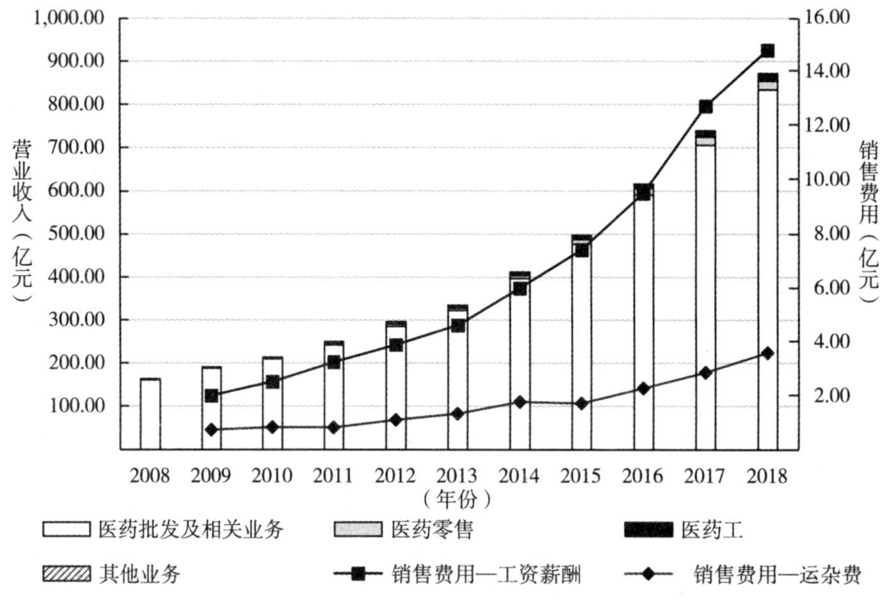

图5-37　九州通2008—2018年营业收入与销售费用变动趋势

数据来源：上市公司公告，立德咨询整理。

2. 回款周期延长影响净资产收益率

公司上市初期，募集资金到位致使净资产收益率下跌。2011年募集资金到位后，公司资本公积增至17.62亿元，相当于2009年的93.17倍，所有者权益大幅增加，权益乘数从2008年3.76下降至2.77，累计下降26.33%，导致净资产收益率从15.03%跌至9.37%（见图5-38）。

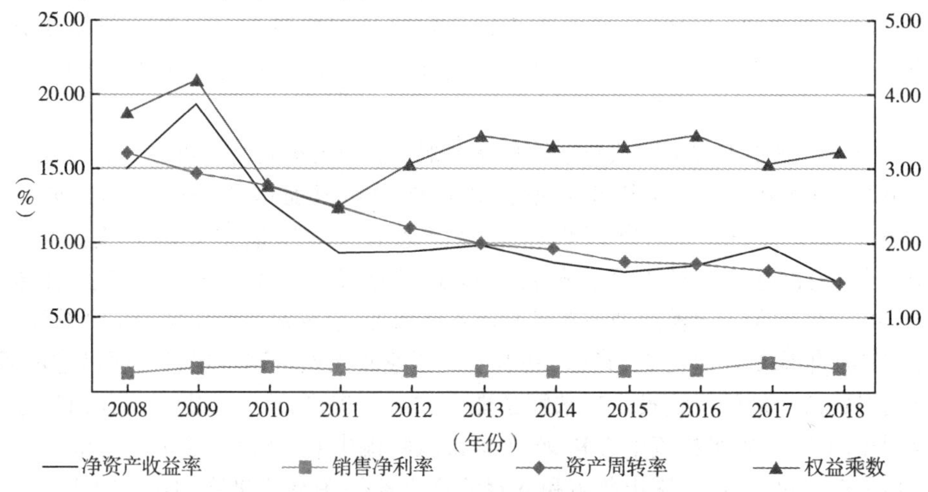

图5-38　九州通2008—2018年杜邦分析法财务指标

数据来源：上市公司公告，立德咨询整理。

募投项目建成后，营业收入显著提高，但受回款效率降低影响，净资产收益率未能呈现上升趋势。2013—2018年，销售净利率权益乘数相对稳定，资产周转率从2.00降至1.46，下降了27.00%，导致净资产收益率同步下降。资产周转率下降的主要原因是公司业务扩大，回款效率降低。项目建成后（2013—2018年），公司营业收入从334.38亿元增至871.36亿元，增长了约160.59%，但同期应收票据及应收账款期末余额从38.75亿元增至220.96亿元，增长了约470.22%；同期应收账款周转率从9.98降至4.59，减少了约54.01%（见图5-39）。应收票据及应收账款期末余额不断增加，回款周期不断延长，回款效率不断降低，资产周转率持续下降，最终导致净资产收益率下跌。

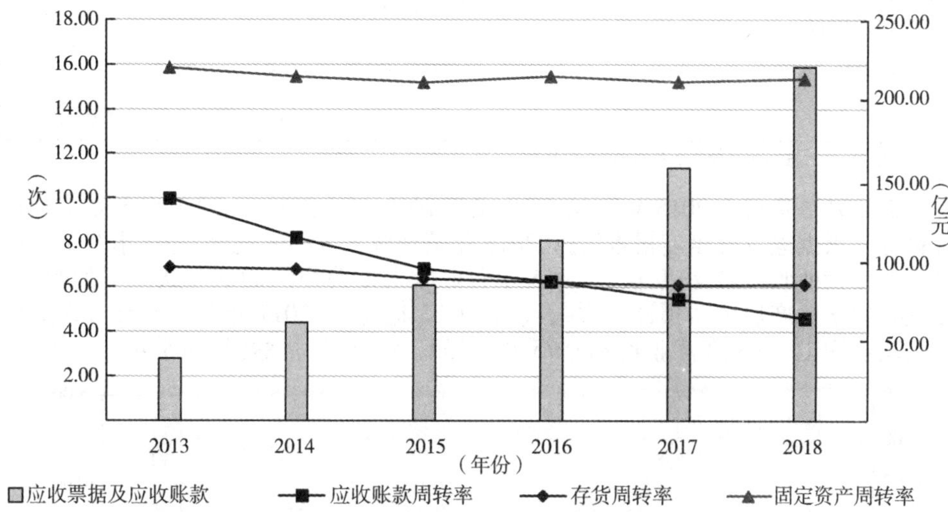

图5-39　九州通2013—2018年主要资产周转情况

数据来源：上市公司公告，立德咨询整理。

综上所述，虽然公司业务扩大影响回款效率，但募投项目对公司业务扩大仍具有显著推动作用。

（三）老百姓（603883）

老百姓新店建设项目、老店改造项目旨在通过设立新店、改造老店达到营销网络升级、提高运营效率的目的；长沙物流配送中心建设工程项目（二期）旨在通过新增仓库及配套设施提高公司仓储能力；医药连锁信息服务平台建设项目旨在通过建设信息服务平台整合公司资源、复制业务模式，最终加强公司管理能力。公司还通过收购安徽百姓缘公司，扩大销售市场，完善营销网络。项目投资总额105,578.87万元，建设期1～2年，预计项目建成后每年可新增收入合计43,634.87万元，预计每年可新增净利润3,565.03万元（见表5-24）。

表5-24　老百姓募投项目指标

项目名称	规划建设期（年）	募投项目建成年度	项目投资（万元）	预计新增收入（万元/年）	预计新增净利润（万元/年）
新店建设项目	2.0	2017	14,961.47	30,656.87	1,798.96
老店改造项目	2.0	2017	12,058.67	12,978.00	1,764.07
长沙物流配送中心建设工程项目（二期）	1.7	2017	7,459.23	—	—

续表

项目名称	规划建设期（年）	募投项目建成年度	项目投资（万元）	预计新增收入（万元/年）	预计新增净利润（万元/年）
医药连锁信息服务平台建设项目	—	2017	6,097.00	—	—
安徽百姓缘80.01%股权收购项目	—	2017	20,002.50	—	—
补充流动资金	—	—	45,000.00	—	—
合计			105,578.87	43,634.87	3,565.03

数据来源：上市公司公告，立德咨询整理。

老百姓募集资金2015年到位，募投项目2017年全部建成，并于当年度达到预计目标。根据老百姓年度报告披露，2015年营业收入45.68亿元，是募集资金到位日近三年营业收入最高值，假设2015年营业收入即公司产能饱和状况下的收入，则项目完全达产后公司预计年收入可达50.05亿元①。2017年公司所有IPO募投项目均已完工，当年度营业收入为75.01亿元，达成预计目标（见图5-40）。

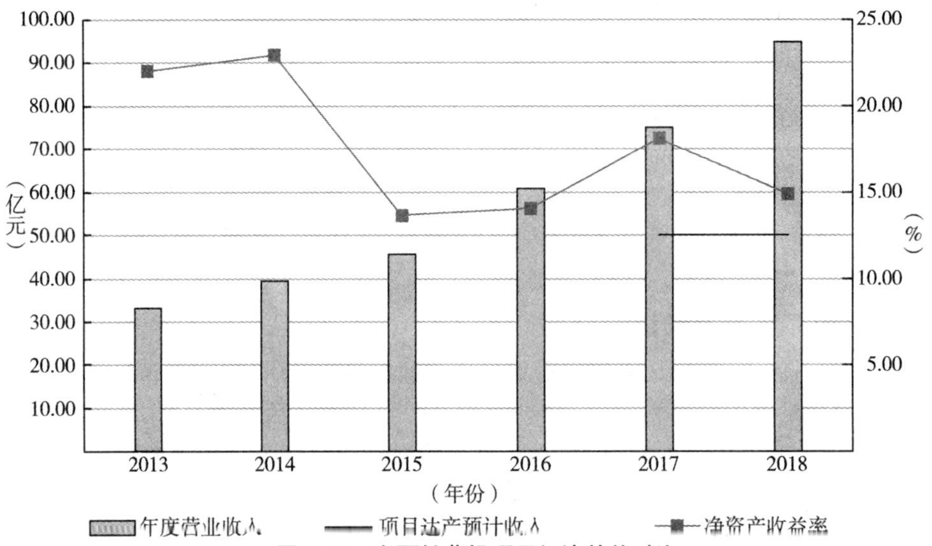

图5-40　老百姓募投项目经济效益对比

数据来源：上市公司公告，立德咨询整理。

1.零售门店布局推动营业收入增长

老百姓营业收入高速增长趋势显著。2013—2018年，营业收入从2013年的33.21亿元增长至2018年的94.71亿元，其中医药零售业务营业收入从2013年的31.83亿元增长至2018年的84.05亿元，增长了164.06%，年均复合增长23.32%（见图5-41）。

公司以医药零售为主营业务，零售门店数量增长对公司业务发展具有重大影响。据公司年报计算，2013—2018年销售费用年均复合增长24.72%，基本与营业收入保持同步增长，系销售人员薪酬和房租增加所致。2013—2018年销售费用中工资薪酬年均复合增长27.61%，房租年均复合增长25.99%，反映了公司积极招

①项目建成后公司预计年收入=项目建成前公司产能饱和状况下的收入+项目建成后公司预计每年新增收入=456,848.29+43,634.87=500,483.16（万元）。

聘销售有关人员和租赁场所增设门店。公司零售门店数量从 783 家增加至 3,289 家,累计增长 320.05%;承租费用期末余额从 628.40 万元增至 25,140.38 万元,累计增长 3,900.70%;经营租入固定资产改良期末余额从 4,748.02 万元增至 21,233.99万元,累计增长 347.22%(见图 5-42)。公司募投项目主要建设零售门店、物流配送中心和信息服务平台,助力公司零售门店数量大幅增长,租赁费用、门店装修费用因此增加,同时也扩大了公司零售业务覆盖面,对拉动公司业务规模扩大具有积极作用。

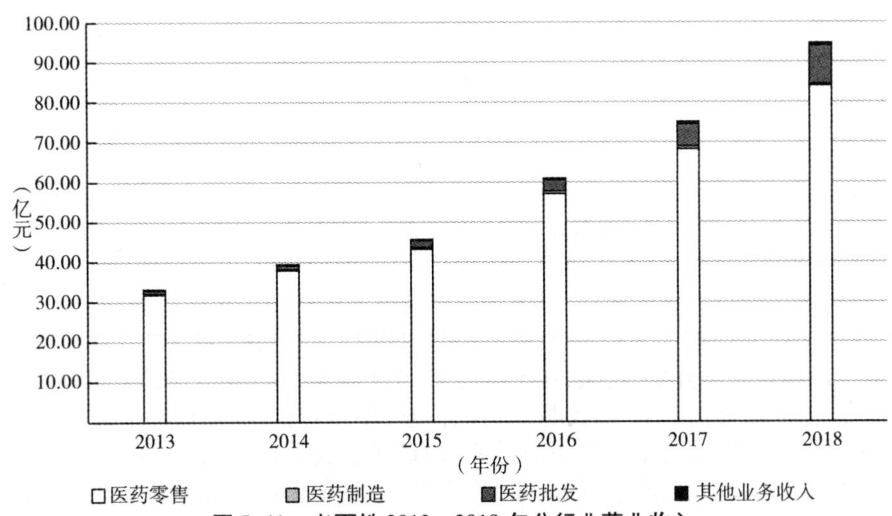

图 5-41 老百姓 2013—2018 年分行业营业收入

数据来源:上市公司公告,立德咨询整理。

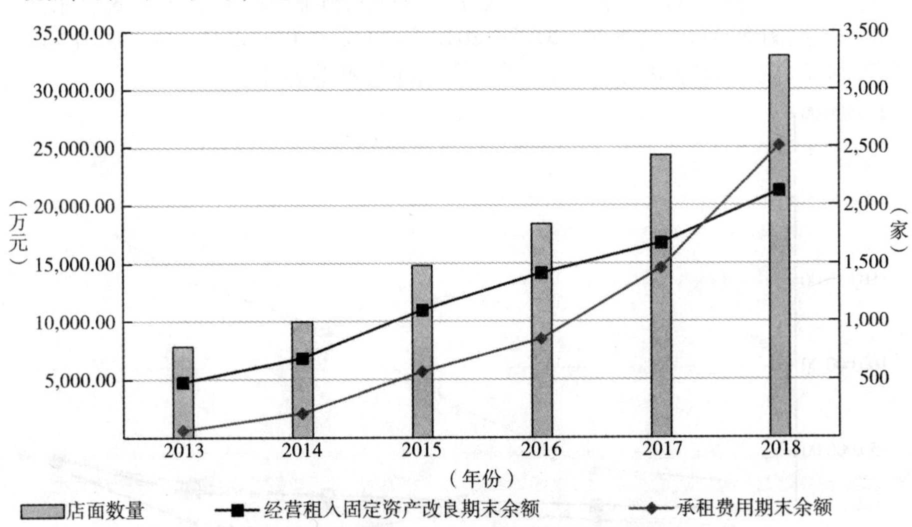

图 5-42 老百姓 2013—2018 年门店增长情况

数据来源:上市公司公告,立德咨询整理。

2. 并购项目致资产增加,影响净资产收益率

公司上市初期,资本公积大增拉低净资产收益率。公司募集资金 2015 年到位,当年度资本公积从 2014 年的 1.42 亿元增长至 10.85 亿元,同比增长 664.08%,致使所有者权益同比增长 111.12%。同期资产总额从 2014 年的 25.30 亿元增长至 38.01 亿元,同比增长50.24%,低于所有者权益增速,权益乘数下降,拉低净资产收益率(见图 5-43)。

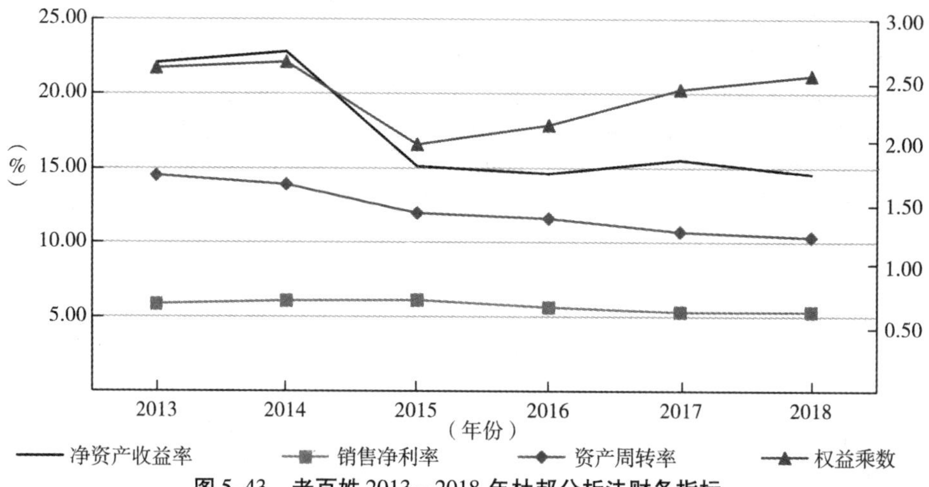

图 5-43　老百姓 2013—2018 年杜邦分析法财务指标

数据来源:上市公司公告,立德咨询整理。

公司上市后收入显著增加,但由于公司通过并购持续扩大业务规模,导致净资产收益率未能回升至上市前的水平。自公司 2015 年上市以来,权益乘数不断提高,但资产周转率不升反降,从 2015 年的 1.43 下滑至 2018 年的 1.24,累计降低了 13.29%。其中,公司 2016 年收购兰州惠仁堂、扬州百信缘、武汉南方及仁心大药房等 11 家门店,2017 年收购江苏百佳惠、通辽泽强、明宣兴扬和 5 家门店,2018 年收购镇江华康、隆泰源、南通普泽、邻加医、新市民、药简单、金坛新千秋、三品堂、江苏海鹏、常州为之康 6 家门店、政通药房 11 家门店、药膳堂大药房 16 家门店及华日大药房 9 家门店,致使公司资产大幅提高,尤其商誉 2015—2018 年提高了 161.34%(见图 5-44)。总资产 2015—2018 年增长了 123.25%,高于营业收入增幅 107.31%,资产周转率因此下滑,最终影响净资产收益率。

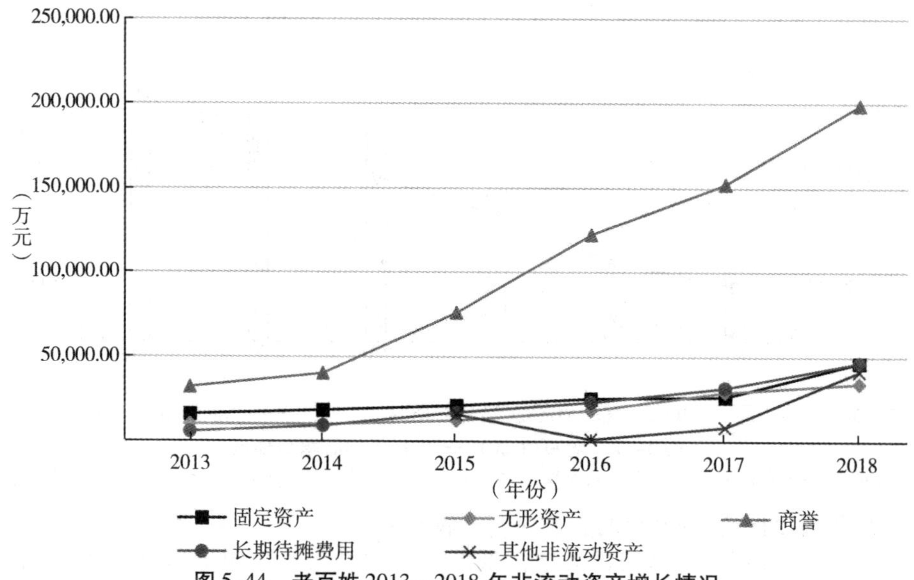

图 5-44　老百姓 2013—2018 年非流动资产增长情况

数据来源:上市公司公告,立德咨询整理。

综上所述,募投项目对公司发展具有一定程度的积极作用。

(四)益丰药房(603939)

益丰药房营销网络建设项目建设连锁药店550家,完善公司营销网络,发挥规模效应。项目分两期建设,第一期建设320家,第二期建设230家。项目投资总额81,588.21万元,建设期4年,预计项目建成后每年可新增收入合计163,354.47万元,预计每年可新增利润总额12,468.89万元(见表5-25)。

表5-25　　益丰药房募投项目指标

项目名称	规划建设期(年)	募投项目建成年度	项目投资(万元)	预计新增收入(万元/年)	预计新增利润总额(万元/年)
营销网络建设项目(一期)	2	2016	61,588.21	83,121.58	6,469.45
营销网络建设项目(二期)	2	2016		80,232.89	5,999.44
补充流动资金等其他与主营业务相关的营运资金	—	2016	20,000.00	—	—
合计			81,588.21	163,354.47	12,468.89

数据来源:上市公司公告,立德咨询整理。

益丰药房募集资金2015年到位,募投项目2016年全部建成,并于2017年达到预计目标(见图5-45)。根据益丰药房年度报告披露,2015年营业收入284,551.59万元,是募集资金到位日近三年营业收入最高值,假设2015年营业收入即公司产能饱和状况下的收入,则项目完全达产后公司预计年收入可达447,906.06万元①。2016年公司所有IPO募投项目均已完工,2017年度营业收入为480,724.90万元,达成预计目标。

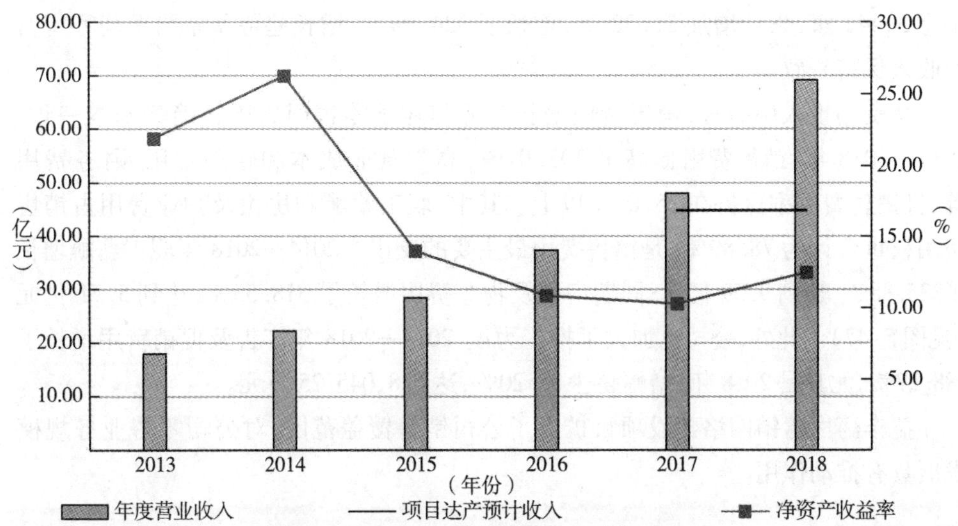

图5-45　益丰药房募投项目经济效益对比

数据来源:上市公司公告,立德咨询整理。

①项目建成后公司预计年收入=项目建成前公司产能饱和状况下的收入+项目建成后公司预计每年新增收入=284,551.59+163,354,47=447,906.06(万元)。

1. 营销网络作用显著

益丰药房项目建成后，主营业务收入增速提高。2013—2018 年，公司主营业务医药零售始终保持在 93.00% 以上，从 16.83 亿元增长至 65.43 亿元，年均复合增长 31.21%（见图 5-46）。其中，项目建成后（2016—2018 年）年均复合增长 36.44%，较项目建成前提高了 16.76 个百分点。

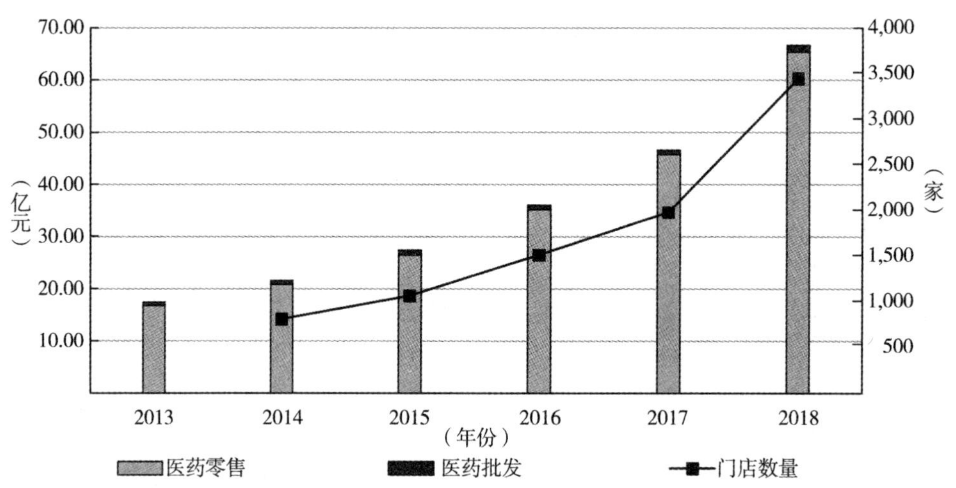

图 5-46　益丰药房 2013—2018 年营销网络布局情况

数据来源：上市公司公告，立德咨询整理。

主营业务增速提高与公司加大营销网络布局密切相关。从业务规模层面看，公司上市后大力加大营销网络建设，2014—2018 年，公司连锁零售门店从 810 家增加至 3,442 家，累计增加 2,632 家，增长了 324.94%，增长趋势基本与医药零售营业收入保持一致。

从费用投入层面看，销售费用增长趋势与连锁零售门店增长趋势基本一致。2014—2018 年，销售费用提高了 305.07%，高于营业成本和管理费用、财务费用等，且销售费用率保持在 25.00% 以上。其中，职工薪酬和房租及物业费用占销售费用权重合计为 78.89%，是销售费用最主要的支出。2014—2018 年职工薪酬增长了335.88%，达到 9.59 亿元；同期房租及物业费用增长了 318.55%，达到 5.71 亿元（见图 5-47）。此外，公司也加大了推广力度，2014—2018 年广告及促销费用增长了 388.27%，尤其是 2018 年，增幅高达 83.20%，达到 8,045.25 万元。

益丰药房营销网络建设项目扩大了公司销售覆盖范围，对公司零售业务规模发展具有推动作用。

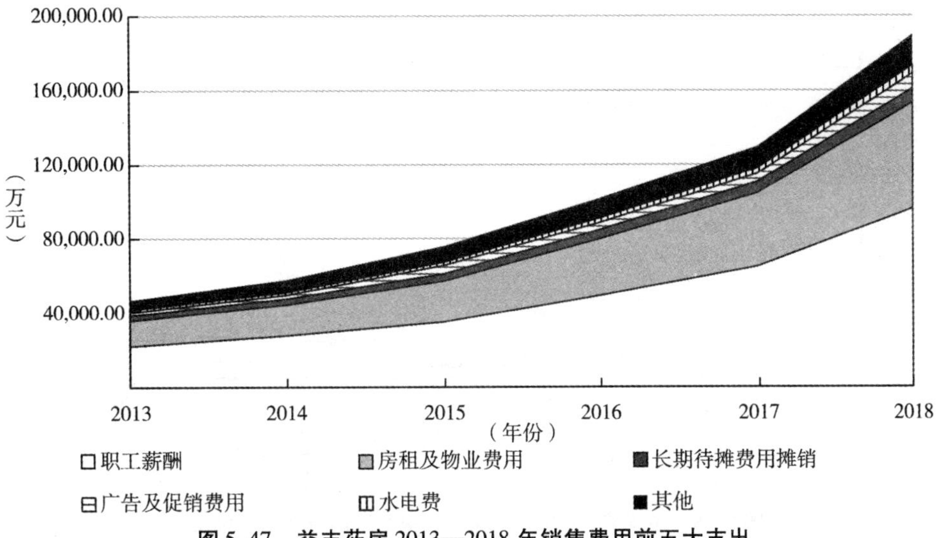

图 5-47　益丰药房 2013—2018 年销售费用前五大支出

数据来源：上市公司公告，立德咨询整理。

2. 资产大幅增加对净资产收益率影响较大

其他流动资产增加，导致 2014—2016 年净资产收益率大幅下滑（见图 5-48）。2014—2016 年，公司净资产收益率从 25.83% 下降至 10.24%，累计下降了 60.37%，同期资产周转率下降 42.65%，是影响净资产收益率的最主要因素。原因是公司利用闲置募集资金购买理财产品，据公司年报披露，2014—2016 年公司其他流动资产中理财产品累计新增 14.82 亿元，导致其他流动资产增长了 2,282.31%（见图 5-49），增长高于营业收入，资产周转率因此下降。

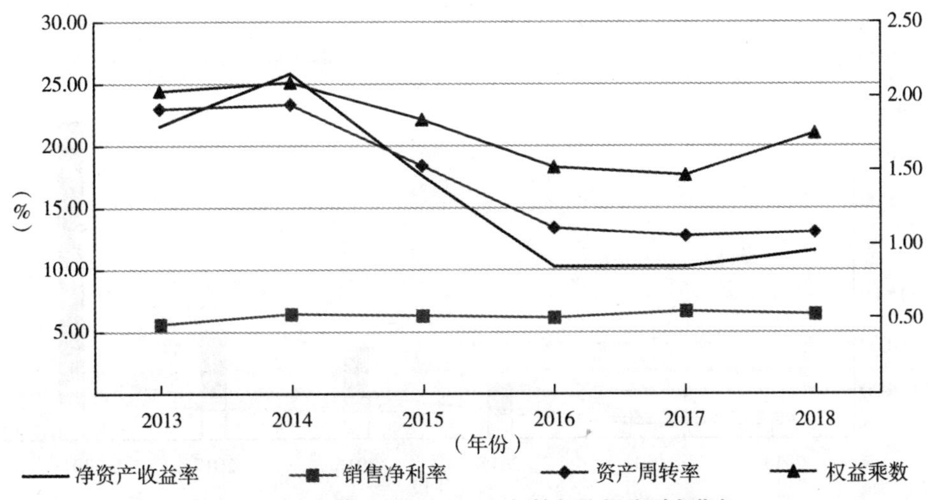

图 5-48　益丰药房 2013—2018 年杜邦分析法财务指标

数据来源：上市公司公告，立德咨询整理。

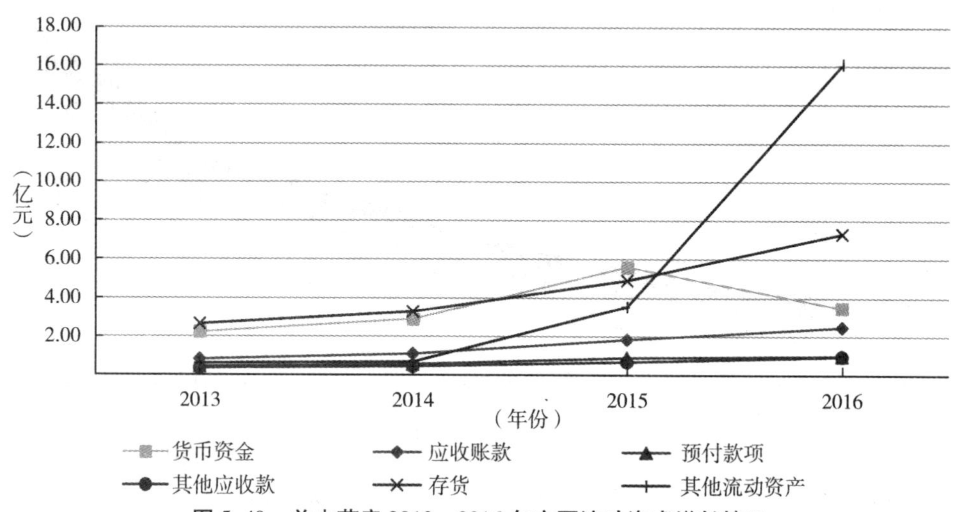

图 5-49 益丰药房 2013—2016 年主要流动资产增长情况

数据来源:上市公司公告,立德咨询整理。

公司收购多家连锁药店、计提商誉,非流动资产增加致净资产收益率逐渐回升。通过杜邦分析法可知,2016—2018 年销售净利率和资产周转率相对稳定,波动幅度分别为 4.62% 和 -2.55%,期间内权益乘数上涨 15.02%,是影响净资产收益率从 10.24% 上升至 11.53% 的最主要因素。从权益乘数构成看,2016—2018 年资产总额增长 86.39%,高于所有者权益增长幅度 40.15%。其中,以商誉增长最快,从 2016 年的 5.29 亿元增至 2018 年的 27.33 亿元,累计增长了 416.64%(见图 5-50)。主要原因是公司 2018 年为扩大营销网络,收购了石家庄新兴药房、无锡九州医药、上海益丰上虹大药房、江苏市民大药房等多家连锁药店,当年度公司合并形成的商誉共新增 20.41 亿元。

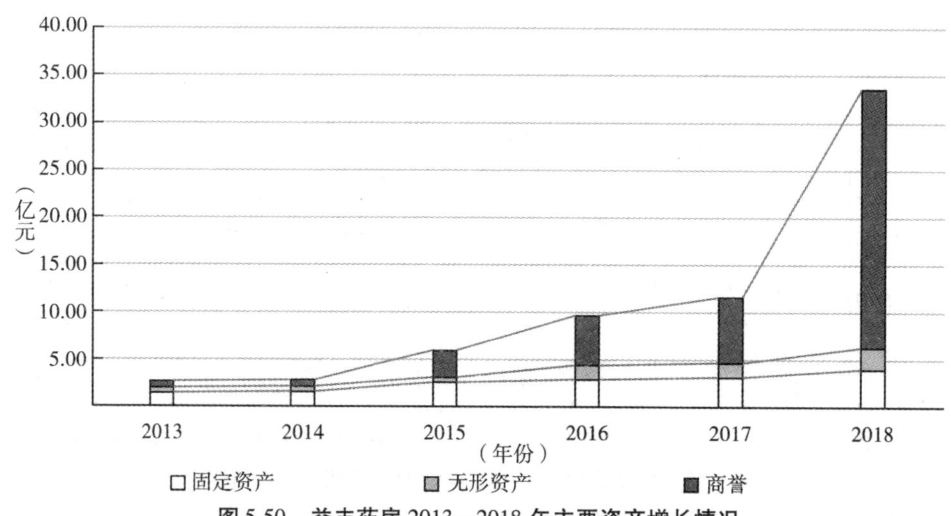

图 5-50 益丰药房 2013—2018 年主要资产增长情况

数据来源:上市公司公告,立德咨询整理。

综合而言,公司募投项目建设对扩大公司营销网络和业务规模具有推动作用。

二、影响募投项目效益的主要原因

医药商业中，影响募投项目效益的主要原因如下：

（一）营销网络扩大

扩大营销网络有助于扩大业务规模，提高收入。上述案例中，医药商业公司通过多种方式扩大营销网络。如瑞康医药和九州通募集资金建设物流中心，提高公司物流配送能力，并以物流中心向周边地区辐射，扩大营销网络。老百姓和益丰药店主要经营医药零售业务，通过在全国各地建立门店扩大主营业务区域覆盖面积。

因此，医药商业公司在设计募投项目时，应侧重于扩大营销网络的建设内容。

（二）商誉大幅增加

医药商业上市公司通过并购扩大业务规模是一把双刃剑。医药商业上市公司业务扩张过程中，多通过并购地方龙头公司实现快速增长，如瑞康医药、老百姓、益丰药店均通过这种方式实现营业收入跨越式增长。一方面，并购地方龙头公司有利于充分利用标的公司沉淀资源，快速切入地方市场，当年度即可通过合并报表提高营业总收入，避免重新进入地方市场所需要的渠道开拓投入和品牌推广投入。另一方面，并购往往需要支付较大的溢价，因此计提较高的商誉使资产总额大幅增加，加之业务规模扩大带来的回款周期延长、存货周转率下降等问题，使得资产周转率下降，最终将影响资产收益率。

因此，医药商业公司在业务扩张过程中，应注意并购标的公司的款项和商品周转情况，提高资产利用效率，合理利用资产创造更高的经济效益。

第六章　医疗器械行业募投项目建设内容及效益分析

根据中国证券监督管理委员会于2012年10月26日发布的《上市公司行业分类指引》(2012年修订),医疗器械行业隶属于“C35专用设备制造业”。

根据国家统计局发布的《国民经济行业分类》(GB/T 4754—2017),医疗器械行业属于“C制造业”门类、“C35专用设备制造业”大类下的“C358医疗仪器设备及器械制造”中类,包括医疗诊断、监护及治疗设备制造,口腔科用设备及器具制造,医疗实验室及医用消毒设备和器具制造,医疗、外科及兽医用器械制造,机械治疗及病房护理设备制造,康复辅具制造,眼镜制造,其他医疗设备及器械制造。

第一节
行业IPO情况

一、行业上市公司地域分布

根据申万宏源行业分类结果统计,医疗器械行业上市公司共60家,主要集中于广东省,有16家(见表6-1)。其中深圳市最多,有6家医疗器械上市公司,广州市5家,珠海市3家,潮州市1家,中山市1家。其次是山东省,共有7家上市公司,随后是上海市和北京市,分别有6家和5家上市公司。正川股份是成立最早的公司,贝瑞基因是上市最早的公司。

表6-1　　截至2019年医疗器械上市公司地域分布

证券代码	证券简称	注册省份(含直辖市)	注册城市	成立日期	上市板块	上市日期
688389	普门科技	广东	深圳市	2008-01-16	科创板	2019-11-05
688366	昊海生科	上海	上海市	2007-01-24	科创板	2019-10-30
688108	赛诺医疗	天津	天津市	2007-09-21	科创板	2019-10-30
688139	海尔生物	山东	青岛市	2005-10-28	科创板	2019-10-25
688068	热景生物	北京	北京市	2005-06-23	科创板	2019-09-30
603301	振德医疗	浙江	绍兴市	1994-08-18	上交所	2018-04-12
603367	辰欣药业	山东	济宁市	1998-11-06	上交所	2017-09-29
603976	正川股份	重庆	重庆市	1989-10-27	上交所	2017-08-22
603880	南卫股份	江苏	常州市	1990-07-04	上交所	2017-08-07
603387	基蛋生物	江苏	南京市	2002-03-08	上交所	2017-07-17
603987	康德莱	上海	上海市	1998-07-01	上交所	2016-11-21
603658	安图生物	河南	郑州市	1999-09-15	上交所	2016-09-01
603309	维力医疗	广东	广州市	2004-04-30	上交所	2015-03-02

续表

证券代码	证券简称	注册省份（含直辖市）	注册城市	成立日期	上市板块	上市日期
600587	新华医疗	山东	淄博市	1993－04－18	上交所	2002－09－27
600529	山东药玻	山东	淄博市	1993－11－08	上交所	2002－06－03
600055	万东医疗	北京	北京市	1997－05－12	上交所	1997－05－19
688029	南微医学	江苏	南京市	2000－05－10	上交所科创板	2019－07－22
688016	心脉医疗	上海	上海市	2012－08－17	上交所科创板	2019－07－22
300753	爱朋医疗	江苏	南通市	2001－10－30	深交所创业板	2018－12－13
300760	迈瑞医疗	广东	深圳市	1999－01－25	深交所创业板	2018－10－16
300685	艾德生物	福建	厦门市	2008－02－21	深交所创业板	2017－08－02
300677	英科医疗	山东	淄博市	2009－07－20	深交所创业板	2017－07－21
300676	华大基因	广东	深圳市	2010－07－09	深交所创业板	2017－07－14
300653	正海生物	山东	烟台市	2003－10－22	深交所创业板	2017－05－16
300642	透景生命	上海	上海市	2003－11－06	深交所创业板	2017－04－21
300639	凯普生物	广东	潮州市	2003－06－13	深交所创业板	2017－04－12
300633	开立医疗	广东	深圳市	2002－09－27	深交所创业板	2017－04－06
300595	欧普康视	安徽	合肥市	2000－10－26	深交所创业板	2017－01－17
300562	乐心医疗	广东	中山市	2002－07－18	深交所创业板	2016－11－16
300529	健帆生物	广东	珠海市	2010－12－31	深交所创业板	2016－08－02
300482	万孚生物	广东	广州市	1992－11－13	深交所创业板	2015－06－30
300463	迈克生物	四川	成都市	1994－10－20	深交所创业板	2015－05－28
300453	三鑫医疗	江西	南昌市	1997－03－07	深交所创业板	2015－05－15
300439	美康生物	浙江	宁波市	2003－07－22	深交所创业板	2015－04－22
300406	九强生物	北京	北京市	2001－03－29	深交所创业板	2014－10－30
300396	迪瑞医疗	吉林	长春市	1994－12－26	深交所创业板	2014－09－10
300358	楚天科技	湖南	长沙市	2002－11－08	深交所创业板	2014－01－21
300326	凯利泰	上海	上海市	2005－03－31	深交所创业板	2012－06－13
300318	博晖创新	北京	北京市	2001－07－12	深交所创业板	2012－05－23
300314	戴维医疗	浙江	宁波市	1992－09－18	深交所创业板	2012－05－08
300298	三诺生物	湖南	长沙市	2002－08－07	深交所创业板	2012－03－19
300273	和佳医疗	广东	珠海市	1996－04－01	深交所创业板	2011－10－26
300246	宝莱特	广东	珠海市	1993－06－28	深交所创业板	2011－07－19
300244	迪安诊断	浙江	杭州市	2001－09－05	深交所创业板	2011－07－19

续表

证券代码	证券简称	注册省份（含直辖市）	注册城市	成立日期	上市板块	上市日期
300238	冠昊生物	广东	广州市	1999－10－22	深交所创业板	2011－07－06
300216	千山药机	湖南	衡阳市	2002－10－24	深交所创业板	2011－05－11
300206	理邦仪器	广东	深圳市	1995－08－02	深交所创业板	2011－04－21
300049	福瑞股份	内蒙古	乌兰察布市	2001－12－26	深交所创业板	2010－01－20
300030	阳普医疗	广东	广州市	1996－08－19	深交所创业板	2009－12－25
300003	乐普医疗	北京	北京市	2008－01－14	深交所创业板	2009－10－30
002950	奥美医疗	湖北	宜昌市	2002－07－24	深交所中小板	2019－03－11
002932	明德生物	湖北	武汉市	2008－01－28	深交所中小板	2018－07－10
002901	大博医疗	福建	厦门市	2004－08－12	深交所中小板	2017－09－22
002551	尚荣医疗	广东	深圳市	1998－03－13	深交所中小板	2011－02－25
002432	九安医疗	天津	天津市	1995－08－22	深交所中小板	2010－06－10
002382	蓝帆医疗	山东	淄博市	2007－09－25	深交所中小板	2010－04－02
002223	鱼跃医疗	江苏	镇江市	2007－06－28	深交所中小板	2008－04－18
002030	达安基因	广东	广州市	2001－03－08	深交所中小板	2004－08－09
002022	科华生物	上海	上海市	1998－11－23	深交所中小板	2004－07－21
000710	贝瑞基因	四川	成都市	1997－04－14	深交所主板	1997－04－22

注：千山药机已退市，余下情况同此表，不再额外标注。

数据来源：交易所、证监会、上市公司公开资料、巨潮网，立德咨询整理。

二、行业上市公司业绩规模

2019 年，医疗器械上市公司中以迈瑞医疗营业收入最高，约为 1,655,599.13 万元，最低的为明德生物，为 18,115.54 万元（见表 6-2）。净利润最高为迈瑞医疗，为 468,481.68 万元，最低的为千山药机，亏损 81,427.00 万元（见表 6-3）。净资产收益率方面，以安图生物最高，达到 34.81%，最低的为冠昊生物，为 －49.85%（见表 6-4）。

表 6-2　　2016—2019 年医疗器械行业上市公司营业收入规模　　单位：万元

证券代码	证券简称	2016 年	2017 年	2018 年	2019 年
300760	迈瑞医疗	903,172.32	1,117,379.54	1,375,335.75	1,655,599.13
600587	新华医疗	836,449.55	998,324.62	1,028,363.90	876,676.11
300244	迪安诊断	382,398.06	500,412.42	696,685.74	845,320.70
300003	乐普医疗	346,774.82	453,764.27	635,630.48	779,552.94
002223	鱼跃医疗	263,259.47	354,156.27	418,339.16	463,593.47
603367	辰欣药业	256,480.11	296,251.65	380,807.84	411,278.55

续表

证券代码	证券简称	2016 年	2017 年	2018 年	2019 年
002382	蓝帆医疗	128,877.07	157,594.53	265,312.01	347,561.42
300463	迈克生物	148,878.09	196,998.37	268,530.49	322,295.60
300439	美康生物	105,505.67	180,516.80	313,512.29	313,344.77
600529	山东药玻	205,747.31	233,048.84	258,462.72	299,234.68
300676	华大基因	171,149.83	209,554.43	253,640.61	280,041.19
603658	安图生物	98,022.30	140,014.20	192,967.60	267,943.56
002022	科华生物	139,667.21	159,411.62	199,021.36	241,447.13
002950	奥美医疗	155,808.53	171,111.60	202,751.20	235,246.18
300677	英科医疗	118,310.68	175,047.76	189,254.03	208,293.54
300482	万孚生物	54,735.33	114,548.45	165,005.94	207,232.09
300358	楚天科技	97,504.30	128,041.61	163,179.06	191,596.62
603301	振德医疗	103,489.93	130,644.25	142,885.67	186,772.79
603987	康德莱	113,208.26	125,640.40	145,005.83	181,690.79
300298	三诺生物	79,584.13	103,300.77	155,051.34	177,820.93
000710	贝瑞基因	24,738.03	117,119.13	143,978.90	161,764.13
688366	昊海生科	86,121.23	135,444.75	155,845.27	160,433.39
002551	尚荣医疗	194,604.99	200,647.71	163,043.21	153,082.00
300529	健帆生物	54,364.05	71,849.11	101,650.88	143,181.94
688029	南微医学	41,430.97	64,067.30	92,210.93	130,747.43
002901	大博医疗	46,266.39	59,401.46	77,246.95	125,731.80
300633	开立医疗	71,935.69	98,906.97	122,684.90	125,385.36
300326	凯利泰	55,059.67	80,226.68	93,090.68	122,228.80
300273	和佳医疗	91,920.48	111,181.19	119,601.61	121,826.68
300206	理邦仪器	69,800.78	84,327.80	99,271.96	113,624.30
002030	达安基因	161,256.05	154,242.93	147,866.31	109,821.72
688139	海尔生物	48,198.16	62,140.75	84,166.86	101,252.04
300396	迪瑞医疗	75,869.42	86,769.07	93,341.86	100,879.08
603309	维力医疗	51,541.99	62,989.49	74,583.46	99,381.26
600055	万东医疗	81,340.07	88,395.85	95,452.97	98,237.20
603387	基蛋生物	36,909.04	48,858.28	68,623.83	96,820.43
300562	乐心医疗	77,064.44	86,659.03	77,510.32	88,366.82
300406	九强生物	66,740.28	69,427.74	77,417.82	84,086.17

续表

证券代码	证券简称	2016 年	2017 年	2018 年	2019 年
300049	福瑞股份	82,698.72	84,967.50	86,702.93	83,173.93
300246	宝莱特	59,431.44	71,147.29	81,338.54	82,596.11
300639	凯普生物	39,830.39	47,908.51	58,035.21	72,939.28
300453	三鑫医疗	31,777.44	40,387.19	53,130.24	72,166.81
002432	九安医疗	42,013.81	59,791.89	56,388.03	70,627.64
300595	欧普康视	23,501.87	31,162.91	45,841.98	64,690.37
300318	博晖创新	40,404.86	44,375.44	62,209.38	62,834.00
300685	艾德生物	25,298.70	33,037.13	43,903.15	57,835.55
300030	阳普医疗	51,710.30	54,965.28	54,996.33	57,506.13
603976	正川股份	46,999.45	50,868.16	59,578.13	52,108.08
603880	南卫股份	44,423.55	48,870.87	47,982.38	49,168.80
300642	透景生命	23,121.76	30,288.82	36,484.64	44,145.25
300238	冠昊生物	31,278.97	45,036.70	45,846.18	43,788.65
688108	赛诺医疗	26,561.42	32,200.47	38,042.21	43,591.34
688389	普门科技	17,453.62	25,082.97	32,342.93	42,264.43
300753	爱朋医疗	19,830.16	24,692.23	29,803.38	37,964.71
300314	戴维医疗	26,494.88	30,390.54	30,029.82	35,635.21
688016	心脉医疗	12,532.67	16,513.48	23,112.75	33,373.25
300653	正海生物	15,062.25	18,278.21	21,554.36	27,980.70
688068	热景生物	12,219.58	14,208.90	18,712.31	21,041.23
300216	千山药机	76,406.66	30,791.65	20,083.10	19,756.54
002932	明德生物	14,097.91	16,512.33	17,638.14	18,115.54

数据来源：上市公司公告、Wind，立德咨询整理。

表 6-3　　2016—2019 年医疗器械行业上市公司净利润规模　　单位：万元

证券代码	证券简称	2016 年	2017 年	2018 年	2019 年
300760	迈瑞医疗	161,218.46	260,119.11	372,574.19	468,481.68
300003	乐普医疗	74,670.80	99,367.99	125,487.39	172,379.17
600587	新华医疗	12,062.84	14,894.88	12,221.36	86,008.64
603658	安图生物	34,975.81	44,968.70	57,500.87	78,689.99
002223	鱼跃医疗	50,158.52	62,754.17	75,088.50	76,157.49
300244	迪安诊断	33,795.02	46,409.20	58,846.19	57,556.81

续表

证券代码	证券简称	2016 年	2017 年	2018 年	2019 年
300529	健帆生物	20,211.85	28,445.19	40,094.55	56,869.34
300463	迈克生物	32,889.00	40,844.32	48,291.96	56,568.20
002382	蓝帆医疗	18,032.07	20,197.41	35,533.77	51,945.62
603367	辰欣药业	24,463.07	36,567.77	50,305.43	51,479.35
002901	大博医疗	22,192.84	30,059.60	37,808.50	47,870.53
600529	山东药玻	18,904.66	26,275.81	35,821.00	45,868.73
300482	万孚生物	14,550.66	22,506.75	34,658.51	42,709.67
000710	贝瑞基因	-418.59	24,444.61	25,977.09	38,713.03
688366	昊海生科	31,062.67	40,001.11	45,507.93	37,637.66
603387	基蛋生物	13,832.18	19,378.08	25,064.44	34,994.70
300406	九强生物	27,164.61	27,315.14	30,066.53	33,164.87
002950	奥美医疗	24,811.77	23,330.76	22,631.01	32,419.80
688029	南微医学	-2,603.35	11,214.85	20,339.35	31,515.26
300326	凯利泰	16,513.15	19,399.04	46,036.09	30,308.85
300595	欧普康视	11,389.14	14,858.99	20,976.83	29,486.56
300676	华大基因	35,001.75	42,368.61	40,784.42	27,851.91
002022	科华生物	23,082.83	22,141.90	24,681.51	27,339.44
300396	迪瑞医疗	15,752.04	21,112.97	23,995.76	27,288.56
300298	三诺生物	11,449.58	25,794.56	31,044.84	25,068.34
603987	康德莱	12,136.10	14,302.22	18,045.55	24,855.82
688139	海尔生物	12,320.97	6,039.15	11,470.26	18,335.66
300677	英科医疗	8,626.25	14,508.41	17,933.87	17,826.72
603301	振德医疗	8,288.26	12,211.45	12,987.89	17,658.47
600055	万东医疗	6,838.58	10,110.24	14,921.34	16,502.33
300642	透景生命	9,776.55	12,681.50	14,169.09	15,701.83
688016	心脉医疗	4,111.38	6,338.62	9,064.79	14,175.59
300639	凯普生物	7,456.36	9,176.30	10,674.33	13,695.60
300685	艾德生物	6,546.49	9,406.58	12,673.79	13,547.42
300206	理邦仪器	1,946.50	3,792.98	8,621.38	12,736.71
603309	维力医疗	7,866.34	6,026.27	5,644.39	12,449.02
300653	正海生物	4,547.01	6,166.96	8,581.51	10,738.64

续表

证券代码	证券简称	2016 年	2017 年	2018 年	2019 年
300753	爱朋医疗	4,930.51	6,019.80	7,108.05	10,283.77
300633	开立医疗	13,042.71	19,002.31	25,262.38	10,153.69
688389	普门科技	987.93	4,758.55	8,114.40	10,055.97
300049	福瑞股份	14,813.18	9,386.33	4,517.49	10,012.64
688108	赛诺医疗	2,865.05	6,614.58	8,919.04	9,003.78
002551	尚荣医疗	13,632.36	18,917.44	13,471.51	7,642.42
300246	宝莱特	7,870.29	7,071.49	7,823.72	7,304.86
300453	三鑫医疗	3,661.40	4,236.42	4,090.52	6,653.71
300314	戴维医疗	6,216.59	4,703.32	2,881.26	6,205.66
603976	正川股份	7,051.13	8,217.84	8,276.66	6,105.67
300358	楚天科技	11,972.85	16,039.62	4,133.60	4,730.89
300273	和佳医疗	9,612.00	9,689.07	10,861.04	4,413.51
002932	明德生物	5,969.20	6,555.38	6,246.79	4,250.69
688068	热景生物	2,879.95	3,007.23	4,818.77	3,374.81
300562	乐心医疗	8,052.07	1,746.40	2,203.49	2,989.34
002432	九安医疗	1,449.79	-16,587.18	-285.92	2,705.96
300030	阳普医疗	3,049.53	824.52	-14,099.21	2,613.81
603880	南卫股份	5,203.66	4,642.49	3,680.60	2,515.07
300318	博晖创新	4,814.85	4,725.01	7,750.84	202.62
002030	达安基因	13,591.25	9,612.06	8,651.11	-4,715.92
300238	冠昊生物	6,278.03	4,772.35	3,511.38	-49,075.23
300439	美康生物	18,810.07	22,509.16	24,868.01	-57,662.67
300216	千山药机	4,942.96	-35,934.02	-249,568.75	-81,427.00

数据来源：上市公司公告、Wind，立德咨询整理。

表 6-4　2016—2019 年医疗器械行业上市公司加权净资产收益率规模

证券代码	证券简称	2016 年	2017 年	2018 年	2019 年
603658	安图生物	32.22%	27.68%	32.20%	34.81%
300529	健帆生物	24.08%	22.21%	26.30%	30.24%
002901	大博医疗	41.87%	37.76%	28.10%	29.76%
300760	迈瑞医疗	28.00%	47.00%	42.16%	27.91%
300595	欧普康视	38.56%	21.40%	23.59%	26.13%

续表

证券代码	证券简称	2016 年	2017 年	2018 年	2019 年
300003	乐普医疗	14.70%	15.17%	19.13%	25.03%
688016	心脉医疗	48.91%	40.71%	50.15%	24.67%
600587	新华医疗	1.07%	2.00%	0.69%	23.54%
603387	基蛋生物	43.15%	28.70%	20.14%	23.01%
688029	南微医学	-12.41%	26.27%	36.17%	21.77%
300653	正海生物	22.49%	16.63%	17.09%	19.22%
300482	万孚生物	18.79%	22.57%	19.29%	18.68%
000710	贝瑞基因	-3.62%	18.49%	15.31%	18.35%
300463	迈克生物	14.68%	15.59%	16.61%	18.03%
002950	奥美医疗	22.19%	20.79%	18.95%	17.75%
300406	九强生物	21.42%	19.06%	18.33%	16.60%
300685	艾德生物	24.43%	20.54%	17.79%	16.27%
300753	爱朋医疗	24.20%	23.61%	22.84%	16.13%
300396	迪瑞医疗	12.01%	14.44%	15.07%	16.07%
300639	凯普生物	16.88%	11.83%	11.66%	14.49%
300642	透景生命	41.04%	18.79%	14.80%	14.32%
688389	普门科技	6.56%	11.92%	12.92%	13.77%
603301	振德医疗	21.88%	24.43%	14.25%	13.28%
300677	英科医疗	18.80%	18.88%	15.30%	13.08%
002223	鱼跃医疗	14.32%	11.37%	13.69%	13.07%
688139	海尔生物	18.63%	9.97%	11.89%	13.06%
600529	山东药玻	8.26%	8.36%	10.60%	12.44%
603309	维力医疗	9.69%	7.38%	7.19%	12.39%
603987	康德莱	14.20%	10.05%	11.49%	12.19%
603367	辰欣药业	11.28%	13.32%	12.67%	11.79%
300326	凯利泰	10.35%	10.09%	20.45%	11.49%
688108	赛诺医疗	13.45%	17.27%	13.64%	11.29%
300246	宝莱特	14.66%	11.75%	12.02%	11.02%
300206	理邦仪器	2.25%	3.61%	7.40%	10.42%
688068	热景生物	39.07%	20.60%	25.92%	10.38%
300453	三鑫医疗	6.80%	7.54%	6.98%	9.72%

续表

证券代码	证券简称	2016 年	2017 年	2018 年	2019 年
300298	三诺生物	9.47%	19.43%	12.94%	9.50%
688366	昊海生科	10.96%	12.20%	12.17%	9.26%
300244	迪安诊断	13.63%	15.97%	15.55%	9.04%
002022	科华生物	13.20%	11.33%	9.95%	8.91%
600055	万东医疗	4.49%	6.00%	8.07%	8.42%
300314	戴维医疗	8.62%	6.17%	3.67%	7.65%
300633	开立医疗	20.31%	20.26%	21.38%	7.47%
002932	明德生物	41.10%	31.51%	15.55%	6.95%
300676	华大基因	10.38%	10.75%	9.16%	6.27%
002382	蓝帆医疗	14.66%	14.87%	7.49%	6.04%
603976	正川股份	14.57%	12.17%	8.56%	6.04%
300562	乐心医疗	29.16%	3.52%	4.61%	5.62%
002030	达安基因	7.71%	5.29%	5.77%	5.10%
603880	南卫股份	21.06%	13.14%	7.21%	5.02%
002432	九安医疗	1.35%	-11.37%	0.82%	4.11%
300049	福瑞股份	8.65%	4.82%	2.36%	3.27%
300030	阳普医疗	3.27%	1.17%	-15.51%	3.16%
002551	尚荣医疗	7.20%	9.58%	4.29%	2.56%
300358	楚天科技	9.08%	6.93%	1.85%	2.05%
300273	和佳医疗	3.89%	3.92%	4.11%	1.65%
300318	博晖创新	1.67%	2.70%	4.61%	0.22%
300216	千山药机	18.88%	-38.52%	-438.76%	-33.49%
300439	美康生物	13.04%	13.84%	12.91%	-34.75%
300238	冠昊生物	8.21%	3.98%	3.85%	-49.85%

数据来源：上市公司公告、Wind，立德咨询整理。

三、行业中介机构排行榜

2004—2019 年医疗器械行业券商业务量最高的是中信证券，在该行业内承揽过会上市公司共 5 家。其次为国信证券和平安证券，在该行业内承揽过会上市公司各 4 家。再次为华泰联合承揽 3 家，广发证券、宏源证券、国元证券、申万宏源各承揽 2 家（见表 6-5）。

表 6-5 2004—2019 年医疗器械行业券商排行榜

券商	公司简称	保荐代表人	业务量	
			数量(家)	排名
中信证券	奥美医疗	李永柱、史松祥	5	1
	大博医疗	罗耸、徐峰		
	三诺生物	张宇、刘东红		
	振德医疗	褚晓佳、计玲玲		
	赛诺医疗	焦延延、马可		
国信证券	博晖创新	吴卫钢、许刚	4	2
	迪瑞医疗	孙建华、苏勋智		
	尚荣医疗	刘卫兵、陈大汉		
	阳普医疗	刘卫兵、黄自军		
平安证券	宝莱特	何书茂、谢运	4	2
	福瑞股份	秦洪波、梁磊		
	理邦仪器	陈华、朱文瑾		
	鱼跃医疗	杜振宁、梁磊		
华泰联合	迈瑞医疗	高元、吕洪斌	3	3
	千山药机	吴浩、刘勇		
	三鑫医疗	熊丹、张树敏		
广发证券	爱朋医疗	李宗贵、钟得安	2	4
	正海生物	吴其明、阎鹏		
宏源证券	楚天科技	曾林彬、郭宣忠	2	4
	戴维医疗	江曾华、周忠军		
国元证券	蓝帆医疗	方书品、朱淼武	2	4
	欧普康视	孔晶晶、樊晓宏		
申万宏源	冠昊生物	袁樯、冯震宇	2	4
	康德莱	张海东、庞凌云		
国泰君安	心脉医疗	蒋杰、贺南涛	2	4
	海尔生物	韩志达、魏鹏		
新时代证	和佳医疗	高伟程、段俊炜	1	5
国金证券	凯利泰	刘昊拓、姜文国	1	5
信达证券	乐普医疗	徐存新、酒正超	1	5
华安证券	新华医疗	李奔、张丹竹	1	5

续表

券商	公司简称	保荐代表人	业务量	
			数量(家)	排名
新时代证券	九安医疗	秦健、段俊炜	1	5
华菁证券	心脉医疗	郑职权、方科	1	5
长城证券	乐心医疗	林植、何东	1	5
长城证券	开立医疗	郭小元、郑侠	1	5
中金公司	开立医疗	—	1	5
中航证券	健帆生物	杨德林、阳静	1	5
中信建投	南微医学	宋双喜、吕晓峰	1	5
齐鲁证券	维力医疗	付灵钧、孔少锋	1	5

注:开立医疗保荐机构为长城证券和中金公司,签字保荐代表人为长城证券郭小元、郑侠,中金公司以“—”表示。

数据来源:上市公司公告、Wind,立德咨询整理。

2004—2019年,北京金杜律师事务所在该行业承揽过会公司数量最多,有5家。其次为北京德恒律师事务所和北京中伦律师事务所,各4家,上海通力律师事务所、国浩律师事务所各3家(见表6-6)。

表6-6　2004—2019年医疗器械行业律师事务所承揽业务排行榜

律师事务所	公司简称	签字律师	业务量	
			数量(家)	排名
北京金杜	戴维医疗	李萍、孙冲	5	1
	海尔生物	宋彦妍、李强、石鑫		
	乐心医疗	曹余辉、潘渝嘉		
	三鑫医疗	肖兰、曹余辉		
	正海生物	李萍、高怡敏		
北京德恒	爱朋医疗	高慧、朱琴、刘云舟	4	2
	康德莱	沈宏山、王雨微、王贤安、李珍慧		
	乐普医疗	张晓丹、张竞驰		
	心脉医疗	王雨微、沈宏山、李志宏		
北京中伦	开立医疗	张继军、陈娅萌	4	2
	理邦仪器	张继军、陈娅萌、佘文婷		
	维力医疗	许志刚、莫海洋		
	赛诺医疗	顾峰、项瑾、田无忌		

续表

律师事务所	公司简称	签字律师	业务量	
			数量(家)	排名
上海通力	宝莱特	陈巍、王利民	3	3
	千山药机	黄艳、张征轶		
	鱼跃医疗	陈臻、陈鹏		
国浩	冠昊生物	程秉、李彩霞、王志宏	3	3
	健帆生物	余平、幸黄华		
	阳普医疗	张敬前、武小兵		
北京国枫	三诺生物	聂学民、李薇	1	4
上海方达	迈瑞医疗	楼伟亮、马强	1	4
湖南启元	楚天科技	陈金山、朱志怡、刘中明	1	4
上海锦天城	大博医疗	沈国权、李攀峰、陈凌	1	4
北京君泽君	迪瑞医疗	许迪、施伟钢	1	4
北京金诚同达	南微医学	董寒冰、郑晓东、贺维	1	4
北京康达	福瑞股份	江华、王萌、李赫	1	4
内蒙古建中	博晖创新	刘怀宽、闫威	1	4
北京嘉源	奥美医疗	文梁娟、韦佩	1	4
上海广发	凯利泰	许平文、赵玉刚、蒋文洁	1	4
文康	蓝帆医疗	王蕊、赵春旭	1	4
上海精诚申衡	和佳医疗	张文晶、王春杰	1	4
安徽天禾	欧普康视	张大林、惠志强、刘倩怡	1	4
广东经天	九安医疗	霍庭、连文刚	1	4
浙江天册	振德医疗	吕崇华、杨婕	1	4
北京中银	新华医疗	唐金龙、彭山涛	1	4
广东华商	尚荣医疗	周玉梅、黄巍、黄文表	1	4

数据来源:上市公司公告、Wind,立德咨询整理。

2004—2019 年,立信会计师事务所在该行业承揽业务量最多,承揽业务量为 7 家。天健会计师事务所在该行业承揽业务量仅次于立信,承揽业务量达到 6 家。随后依次是大信会计师事务所、信永中和会计师事务所、瑞华会计师事务所和利安达会计师事务所(见表 6-7)。

表 6-7　　2004—2019 年医疗器械行业会计师事务所承揽业务排行榜

会计师事务所	公司简称	注册会计师	业务量	
			数量(家)	排名
立信	奥美医疗	李璟、张金华	7	1
	凯利泰	吴蓉、杨庆霞		
	康德莱	翟小民、徐从礼		
	乐心医疗	陈勇波、梁谦海		
	南微医学	诸旭敏、刘萍		
	阳普医疗	刘杰生、梁肖林		
	赛诺医疗	刘静、顾薇、康吉言		
天健	爱朋医疗	叶卫民、闫志勇	6	2
	大博医疗	方国华、李江东		
	戴维医疗	卢亚萍、张晓平		
	开立医疗	何晓明、康雪艳		
	欧普康视	曹小勤、樊冬		
	振德医疗	贾川、徐晓峰		
大信	蓝帆医疗	胡咏华、李洪	4	3
	乐普医疗	赵斌、陈勇波		
	三鑫医疗	涂卫兵、龚勤红		
	正海生物	吴金锋、高海涛		
信永中和	理邦仪器	黄迎、夏伟	3	4
	三诺生物	孙益文、匡理鹏		
	鱼跃医疗	詹军、叶胜平		
瑞华	迪瑞医疗	安洪滨、张丽洁	2	5
	健帆生物	王淑燕、李恩成		
利安达	和佳医疗	王远、李琳青	2	5
	千山药机	刘杰、王徽		
天健正信	九安医疗	李东昕、叶金福	1	6
中准	福瑞股份	温秀芳、于德强	1	6
中审国际	尚荣医疗	朱子武、丁伟萍	1	6
立信羊城	冠昊生物	黄伟成、李新航	1	6
广东正中珠江	维力医疗	王韶华、洪文伟	1	6
安永华明	海尔生物	张毅强、王冲	1	6

续表

会计师事务所	公司简称	注册会计师	业务量	
			数量(家)	排名
大华	博晖创新	孙莉、黄丽华	1	6
普华永道中天	迈瑞医疗	孔昱、黄志敏	1	6
中审亚太	楚天科技	李新首、舒畅	1	6
毕马威华振	心脉医疗	潘子建、王晓苗	1	6
立信大华	宝莱特	胡建波、陈莉丽	1	6
山东乾聚	新华医疗	朱清滨、刘光玺	1	6
北京兴华	万东医疗	袁连生、胡毅	1	6

数据来源:上市公司公告、Wind,立德咨询整理。

四、行业过会率及被否原因分析

2004—2019 年,医疗器械共有 50 家公司上会,有 11 家公司未通过发审会,行业过会率为 78.00%。其中主板共有 5 家公司上会,有 2 家公司未通过发审会,行业过会率为 60.00%;中小板共有 7 家公司上会,1 家未通过发审会,行业过会率为 85.71%;创业板共有 31 家公司上会,有 8 家公司未通过发审会,行业过会率为 74.19%;科创板共有 7 家公司上会,所有申报公司均通过发审会,行业过会率为 100.00%(见表 6-8)。

表 6-8　2004—2019 年医疗器械行业过会情况

公司名称	上市板	审核委员	会议日期	审核结果
无锡祥生医疗科技股份有限公司	科创板	张忠、林勇峰、王颂、王笑、苏启云	2019-09-30	通过
迈得医疗工业设备股份有限公司	科创板	陈瑛明、袁同济、韩贤旺、陈晓、苏启云	2019-09-11	通过
北京佰仁医疗科技股份有限公司	科创板	汤哲辉、林勇峰、管红、李文智、陈巍	2019-08-26	通过
赛诺医疗科学技术股份有限公司	科创板	郭雳、袁伟荣、张小义、李明、屈先富	2019-07-31	通过
青岛海尔生物医疗股份有限公司	科创板	张忠、周芊、潘广标、阳琨、胡咏华	2019-07-30	通过
上海微创心脉医疗科技股份有限公司	科创板	张忠、袁伟荣、柳艺、刘凡、王笑	2019-06-19	通过
南京微创医学科技股份有限公司	科创板	葛徐、袁同济、申屹、陈晓、苏启云	2019-06-17	通过

续表

公司名称	上市板	审核委员	会议日期	审核结果
宁波天益医疗器械股份有限公司	主板	李东平、刘佳、蒋隐丽、廖士光、周芊、何玲、宋洪流	2018－03－27	未通过
振德医疗用品股份有限公司	主板	王玉宝、丁晓东、陈闯、陈瑜、许成宝、赵磊、阙紫康	2018－02－06	通过
稳健医疗用品股份有限公司	主板	金勇熊、洪泳、廖士光、毋晓琴、黄少军、朱清滨、赵磊	2017－10－31	未通过
上海康德莱公司发展集团股份有限公司	主板	操舰、吴钧、刘志强、刘燊、颜志元、邱永红、朱国光	2016－07－13	通过
广州维力医疗器械股份有限公司	主板	朱毅、陈翔、操舰、吴钧、张永卫、刘志强、袁建军	2014－12－31	通过
奥美医疗用品股份有限公司	中小板	王玉宝、龚俊、蔡琦梁、祝小兰、金文泉、朱清滨、周海斌	2018－12－25	通过
大博医疗科技股份有限公司	中小板	刘振平、杨金忠、李亚非、梁锋、曹茂喜、栗皓、刘燊	2017－08－15	通过
四川港通医疗设备集团股份有限公司	中小板	刘燊、操舰、朱毅、吴钧、颜志元、刘振平、姜业清	2017－05－23	未通过
深圳市尚荣医疗股份有限公司	中小板	刘杰生、谢岭、万勇、张晓彤、王永新、宋新潮、杜坤伦	2010－12－08	通过
天津九安医疗电子股份有限公司	中小板	王晓东、孟荣芳、易阳方、张克东、刘登清、柏凌菁、姜瑞明	2010－03－08	通过
蓝帆医疗股份有限公司	中小板	陈利民、刘登清、田颇、柏凌菁、易阳方、雷小玲、杨雄	2009－12－21	通过
江苏鱼跃医疗设备股份有限公司	中小板	李旭利、白彦春、孙勇、陆军、金黎明、徐珊、傅炳辉	2008－02－25	通过
江西3L医用制品集团股份有限公司	创业板	李超、李世伟、陈天骥、李和金、潘健红、刘云松、赵瀛	2019－07－11	未通过
上海奕瑞光电子科技股份有限公司	创业板	李超、龚凯、李世伟、马小曼、黄侦武、刘云松、周辉	2019－06－27	未通过

续表

公司名称	上市板	审核委员	会议日期	审核结果
江苏爱朋医疗科技股份有限公司	创业板	程建宏、关丽、宋洪流、周辉、阙紫康、马小曼、蒋隐丽	2018-09-27	通过
深圳迈瑞生物医疗电子股份有限公司	创业板	郭旭东、李国春、毋晓琴、龚剑、李东平、曾宏武、赵文进	2018-07-24	通过
深圳市贝斯达医疗股份有限公司	创业板	程建宏、陈巍、关丽、周海斌、阙紫康、朱清滨、金文泉	2018-01-26	未通过
深圳雷杜生命科学股份有限公司	创业板	黄少军、朱清滨、阙紫康、马哲、钟建国、蒋隐丽、黄侦武	2018-01-10	未通过
浙江泰林生物技术股份有限公司	创业板	洪泳、金勇熊、李国春、陈硕、丁晓东、祝小兰、付冰	2018-01-03	通过
爱威科技股份有限公司	创业板	张忠、卢雄鹰、何才元、周代春、单莉莉、张亚兵、潘峰	2017-07-12	未通过
烟台正海生物科技股份有限公司	创业板	卢雄鹰、贾丽娜、潘峰、单莉莉、周代春、何才元、张亚兵	2017-04-11	通过
深圳开立生物医疗科技股份有限公司	创业板	朱海鹏、杨健、钟建兵、袁伟荣、单莉莉、贾丽娜、潘峰	2017-02-27	通过
广东百合医疗科技股份有限公司	创业板	钟建兵、杨健、朱海鹏、张亚兵、周代春、秦学昌、谌传立	2017-01-13	未通过
欧普康视科技股份有限公司	创业板	朱海鹏、钟建兵、张亚兵、秦学昌、张涛、单莉莉、袁伟荣	2016-12-09	通过
武汉智迅创源科技发展股份有限公司	创业板	卢雄鹰、张忠、贾丽娜、潘峰、单莉莉、周代春、何才元	2016-12-02	未通过
广东乐心医疗电子股份有限公司	创业板	朱海鹏、钟建兵、周代春、袁伟荣、谌传立、何才元、秦学昌	2016-07-15	通过
健帆生物科技集团股份有限公司	创业板	卢雄鹰、张忠、贾丽娜、潘峰、单莉莉、周代春、何才元	2016-01-15	通过
江西三鑫医疗科技股份有限公司	创业板	钟建兵、谌传立、朱海鹏、杨健、袁伟荣、张亚兵、何才元	2015-04-03	通过
楚天科技股份有限公司	创业板	黎东标、康吉言、张君、李文祥、谢忠平、徐寿春、杨建平	2012-06-01	通过

续表

公司名称	上市板	审核委员	会议日期	审核结果
迪瑞医疗科技股份有限公司	创业板	任鹏、谭红旭、陈静茹、王秀萍、王国海、康吉言、李童云	2012-05-29	通过
北京博晖创新生物技术股份有限公司	创业板	孙小波、李文祥、谭红旭、孔翔、陈静茹、杨建平、龚牧龙	2012-02-28	通过
宁波戴维医疗器械股份有限公司	创业板	杨贵鹏、陈静茹、康吉言、张君、谢忠平、黎东标、徐寿春	2012-01-05	通过
上海凯利泰医疗科技股份有限公司	创业板	黄简、韩建旻、胡建军、陈星辉、李建辉、李童云、杨贵鹏	2011-12-23	通过
三诺生物传感股份有限公司	创业板	张君、王秀萍、黎东标、康吉言、谢忠平、李建辉、杨建平	2011-11-11	通过
珠海和佳医疗设备股份有限公司	创业板	麻云燕、李友菊、毛育晖、李文智、徐寿春、葛其泉、韩建旻	2011-07-26	通过
广东宝莱特医用科技股份有限公司	创业板	徐寿春、葛其泉、韩建旻、郭澳、谢忠平、毛育晖、麻云燕	2011-06-09	通过
冠昊生物科技股份有限公司	创业板	孙小波、沈心亮、朱增进、谢忠平、王越豪、付彦、张云龙	2011-05-10	通过
深圳市理邦精密仪器股份有限公司	创业板	李筱强、石铁军、陈星辉、李文智、李友菊、吕超、戴京焦	2011-03-08	通过
湖南千山制药机械股份有限公司	创业板	韩建旻、麻云燕、吴国舫、葛其泉、徐寿春、王建平、李文祥	2010-12-14	通过
内蒙古福瑞医疗科技股份有限公司	创业板	朱增进、王越豪、王建平、李筱强、谢忠平、付彦、孙小波	2009-12-08	通过
广州阳普医疗科技股份有限公司	创业板	吕超、孙小波、王越豪、谢忠平、朱增进、徐寿春、韩建旻	2009-11-20	通过
乐普（北京）医疗器械股份有限公司	创业板	吴国舫、郭澳、葛其泉、韩建旻、沈心亮、麻云燕、毛育晖	2009-09-17	通过
深圳市安健科技股份有限公司	创业板	龚剑、刘佳、程建宏、周海斌、朱琳、赵磊、张建伟	2017-12-27	未通过

数据来源：上市公司公告、Wind，立德咨询整理。

2004—2019 年，医疗器械行业被否的 11 家公司问题主要集中在收入可持续性及发展前景存在不确定性、毛利率和销售费用与同行业上市公司存在较大差异、应收账款显著增长、历史沿革股权变动披露存疑等问题上。具体反馈意见如下（见表 6-9）：

表 6-9　　2004—2019 年医疗器械行业公司未过会情况

序号	公司	未过会主要原因和问题
1	江西 3L 医用制品集团股份有限公司	报告期内发行人的内部控制存在缺陷,公司未能有效控制销售人员私刻客户印章事项及费用报销中的假发票事项。 2019 年未过会主要原因和问题包括: (1)发行人报告期内以直销为主,经销模式销售占比逐年提升;销售费用率显著高于行业可比公司平均水平,业务宣传费逐年增加,未签订合同或协议客户。 (2)发行人各报告期末应收账款余额占同期营业收入的比例较高,且变动比例差异较大,坏账计提存在少计提或未提情形。 (3)报告期内,发行人综合毛利率高于行业可比公司平均水平,直销与经销模式毛利率存在差异。 (4)发行人报告期内存在因产品质量问题受到行政处罚的情形
2	上海奕瑞光电子科技股份有限公司	(1)报告期内持续亏损,主要股东与主要客户(蓝韵实业)及关联方发生交易和资金往来,且对蓝韵实业采取 100% 预收款结算方式。 (2)发行人 2018 年扣除非经常性损益后净利润下降,报告期内主营业务毛利率存在波动,主要产品单价持续大幅下降。 (3)向深天马独家采购。 (4)发行人对美国销售收入占比较高,中美贸易摩擦对发行人的影响存在疑问。 (5)申报前一年新增股东上海慨闻、上海辰岱、苏州辰知,但同时间、同批次入股价格不一致
3	宁波天益医疗器械股份有限公司	(1)行人采用经销方式为主、直销方式为辅的销售模式,“两票制”的实施对其经销结构产生影响;2016 年、2017 年竞争对手费森尤斯、百特医疗成为发行人前五大客户;销售人员数量较少、销售费用率低于同行业可比公司。 (2)报告期内,营业收入与净利润同比增速不相匹配;2016 年经营性现金流量净额与净利润不相匹配;2017 年应收账款增长较快、应收账款周转率逐年下降。 (3)与发行人实际控制人关系密切的家庭成员控制的关联公司主要从事 X 射线影像系统及设备、医用干式打印机及干式胶片的贸易,医用自动终端机的生产和销售等业务。 (4)关注 2013 年吴斌设立宁波三氧、2016 年吴斌设立泰瑞斯科技及 2017 年发行人收购泰瑞斯科技
4	深圳市贝斯达医疗股份有限公司	(1)报告期内发行人各期应收款项余额较大,长期应收款逾期款项余额持续增长。 (2)五名核心技术人员中的四名此前均在另一家同行业公司工作,对核心竞争力和未来持续经营能力存疑。 (3)发行人在新三板挂牌期间募集资金的使用存在违规情况。 (4)报告期内,发行人营业收入逐年增加,销售模式分为直销和经销两种,对民营医疗机构销售占比较高。 (5)发行人在建工程中贝斯达医疗产业园项目期末余额较大,截至 2017 年 9 月末尚未结转固定资产

续表

序号	公司	未过会主要原因和问题
5	深圳雷杜生命科学股份有限公司	(1)对历史沿革尤其是股权转让与实际控制人认定存疑;瑞通投资系发行人原第一大股东,其设立时股东为王新宇和王新顺,2013 年 11 月,瑞通投资将所持发行人的股权转让给达晨创投及自然人李斌、肖冰;瑞通投资的实际控制人为王新宇,目前中介机构未能联系到王新宇本人,未对其进行访谈;发行人 2013 年 11 月第一大股东瑞通投资转让了其全部所持发行人的 28.5% 的股份,将实际控制人认定为 2013 年时持股 15% 的第二大股东、现持股 19% 的第一大股东张巨平,张巨平于 2014 年与其他几名高管签署了一致行动协议。 (2)发行人报告期内收入增幅较小,主营业务收入中老产品占比较高,报告期内综合毛利率与同行业可比公司呈逐年下滑态势,发行人出口收入占比较高。 (3)报告期内,发行人采用以经销商为主、直销渠道为辅的销售模式,福州康尚医疗等 28 家公司刚成立即成为发行人经销商,且对经销商未签署有约束力的合同。 (4)发行人产品较多销售给卫生院、诊所、医疗美容院等非三甲医院,对公司未来发展前景及可持续盈利能力存疑
6	深圳市安健科技股份有限公司	(1)发行人以境内销售、经销为主,报告期内应收账款增长幅度超过主营业务收入增长幅度,且经销商数量变动较大;对经销商资质、稳定性、汇款状况存疑。 (2)报告期内发行人享受的税收优惠金额占同期利润总额的比例总体较高。 (3)发行人固定资产规模较小,生产人员较少,对募投项目拟购置设备与发行人现有 DR 产品生产相关设备是否配比存疑,对公司核心技术独立性存疑
7	稳健医疗用品股份有限公司	(1)对发行人美国间接上市、后通过私有化退市并申报 A 股 IPO 的具体目的、合理合规性存疑。 (2)发行人出资行为存在瑕疵,存在较多会计差错,报告期内发行人接连受到十六起行政处罚,会计基础工作规范、内部控制制度是否健全且被有效执行受到质疑。 (3)发行人在 1999 年、2000 年、2001 年与多地国有公司合资经营,并在随后购买了相关国有资产,对程序、价格等方面存疑。 (4)公司日用消费品业务由于定位契合消费者需求而呈现出爆发式增长,日用消费品的销售渠道以电子商务为主;报告各期,发行人日用消费品的毛利率均高于同行业可比上市公司的毛利率;发行人应收账款 1~180 天未计提坏账比例,同行业均按照 5% 计提坏账比例。2014 年 7 月 1 日、2014 年 7 月 28 日,发行人员工持股平台通过增资和受让发行人控股股东稳健集团有限公司股份实施员工激励,增资和转让对应注册资本价格分别为 4.69 元和 4.68 元,2014 年 11 月红杉信远增资价格为 16.79 元,前后两次转让价格差异悬殊

续表

序号	公司	未过会主要原因和问题
8	爱威科技股份有限公司	(1)发行人将部分试剂和试纸条作为随机配件，主要目的是用于仪器装机调试、给予经销商和升级换机订单让利。 (2)周兰女士目前担任五家上市公司的独立董事，周兰女士承诺，若发行人在2017年9月9日之前通过中国证监会发行上市审核，将提前辞去相应上市公司的独立董事职务，以符合《上市公司独立董事履职指引》要求。 (3)发行人2014—2016年度营业利润分别为1,016.36万元、1,492.77万元、2,202.95万元；产品毛利率与同行业差异较大，且签约经销商的毛利率大于普通经销商毛利率。 (4)报告期内，发行人的主要产品之一试剂的销售收入分别为2,529.77万元、2,754.06万元、3,253.90万元，其中的软件销售收入占比分别为91.96%、91.90%、91.77%；同时，招股说明书称，试剂为“AVE-76系列尿液有形成分分析仪专用，主要用于仪器的日常清洗和维护”
9	广东百合医疗科技股份有限公司	(1)发行人1999年设立时黄凯表兄马立勋代黄凯持有发行人控股权，黄凯自发行人设立至2010年长期未在发行人处任职且未参与发行人业务经营，而认定黄凯为发行人实际控制人；且对黄凯向发行人的累积出资(包括历次出资、增资及股权受让)的资金以及向发行人提供借款的资金(以下简称“上述资金”)的具体来源是否合法合规存疑。 (2)发行人报告期长期待摊费用截至2016年6月30日为3,363.32万元，其中各类厂房改造支出、车间装修费等合计1,786.29万元，要求对其是否符合会计规范补充说明
10	武汉智迅创源科技发展股份有限公司	(1)报告期内发行人综合毛利率分别为65.53%、64.33%、65.75%和65.99%，高于同行业上市公司平均水平。 (2)发行人财务系统明细账未完整核算银行资金流水。截至2015年10月15日，发行人电子财务核算系统金蝶软件中共存在7个账套，其中5个为发行人的期间备份和测试账套，1个为发行人供应商的账套。该供应商2014年1月至2015年5月的原始凭证和制单人员、记账凭证的记录人员均为发行人财务工作人员。 (3)发行人2013年、2014年市场推广费分别为825.31万元、1,067.88万元，发行人未能提供有关市场推广费的完整资料、费用预算明细，服务价格没有基础数据支持，且无完整的服务成果资料存档
11	四川港通医疗设备集团股份有限公司	(1)根据披露，四川深康气体有限公司(以下简称“深康气体”)成立于2015年5月，该公司股东蒲娟、樊秀珍均为发行人实际控制人控制的公司员工，且蒲娟为发行人供应部经理的配偶。请发行人代表进一步说明：深康气体的设立目的；深康气体经营范围与发行人的经营范围是否存在交叉或重叠，是否存在业务竞争；深康气体的经营情况；深康气体与发行人在业务、技术、人员、资产、客户等方面是否存在交叉或重叠；深康气体实际出资情况及蒲娟、樊秀珍的出资来源。是否存在代持情况；实际控制人所控制的公司员工设立与发行人业务相关的公司的合理性；发行人与深康气体资金往来的原因、必要性和商业合理性，是否履行了有关审议程序，进行事后追认的原因及其真实性和合法合规性；是否存在与发行人及实际控制人相关的其他特殊利益安排。相关风险是否充分揭示及披露。请保荐代表人发表核查意见。

续表

序号	公司	未过会主要原因和问题
11	四川港通医疗设备集团股份有限公司	(2)请发行人代表进一步说明:报告期各期末应收账款占营业收入比重逐年增长的合理性;应收账款逾期情况及对应客户情况,逾期应收账款未单项计提坏账减值准备的原因及其合理性;是否存在对主要客户放宽信用期限的情形;质保金长期未收回的原因及回收的风险;结合相关诉讼和仲裁情况说明相关减值准备计提是否充分。相关风险是否充分揭示及披露。请保荐代表人发表核查意见

数据来源:上市公司公告、Wind,立德咨询整理。

五、该行业主要投资机构及其获益情况

该行业已上市公司中剔除2004年前上市的,共28家公司有投资机构入股获利,其中南微医学、迈瑞医疗、大博医疗、维力医疗、迪瑞医疗、楚天科技的大股东为投资机构。

由于上市后存在锁定期,投资机构所持股票抛售情况复杂,以发行价为基础衡量投资机构投资回报率则较为便利,后期也将跟踪投资机构所持股票具体买卖情况调整回报率。以发行价所对应的回报率看,投资回报率最高的是投资于凯利泰的投资公司,其中的Ultra Tempo Limited、上海欣诚意投资有限公司、Win Star Inc. Limited、上海凯泰利新投资有限公司、上海凯诚君泰投资有限公司、Maxus Holding Limited、上海仲翼投资有限公司、Spruce Investment Consulting Limited、上海微外投资管理有限公司,回报率约为410倍。而回报率最低为0.46%倍,主要集中于正海生物的部分投资公司(见表6-10)。

表6-10　　医疗器械行业上市公司背后的投资机构及其获益情况

证券简称	投资机构	持股比例	持股数量(万股)	投资金额(万元)	对应市值(万元)	对应回报率(倍)
心脉医疗	上海联木公司管理中心(有限合伙)	11.28%	608.82	20,872.50	26,319.45	0.26
	上海虹皓投资管理中心(有限合伙)	9.81%	529.41	2,950.00	22,886.57	6.76
	上海阜釜公司管理咨询中心(有限合伙)	7.02%	379.19	13,000.00	16,392.43	0.26
	上海久深股权投资基金合伙公司(有限合伙)	4.86%	262.52	9,000.00	11,348.67	0.26
	中金佳泰二期(天津)股权投资基金合伙公司(有限合伙)	2.78%	150.22	5,150.00	6,494.06	0.26

续表

证券简称	投资机构	持股比例	持股数量（万股）	投资金额（万元）	对应市值（万元）	对应回报率（倍）
心脉医疗	上海张江科技创业投资有限公司	2.45%	132.35	4,537.50	5,721.62	0.26
	微创（上海）医疗科学投资有限公司	0.83%	4.50	45.00	194.54	3.32
南微医学	深圳市中科招商创业投资有限公司	30.18%	3,017.95	405.05	158,291.48	389.79
	南京迈泰投资合伙公司（有限合伙）	4.76%	476.00	1,570.80	24,966.20	14.89
	深圳华晟领丰股权投资合伙公司（有限合伙）	4.50%	450.00	5,611.30	23,602.50	3.21
	Huakang Limited	20.52%	2,052.46	25,593.25	107,651.53	3.21
	Green Paper Investment Limited	4.03%	403.35	5,029.59	21,155.71	3.21
奥美医疗	枝江市金美投资管理服务部（有限合伙）	1.78%	643.81	2,864.96	7,101.22	1.48
	枝江市志美投资管理服务部（有限合伙）	0.42%	150.62	670.25	1,661.31	1.48
	枝江市宏美投资管理服务部（有限合伙）	0.29%	102.88	457.84	1,134.81	1.48
	长江经济带（湖北）产业并购基金合伙公司（有限合伙）	4.04%	1,458.83	12,000.00	16,090.93	0.34
	深圳市海富恒康股权投资合伙公司（有限合伙）	1.68%	607.85	5,000.00	6,704.56	0.34
	深圳市海富恒和股权投资合伙公司（有限合伙）	1.68%	607.85	5,000.00	6,704.56	0.34
	鄂州长江普惠医疗股权投资管理中心（有限合伙）	1.25%	451.02	3,710.00	4,974.78	0.34
	常州五星钛信绿色股权投资基金合伙公司（有限合伙）	3.54%	1,326.21	12,000.00	14,628.12	0.22

续表

证券简称	投资机构	持股比例	持股数量（万股）	投资金额（万元）	对应市值（万元）	对应回报率（倍）
爱朋医疗	南通朋众股权投资中心（有限合伙）	2.32%	140.80	515.00	2,224.64	3.32
	南通爱普股权投资中心（有限合伙）	0.96%	57.93	212.50	915.29	3.31
	上海国鸿智言创业投资合伙公司（有限合伙）	1.98%	119.87	1,305.47	1,893.95	0.45
	上海盛宇黑科创业投资中心（有限合伙）	5.00%	303.00	3,300.00	4,787.40	0.45
	北京天峰启航股权投资合伙公司（有限合伙）	1.52%	91.82	1,000.00	1,450.76	0.45
	南通建华创业投资合伙公司（有限合伙）	1.52%	91.82	1,000.00	1,450.76	0.45
	江苏鱼跃科技发展有限公司	2.00%	121.20	1,320.00	1,914.96	0.45
迈瑞医疗	Smartco Development Limited	29.89%	32,707.23	35,353.88	1,596,112.99	44.15
	Magnifice（HK）Limited	27.14%	29,695.10	32,098.01	1,449,120.88	44.15
	EverUnion（H. K.）Limited	5.88%	6,436.40	6,957.23	314,096.52	44.15
	Glorex（HK）Limited	4.99%	5,459.51	103,513.02	266,424.28	1.57
	珠海睿隆管理咨询合伙公司（有限合伙）	4.33%	4,733.65	4,733.65	231,001.92	47.80
	珠海睿福投资咨询合伙公司（有限合伙）	4.13%	4,519.72	4,519.72	220,562.37	47.80
	国寿成达（上海）健康产业股权投资中心（有限合伙）	2.86%	3,125.98	59,267.94	152,547.67	1.57

续表

证券简称	投资机构	持股比例	持股数量（万股）	投资金额（万元）	对应市值（万元）	对应回报率（倍）
迈瑞医疗	珠海睿嘉投资咨询合伙公司(有限合伙)	2.29%	2,507.45	2,507.45	122,363.41	47.80
	珠海睿享投资咨询合伙公司(有限合伙)	2.12%	2,322.03	2,322.03	113,315.23	47.80
	珠海睿坤投资咨询合伙公司(有限合伙)	2.00%	2,188.18	2,188.18	106,783.28	47.80
	珠海睿和投资咨询合伙公司(有限合伙)	1.24%	1,354.81	1,354.81	66,114.75	47.80
	宁波梅山保税港区昂山恒泰投资合伙公司(有限合伙)	1.19%	1,300.00	24,648.13	63,440.00	1.57
	深圳市前海上营资本管理合伙公司(有限合伙)	0.91%	1,000.00	18,960.10	48,800.00	1.57
	北京阳光融汇医疗健康产业成长投资管理中心(有限合伙)	0.91%	1,000.00	18,960.10	48,800.00	1.57
	南京瑞联二号投资中心(有限合伙)	0.71%	781.49	14,817.50	38,136.92	1.57
	深圳市高特佳瑞程投资合伙公司(有限合伙)	0.64%	700.45	13,280.37	34,182.18	1.57
	Enchante Limited	0.48%	520.66	520.66	25,408.17	47.80
	深圳市明德惟馨拾壹号投资合伙公司(有限合伙)	0.45%	491.55	9,320.32	23,987.64	1.57
	昆山安村中银医疗器械产业投资中心(有限合伙)	0.42%	468.43	8,673.10	22,859.27	1.64
	深圳市创新投资集团有限公司	0.42%	456.96	8,664.81	22,299.61	1.57
	深圳君盛北港投资公司(有限合伙)	0.40%	435.92	8,264.45	21,273.07	1.57

续表

证券简称	投资机构	持股比例	持股数量（万股）	投资金额（万元）	对应市值（万元）	对应回报率（倍）
迈瑞医疗	上海国君创投隆彰投资管理中心（有限合伙）	0.39%	430.00	8,152.43	20,984.00	1.57
	马鞍山盛惟股权投资合伙公司（有限合伙）	0.39%	429.82	8,150.35	20,975.30	1.57
	上海久奕启擎创业投资合伙公司（有限合伙）	0.39%	429.82	8,150.35	20,975.30	1.57
	Patronum Union Limited	0.38%	416.85	416.85	20,342.22	47.80
	深圳市最佳拍档投资合伙公司（有限合伙）	0.37%	400.00	7,584.04	19,520.00	1.57
	深圳市前海汇睿启明创业投资合伙公司（有限合伙）	0.37%	400.00	7,584.04	19,520.00	1.57
	深圳市安林珊资产管理有限公司	0.36%	391.40	7,420.16	19,100.30	1.57
	北京长源投资有限公司	0.36%	390.75	7,407.71	19,068.46	1.57
	北京华泰瑞合医疗产业投资中心（有限合伙）	0.36%	390.75	7,407.71	19,068.46	1.57
	苏州工业园区民晟瑞马股权投资合伙公司（有限合伙）	0.36%	390.00	7,395.27	19,032.00	1.57
	上海源星胤力创业投资合伙公司（有限合伙）	0.27%	293.06	5,557.34	14,301.35	1.57
	合肥敦勤致信投资中心（有限合伙）	0.18%	200.00	3,792.02	9,760.00	1.57
	宁波仰华伊莱股权投资合伙公司（有限合伙）	0.18%	195.37	3,704.89	9,534.23	1.57
	Welly Bloom Limited	0.16%	180.00	3,333.58	8,784.00	1.64
	Health Pharma Investment Limited	0.12%	128.95	2,445.73	6,292.59	1.57
	宁波璞行投资合伙公司（有限合伙）	0.16%	175.84	3,333.58	8,580.81	1.57
	杭州先锋基石股权投资合伙公司（有限合伙）	0.10%	104.83	1,987.28	5,115.78	1.57
	广东红土创业投资有限公司	0.09%	97.69	1,852.45	4,767.11	1.57

续表

证券简称	投资机构	持股比例	持股数量（万股）	投资金额（万元）	对应市值（万元）	对应回报率（倍）
迈瑞医疗	中小公司发展基金（深圳有限合伙）	0.09%	97.69	1,852.45	4,767.11	1.57
	济宁先锋基石股权投资公司（有限合伙）	0.08%	90.54	1,717.61	4,418.45	1.57
振德医疗	淮南巨英股权投资合伙公司（有限合伙）	3.00%	225.00	1,125.00	4,459.50	2.96
大博医疗	昌都市大博通商医疗投资管理有限公司	49.98%	17,992.80	1,428.00 77.00	207,996.77	137.20
	大博医疗国际投资有限公司	25.57%	9,206.43	100.00 600.00	106,426.33	151.04
	拉萨大博传奇投资管理合伙公司（有限合伙）	1.02%	367.20	367.20	4,244.83	10.56
	拉萨合心同创投资管理合伙公司（有限合伙）	0.98%	352.80	352.80	4,078.37	10.56
正海生物	北京鼎晖维鑫创业投资中心（有限合伙）	7.08%	424.80	4,956.00	4,978.66	0.46%
	北京鼎晖维森创业投资中心（有限合伙）	4.92%	295.20	3,444.00	3,459.74	0.46%
	蓝色经济区产业投资基金（有限合伙）	5.00%	300.00	3,500.00	3,516.00	0.46%
	嘉兴正海创业投资合伙公司（有限合伙）	4.50%	270.00	248.00	3,164.40	11.76
	烟台创新创业投资有限公司	2.00%	120.00	1,400.00	1,406.40	0.46%
开立医疗	中金佳泰（天津）股权投资基金合伙公司（有限合伙）	12.89%	4,641.41	19,000.00	24,274.56	0.28
	深圳市景慧投资咨询有限公司	4.34%	1,563.41	1,500.00 −848.85	8,176.62	11.56
	苏州麦星创业投资公司（有限合伙）	2.85%	1,026.00	4,200.00	5,365.98	0.28
	深圳景众投资公司（有限合伙）	1.25%	450.00	187.50	2,353.50	11.55

续表

证券简称	投资机构	持股比例	持股数量（万股）	投资金额（万元）	对应市值（万元）	对应回报率（倍）
开立医疗	深圳景穗投资公司（有限合伙）	1.25%	450.00	187.50	2,353.50	11.55
	深圳景致投资公司（有限合伙）	1.25%	450.00	187.50	2,353.50	11.55
	深圳景清投资公司（有限合伙）	1.25%	450.00	187.50	2,353.50	11.55
欧普康视	合肥欧普民生投资管理合伙公司（有限合伙）	10.00%	510.16	59.01	12,146.94	204.86
	苏州文景九鼎投资中心（有限合伙）	9.96%	508.01	3,019.00	12,095.79	3.01
	苏州嘉岳九鼎投资中心（有限合伙）	7.14%	364.09	2,163.00	8,669.08	3.01
	苏州合众九鼎投资中心（有限合伙）	2.70%	137.48	818.00	3,273.28	3.00
康德莱	建银国际医疗产业股权投资有限公司	15.00%	8,357.57	9,461.40	79,396.92	7.39
	上海宏益博欣股权投资合伙公司（有限合伙）	9.91%	1,562.23	6,248.90	14,841.14	1.38
	上海张江高科技园区开发股份有限公司	6.28%	991.00	3,964.00	9,414.50	1.38
	上海旭鑫投资公司（有限合伙）	4.82%	760.56	3,042.24	7,225.32	1.38
	上海紫晨投资有限公司	3.58%	565.00	2,260.00	5,367.50	1.38
	广东南医科技投资有限公司	3.00%	473.07	1,892.28	4,494.17	1.38
	宏源汇富创业投资有限公司	2.50%	394.23	1,576.90	3,745.14	1.38
	上海利捷公司投资有限公司	1.90%	300.00	1,200.00	2,850.00	1.38
乐心医疗	中山市汇康股权投资合伙公司（有限合伙）	6.65%	294.00	409.50	4,595.22	10.22
	中山市协润股权投资合伙公司（有限合伙）	5.70%	252.00	351.00	3,938.76	10.22
	高榕资本（深圳）投资中心（有限合伙）	4.98%	220.00	2,488.00	3,438.60	0.38

续表

证券简称	投资机构	持股比例	持股数量（万股）	投资金额（万元）	对应市值（万元）	对应回报率（倍）
健帆生物	珠海红杉资本股权投资中心（有限合伙）	6.00%	2,220.70	4,800.00	22,384.66	3.66
维力医疗	高博投资（香港）有限公司	49.86%	3,739.20	1,318.36	57,583.68	42.68
	北京昆吾九鼎医药投资中心（有限合伙）	7.50%	562.50	3,150.00	8,662.50	1.75
	浙江瑞瀛钛和股权投资合伙公司（有限合伙）	4.50%	337.50	1,890.00	5,197.50	1.75
	上海谨业股权投资合伙公司（有限合伙）	3.50%	262.50	1,470.00	4,042.50	1.75
	嘉盈投资有限公司	2.00%	150.00	840.00	2,310.00	1.75
	苏州金泽九鼎投资中心（有限合伙）	0.50%	37.50	210.00	577.50	1.75
迪瑞医疗	长春瑞发投资有限公司	71.74%	3,300.00	2,321.11	97,482.00	41.00
	上海复星医药（集团）股份有限公司	6.46%	297.00	4,974.75	8,773.38	0.76
楚天科技	长沙楚天投资有限公司	81.09%	4,329.22	892.00	173,168.86	193.14
	海南汉森投资有限公司	9.09%	497.72	6,000.00	19,908.89	2.32
凯利泰	Ultra Tempo Limited	17.09%	653.74	46.29	19,017.22	409.79
	上海欣诚意投资有限公司	12.48%	477.34	33.80	13,885.75	409.84
	Win Star Inc. Limited	11.57%	442.61	31.34	12,875.60	409.83
	上海凯泰利新投资有限公司	9.73%	372.23	26.36	10,828.03	409.84
	上海凯诚君泰投资有限公司	9.68%	370.28	26.22	10,771.30	409.81
	Maxus Holding Limited	9.08%	347.14	24.58	10,098.23	409.82
	上海祥禾股权投资合伙公司	5.88%	225.00	1,020.00	6,545.25	5.42
	上海仲翼投资有限公司	3.71%	141.75	10.04	4,123.51	409.82
	Spruce Investment Consulting Limited	2.77%	106.09	7.51	3,086.09	409.89
	上海微外投资管理有限公司	2.32%	88.73	6.28	2,581.01	409.87

续表

证券简称	投资机构	持股比例	持股数量（万股）	投资金额（万元）	对应市值（万元）	对应回报率（倍）
凯利泰	上海爱普投资有限公司	1.96%	75.00	340.00	2,181.75	5.42
	上海莱艾福投资管理有限公司	1.96%	75.00	210.00	2,181.75	9.39
三诺生物	长沙益和投资管理合伙公司（有限合伙）	1.52%	100.00	150.00	2,900.00	18.33
宝莱特	江苏艾利克斯投资有限公司	31.00%	932.48	1,692.00	23,312.00	12.78
冠昊生物	上海科星创业投资有限公司	9.78%	448.00	627.20 406.00	8,153.60	12.00
	华翘国际有限公司	14.19%	650.00	3,240.00	11,830.00	2.24
理邦仪器	SBCVC Company Limited	7.71%	578.21	2,032.58	21,971.98	9.81
	Matrix Partners China I HongKong Limited	5.13%	385.00	1,353.38	14,630.00	9.81
	WIHarper INC Fund VI HongKong Limited	5.13%	385.00	676.69 1,080.00	14,630.00	6.21
	深圳市鹏邦投资股份有限公司	4.94%	370.40	701.35	14,075.20	19.07
尚荣医疗	深圳市富海银涛创业投资有限公司	13.72%	843.49	4,000.00	38,800.34	8.70
	深圳市红岭创业投资公司（有限合伙）	4.88%	300.00	2,400.00	13,800.00	4.75
	深圳市龙岗创新投资有限公司	2.71%	166.76	1,400.80	7,671.07	4.48
	深圳市道德投资管理有限公司	2.44%	150.00	1,200.00	6,900.00	4.75
	深圳市创新投资集团有限公司	0.98%	60.00	504.00	2,760.00	4.48
九安医疗	Heddington Limited	19.92%	1,852.37	2,130.00 -1,170.00 -3,666.42	35,898.93	15.85
	香港的龙天集团有限公司	10.97%	1,020.21	2,730.00	19,771.67	6.24
	深圳市同盛卓越创业投资有限公司	0.31%	28.83	78.00	558.73	6.16

续表

证券简称	投资机构	持股比例	持股数量（万股）	投资金额（万元）	对应市值（万元）	对应回报率（倍）
蓝帆医疗	中轩投资有限公司	30.00%	1,800.00	300.00	63,000.00	209.00
福瑞股份	中国高新投资集团公司	25.27%	1,389.78	400.00 2,000.70 788.00	40,275.73	15.78
	深圳市鄂尔多斯资产管理有限公司	13.03%	716.64	250.00	20,768.27	25.36
	呼和浩特市福创投资有限责任公司	8.55%	470.00	440.00	13,620.60	18.74
阳普医疗	广州科技创业投资有限公司	19.03%	1,054.08	360.00	26,352.00	72.20
	国信弘盛投资有限公司	6.86%	380.00	380.00	9,500.00	24.00
鱼跃医疗	深圳市世方联创业投资有限公司	3.89%	299.53	600.00	2,839.54	3.73
海尔生物	宁波梅山保税港区奇君股权投资合伙公司（有限合伙）	27.00%	6,420.73	58,657.69	99,713.96	0.70
	青岛海创睿股权投资基金中心（有限合伙）	13.50%	3,210.37	34,440.65	49,856.98	0.45
	天津海盈康公司管理合伙公司（有限合伙）	5.16%	1,226.17	1,226.17	19,042.40	14.53
	天津海创盈康公司管理合伙公司（有限合伙）	4.84%	1,151.77	1,151.77	17,887.05	14.53
	中国医药投资有限公司	3.78%	898.90	8,212.20	13,959.95	0.70
	宁波梅山保税港区龙汇和诚投资管理合伙公司（有限合伙）	3.42%	813.29	7,430.08	12,630.44	0.70

数据来源：上市公司公告，立德咨询整理。

第二节
行业发展基本概况

一、医疗器械行业分类

2017 年 5 月 4 日，国务院发布《医疗器械监督管理条例》（修订版），该条例是中国医疗器械市场最高级别的法规性文件，其中就有对医疗器械的明确定义。医疗器械是指直接或者间接用于人体的仪器、设备、器具、体外诊断试剂及校准物、材料以及其他类似或者相关的物品，包括所需要的计算机软件。其效用主要通过物理等方式获得，不是通过药理学、免疫学或者代谢的方式获得，或者虽然有这些方式参与但是只起辅助作用，其目的是：

①疾病的诊断、预防、监护、治疗或者缓解；

②损伤的诊断、监护、治疗、缓解或者功能补偿；

③生理结构或者生理过程的检验、替代、调节或者支持；

④生命的支持或者维持；

⑤妊娠控制；

⑥通过对来自人体的样本进行检查，为医疗或者诊断目的提供信息。

根据产品性质的不同，医疗器械市场可以分为高值医用耗材、低值医用耗材、医疗设备、IVD（体外诊断）。其中，根据用途不同，又可以将高值医用耗材市场分为骨科植入、血管介入、神经外科、眼科、口腔科、血液净化、非血管介入、电生理与起搏器、其他共九小类。医疗器械产品分类见图6-1。

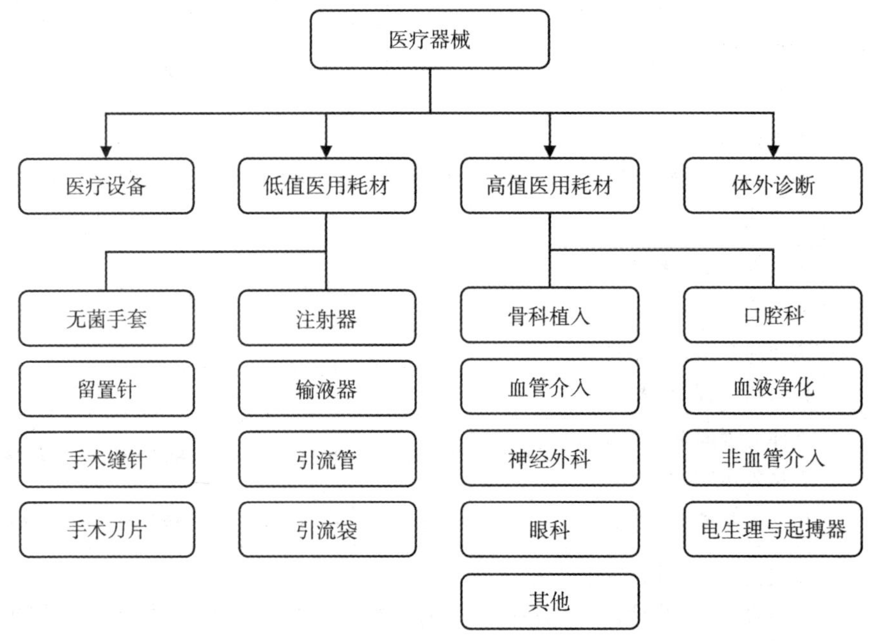

图6-1 医疗器械产品分类

医疗器械行业涉及医药、机械、电子、塑料等多个行业，是一个多学科交叉、知识密集、资金密集的高技术产业。

二、行业上下游产业链

医疗器械行业的上游行业包括有色金属、化工、钢铁、互联网、生物医用材料及模具加工等国家基础行业。上游行业市场发展成熟，市场竞争激烈，原材料供给较为充分，价格波动平稳。此外，由于本行业产品毛利率较高，原材料价格的正常波动不会对行业的利润水平带来较大影响。

医疗器械行业的下游行业主要为直接面向终端消费市场的各类医疗卫生机构和家庭用户。国家经济的发展、居民收入的增加、居民医疗保健意识的提高、医保覆盖范围的扩大,极大地刺激了医疗器械行业的发展需求。在城镇化进程大背景下,国内医疗保障体系已经逐步完善,公立医院改革、县医院建设、医疗保险制度等新政策将影响本行业的发展。医疗器械行业产业链示意图见图 6-2。

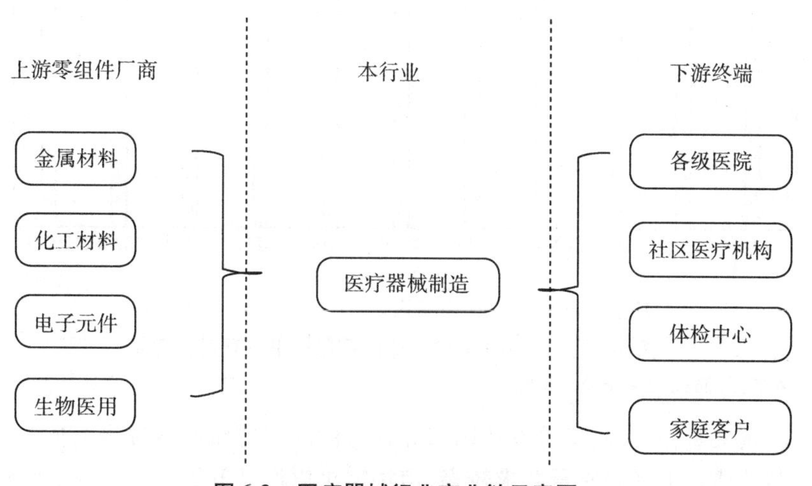

图 6-2 医疗器械行业产业链示意图

三、行业市场概况分析

(一)行业发展概述

医疗器械行业是一个多学科交叉、知识密集、资金密集型的高技术产业,其发展情况代表了一个国家的综合实力和科技水平。最早的医疗器械出现在古代,人们发明了针灸,针刺穴位来治疗疾病。但是,由于科技水平落后,特别是人们对自身和疾病认识的局限以及经验不足,医疗器械行业发展缓慢。直到 19 世纪末 20 世纪初,随着现代工业水平的提高,用于诊断、治疗、预防疾病的医疗器械才得到快速发展。20 世纪上半叶,因为长时间的战乱,我国现代医疗器械行业发展艰难。改革开放以后,我国的医疗器械行业才逐步发展。20 世纪 80 年代以来,B 型超声诊断仪、磁共振诊断装置、电子计算机 X 光断层扫描装置(简称 CT)、心脏起搏器等现代医疗器械的出现以及广泛应用,使医疗器械发展成为国民经济重要行业。

1. 全球医疗器械行业市场情况

医疗器械是关系到人类生命健康的新兴产业,作为医疗服务的重要组成部分,经济的快速发展必将导致对健康服务需求的整体增加。随着人们对健康需求的日益增加,医疗卫生事业不断发展,医疗器械的核心技术将更加先进,产品质量和性能会不断提升,功能会更加多样化,市场容量也会不断扩大。根据EvaluateMedTech统计,2014—2017 年全球医疗器械市场规模由 3,752 亿美元增长到 4,050 亿美元,年复合增长 3.33%。预计到 2024 年,全球医疗器械销售额将达到 5,945 亿美元,预计2017—2024年复合增长率为5.63%①(见图6-3)。

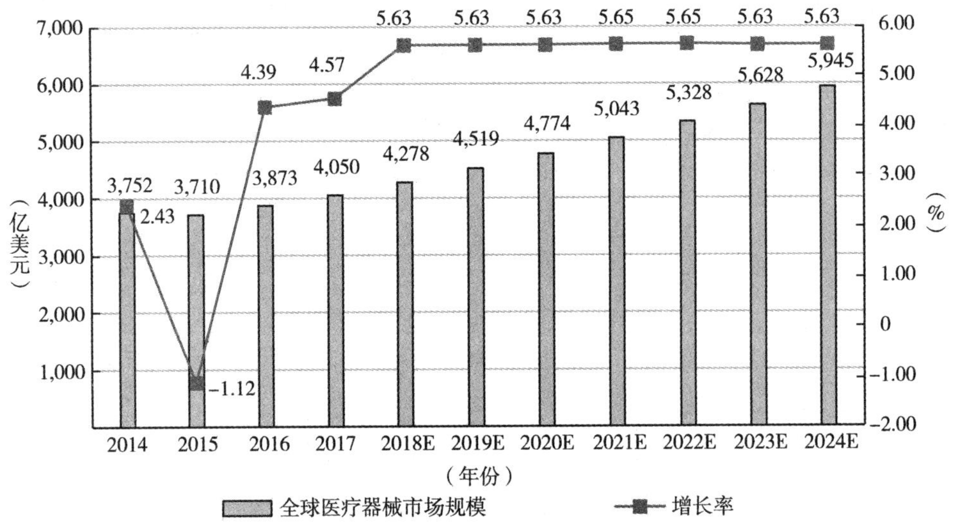

图6-3 2014—2024年全球医疗器械市场规模情况②

数据来源:Evaluate、医疗器械研究院。

从区域来看,欧、美、日等发达国家和地区的医疗器械产业发展时间早,对医疗器械产品的技术水平和质量要求较高,市场需求以产品升级换代为主,市场规模庞大,增长稳定。2017年,美洲地区医疗器械市场约占全球48%的市场份额。欧洲是全球医疗器械第二大市场和制造地区,约占全球医疗器械市场的27%。而以中国为代表的新兴市场是全球最具潜力的医疗器械市场,产品普及需求与升级换代需求并存,近年来增长速度较快。中国已成为全球医疗器械的重要生产基地,约占全球医疗器械市场14%的市场份额③,产品主要在中低端医疗器械领域。日本在医疗器械行业的优势主要体现在医学影像领域。

2. 中国医疗器械行业发展概述

中国医疗器械产业由小到大,迅速发展。从卫材为主的初创阶段到门类扩张的起步阶段,再到20世纪90年代我国各地的国营医疗器械生产公司先后改制或改组为股份制公司和民营公司的结构性变化阶段,中国医疗器械行业完成了原始技术和资本积累,并初步实现了产品结构调整和区域产业布局。新医改启动后,行业迎来了一个新的历史时期。

(1)行业主管部门。

医疗器械行业已形成市场化的竞争格局,公司面向市场自主经营,政府职能部门依法管理。我国医疗器械行业的主管部门为国家发展和改革委员会、国家食品药品监督管理总局与国家卫生和计划生育委员会④。其中,国家发展和改革委员

①EvaluateMedTech:《World Preview 2018,Outlookto 2024》,https://www.evaluate.com/sites/default/files/media/download—files/WPMT2018_0。

②医械汇:《中国医疗器械蓝皮书(2019版)》,第9页。

③王宝亭,耿鸿武:《中国医疗器械行业发展报告(2018)》,社会科学文献出版社,第367页。

④2018年国务院机构改革不再保留这两个部门。

会负责组织制定产业政策、引导技术升级并实施其他宏观调控职能。

医疗器械行业的行业自律性组织是中国医疗器械行业协会和中国医学装备协会。这两个组织是行业内部管理机构，主要负责开展行业发展问题的调查研究、组织制定并监督执行行业政策、制订行业发展规划等各项工作。

(2)行业监管体制。

①境内监管。我国对医疗器械行业按风险程度分类进行监督管理；对医疗器械产品生产采取注册制度；对医疗器械生产公司实行备案和许可证制度。

A. 分类管理制度(见表6-11)。

第一类是指通过常规管理足以保证其安全性、有效性的医疗器械。

第二类是指对其安全性、有效性应当加以控制的医疗器械。

第三类是指植入人体，用于支持、维持生命，对人体具有潜在危险，对其安全性、有效性必须严格控制的医疗器械。

表6-11　　医疗器械分类管理制度

类型	定义	管理方式	审批部门	主要产品
第一类	风险程度较低，通过常规管理可以保证其安全、有效的医疗器械	产品备案管理	所在地设区的市级人民政府食品药品监督管理部门	医用离心机、手术刀、放大镜、口罩、电泳仪、切片机、医用X光胶片等
第二类	具有中度风险，需要严格控制管理以保证其安全、有效的医疗器械	产品注册管理	所在地省、自治区、直辖市人民政府食品药品监督管理部门	心电图仪、缝合线、声光电磁机器、无损伤动脉钳等
第三类	具有较高风险，需要采取特别措施严格控制管理以保证其安全、有效的医疗器械	产品注册管理	国务院食品药品监督管理部门	心脏支架、植入物关节假体、骨针、人工晶体、超声波治疗仪器、激光手术设备等

B. 生产许可备案制度。

《医疗器械生产监督管理办法》规定，开办第一类医疗器械生产企业的，应当向所在地设区的市级食品药品监督管理部门办理第一类医疗器械生产备案。开办第二类、第三类医疗器械生产企业的，应当向所在地省、自治区、直辖市食品药品监督管理部门申请生产许可。对符合规定条件的，准予许可并发给医疗器械生产许可证。医疗器械生产许可证有效期为5年，有效期届满延续的，应当自有效期届满6个月前向原发证部门提出延续申请。

C. 产品注册许可制度。

生产第一类医疗器械，由设区的市级食品药品监督管理部门审查批准，并发给产品注册证书。

境内第二类医疗器械，由省、自治区、直辖市食品药品监督管理部门审查，批准后发给医疗器械注册证。

境内第三类医疗器械，由国家食品药品监督管理部门审查，批准后发给医疗器械注册证书。

②境外监管。医疗器械类产品进入国际市场时，要适用进口国相关医疗器械管理的规定，需要经过相关医疗器械监督管理机构的认证，如 ISO 13485:2016 医疗器械质量体系认证、美国 FDA（食品药品管理局）注册、欧盟 CE 认证、日本《指定外国制造事业者指定书》、韩国 GMP 证书等。

(3)行业相关政策及规划。

医疗器械行业是国家重点和鼓励发展的行业，先后制定了若干产业政策，促进本行业向一体化、高端化、大健康等方向发展。如 2017 年 1 月 9 日国家卫计委印发“两票制”规定，药品生产公司向医药流通公司销售产品、医药流通公司向医疗机构销售产品各开一次发票，中间流通环节大幅减少，销售渠道收窄，驱使医疗器械制造公司通过横向兼并区域渠道商、纵向拓展下游渠道、整合产品/区域/物流一体化等方式拓宽销售渠道。其他具体政策如下（见表 6-12）。

表 6-12　医疗器械行业相关产业政策

序号	发布时间	政策名称	具体说明
1	2018 年 4 月	《国务院办公厅关于促进“互联网 + 医疗健康”发展的意见》	加强临床、科研数据整合共享和应用，支持研发医疗健康相关的人工智能技术、医用机器人、大型医疗设备、应急救援医疗设备、生物三维(3D)打印技术和可穿戴设备等。顺应工业互联网创新发展趋势，提升医疗健康设备的数字化、智能化制造水平，促进产业升级
2	2017 年 5 月	《“十三五”医疗器械科技创新专项规划》	加速医疗器械产业整体向创新驱动发展的转型，完善医疗器械研发创新链条；突破一批前沿、共性关键技术和核心部件，开发一批进口依赖度高、临床需求迫切的高端、主流医疗器械和适宜基层的智能化、移动化、网络化产品；培育若干年产值超百亿元的领军公司和一批具备较强创新活力的创新型公司，大幅提高产业竞争力，扩大国产创新医疗器械产品的市场占有率，引领医学模式变革，推进我国医疗器械产业的跨越发展
3	2016 年 3 月	《国务院办公厅关于促进医药产业健康发展的指导意见》	加快医疗器械转型升级；推动基本药物、高风险药品、药用辅料、包装材料及基础性、通用性和高风险医疗器械的质量标准升级；在具有人才、技术优势的中心城市，利用电子、信息和装备等产业的辐射效应，建设高端医疗器械研发和产业化基地

续表

序号	发布时间	政策名称	具体说明
4	2015 年 5 月	《中国制造 2025》	提高医疗器械的创新能力和产业化水平，重点发展影像设备、医用机器人等高性能诊疗设备，全降解血管支架等高值医用耗材，可穿戴、远程诊疗等移动医疗产品
5	2013 年 10 月	《关于促进健康服务业发展的若干意见》	支持创新药物、医疗器械、新型生物医药材料研发和产业化，支持数字化医疗产品和适用于个人及家庭的健康检测、监测与健康物联网等产品的研发
6	2011 年 12 月	《医疗器械科技产业“十二五”专项规划》	至 2015 年，初步建立医疗器械研发创新链，医疗器械产业技术创新能力显著提升；突破一批共性关键技术和核心部件，重点开发一批具有自主知识产权的高性能、高品质、低成本和主要依赖进口的基本医疗器械产品，满足我国基层医疗卫生体系建设需要和临床常规诊疗需求；进一步完善科技创新和产业发展的政策环境，培育一批创新品牌，大幅提高产业竞争力，医疗器械科技产业发展实现快速跨越
7	2011 年 11 月	《医学科技发展“十二五”规划》	研究临床应用需求量大、应用面广的我国急需紧缺的中高端诊断、治疗类医疗器械；大力推进应用于基层医疗卫生机构的高性价比医疗器械的开发，提高智能化程度、技术稳定性和产品可靠性；研发便于操作使用的适用于家庭或个人自我保健、功能康复和替代的医疗器械产品
8	2011 年 6 月	《当前优先发展的高技术产业化重点领域指南（2011 年度）》	适用于个人、家庭、社区、农村基层诊所及医院的信息服务系统及带有相应信息化功能的便携式分析、监护、诊断及预防治疗仪器，病人信息数据库、专家系统，医学信息数据库、数字医学影像存储与传输系统，远程医疗诊断、监护和教育系统，社区卫生服务网络系统，数字医学信息处理专用软件

（4）行业主要监管法律法规（见表 6-13）。

医疗器械行业属于监管比较严格的行业，我国政府制定和颁布了一系列医疗器械生产监督的法律法规，对医疗器械生产、经营公司实行严格的监督管理。

表 6-13　行业主要监管法律法规

发布/修订时间	发布部门	名称
2018 年 11 月	国家药品监督管理局	《创新医疗器械特别审查程序》
2018 年 10 月	全国人民代表大会常务委员会	《中华人民共和国计量法》
2017 年 11 月	国家食品药品监督管理总局	《医疗器械生产监督管理办法》
2017 年 11 月	国家食品药品监督管理总局	《医疗器械经营监督管理办法》

续表

发布/修订时间	发布部门	名称
2017年8月	国家食品药品监督管理总局	《医疗器械分类目录》
2017年5月	国务院	《医疗器械监督管理条例》
2017年4月	国家食品药品监督管理总局	《医疗器械标准管理办法》
2015年10月	国家食品药品监督管理总局	《医疗器械使用质量监督管理办法》
2014年12月	国家食品药品监督管理总局	《医疗器械生产质量体系管理规范》
2014年7月	国家食品药品监督管理总局	《医疗器械注册管理办法》
2004年1月	国家食品药品监督管理总局	《医疗器械临床试验规定》

(5)行业现状。

①市场规模。快速发展的经济态势、良好的政策和法律环境、不断增加的健康需求让中国医疗器械市场迎来了巨大的发展机遇。根据医疗器械研究院研究成果计算,2014—2018年中国医疗器械行业收入的年平均复合增长率高达20.13%,远高于全球3.00%左右的年平均复合增长率。2017年的市场规模已达4,425亿元,2018年中国医疗器械市场规模约为5,304亿元,同比增长19.86%[①](见图6-4)。

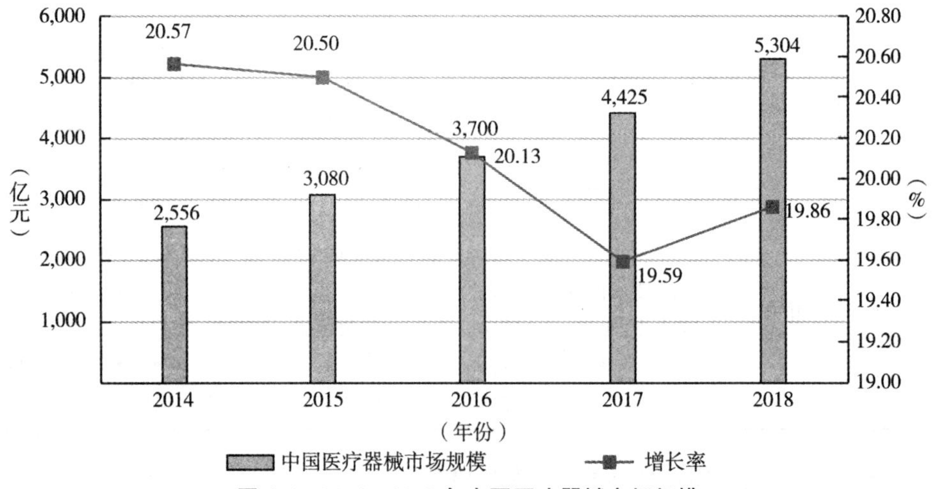

图6-4 2014—2018年中国医疗器械市场规模

数据来源:医疗器械研究院。

医疗设备市场是中国医疗器械最大的细分市场。2015—2018年,市场规模从1,744亿元增长至3,013亿元(见图6-5),年均复合增长19.99%,市场权重达到56.73%。其次为高值医用耗材市场,市场规模从601亿元增长至1,046亿元,年均复合增长20.29%,市场权重为19.63%[②]。

从增幅与增速来看,高值医用耗材市场具有较大潜力。2015—2018年高值医

①医械汇:《中国医疗器械蓝皮书(2019版)》,第12页。

②根据《中国医疗器械蓝皮书(2019版)》数据计算。

用耗材市场累计增长了 74.04%，增幅最大，高于低值医用耗材市场的 71.85%、医疗设备市场的 72.76%、体外诊断市场的 66.85%。

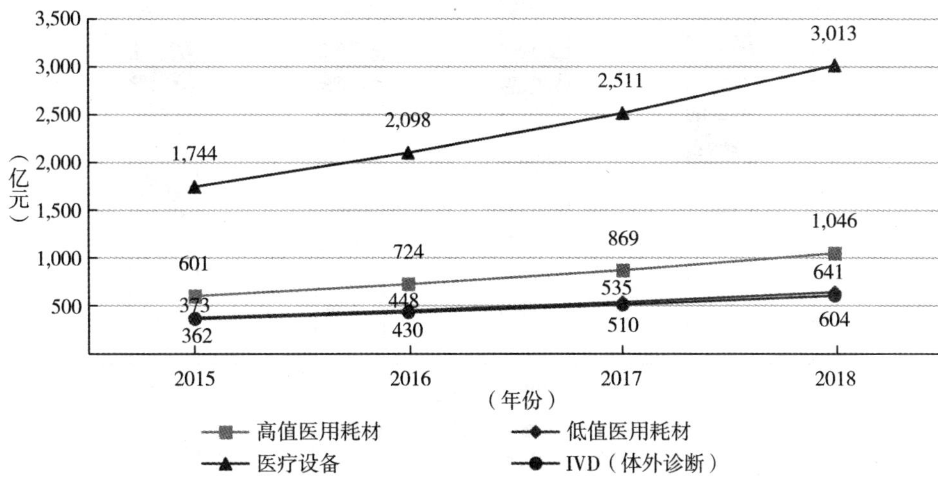

图 6-5 2015—2018 年中国医疗器械细分市场规模情况

数据来源：医疗器械研究院。

高值医用耗材市场中，又以血管介入类产品最具潜力。从市场规模看，血管介入市场从 2015 年的 110 亿元增长至 2018 年的 389 亿元（见图 6-6），年均复合增长 52.35%，远高于其他高值医用耗材产品。从增长幅度看，2015—2018 年市场规模增长幅度高达 253.64%，远高于增速第二的血液净化市场 81.08% 和第三的口腔科市场 75.00%。从市场结构看，2015—2018 年血管介入市场权重为 32.65%，其中 2016 年血管介入市场占高值医用耗材市场份额较 2015 年提高了 87.16%，超过骨科植入市场，成为最重要的高值医用耗材细分市场（见图 6-7）。

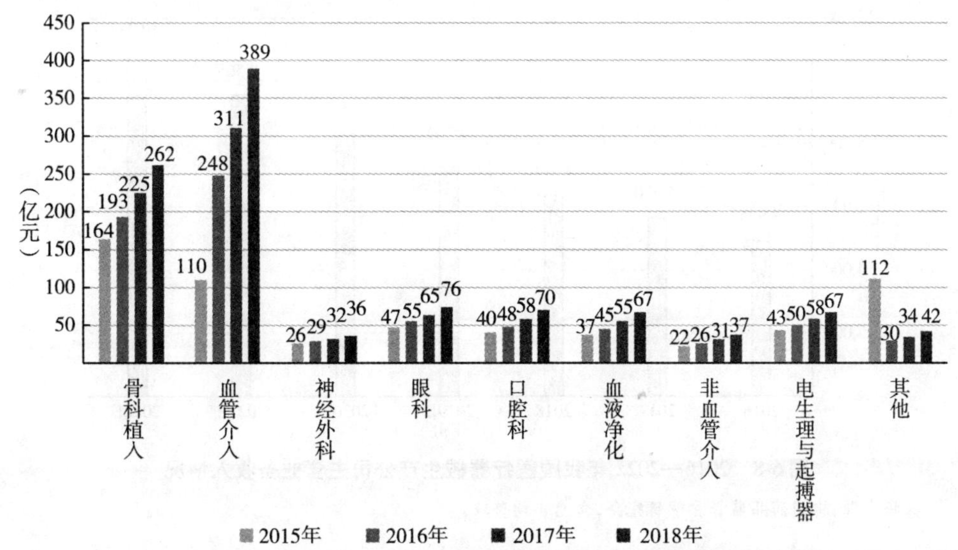

图 6-6 2015—2018 年高值医用耗材细分市场规模情况

数据来源：医疗器械研究院。

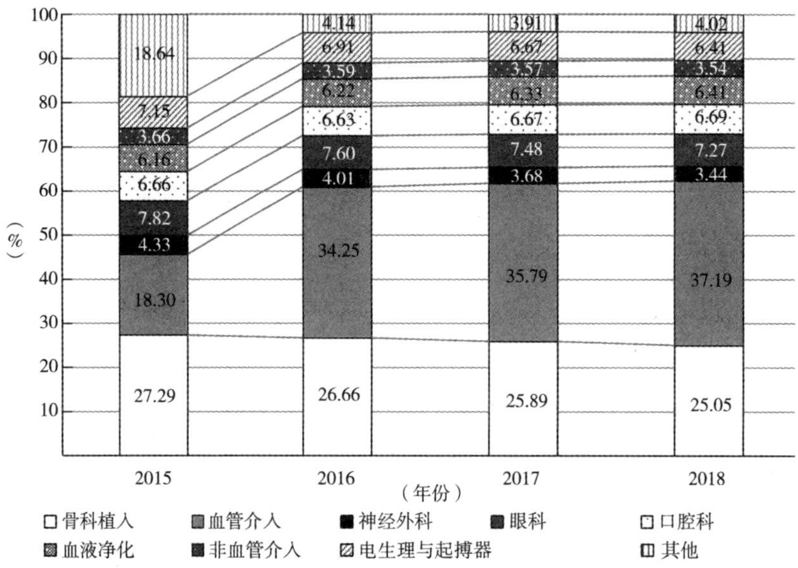

图 6-7　2015—2018 年高值医用耗材细分市场结构变化

数据来源:医疗器械研究院。

②经营公司情况。根据统计,截至 2018 年11 月底,全国实有医疗器械生产公司约 1.9 万家,其中可生产第一类产品的公司有7,513 家,可生产第二类产品的公司有 9,189 家,可生产第三类产品的公司有1,997 家①。医疗器械生产公司 90% 以上为中小型公司,主营业务收入年平均3,000 万 ~4,000 万元,与国内制药公司的 3 亿 ~4 亿元相比还存在巨大差距。2018 年,我国医疗器械生产公司主营业务收入约为 6,380 亿元,预计到 2022 年医疗器械生产公司主营业务收入将有望突破10,947 亿元②(见图 6-8)。

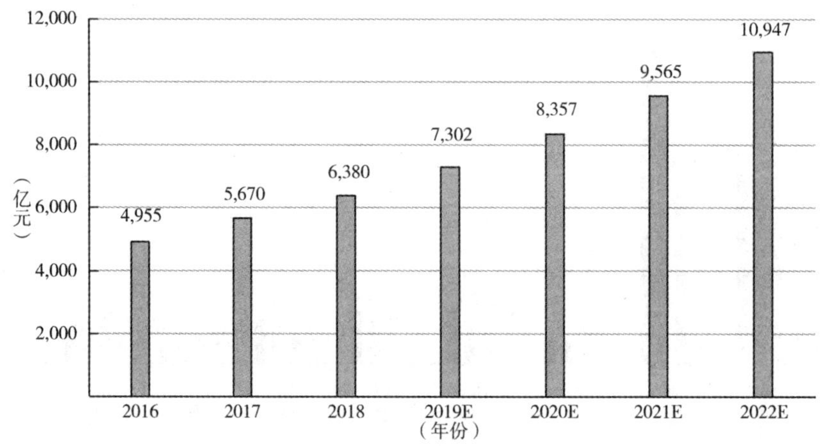

图 6-8　2016—2022 年我国医疗器械生产公司主营业务收入情况

数据来源:中国药品监督管理研究会,立德咨询整理。

①国家药品监督管理局,《2018 年度药品监管统计年报》,http://www.nmpa.gov.cn/zwgk/tjxx/tjnb/20190509120001890.html。

②王宝亭,耿鸿武:《中国医疗器械行业发展报告(2019)》,社会科学文献出版社,第 3 ~4 页。

③进出口情况。2018 年,我国医疗器械对外贸易发展增长的协调性不断提升,贸易结构不断优化,质量效益持续改善,新动能不断积聚。2018 年,我国医疗器械类出口金额达 236.30 亿美元,同比增长 8.88%。其中,医用敷料、医用耗材、医院诊断与治疗设备、康复设备、口腔设备与材料出口均实现稳步增长,分别提升 7.48%、9.14%、7.18%、10.79%、18.50%。就市场方面,我国医疗器械出口欧盟、北美市场的增幅较大,均达到两位数增长,分别为 10.92% 和 10.25%[①]。德国首次超过中国香港,成为我国医疗器械出口第三大贸易伙伴。2018 年我国医疗器械出口商分类占比情况见图 6-9。

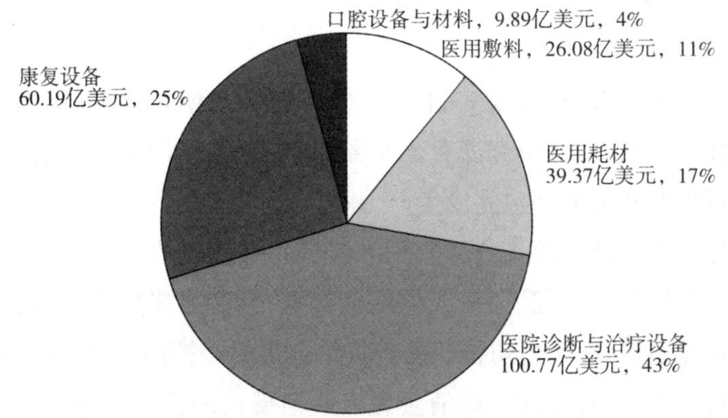

图 6-9　2018 年我国医疗器械出口商品分类占比情况

数据来源:中国医药保健品进出口商会,立德咨询整理。

根据数据显示,2018 年我国医疗仪器及器械类进出口总额达 457.95 亿美元(见图 6-10),同比增长 8.87%,其中进口金额达 221.65 亿美元,同比增长 8.87%[②]。进口产品中,以光学仪器、彩超、X 射线断层检查仪(CT)、植入类产品等高端医学器械为主。

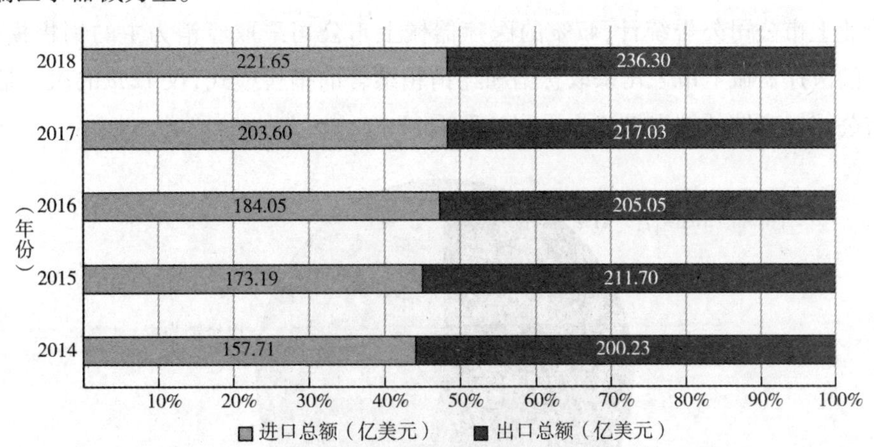

图 6-10　2014—2018 年我国医疗仪器及器械进出口情况

数据来源:中国医药保健品进出口商会,立德咨询整理。

①中国医药保健品进出口商会,《医疗器械出口延续平稳增长态势》,http://www.cccmhpie.org.cn/Pub/9269/174341.shtml。

②王宝亭,耿鸿武:《中国医疗器械行业发展报告(2019)》,社会科学文献出版社,第 6 页。

总体来说,2018 年我国医疗器械出口延续平稳增长态势。当前,我国中低端医疗产品在国际市场上的认可度较高,低附加值的耗材产品更是主导国际市场。在国家政策的引导下,高端医疗器械创新能力显著增强,关键技术进一步提升,一批重大产品实现了新的突破,有效地改变了我国高性能医疗器械以进口为主、产品开发以仿制为主的不利格局,打破了长期以来国外公司垄断我国高端影像设备市场的被动局面。

(二)行业经营模式及技术水平状况

1. 行业经营模式

医疗器械行业采取"以销定产、以产定购"的生产模式,根据市场需求的变化确定销售目标,结合在手订单和库存水平制订产品生产计划。国内医疗器械制造公司多以自行生产和劳务外包完成生产,并以自行生产为主。

医疗器械行业的销售模式分为直销和经销。在直销模式下,公司将产品直接或通过线上平台销售至医院、药房或终端消费者,利润水平较高,公司对终端的掌控能力强。在经销模式下,公司将产品销售给合格的经销商,由经销商在约定区域内将产品销售至医院、药房或终端消费者。经销模式的优点在于可以在较短时间内进行大范围的市场覆盖,从而减轻了资金压力,资金周转速度较快,坏账风险较低。

医疗器械生产公司大多以经销为主或采用直销和经销相结合的销售模式。这两种模式在充分利用经销商优质的资源以及营销渠道的同时,又能与终端客户直接接触,更多地了解终端客户的差异化需求,以推动产品的技术升级。根据医疗器械行业上市公司公告统计,47% 的医疗器械上市公司采取经销为主的销售模式,41% 的医疗器械上市公司采取直销和经销相结合的销售模式,仅 12% 的医疗器械上市公司以直销的销售模式为主(见图 6-11)。

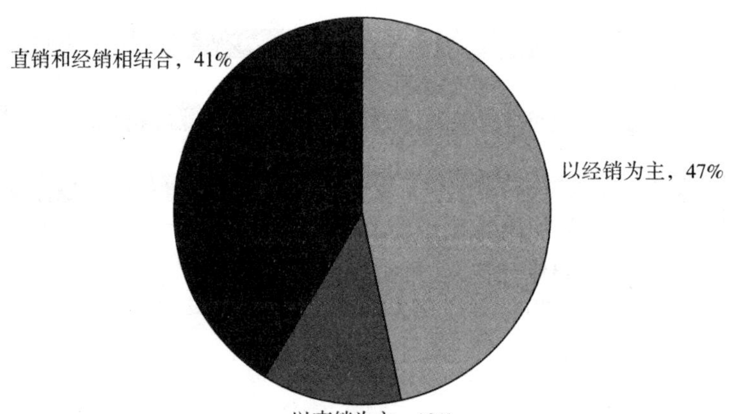

图 6-11 上市公司销售模式统计

数据来源:上市公司公告,立德咨询整理。

行业销售模式将随着“两票制”的实施而产生变化（见图 6-12）。“两票制”实施后，中间流通环节减少，经销商市场集中度提高，传统经销渠道减少，迫使医疗器械制造公司横向兼并拥有丰富直销渠道的竞争对手、纵向收购下游经销渠道的医药流通公司、整合区域销售渠道资源。

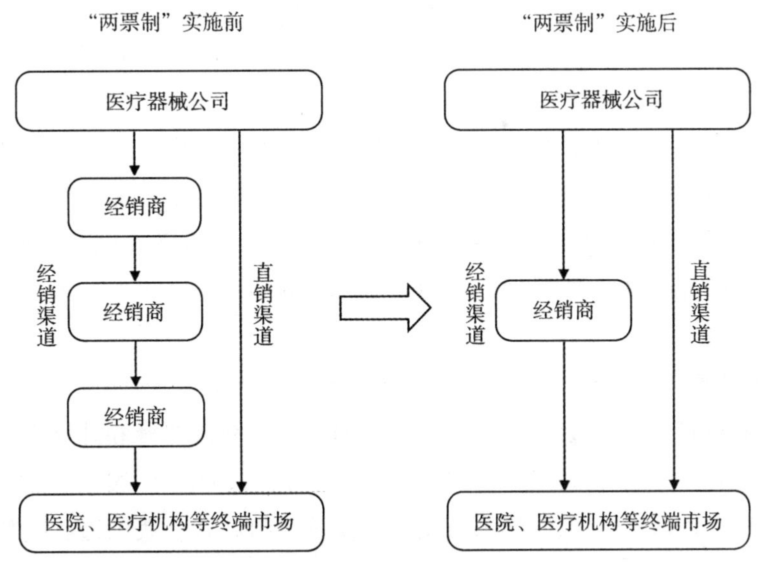

图 6-12 “两票制”实施前后医疗器械行业销售渠道变化

2. 行业技术水平及特点

我国医疗器械行业起步较晚，但是近年来受益于改革开放和国民经济的整体发展，我国医疗器械行业取得了长足的进步。通过自主研发，我国目前已能生产包括医用电子仪器、光学仪器、医学影像设备、激光仪器等在内的上万个规格的产品，特别是常规和中低端品种比较齐全，基本可以满足一般医院各科室开展医疗活动的需要。在一次性医疗器械产品上，国内已经拥有全球领先的生产制造能力。

在高端医疗设备与器械市场，我国医疗器械公司仍与国际巨头（如飞利浦、西门子、罗氏、美敦力等）有较大的技术差距。目前，我国发展规模较大、发展较为成熟的医疗器械细分市场是医疗设备和高值医用耗材。高值医用耗材中血管介入器械和骨科植入物细分领域市场规模较大，耗材材料作为技术核心，决定了高值医用耗材产品的生物相容性、生物活性、负载能力、耐磨损性、耐腐蚀性等性能。

（1）医疗设备。

医疗设备各细分领域进口替代程度仍然较低。国产产品仅在少数中低端医疗设备细分领域占有较高的市场份额，高端医疗设备供应格局基本由美国通用电气（General Electric Company）、荷兰飞利浦（Royal Dutch Philips Electronics Ltd.）和德国西门子（Siemens Aktiengesellschaft）主导。

目前，我国仅在数字 X 线成像、监护仪、制氧机等领域实现了国产化。数字 X

线成像方面，国产医用X线成像产品占据中低端市场，但X线发生器和探测器核心部件技术水平不及进口产品，目前多家龙头公司均已布局新一代多功能动态医用X线成像设备以打开高端市场，如安健科技已完成自主研发的动态医用X线成像核心技术。监护仪方面，迈瑞医疗已推出可旋转屏幕的新一代监护工作站，向高端监护设备领域迈进。制氧机方面，国产制氧机技术成熟，以使用气体分离技术的分子筛制氧机为主，虽然核心零部件之一的分子筛仍采用法国锂基分子筛或美国分子筛，但压缩机、过滤器等其他核心零部件已实现国产化。

我国医疗设备行业在多个领域仍依赖进口。例如，国产X线计算机体层成像设备原材料闪烁陶瓷无产业化和设备制造商缺乏ASIC芯片等核心部件开发能力，国产磁共振成像设备难以突破3.0T高场强磁体，体外膜肺氧合ECMO核心部件膜肺原材料聚烯烃（PMP）需从德国Membrana（Membrana GmbH）进口，欧美大厂技术壁垒有待打破。

（2）血管介入器械。

我国心血管介入器械以国产产品为主，但脑血管介入器械和外周血管介入器械仍严重依赖国际老牌大厂进口产品，如美敦力、波科、爱德华、泰尔、强生等。

心血管介入器械方面，我国冠脉支架已实现进口替代。我国冠脉支架以第三代药物洗脱支架产品为主，北京中科益安公司与中科院金属研究所已研发出具有自主知识产权的高氮无镍不锈钢药物洗脱支架，综合性能达到美国Carpenter公司（Carpenter Technology Corporation）BioDur108合金水平。然而，第三代药物洗脱支架存在植入人体后永久存留金属异物等缺点，乐普医疗、微创医疗、山东华安、先健科技等行业龙头公司正加紧第四代生物可降解支架的研发。如先健科技采用铁基材料和薄壁设计的可吸收药物洗脱冠脉支架，支架主体壁厚度为50～55 μm，强度大于钴铬合金。除此之外，多家公司可降解支架均已达到临床试验阶段。

国产心血管介入器械技术较为成熟，但与发达国家技术水平仍有较大差距。目前，发达国家已普及第四代生物可降解支架产品，如德国Biotronik公司（Biotronik SE&Co. KG）的镁合金可降解支架Magmaris系列产品，基体材料采用WE43镁合金（质量分数：Mg-4% Y-3% Re），生物相容性较好，仅需1年左右即可被人体完全吸收，靶血管失败率为6.6%，无支架血栓形成。Magmaris系列产品于2016年通过欧洲合格认证（CE）①进入市场，至2020年已有3年的BIOSOLVE-I临床试验随访数据，经BIOSOLVE-2临床试验证实，基本达到理想的支架性能要求。美国Elixir医学公司（Elixir Medical Corporation）也推出了采用左旋聚乳酸（PLLA）材料研发的DE Solve系列产品，已于2013年进入欧洲市场，至2020年有6年随访数据。

①欧洲合格认证：通称CE认证，欧洲合格认证规定大部分在欧洲经济区（EEA）销售的产品均需印上CE标志，代表产品已符合相应的欧洲联盟指令，且已完成相应的评估程序。

脑血管介入器械和外周血管介入器械方面，我国技术起步较晚，国产化进程较慢。脑血管介入器械包括颈动脉支架、椎动脉支架、颅内血管支架、微导管等，其中颈动脉支架主要是自膨胀式镍钛超弹合金支架。外周血管介入器械包括大动脉覆膜支架、髂股动脉支架、锁骨下动脉支架及肾动脉支架等。多种血管介入器械关键生物材料核心技术牢牢掌握在欧美大厂手中，技术壁垒较高，导致我国血管介入器械在脑血管介入器械和外周血管介入器械领域严重依赖进口产品。

(3)骨科植入物。

由于技术和工艺瓶颈，我国骨科植入物技术重心仍停留在基础材料应用上。我国骨科植入物材料多采用超高分子聚乙烯、钛合金、钴铬合金、陶瓷等，高值耗材材料主要依赖国外进口。欧美大厂骨科植入物产品已采用自主研发材料，如英国施乐辉公司(Smith & Nephew)的高交联聚乙烯材料，美国捷迈邦美(Zimmer Biomet Holdings, Inc.)的骨小梁金属，美国史塞克(Stryker Corporation)的氮化钛表面材料等。

骨科植入物根据使用部位，主要划分为创伤类、脊柱类、关节类和其他类。创伤类骨科植入物已实现进口替代，可降解材料是主要发展方向，行业龙头公司已研发出采用可降解材料的创伤类骨科植入物产品用于临床，有效地解决了传统不可降解材料植入物需要进行二次手术取出的问题。脊柱类骨科植入物相关技术较为成熟，透光性、生物相容性等均是未来产品的研发方向，目前已有国内公司推出PEEK① 材料椎间融合器，除了弹性模量好、生物相容性佳、抗腐蚀性强，其良好的透光性有利于医护人员透过 X 光、CT 和 MRI 检查和评估治愈效果。耐磨损、抗压能力强是关节类骨科植入物材料的研发方向，但由于研发门槛高、生产工艺复杂，我国目前对进口关节类骨科植入物产品仍有较强的依赖性。

3D 打印技术定制化骨科植入物为行业带来技术革新。相较于传统骨科植入物，通过 3D 打印技术精准定制的骨科植入物具有更好的生物固定性、更短的工艺流程，提高了治疗效率，减少了中间环节，降低了治疗成本。

(4)体外诊断(IVD)。

体外诊断主要通过对人体体液、细胞、组织样本等进行检测，判断疾病或机体功能。体外诊断按方法学划分为生化诊断、免疫诊断、分子诊断和床旁快速诊断(POCT)；按照搭配试剂分为开放式系统②、封闭式系统③。目前，我国生化诊断、免疫诊断设备多采用开放式系统，免疫诊断中化学发光领域、分子诊断中基因芯片和基因测序等领域的体外诊断设备采用封闭式系统。

---

①PEEK：聚醚醚酮，全称 Polyether Ether Ketone，线性芳香族高分子化合物，系英国帝国化学工业公司(Imperial Chemical Industries Ltd，ICI)于 1978 年研发推出的超高性能特种工程塑料。

②开放式系统：体外诊断仪器可以搭配多家厂商的试剂使用。

③封闭式系统：体外诊断仪器必须和同一家生产公司的试剂配套使用。

体外诊断行业技术发展迅猛，但高端领域进口替代仍是下阶段的发展重点。生化诊断方面，由于起步早、发展时间长、行业技术成熟，生化诊断设备以国产产品为主，但在仪器检测速度和一体化方面与欧美大厂产品有明显差距。免疫诊断方面，化学发光诊断技术已逐步成为主流，中低端试剂和仪器设备国产化程度较高，高端产品依然被欧美大厂垄断。分子诊断方面，分子诊断属于近年来新性体外诊断技术，行业内竞争者均进行布局，国内外差距较小。

目前，体外诊断多领域技术竞争激烈，检测精准度、便利性和效率是行业技术发展的重要方向。如流式液相芯片等新指标的发现或多指标的联合有利于提高诊断指标特异性，单分子检测技术、数字 PCR 技术等创新性信号系统和检测方法有利于提升诊断指标的敏感性，微流控技术等 POCT 化检测方法有利于提高检测的便利性，均相化学发光技术有利于提升检测速度。此外，在体外诊断流水线技术水平方面，部分欧美大厂在血液体液、生化诊断和免疫诊断等领域基本实现了实验室自动化流水线系统，目前我国体外诊断行业的这三个领域总体上仍处在布局和进军生化免疫级联流水线阶段。

（三）行业利润水平及变动趋势

根据国家发改委统计，2017 年医疗仪器设备及器械制造行业利润总额为 325.10 亿元①。2018 年，医疗器械工业行业利润增长 24.20%②。我国医疗器械行业发展迅速、市场需求持续增长，行业利润率整体处于较高水平。以证监会为标准，以该行业 35 家上市公司为参照样本计算，2016—2018 年我国医疗器械行业平均毛利率基本在 49.89% ~56.11%（见图 6-13）。具体而言，我国医疗器械行业内细分领域因产品技术含量、质量性能和市场需求不同，利润水平存在一定差异。迈瑞医疗 2011—2018 年的平均毛利率高达 40.48%，新华医疗 2011—2018 年的平均毛利率为 21.79%（见表 6-14）。

从中长期来看，由于医疗健康的刚性需求，细分行业利润出现大幅波动的可能性较小，未来随着国家医改政策的不断深入、居民卫生健康和医疗保健意识的不断提升，下游市场需求空间将得到进一步释放，本行业内具有自主研发能力的优势公司产品利润率将保持在较高的水平。

①发改委，《2017 年医药产业经济运行分析》，http://www.ndrc.gov.cn/fzgggz/gyfz/gyfz/201803/t20180326_880221.html。

②中国化学制药工业协会，《2018 年全国工业及化学制药行业经济运行情况》，http://www.cpia.org.cn/dt8509221621400.html。

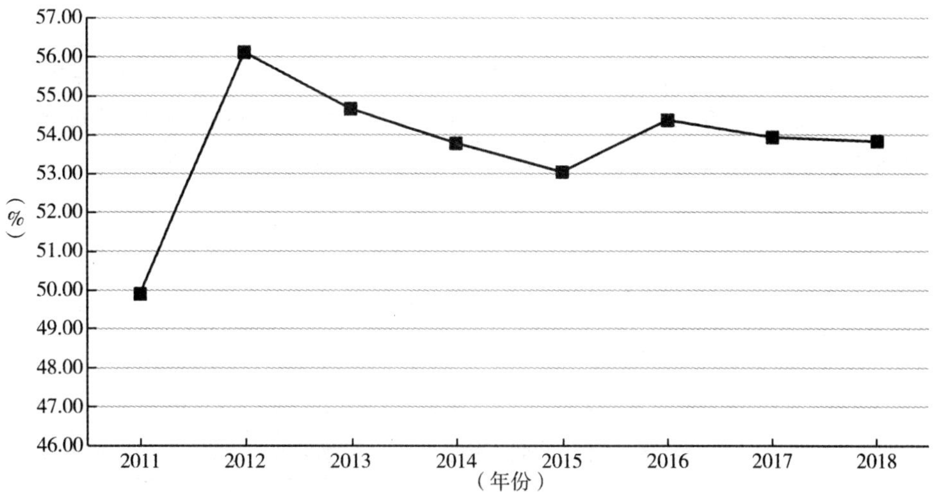

图 6-13　2011—2018 年医疗器械行业上市公司平均毛利率情况

数据来源：上市公司公告，立德咨询整理。

表 6-14　　2011—2018 年医疗器械行业上市公司毛利率情况

序号	证券简称	2011 年	2012 年	2013 年	2014 年	2015 年	2016 年	2017 年	2018 年
1	迈瑞医疗	—	—	—	63.43%	62.22%	64.62%	67.03%	66.57%
2	新华医疗	22.77%	22.79%	22.91%	22.91%	22.27%	20.79%	19.85%	20.00%
3	乐普医疗	82.54%	79.13%	69.02%	63.55%	55.32%	60.95%	67.23%	72.75%
4	鱼跃医疗	35.51%	37.29%	37.69%	39.98%	39.82%	38.69%	39.66%	39.83%
5	蓝帆医疗	10.20%	14.64%	14.15%	15.62%	25.94%	27.16%	31.40%	40.57%
6	奥美医疗	—	—	—	33.11%	33.20%	35.65%	33.92%	31.38%
7	楚天科技	45.84%	48.16%	47.18%	40.38%	43.54%	44.93%	38.39%	32.83%
8	尚荣医疗	30.22%	38.11%	30.45%	28.31%	27.03%	24.41%	23.56%	24.65%
9	三诺生物	70.08%	70.32%	67.19%	68.90%	65.76%	64.08%	67.49%	63.82%
10	康德莱	27.98%	27.21%	27.49%	28.07%	30.84%	33.07%	33.44%	34.86%
11	振德医疗	—	—	—	22.14%	29.90%	31.70%	29.59%	31.36%
12	开立医疗	—	56.81%	60.90%	63.15%	62.81%	64.99%	68.32%	69.87%
13	和佳医疗	50.80%	54.33%	61.93%	63.26%	61.74%	53.79%	53.43%	51.47%
14	健帆生物	82.30%	82.50%	83.70%	84.72%	84.55%	83.93%	84.14%	84.81%
15	理邦仪器	57.33%	56.84%	56.67%	54.87%	52.77%	54.82%	55.57%	54.60%
16	万东医疗	34.59%	31.88%	33.16%	29.88%	33.27%	39.45%	41.34%	43.60%
17	迪瑞医疗	53.21%	55.64%	55.88%	55.86%	58.80%	62.61%	64.28%	65.11%
18	凯利泰	83.22%	80.88%	74.50%	62.33%	73.10%	75.52%	62.63%	60.39%
19	南微医学	50.04%	—	45.62%	49.32%	48.61%	57.20%	60.57%	63.77%

续表

序号	证券简称	2011年	2012年	2013年	2014年	2015年	2016年	2017年	2018年
20	福瑞股份	71.56%	69.11%	54.12%	64.05%	67.39%	72.08%	74.25%	69.99%
21	宝莱特	47.64%	47.45%	47.60%	44.81%	39.31%	40.49%	37.33%	37.22%
22	乐心医疗	22.34%	23.51%	25.48%	27.85%	27.02%	33.05%	27.06%	25.91%
23	大博医疗	—	—	—	79.28%	80.12%	81.96%	83.06%	80.40%
24	维力医疗	32.15%	35.43%	36.56%	36.03%	33.43%	37.40%	34.15%	35.17%
25	博晖创新	76.94%	77.66%	77.43%	78.57%	47.71%	53.17%	52.99%	50.21%
26	九安医疗	33.38%	33.35%	32.60%	31.22%	25.71%	32.32%	30.61%	29.96%
27	三鑫医疗	32.18%	36.23%	34.60%	32.71%	34.77%	33.39%	30.88%	29.96%
28	冠昊生物	93.86%	92.92%	89.93%	88.38%	81.92%	78.13%	73.26%	72.52%
29	欧普康视	—	75.95%	79.61%	77.14%	76.96%	74.08%	76.21%	77.98%
30	赛诺医疗	—	—	—	—	—	85.57%	83.84%	82.31%
31	戴维医疗	56.55%	57.07%	54.61%	53.50%	52.82%	53.25%	51.44%	50.70%
32	爱朋医疗	—	91.06%	93.23%	94.19%	93.15%	74.31%	74.78%	77.00%
33	心脉医疗	—	93.71%	91.92%	93.90%	94.02%	76.35%	77.73%	78.81%
34	正海生物	—	93.71%	91.92%	93.90%	94.02%	92.79%	93.67%	93.08%
35	阳普医疗	44.15%	43.55%	41.98%	43.35%	43.43%	46.54%	44.67%	40.65%

数据来源:上市公司公告,立德咨询整理。

(四)进入行业的主要壁垒

1.研发和技术壁垒

医疗器械高新技术产品对持续研发创新能力具有较高要求,属于典型的技术密集型和人才密集型领域。持续的研发投入和高水平的研发人才是行业内保障和持续提高公司创新能力的重要基础。针对第二类、第三类医疗产品,其产品的制造工艺、制造设备、员工素质、生产环境等均需满足较高的标准,公司的发展需要持续的研发投入和技术创新,不断实现产品的升级换代以及新技术、新产品的梯队开发。生产公司如果没有一定的技术积淀和高素质的研发团队,将在日益激烈的市场竞争中逐步被淘汰。行业内新技术和新产品的持续迭代和产业化,对新进入者形成了较高的研发和技术壁垒。

2.市场准入壁垒

医疗器械产品直接关系到人们的生命健康和安全等切身利益,国家对其施行重点监管,在产品准入、生产准入和经营准入等层面均设置了较高的监管门槛。目前,我国第二类、第三类医疗器械产品因具有较高的风险而被施以更为严格的产品注册、生产许可和经营许可管理制度。其中,医疗器械注册证和医疗器械生产许可证是医疗器械产品拟生产的必备证书。因此,医疗器械产品从开发、生产到上市,需要经过多个阶段的严格审核,相关注册证和许可证审批时间长、获取难度大,对新进入者构成了较高的资质壁垒。

3. 资金壁垒

第二类、第三类医疗器械的新产品研发周期长，前期投入大，往往需要经过基础研究、实验室研究、注册检验、临床试验和注册申报等才能实现规模化生产。同时，由于第二类、第三类医疗器械风险程度较高，产品均要经过多个阶段的严格审批，注册申报和审批时间相对较长，从产品研发到获批生产，再到投入市场耗时很长，公司设备、人工和渠道建设成本投入较大。除此之外，为了保持技术优势和市场竞争力，公司还必须对新产品研发、工艺改进、市场开拓进行持续的投入。这对公司的资金实力提出了很高的要求，对行业新进入者形成了较高的资金壁垒。

（五）行业竞争格局

现阶段，全球医疗器械产业集中度较高。根据全球医疗器械权威网站 Medical Device Qualified Supplier Directory（QMED）[①]上的排名，行业前十依次是美敦力、强生、雅培、GE 医疗、费森尤斯、BD 医疗、西门子医疗、嘉德诺、飞利浦医疗、史赛克[②]。2019 年行业前十的累计收入为 1,944.28 亿美元，占百强总收入的 49.73%，2015—2019 年基本维持在 50.00% 左右（见图 6-14）。

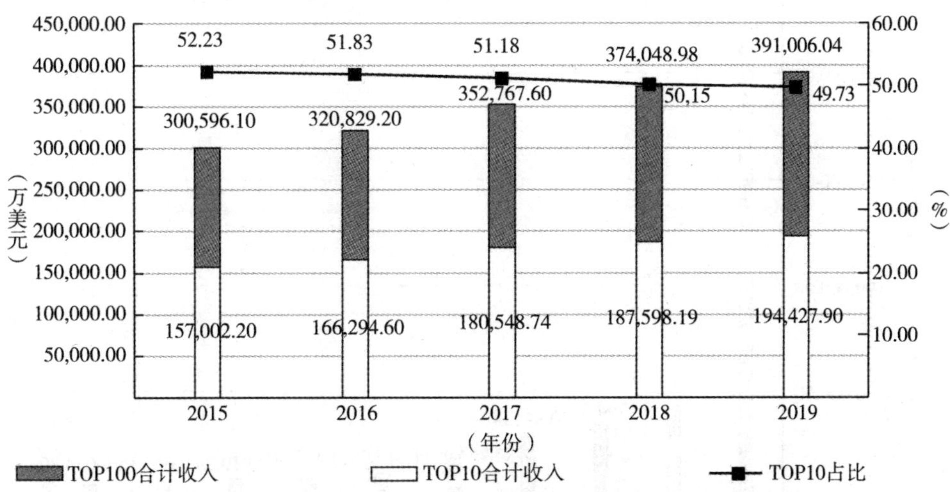

图 6-14　2015—2019 年全球百强医疗器械公司营业收入[③]

数据来源：QMED，立德咨询整理。

从全球地域竞争格局看，美国仍是医疗器械行业实力最强的国家。2019 年全球百强医疗器械公司前五所在国分别是美国、日本、德国、中国和英国（见图6-15）。其中美国以45 家位列第一，合计收入达到 2,126.54 亿美元，医疗器械公司合计收入第二名所在国是德国，合计收入共 425.79 亿美元，第三名是日本，合计收入共 337.95 亿美元（见图 6-16）。对比之下，我国全球百强医疗器械公司总数排名第

①Medical Device Qualified Supplier Directory：医疗器械合格供应商目录，简称 QMED，由美国医疗器械权威杂志 *Medical Device and Diagnostic Industry* 创建，是全球唯一的医疗设备和体外诊断行业资格预审供应商目录。

②https://directory.qmed.com/p-see-which-companies-lead-the-pack-in-the-file104082.html。

③根据 QMED 2015—2019 年医疗器械公司 TOP100 排名数据整理。

四,仅迈瑞医疗、新华医疗、乐普医疗、微创医疗和鱼跃医疗5家,百强医疗器械公司合计收入仅为60.45亿美元,位列第十。

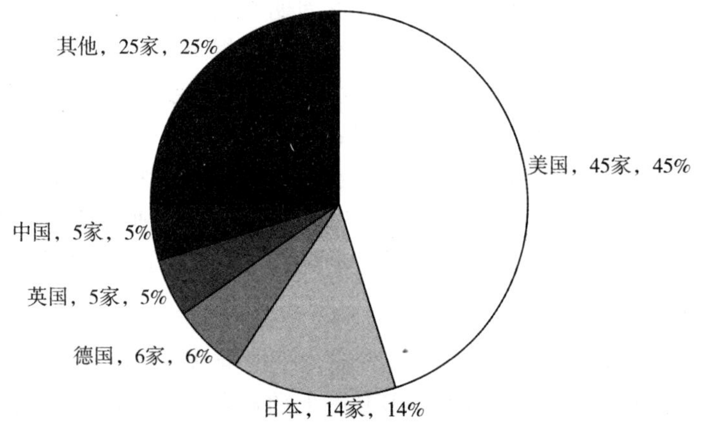

图6-15　2019年全球百强医疗器械公司地域分布①

数据来源:QMED,立德咨询整理。

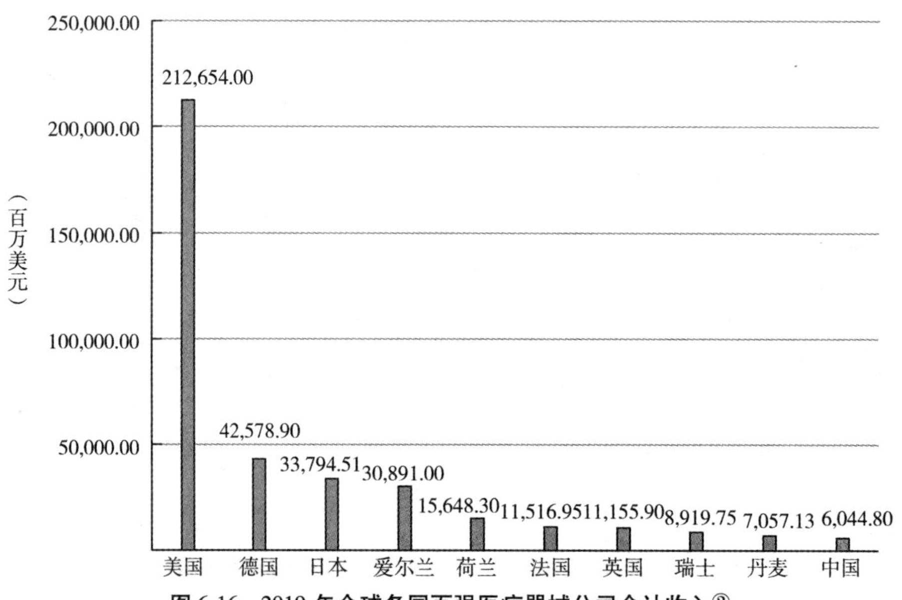

图6-16　2019年全球各国百强医疗器械公司合计收入②

数据来源:QMED,立德咨询整理。

从国内市场细分领域竞争格局看,行业竞争激烈且基本由国际大厂主导。在骨科植入物、血管介入器械、神经外科高值耗材、眼科高值医用耗材等高值耗材细分领域和医疗设备细分领域均有强生、史塞克、美敦力等国际大厂(见表6-15),且布局广泛。国产公司部分业务相对集中,如微创深耕骨科植入物和血管介入器械、迈瑞专注医疗设备等。

①根据QMED 2015—2019年医疗器械公司TOP100排名数据整理。

②根据QMED 2015—2019年医疗器械公司TOP100排名数据整理。

表 6-15 医疗器械行业各细分领域主要品牌①

医疗器械细分领域	类别	主要进口品牌	主要国产品牌
骨科植入物	创伤类	强生、捷迈邦美、史塞克、美敦力	微创、威高、大博、凯利泰、正天、科惠等
	脊柱类	强生、捷迈邦美、史塞克、美敦力	微创、威高、大博、凯利泰、正天、春立等
	关节类	强生、捷迈邦美、史塞克	微创、威高、正天、春立、爱康宜诚等
血管介入器械	心血管介入器械	美敦力、波科、爱德华、泰尔茂	乐普、微创、吉威
	脑血管介入器械	美敦力、强生、波科	—
	外周血管介入器械	美敦力、波科、雅培	微创、先健科技
神经外科高值耗材	颅骨材料	德国蛇牌、史塞克、美敦力	康辉、艾迪尔、康尔、康力、双羊、双申、康拓
	脑膜材料	德国蛇牌、英特格拉、库克	天新福、冠昊生物、迈普、正海生物
	引流材料	美敦力、德国蛇牌、法国索菲萨	山东百多安、山东大正、威海世创
	缝合材料	德国蛇牌、日本杉田、Peter Lazic	—
	神经刺激材料	美敦力、德国蛇牌	品驰、景昱
	脑电监测材料	德国蛇牌、美敦力、英特格拉	华科恒生
	辅助工具	德国蛇牌、史塞克、ACRA-CUT	—
眼科高值医用耗材	硬性角膜接触镜	强生、爱尔康、韩国露晰得	欧普康视、菲士康
	人工晶状体	爱尔康、眼力健、博士伦	珠海艾格、河南宇宙、爱博诺德
	黏弹剂	博士伦、爱尔康	河南宇宙、杭州协合、上海建华
口腔科高值医用耗材	口腔颌面外科植入材料	强生、史塞克、美国 OsteoMed	百易得、艾迪尔、双申、德骼拜尔
	骨修复材料	盖氏制药	正海生物、贝奥路生物、瑞盛生物

①根据《中国医疗器械蓝皮书(2019 版)》数据整理。

续表

医疗器械细分领域	类别	主要进口品牌	主要国产品牌
口腔科高值医用耗材	种植体材料	美国 Bicon、士卓曼、瑞典 Nobel、德国 Bego、韩国奥齿泰、Biomet	华西 CDIC、莱顿 BLB、百康特
	正畸材料	登士柏、丹纳赫、隐适美、士卓曼、3M	时代天使、正雅齿科、恒惠科技、正丽科技、埃蒙迪
血液净化类高值医用耗材	透析器	费森尤斯、美国百特、日本尼普洛、瑞典金宝、德国贝朗、意大利贝尔克	威高、上海佩尼、成都欧赛、广州贝恩、杭州旭化成
	透析管路	费森尤斯、美国百特、柯惠医疗	威高、三鑫医疗、宁波天益
	灌流器	美国百特	健帆生物、淄博康贝
	透析干粉/透析液	费森尤斯、美国百特、瑞典金宝	威高、宝莱特、天津泰士康
电生理与起搏器类高值医用耗材	电生理	强生、圣犹达、巴德、波士顿科学	微创、乐普、心诺普、惠泰
	起搏器	美敦力、圣犹达、波士顿科学、百多力、索林	乐普、先健科技、创领心律医疗
血液净化类高值医用耗材	呼吸介入材料	波士顿科学、库克医疗、麦瑞通医疗	南京微创、西格玛、久虹、佳森
	消化介入材料	波士顿科学、库克医疗、巴德、美敦力、史塞克	南京微创、有研亿金、西格玛、德尔曼、佳森、维心、智业、安瑞、唯德康、迈创、久虹
	泌尿介入材料	波士顿科学、库克医疗、巴德	南京微创、有研亿金、智业
	肿瘤介入材料	波士顿科学、安晟医疗	南京微创、金柏威
	通用材料	波士顿科学、库克医疗、柯惠医疗	南京微创、联合微创、江苏风和
低值医用耗材	医用卫生材料及敷料类	3M、泰尔茂	威高、振德医疗
	注射穿刺类	泰尔茂、BD、贝朗、百特、尼普诺	威高、双鸽、江西 3L、康莱德、三鑫医疗、江西洪达、山东侨牌

续表

医疗器械细分领域		类别	主要进口品牌	主要国产品牌
低值医用耗材		医用高分子材料类	泰尔茂、百特	威高、蓝帆医疗、德尔、百多安、江西3L
		医用消毒类	3M	欧洁、利尔康
		麻醉耗材类	泰尔茂、BD、百特、贝朗	驼人、威高、维力医疗、海宁绿健、浙江苏嘉
		手术室耗材类	强生、贝朗	新华、威高
		医技耗材类	美国伊士曼柯达、日本富士、日本柯尼卡、索尼	爱克发、富明威
医疗设备	诊断设备类	影像诊断设备	GE、西门子、飞利浦	迈瑞、联影、东软
		功能检查设备	GE、光电、飞利浦	迈瑞、理邦、埃顿、康泰
		内窥镜检查设备	奥林巴斯、史塞克、STORZ	上海澳华、沈大光学、迈瑞
	治疗设备类	中医诊断设备	—	道生、通化海恩达
		监护设备	GE、西门子、飞利浦	迈瑞、宝莱特、理邦
		病房护理设备	FAVERO、美国屹龙	永辉、康乐园
		手术设备	德尔格、TRUMPF	迈瑞、华瑞、科凌
		放射治疗设备	医科达、瓦里安、西门子	新华、万东、玛西普
		理化设备	伊藤、赛诺龙、Enraf-NoniusB. V.	威尔德、众恒
		医用激光治疗设备	科医人、飞顿、赛诺秀	科英、华工、高科恒大
		透析治疗设备	贝朗、费森尤斯、百特金宝	威高、山外山、迈凌
		麻醉设备	德尔格、欧美达、海伦	迈瑞、航天长峰、谊安
		中医治疗设备	—	通化海恩达、大力神、今健
		康复设备	飞利浦、欧姆龙	江苏钱璟、鱼跃、诚益通
	辅助设备类	消毒灭菌设备、制冷设备、中心吸引及供氧系统、空调设备、制药机械设备、血库设备、医用数据处理设备、医用录像摄影设备等	樱花、贝力曼、洁净	新华、白象、江汉、鱼跃

续表

医疗器械细分领域	类别	主要进口品牌	主要国产品牌
体外诊断	生化诊断	罗氏、雅培、丹纳赫、西门子	迈瑞、科华、迪瑞、九强
	免疫诊断	罗氏、雅培、丹纳赫、西门子	新产业、安图、迈克、科美
	分子诊断	罗氏、雅培、BD、诺华、Illumina	达安、凯普、复星、华大基因
	POCT	Alere、罗氏、雅培、拜耳	三诺、万孚、乐普、基蛋

数据来源:医疗器械研究院,立德咨询整理。

(六)未来的发展趋势

1. 政策导向助推产业升级,国产医疗器械逐渐提高竞争力

我国医疗器械行业起步较晚,由于相关基础学科和制造工艺的落后,我国医疗器械产品仍集中在中低端品种,高端医疗器械主要依赖进口。近年来,政府不断发布政策指导医疗器械产业发展。2011 年,我国出台《医疗器械科技产业"十二五"专项规划》,重点开发一批国产高端医疗器械,形成进口替代,自此拉开我国医疗器械国产化的序幕。2014 年以来,国家政策推出的进度显著加快,进一步规范市场、鼓励投资和科技创新。随后,发布的《中国制造 2025》《"十三五"医疗器械科技创新专项规划》等把创新医疗器械作为重点发展方向之一。2015 年国务院出台的《全国医疗卫生服务体系规划纲要(2015—2020 年)》,明确提出要降低医疗成本,逐步提高国产医用设备配置水平。2014 年 5 月,国家卫生计生委启动第一批优秀国产医疗设备产品遴选工作。首批优秀国产医疗设备主要遴选了数字化 X 线机、彩色多普勒超声波诊断仪和全自动生化分析仪 3 个品目。截至 2018 年年底,已经开展了四批。

在政策的重大利好下,我国医疗器械逐渐向中高端市场进军,一些领域如 IVD、心血管外科器械等已开始逐步实现进口替代。在磁共振设备、64 排以上 CT 等高端设备领域,国外品牌仍处于垄断地位,国内龙头,以迈瑞和联影为代表的国产品牌逐步开始渗透高端影像市场,开立医疗开始渗透日本公司垄断的高清内镜市场。随着技术壁垒的逐渐突破,医疗器械市场或将重塑,进口替代程度将日益提高。

自 2014 年 3 月实施创新医疗器械特别审批程序政策以来,每年进入优先审评的产品数量逐渐增多,截至 2018 年 12 月 31 日,已有 197 个产品进入创新医疗器械特别审查通道,批准神经外科手术导航定位系统、正电子发射断层扫描及磁共振成像系统等 54 个产品注册①。海杰亚的低温冷冻手术系统从公示到获批仅用了一个月。2018 年 11 月,新版《创新医疗器械特别审批程序》完善了适用情形,细化了申请流程,提升了创新审查的实效性,完善了审查方式和通知形式,并明确对创新医疗器械的许可事项变更优先办理,使程序设置更为科学有效,有利于提升创新医

①国家药品监督管理局,2018 年第 1 ~ 15 号《创新医疗器械特别审查申请审查结果公示》,https://www.cmde.org.cn/CL0004/18409.html。

疗器械的审查效率，为鼓励医疗器械产业创新发展发挥积极作用。

综合来看，国家各层面的政策对国产器械和创新器械的引导扶持，使得国产医疗器械已经具备两大产业逻辑，支撑行业快速增长：第一，部分高端国产医疗器械已经具备进口替代的资质；第二，加快创新医疗器械的审评审批，有望从审批环节加快国内公司上市创新医疗器械，引导更多的医疗器械公司加大创新和研发力度。政策红利为国产公司创造了良好的环境，国产医疗器械正逐步提高自身竞争力，相应的医疗器械细分行业龙头迎来发展良机。

2. 行业整合加剧，集中化进程加快

2016 年之后，随着“十三五”医改的贯彻实施，整个医疗器械行业面临变革。随着“两票制”“营改增”“金税三期”“行业整风”等政策的推行，以及新版 GSP 认证和《医疗器械监督管理条例》对公司注册、生产、采购、验收、储存、配送等环节做出更高要求的规定，合规化和集中化成了行业的主流政策导向，市场将逐渐回归到产品竞争和服务竞争的轨道上来。

2018 年，医疗器械行业整合逐渐加速，这得益于国家鼓励创新和进口替代政策的推行，国产公司迎来了发展机遇。为了抢占先机，国产龙头公司纷纷加紧专注于布局细分领域或者完善产业链。近两年医疗器械行业兼并重组加速，全国性布局的公司、区域龙头公司、生产公司通过收购参股、控股、合伙制等多种方式进行资本运作，市场资源向大型公司集中。2019 年，医疗器械行业持续在政策红利中健康发展，医疗器械行业的新周期已经启动。新时代医保机制多样化、价格形成复杂化、集中采购碎片化、降价和控费常态化，使医疗机构组织形态、医保支付方式、渠道结构、营销模式、产品利益分配等随之改变，医生分流、患者分流、处方分流、流通分流等新变化将促使新市场结构的形成。而在流通领域，集中化进展更明显，对流通公司的要求越来越高，大多数公司面临被淘汰出局的风险。

集中化，既有行业规范的现实考量，也是市场发展的必然，国家政策导向只是在一定程度上加快了这一进程。随着市场和政策的不断扩大和实施，医疗器械行业集中化程度将得到更大提升。

3.“互联网 +”概念将引发医疗器械销售模式变更

目前，除了传统销售模式外，医疗器械领域电子商务公司呈现出增长趋势。2014—2017 年，我国医疗器械行业电商销售规模实现快速增长，从 2014 年的 158 亿元增长到 2017 年的 470 亿元①。各大医疗器械流通公司普遍构建或整合集分销、物流、电子商务的集成服务模式，以及数据处理的现代化智能化服务平台，成为推动医疗器械流通增值服务的新载体。通过互联网导购机制将电子商务平台与线下实体机构对接，实现线上和线下渠道的优势互补，是医疗器械流通发展的新趋势。另外，随着计算机和网络技术的发展，医疗领域的信息化和网络化是今后医疗管理的发展趋势，医疗机构不断吸收采纳更先进的理念，医疗器械也需要随之更快地升级换代，即使在我国发达地区的三级甲等医院，仍存在巨大的产品升级换代需求。

①商务部，《2014—2017 年药品流通行业运行统计分析报告》，http://sczxs. mofcom. gov. cn/article/gzdongtai/m/201806/20180602757993. shtml。

4. 人工智能医疗方向的发展方兴未艾

近年来，国家出台《“互联网+”人工智能三年行动实施方案》《“十三五”卫生与健康科技创新专项规划》《新一代人工智能发展规划》等一系列文件，规划医疗器械行业人工智能的发展。2017年，CFDA在新版《医疗器械分类目录》中新增人工智能辅助诊断相对应的类别。2018年4月，国务院印发《国务院办公厅关于促进“互联网+医疗健康”发展的意见》，明确提出推进“互联网+”人工智能应用服务。研发基于人工智能的临床诊疗决策支持系统，开展智能医学影像识别、病理分型和多学科会诊以及多种医疗健康场景下的智能语音技术应用，提高医疗服务效率；加强临床、科研数据整合共享应用，支持研发医疗健康相关的人工智能技术，医用机器人、大型医疗设备、应急救援医疗设备、生物三维打印技术和可穿戴设备等。国家从政策层面为人工智能医疗器械的发展提供了保障。

（七）行业发展的有利因素与不利因素

1. 人口老龄化加速已成为医疗器械市场的第一大需求助力

人们生活水平逐步提高，健康意识和健康理念不断增强，人们的平均寿命亦随之延长。现阶段，我国老龄人口数量持续增长，至2018年年末，全国65岁及以上人口为16,658万人（见图6-17），占11.94%，较2017年的占比提高0.55%[①]。国务院办公厅2017年印发的《“十三五”国家老龄事业发展和养老体系建设规划》指出，“十三五”时期，我国人口老龄化仍将快速发展。预计到2020年，全国60岁以上老年人口将增加到2.55亿人，占总人口的比重提升到17.80%左右[②]。同时，高龄、失能、独居和空巢老人的数量将进一步增加，全社会用于老年人养老、医疗、照护等方面的支出将持续增长。预计到2050年前后，我国老年人口数将达到峰值4.87亿，约占总人口的34.90%[③]。

图6-17　2013—2018年中国65岁及以上老龄人口数量及占比

数据来源：国家统计局，立德咨询整理。

①国家统计局，《人口总量平稳增长城 镇化水平稳步提高》，http://www.stats.gov.cn/tjsj/sjjd/201901/t20190123_1646380.html。

②中央政府门户网站，《“十三五”国家老龄事业发展和养老体系建设规划》，http://www.gov.cn/zhengce/content/2017-03/06/content_5173930.htm。

③新华社，《到2050年老年人将占我国总人口约三分之一》，https://baijiahao.baidu.com/s?id=1606424601298566672&wfr=spider&for=pc。

中国现在已进入老龄化社会的初期，目前中国已成为世界上老龄人口最多的国家。随着老龄人口的增多，对医疗保健的需求将进一步加大，医疗机构的数量和规模也会不断扩大，未来国内医疗器械行业的市场规模将会快速增长。

2. 医疗卫生费用支出强劲增长

中国经济快速发展，社会保障和福利水平也随之提高，中国卫生费用总支出占GDP的比例也逐渐提高。2017 年我国卫生费用总支出达到 52,598 亿元，较 2016 年增长 13.49%，是 2012 年的 1.87 倍①(见图 6-18)。但总体来说，我国卫生费用总支出占 GDP 的比重并不高，2017 年占比约为 6.38%，而美国在 2010 年就达到了 17.00%②。未来随着我国经济的持续发展，医疗卫生支出水平提升空间较大，这将提升居民对医疗器械产品的消费能力。

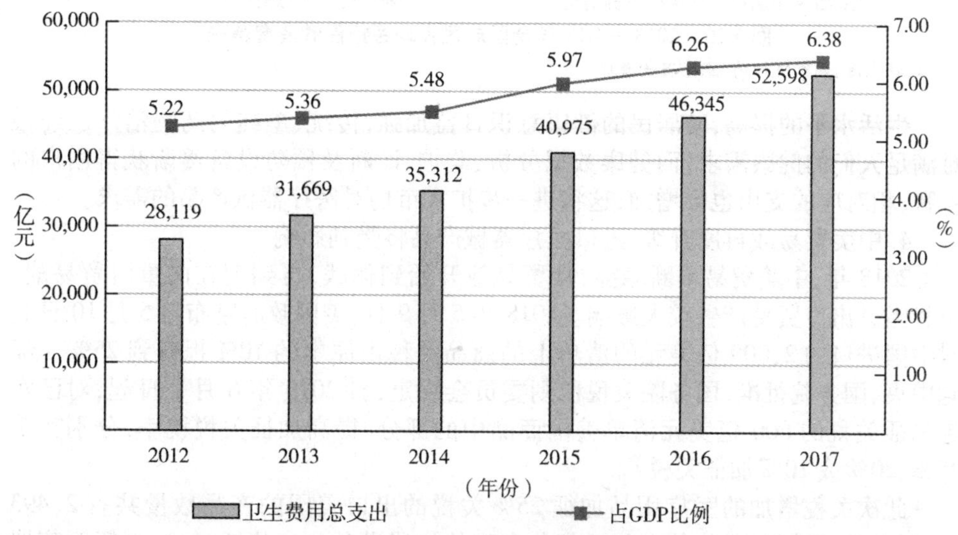

图 6-18　2012—2017 年中国卫生费用总支出及其占 GDP 的比例

数据来源：国家统计局，立德咨询整理。

3. 人均可支配收入的提高增强了医疗健康服务的支付能力

近年来，国民经济水平不断提升，居民人均可支配收入不断增长。2013—2018 年，全国居民人均可支配收入从 18,310.80 元增长至 28,228.00 元，年均复合增长率达 9.04%③；2018 年全国居民人均消费支出 19,853.00 元，比上年增长 8.40%，其中全国居民人均医疗消费支出为 1,685.00 元，占比 8.50%，较 2013 年增长 84.74%④。居民可支配收入的不断增长提高了居民对医疗健康的支付水平，推动了医疗器械行业的发展(见图 6-19)。

---

①根据国家统计局公布 2012—2018 年中国统计年鉴计算。

②长城证券：《乐心医疗招股说明书》，第 112 页。

③根据国家统计局公布 2013—2018 年中国统计年鉴计算。

④根据国家统计局公布 2013—2018 年中国统计年鉴计算。

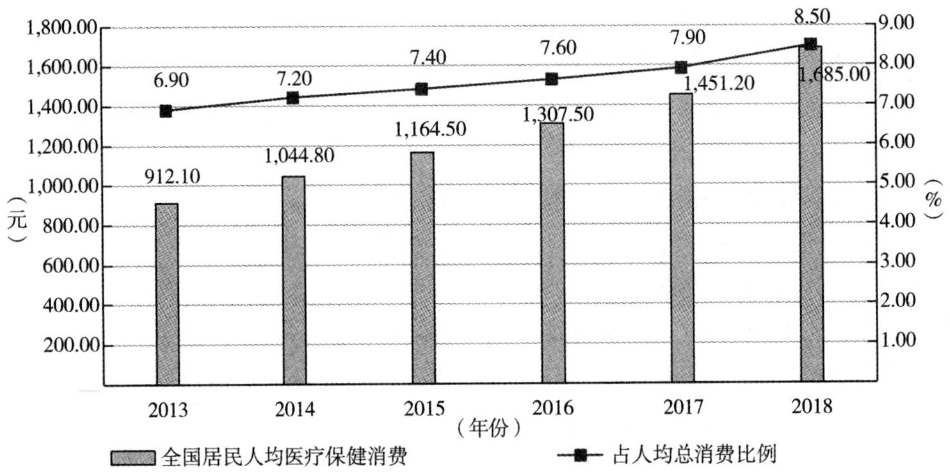

图6-19　2013—2018年全国居民人均医疗保健消费情况

数据来源:国家统计局,立德咨询整理。

生活水平的提高,使居民的健康意识日益加强,传统、单纯的药物治疗已经很难满足人们的健康需求,而健康数据分析、监护、诊断及预防设备逐渐获得用户的青睐,相对应的支出也会增加,这将进一步扩大市场对医疗器械产品的需求。

4. 中美贸易战再度升级,进口医疗器械产品将受到影响

2018年,中美贸易不断摩擦,从贸易战开始到休战,再到现在的重启贸易战,对我国进出口贸易产生较大影响。2018年5月9日,美国政府宣布自5月10日起对中国进口的2,000亿美元的清单上的商品关税由原本的10%提升到25%。经党中央、国务院批准,国务院关税税则委员会决定,自2019年6月1日起,对已实施加征关税的600亿美元清单美国商品中的部分,提高加征关税税率,分别实施25%、20%或10%加征关税①。

此次关税增加的医疗用品加征25%关税的出口美国的产品数量共有2,493个,涉及的领域很广泛,其中包括部分大型的仪器设备和一些耗材、试剂等医疗器械产品,例如X光检查造影剂、医用手套等耗材、诊断试剂等。加征20%关税的产品共有1,078个,涉及的医疗器械产品有医用消毒器具、体温计、听诊器等。加征10%关税的产品共有974个,主要涉及外科医用家具,如桌子、凳子、医用橡胶衣等医疗器械产品。加征5%关税的产品共计662个,涉及高技术和高精度的仪器设备和一些耗材,如纱布、棉签等②。

在出口方面,我国近几年对美国的医疗器械出口数量一直保持增长态势,主要是中低端产品,以医用辅料和按摩保健器械为主。此次美国加税之后出口商品或在美国市场上价格上涨,出口额可能会下降,但是我国产品可以利用成本优势将重心转向欧洲市场,帮助中国开拓新的国际市场。对于中国来说,加税对医疗器械出口的限制效果不大,但是中高端产品会受到一定影响,部分核心技术和零件还是依赖进口。

---

①财政部,《关于对原产于美国的部分进口商品提高加征关税税率的公告》,http://www.gov.cn/xinwen/2019/05/13/content_5391208.htm。

②财政部,《关于对原产于美国的部分进口商品提高加征关税税率的公告》,http://www.gov.cn/xinwen/2019/05/13/content_5391208.htm。

第三节
医疗器械行业募投项目概况

一、上市公司募投项目设计方案

根据公开信息统计，上市时属于医疗仪器设备及器械制造的公司招股说明书中募投项目设计方案如表6-16所示：

表6-16　　医疗仪器设备及器械制造业过会案例募投项目设计方案

证券代码	证券简称	项目名称	募投类型	投资金额（万元）	有形资产投资	无形资产投资	预备费用	其他支出	铺底流动资金
002223	鱼跃医疗	医用分子筛制氧机技术改造项目	改建	4,757.18	83.30%	—	8.33%	—	8.37%
		超轻微氧气阀技术改造项目	改建	4,631.83	82.76%	—	8.28%	—	8.96%
		手动及电动轮椅技术改造项目	改建	2,962.20	67.21%	—	6.72%	—	26.07%
		小型机电一体化医疗器械生产线技术改造项目	改建	3,179.90	66.85%	—	6.69%	—	26.47%
		研发中心技术改造项目	设计研发	2,110.30	68.23%	—	5.23%	—	26.54%
002382	蓝帆医疗	年产21亿支PVC手套装置项目	扩产	13,691.00	70.08%	—	—	5.59%	24.33%
		年产33亿支PVC手套装置技术改造项目	改建	4,634.00	94.28%	—	—	4.88%	0.84%
		研发中心建设	设计研发	1,677.00	81.04%	—	—	4.05%	14.91%
002432	九安医疗	家用医疗健康电子产品研发生产基地项目	扩产	23,610.00	71.15%	—	3.07%	—	25.78%
002551	尚荣医疗	智能自控手术室技术改造项目	改建	13,537.00	71.06%	—	3.55%	—	25.38%
		研发中心建设项目	设计研发	6,290.00	88.95%	—	4.45%	—	6.60%
		营销网络建设项目	营销	4,878.00	39.18%	6.09%	6.15%	—	12.30%
002901	大博医疗	创伤脊柱骨科耗材扩产项目	扩产	50,927.83	79.48%	—	3.97%	—	16.55%
		关节假体投产项目	扩产	19,815.00	82.25%	—	4.11%	—	13.64%
		研发中心建设项目	设计研发	12,969.52	92.29%	7.71%	—	—	—
		营销网络建设项目	营销	11,715.00	28.68%	—	17.07%	—	—

续表

证券代码	证券简称	项目名称	募投类型	投资金额（万元）	有形资产投资	无形资产投资	预备费用	其他支出	铺底流动资金
002950	奥美医疗	新疆奥美医用纺织品有限公司年产60万锭医用棉纱、12亿平方米医用纱布项目	扩产	80,918.84	88.11%	—	4.41%	—	7.49%
		医用卫生非织造制品生产建设项目	扩产	31,099.70	84.38%	—	3.93%	—	11.68%
300003	乐普医疗	心血管药物支架及输送系统生产线技术改造建设项目	改建	19,234.00	72.41%	—	2.90%	—	24.69%
		产品研发工程中心建设项目	设计研发	6,641.00	96.16%	—	3.84%	—	—
		介入导管扩产及技术改造建设项目	改建	18,160.00	91.48%	—	3.66%	—	4.86%
		介入导丝及鞘管产业化技术改造建设项目	改建	7,638.00	85.74%	—	3.43%	—	10.83%
300030	阳普医疗	改性医用高分子真空采血管全自动生产项目	扩产	7,991.61	89.79%	—	—	0.94%	9.27%
		VBCN一次性使用静脉采血针建设项目	扩产	1,781.60	83.04%	—	—	1.68%	15.27%
		生物医学工程技术研究开发中心建设项目	设计研发	1,120.00	92.86%	—	—	7.14%	—
300049	福瑞股份	生产基地技术改造项目	改建	6,129.00	61.89%	—	5.01%	—	33.10%
		肝纤维化在线诊断系统（FSTM）项目	信息化	6,500.00	61.54%	30.77%	—	—	7.69%
300206	理邦仪器	研发中心扩建项目	设计研发	20,127.00	55.88%	15.11%	7.72%	9.57%	11.73%
		生产平台扩建项目	扩产	4,669.75	29.33%	—	—	—	70.67%
		营销网络扩建及品牌运营建设项目	营销	12,603.16	4.39%	—	—	72.60%	23.01%
		信息化平台建设项目	信息化	5,011.44	30.45%	60.70%	—	8.85%	—
300216	千山药机	年产30条塑料安瓿注射剂生产自动线建设项目	扩产	6,976.45	50.34%	—	3.02%	—	46.64%
		年产30台全自动智能灯检机建设项目	扩产	3,456.31	63.50%	—	3.81%	—	32.69%
		制药装备高新技术研发中心建设项目	设计研发	3,197.37	92.86%	—	5.57%	—	1.56%

续表

证券代码	证券简称	项目名称	募投类型	投资金额（万元）	有形资产投资	无形资产投资	预备费用	其他支出	铺底流动资金
300238	冠昊生物	再生型医用植入器械国家工程实验室建设项目	设计研发	6,010.00	86.90%	—	6.96%	—	6.14%
		无菌生物护创膜高技术产业化工程建设项目	扩产	2,320.00	91.38%	—	4.31%	—	4.31%
		营销网络扩建项目	营销	4,955.00	78.10%	—	—	18.87%	—
300246	宝莱特	研发中心技术改造项目	设计研发	3,350.00	73.11%	13.98%	8.43%	—	4.48%
		多参数监护仪技改扩建项目	扩产	8,811.00	59.26%	4.42%	2.96%	—	33.36%
300273	和佳医疗	肿瘤微创综合治疗设备技术改造项目	扩产	3,000.00	61.60%	—	—	21.27%	17.13%
		医用气体设备建设项目	扩产	4,854.00	65.49%	—	—	10.78%	23.73%
		医用影像设备建设项目	扩产	5,770.00	77.87%	—	—	8.01%	14.12%
		工程技术中心建设项目	设计研发	3,799.00	73.91%	—	—	26.09%	—
		营销网络建设项目	营销	3,172.00	68.10%	—	—	31.90%	—
300298	三诺生物	生物传感器生产基地项目	扩产	19,858.31	85.68%	—	5.22%	—	9.10%
		生物传感器技术研发中心项目	设计研发	3,964.66	88.14%	—	8.81%	—	3.04%
		营销网络建设项目	营销	5,586.20	70.94%	20.23%	—	96.08%	—
300314	戴维医疗	年产20,000台婴儿保育设备扩建项目	扩产	13,394.00	84.94%	—	4.25%	—	10.81%
		技术研发中心项目	设计研发	3,000.00	48.33%	46.67%	—	5.00%	—
		国内外营销网络建设	营销	2,214.60	—	—	—	36.12%	—
300318	博晖创新	综合研发基地项目	扩产	29,280.00	87.05%	—	3.92%	—	9.03%
300326	凯利泰	椎体成形球囊手术系统生产技术改造及扩产建设项目	扩产	8,884.88	91.53%	—	—	—	8.47%
		产品研发机构建设项目	设计研发	5,982.48	100.00%	—	—	—	—
		国内外营销网络及培训平台建设项目	营销	2,208.86	29.06%	—	—	70.94%	—

续表

证券代码	证券简称	项目名称	募投类型	投资金额（万元）	有形资产投资	无形资产投资	预备费用	其他支出	铺底流动资金
300358	楚天科技	现代制药装备技术改造项目	改建	20,000.00	85.46%	—	8.55%	—	6.00%
		现代制药装备研发中心建设项目	设计研发	4,997.00	100.00%	—	—	—	—
300396	迪瑞医疗	年产6,000台全自动临床检验设备及9万盒配套试剂规模化生产项目	扩产	24,507.68	82.58%	—	6.61%	—	10.81%
		研发工程中心建设项目	设计研发	13,291.30	92.59%	—	7.41%	—	—
		营销网络中心建设项目	营销	5,213.82	66.66%	—	2.00%	31.34%	—
300453	三鑫医疗	云南三鑫医疗器械生产项目	扩产	18,000.00	100.00%	—	—	—	—
		年产2,000万支静脉留置针技术改造及扩产项目	改建	4,982.00	40.14%	—	20.07%	—	39.78%
		技术中心提升项目	设计研发	4,955.70	100.00%	—	—	—	—
		营销网络建设项目	营销	2,105.20	—	—	—	38.00%	—
300529	健帆生物	研发中心扩建项目	设计研发	7,208.00	66.15%	—	—	33.85%	—
		生产基地扩建项目	扩产	14,159.00	78.41%	—	—	7.47%	14.13%
		生产基地扩建二期项目	扩产	15,575.00	79.94%	—	—	7.22%	12.84%
		研发中心扩建二期项目	设计研发	6,850.90	72.27%	—	—	27.73%	—
300562	乐心医疗	生产基地建设项目	扩产	17,655.60	73.66%	—	3.68%	—	22.66%
		研发中心建设项目	设计研发	8,404.33	49.80%	—	4.85%	45.36%	—
		营销网络优化建设项目	营销	2,557.32	3.85%	—	—	96.15%	13.04%
300595	欧普康视	年产40万片角膜塑形镜及配套件系列产品项目	扩产	14,750.00	80.54%	—	4.37%	6.95%	8.14%
		工程技术及培训中心建设项目	设计研发	5,480.00	94.19%	—	4.85%	2.78%	—
		营销服务网络建设项目	营销	15,620.00	44.81%	—	3.24%	64.75%	32.01%

续表

证券代码	证券简称	项目名称	募投类型	投资金额（万元）	有形资产投资	无形资产投资	预备费用	其他支出	铺底流动资金
300633	开立医疗	医疗器械产业基地建设项目	扩产	33,849.41	74.96%	—	4.85%	—	20.19%
		研发中心改扩建项目	扩产	23,074.41	93.78%	6.22%	—	—	—
		营销网络及品牌建设项目	营销	18,585.00	—	100.00%	—	21.52%	—
		信息化建设项目	信息化	5,224.00	20.96%	78.66%	—	0.38%	—
300653	正海生物	生物再生材料产业基地升级建设项目	扩产	9,745.79	72.79%	—	3.64%	—	23.57%
		研发中心建设项目	设计研发	9,258.00	55.99%	—	—	44.01%	—
		营销网络及信息化建设项目	营销	7,523.75	95.35%	—	—	84.40%	—
300753	爱朋医疗	产业基地升级建设项目	改建	15,560.39	69.14%	—	3.46%	—	27.41%
		研发中心建设项目	设计研发	13,318.30	56.63%	43.37%	—	—	—
		营销网络建设项目	营销	6,168.64	—	—	—	—	—
300760	迈瑞医疗	光明生产基地扩建项目	扩产	98,814.49	80.13%	—	4.01%	—	15.86%
		南京迈瑞外科产品制造中心建设项目	扩产	79,592.45	90.88%	—	4.54%	—	4.57%
		迈瑞南京生物试剂制造中心建设项目	扩产	25,474.71	64.95%	—	3.25%	—	31.80%
		研发创新平台升级项目	设计研发	18,002.30	55.55%	44.45%	—	—	—
		营销服务体系升级项目	营销	118,415.80	91.76%	—	—	—	—
		信息系统建设项目	信息化	108,539.50	42.62%	46.85%	—	10.57%	—
		偿还银行贷款及补充营运资金项目	补流	180,000.00	—	—	—	—	—
600587	新华医疗	PSM 水浴灭菌器设备技术改造项目	改建	3,971.23	50.36%	—	24.46%	—	25.18%
		台式自动真空灭菌器技术改造项目	改建	4,126.94	60.58%	—	100.00%	—	24.23%
		年产 500 台医用灭菌设备项目	扩产	4,110.00	100.00%	—	—	—	—
		放射诊断治疗设备技术改造项目	改建	7,746.00	31.63%	—	25.82%	—	—

续表

证券代码	证券简称	项目名称	募投类型	投资金额（万元）	有形资产投资	无形资产投资	预备费用	其他支出	铺底流动资金
603301	振德医疗	纺粘无纺布及其制品生产线建设项目	扩产	13,155.37	79.44%	—	3.95%	—	16.62%
		水刺无纺布及其制品生产线建设项目	扩产	16,483.66	80.44%	—	3.98%	—	15.58%
		现代创面敷料及压力康复类产品生产线建设项目	扩产	42,174.67	83.74%	—	4.16%	—	12.10%
		研发中心改建升级项目	设计研发	5,026.21	91.48%	—	4.54%	—	3.98%
		信息化系统升级改造建设项目	信息化	3,272.06	38.48%	59.60%	1.92%	—	—
603309	维力医疗	新型医用材料(非邻苯PVC)气管插管系列产品产业化项目	改建	3,000.00	84.42%	—	2.42%	—	6.49%
		海南乳胶产品建设项目	扩产	5,778.82	88.47%	—	6.73%	—	4.81%
		硅胶产品建设项目	扩产	2,633.93	75.35%	—	8.71%	—	15.94%
		PVC 产品建设项目	扩产	8,383.68	86.92%	—	6.48%	—	6.60%
		研发中心建设项目	设计研发	2,488.33	84.50%	—	6.65%	—	8.84%
		营销网络建设项目	营销	3,100.00	—	—	22.90%	77.10%	—
		偿还银行贷款及补充流动资金	补流	12,500.00	—	—	—	—	—
603987	康德莱	医用针扩建项目	改建	26,585.80	90.76%	—	4.54%	—	4.70%
		医用穿刺器生产基地改扩建项目	改建	32,380.00	88.88%	—	2.67%	—	8.45%
688016	心脉医疗	主动脉及外周血管介入医疗器械产业化项目	扩产	15,128.45	74.56%	—	3.34%	—	22.10%
		主动脉及外周血管介入医疗器械研究开发项目	设计研发	15,497.87	17.01%	65.97%	—	17.01%	—
		营销网络及信息化建设项目	营销	4,483.59	99.01%	—	0.99%	—	—
		补充流动资金	补流	10,000.00	—	—	—	—	—
688029	南微医学	生产基地建设项目	扩产	65,592.00	70.59%	—	2.12%	—	27.29%
		国内外研发及实验中心建设	设计研发	15,259.01	97.09%	—	2.91%	—	—
		营销网络及信息化建设项目	营销	8,583.00	42.27%	—	0.99%	74.54%	—

注：根据项目目的，项目类型分为扩产类项目、改建类项目、设计研发类项目、营销类项目、信息化类项目、补流类项目。

数据来源：上市公司公告，立德咨询整理。

二、募集资金投向分析及具体内容

（一）募集资金投向

根据以往过会案例研究，医疗仪器设备及器械制造行业上市公司募投项目以生产型项目为主，可以分为扩产类项目和改建类项目。

从项目数量上看，生产型项目共60个，占募投项目总数的52%，其中扩产类项目41个，改建类项目19个。设计研发类项目共28个，占项目总数的24%；营销类项目共19个，占项目总数的17%；信息化类项目共5个，占项目总数的4%；补流类项目共3个，占项目总数的3%（见图6-20）。

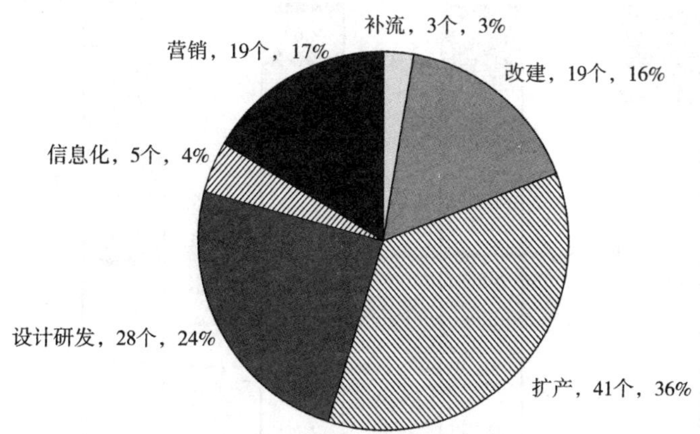

图6-20 各募投类型项目数量

数据来源：上市公司公告，立德咨询整理。

从项目投资金额上看，生产型项目投资金额合计1,092,964.87万元，占所有项目投资总额的58%，其中扩产类项目投资金额共889,749.40万元，改建类项目投资金额共203,215.47万元（见图6-21）。营销类项目投资金额仅次于生产型项目，共239,688.94万元，占投资总额的13%；设计研发类项目投资金额为210,275.58万元，占投资总额的11%，平均单个项目投资金额为7,509.84万元；信息化类项目投资金额为128,547.00万元，占投资总额的7%；补流类项目投资金额为202,500.00万元，占投资总额的11%，主要是迈瑞医疗募集资金体量大，单个公司补流资金达到180,000.00万元。

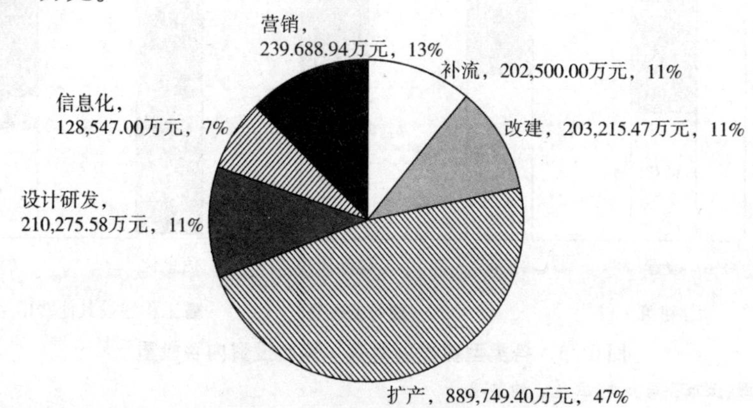

图6-21 各募投类型投资金额

数据来源：上市公司公告，立德咨询整理。

（二）募集资金投资内容

从募投项目投资内容看，扩产类项目和改建类项目主要投资内容是有形资产和铺底流动资金，有形资产投资的权重分别为 80.84% 和 78.25%，铺地流动资金的权重分别为 14.82% 和 13.79%（见图 6-22）。扩产类项目投资内容为新建厂房或增设生产线，故建筑工程权重较大，达 44.00%；改建类项目投资内容多通过装修和购置设备的方式实现现有设施、生产工艺条件的升级改造，不涉及新建厂房，故设备购置费用较高，为 60.00%（见图 6-23）。

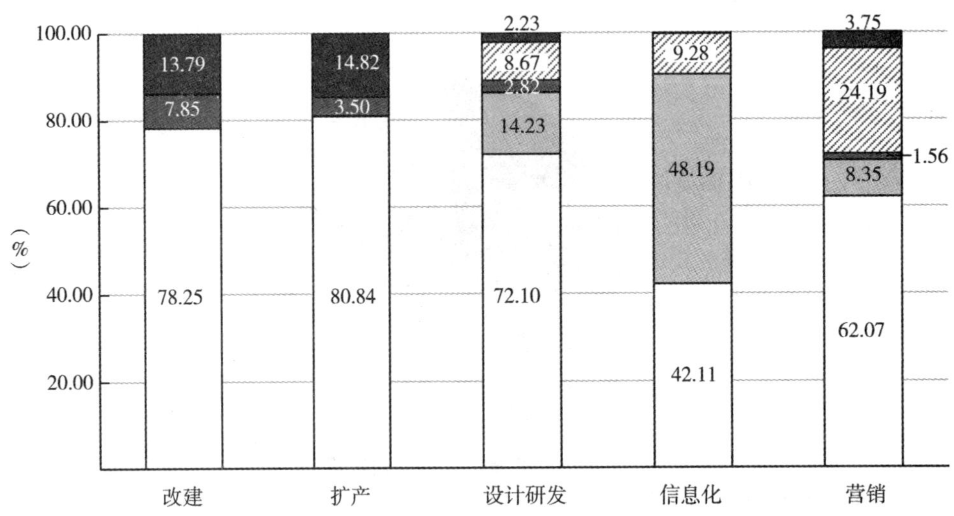

图 6-22 各类型募投项目资金投向权重

数据来源：上市公司公告，立德咨询整理。

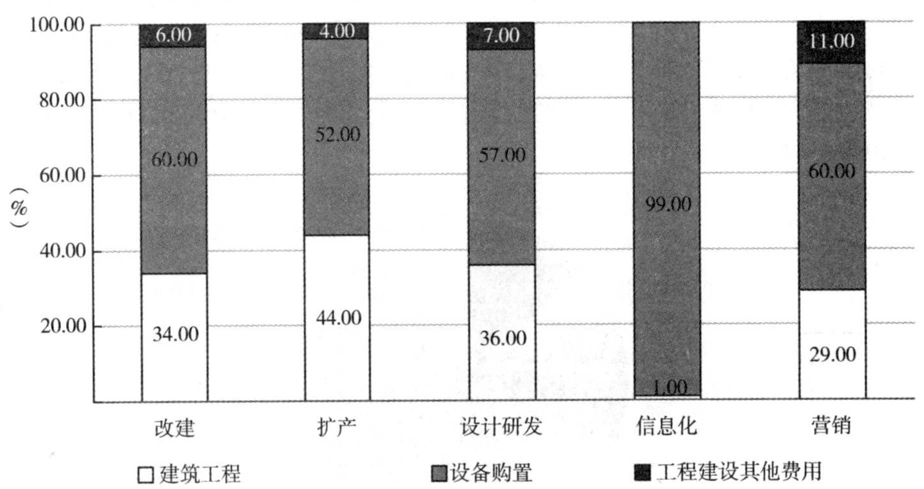

图 6-23 各类型募投项目有形资产投资内容权重

数据来源：上市公司公告，立德咨询整理。

设计研发类项目主要投资内容是有形资产和研发费用,募集资金的72.10%用于有形资产投资,27.95%用于剩余形式的费用。有形资产投资中,募集资金的36.00%用于建筑工程投资,57.00%为设备购置,剩余7.00%为工程建设其他费用。研发费用中,39.98%用于项目开发及实施,29.29%用于研发人员薪酬,12.39%用于购买研发材料,11.97%为其他各类与研发有关的支出,研发检测费用权重最低,仅为6.37%(见图6-24)。

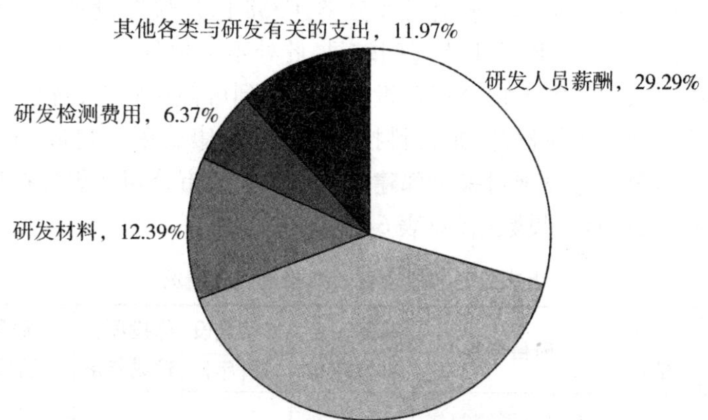

图6-24 设计研发类项目研发费用构成权重

数据来源:上市公司公告,立德咨询整理。

营销类项目主要投资内容是有形资产和销售费用。有形资产投资权重较高,为62.07%,其中建筑工程和设备购置权重分别为29.00%和60.00%。销售费用中最大的开销是各类展示中心、分支机构的建设及装修费用,房屋租赁和建设及装修费用占45.84%,其后是人事薪酬和宣传与推广费用,分别为30.63%和20.63%(见图6-25)。

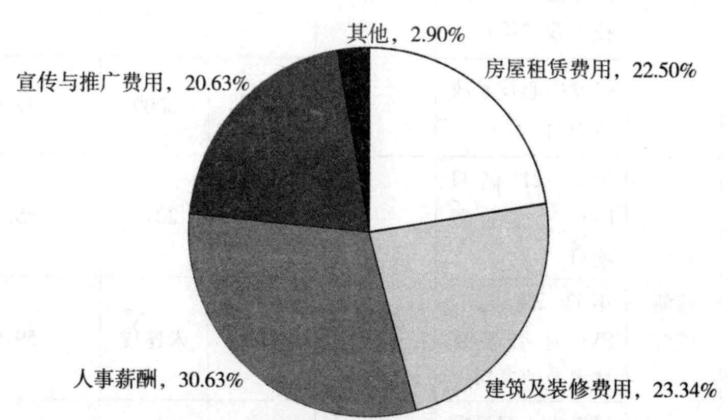

图6-25 营销类项目销售费用构成

数据来源:上市公司公告,立德咨询整理。

第四节 医疗器械行业上市公司募投项目设计效益分析

一、行业上市公司募投项目分析

截至2019年8月，根据证监会行业分类，C358医疗仪器设备及器械制造共有35家上市公司，由于万东医疗上市时间较早，此处不单独分析。

截至2018年，共7家上市公司募投项目已达到可使用状态，分别是阳普医疗、理邦仪器、和佳医疗、戴维医疗、楚天科技、迪瑞医疗、康德莱。剩余28家上市公司中，共16家上市公司募投项目未全部建成，共11家上市公司变更募投项目，1家上市公司上市较早，没有募投数据（见表6-17）。

表6-17 上市公司募投项目预期收益达成情况

序号	证券代码	证券简称	项目名称	募集资金到位年度	实际建设期(年)	募投项目建成年度	截至2018年项目建设进度
1	002223	鱼跃医疗	医用分子筛制氧机技改造项目	2008	1.0	2009	76.00%
			超轻微氧气阀技术改造项目		1.0	未建成	项目变更
			手动及电动轮椅技术改造项目		1.0	2009	107.00%
			小型机电一体化医疗器械生产线技术改造项目		1.0	2009	77.00%
			研发中心技术改造项目		1.0	2009	77.00%
2	002382	蓝帆医疗	年产21亿只PVC手套装置项目	2010	2.0	2012	85.58%
			年产33亿只PVC手套装置技术改造项目		2.0	未建成	59.99%
			研发中心建设项目		2.0	未建成	42.74%

续表

序号	证券代码	证券简称	项目名称	募集资金到位年度	实际建设期(年)	募投项目建成年度	截至2018年项目建设进度
3	002432	九安医疗	家用医疗健康电子产品研发生产基地项目	2010	2.0	未建成	51.94%
4	002551	尚荣医疗	智能自控手术室技术改造项目	2011	3.0	变更	20.45%
			研发中心建设项目		2.0	变更	0.00%
			营销网络建设项目		1.0	变更	42.13%
5	002901	大博医疗	创伤脊柱骨科耗材扩建项目	2017	—	未建成	50.54%
			关节假体投产项目		—	未建成	12.76%
			研发中心建设项目		—	未建成	5.27%
			营销网络建设项目		—	未建成	17.31%
6	00250	奥美医疗	新疆奥美医用纺织品有限公司年产60万锭医用棉纱、12亿平方米医用纱布项目	2019	—	2019	100.00%
			医用卫生非织造制品生产建设项目		—	2019	100.00%
7	300030	阳普医疗	改性医用高分子真空采血管全自动生产项目	2009	5.0	2014	95.71%
			VBCN一次性使用静脉采血针建设项目		5.0	2012	99.64%
			生物医学工程技术研究开发中心建设项目		2.0	2011	102.24%
8	300625	乐普医疗	心血管药物支架及输送系统生产线技术改造建设项目	2009	1.5	未建成	54.66%
			产品研发工程中心建设项目		3.0	2012	90.33%
			介入导管扩产及技术改造建设项目		3.0	未建成	53.75%
			介入导丝及鞘管产业化技术改造建设项目		3.5	未建成	57.61%

续表

序号	证券代码	证券简称	项目名称	募集资金到位年度	实际建设期(年)	募投项目建成年度	截至2018年项目建设进度
9	300049	福瑞股份	生产基地技术改造项目	2010	—	未建成	51.98%
			肝纤维化在线诊断系统(FSTM)项目		—	未建成	33.21%
10	300206	理邦仪器	研发中心扩建项目	2011	4.0	2015	100.00%
			生产平台扩建项目		4.0	2015	100.00%
			营销网络扩建及品牌运营建设项目		4.0	2015	100.00%
			信息化平台建设项目		4.0	2015	100.00%
11	300216	千山药机	年产30条塑料安瓿注射剂生产自动线建设项目	2011	2.0	2013	100.00%
			年产30台全自动智能灯检机建设项目		1.0	2012	100.00%
			制药装备高新技术研发中心建设项目		1.0	2012	100.00%
12	300238	冠昊生物	再生型医用植入器械国家工程实验室建设项目	2011	2.0	2013	92.73
			无菌生物护创膜高技术产业化工程建设项目		3.0	2014	87.94
			营销网络扩建项目		2.0	2013	87.62
13	300246	宝莱特	研发中心技术改造项目	2011	2.0	未建成	34.11%
			多参数监护仪技改扩建项目		3.0	2014	100.00%
14	300273	和佳医疗	肿瘤微创综合治疗设备技术改造项目	2011	—	2015	104.77%
			医用气体设备建设项目		—	2015	105.50%
			医用影像设备建设项目		—	2015	105.82%
			工程技术中心建设项目		—	2015	109.29%
			营销网络建设项目		—	2015	148.78%
15	300298	三诺生物	生物传感器生产基地项目	2012	—	2015	100.00%
			生物传感器技术研发中心项目		—	2015	97.79%
			营销网络建设项目		—	2015	74.61%

续表

序号	证券代码	证券简称	项目名称	募集资金到位年度	实际建设期(年)	募投项目建成年度	截至2018年项目建设进度
16	300314	戴维医疗	年产20,000台婴儿保育设备扩建项目	2012	—	2017	100.00%
			技术研发中心项目		—	2017	100.00%
			国内外营销网络建设项目		—	2016	100.00%
17	300318	博晖创新	综合研发基地项目	2012	2.0	2014	82.42%
18	300326	凯利泰	椎体成形球囊手术系统生产技术改造及扩产建设项目	2012	3.0	2015	93.00%
			产品研发机构建设项目		2.0	2014	100.00%
			国内外营销网络及培训平台建设项目		2.0	2014	100.00%
19	300358	楚天科技	现代制药装备技术改造项目	2014	1.0	2015	98.91%
			现代制药装备研发中心建设项目		1.0	2015	101.74%
20	300396	迪瑞医疗	年产6,000台全自动临床检验设备及90,000盒配套试剂规模化生产项目	2014	1.0	2015	100.00%
			研发工程中心建设项目		2.0	2016	100.00%
			营销网络中心建设项目		2.0	2016	75.76%
21	300453	三鑫医疗	云南三鑫医疗器械生产项目	2015	—	2017	89.44%
			年产2,000万支静脉留置针技术改造及扩产项目		—	2017	100.43%
			技术中心提升项目		—	2017	100.9%
			营销网络建设项目		—	变更	变更
22	300529	健帆生物	研发中心扩建项目	2016	—	2018	87.51%
			生产基地扩建项目		—	2017	83.40%
			生产基地扩建二期项目		—	2018	78.84%
			研发中心扩建二期项目		—	未建成	57.76%

续表

序号	证券代码	证券简称	项目名称	募集资金到位年度	实际建设期(年)	募投项目建成年度	截至2018年项目建设进度
23	300562	乐心医疗	生产基地建设项目	2016	—	未建成	28.76%
			研发中心建设项目		—	未建成	45.46%
			营销网络优化建设项目		3.0	2019	99.43%
24	300595	欧普康视	年产40万片角膜塑形镜及配套件系列产品项目	2017	2.0	2019	100.00%
			工程技术及培训中心建设项目		2.0	2019	100.00%
			营销服务网络建设项目		3.0	未建成	56.56%
25	300633	开立医疗	医疗器械产业基地建设项目	2017	—	2018	100.00%
			研发中心改扩建项目		—	2018	97.45%
			营销网络及品牌建设项目		—	2018	100.00%
			信息化建设项目		—	2018	94.41%
26	300653	正海生物	生物再生材料产业基地升级建设项目	2017	1.5	未建成	2.11%
			研发中心建设项目		2.0	未建成	8.31%
			营销网络及信息化建设项目		1.5	未建成	9.11%
27	300753	爱朋医疗	产业基地升级建设项目	2018	2.0	未建成	16.49%
			研发中心建设项目		—	未建成	2.64%
			营销网络建设项目		—	未建成	0.00%
28	300760	迈瑞医疗	光明生产基地扩建项目	2018	2.92	未建成	14.46%
			南京迈瑞外科产品制造中心建设项目		2.0	未建成	0.23%
			迈瑞南京生物试剂制造中心建设项目		3.0	未建成	0.00%
			研发创新平台升级项目		2.3	未建成	9.43%
			营销服务体系升级项目		2.9	未建成	8.77%
			信息系统建设项目		2.9	未建成	6.77%
			偿还银行贷款及补充营运资金项目		—	—	88.89%

续表

序号	证券代码	证券简称	项目名称	募集资金到位年度	实际建设期(年)	募投项目建成年度	截至2018年项目建设进度
29	600587	新华医疗	PSM水浴灭菌器设备技术改造项目	2002	1.0	变更	变更
			台式自动真空灭菌器技术改造项目		1.0	变更	变更
			年产500台医用灭菌设备项目		0.83	变更	变更
			放射诊断治疗设备技术改造项目		1.0	变更	变更
30	603301	振德医疗	纺粘无纺布及其制品生产线建设项目	2018	2.0	未建成	39.20%
			水刺无纺布及其制品生产线建设项目		1.0	2019	100.34%
			现代创面敷料及压力康复类产品生产线建设项目		2.0	未建成	49.92%
			研发中心改建升级项目		2.0	未建成	60.70%
			信息化系统升级改造建设项目		1.0	2019	100.01%
31	603309	维力医疗	新型医用材料(非邻苯PVC)气管插管系列产品产业化项目	2015	2.0	2017	102.99%
			海南乳胶产品建设项目		3.0	2018	105.90%
			硅胶产品建设项目		2.0	2017	94.87%
			PVC产品建设项目		3.0	2018	100.00%
			研发中心建设项目		—	2018	100.00%
			营销网络建设项目		—	2017	102.11%
			偿还银行贷款及补充流动资金		—	—	—
32	603987	康德莱	医用针扩建项目	2016	1.0	2017	99.89%
			医用穿刺器生产基地改扩建项目		1.0	2017	85.75%
33	688016	心脉医疗	主动脉及外周血管介入医疗器械产业化项目	2019	3.0	未建成	未建成
			主动脉及外周血管介入医疗器械研究开发项目		5.0	未建成	未建成
			营销网络及信息化建设项目		—	未建成	未建成
			补充流动资金		—	—	—

续表

序号	证券代码	证券简称	项目名称	募集资金到位年度	实际建设期(年)	募投项目建成年度	截至2018年项目建设进度
34	688029	南微医学	生产基地建设项目	2019	2.0	未建成	未建成
			国内外研发及实验中心建设		2.0	未建成	未建成
			营销网络及信息化建设项目		2.0	未建成	未建成
35	600055	万东医疗	—	1997	—	—	—

注:一般认为90%即视为投成,即视为达到90%,上市公司公告显示"已达到可使用状态"同样视为已建成投产。其次,有研发、营销等非生产项目不创造收益,故扩产项目"达到可使用状态"即视为项目整体已开始实现经济效益。再次,超过100%表明企业实际投入高于预期。本书进度数据均来源于上市公司公告。

数据来源:上市公司公告,立德咨询整理。

(一)阳普医疗(300030)

公司本次募集资金运用项目主要用于公司第三代真空采血系统产品的技术升级完善和生物医学工程技术研究开发中心建设。改性医用高分子真空采血管全自动生产项目主要生产改性医用高分子真空采血管;VBCN一次性使用静脉采血针建设项目主要生产VBCN一次性使用静脉采血针;生物医学工程技术研究开发中心建设项目主要是提升公司研发创新实力,确保可持续发展。以上三个项目投资合计10,893.21万元,建设期3年,预计项目建成后每年可新增收入合计21,000.00万元(见表6-18)。

表6-18　　　　阳普医疗募投项目指标

项目名称	规划建设期(年)	募投项目建成年度	项目投资(万元)	预计新增收入(万元/年)
改性医用高分子真空采血管全自动生产项目	3	2014	7,991.61	14,400.00
VBCN一次性使用静脉采血针建设项目	3	2012	1,781.60	6,600.00
生物医学工程技术研究开发中心建设项目	2	2011	1,120.00	—
合计			10,893.21	21,000.00

数据来源:上市公司公告,立德咨询整理。

阳普医疗募集资金2009年到位,募投项目2011年达到可使用状态,并于2013年达到预计目标(见图6-26)。根据阳普医疗年度报告披露,公司2009年度营业收入为14,079.34万元,是募集资金到位日近三年营业收入的最高值,假设2009年营业收入即公司产能饱和状况下的收入,则项目完全达产后公司预计年收入可达35,079.34万元①,2013年公司营业收入为39,673.75万元,达成预计目标。

①项目建成后公司预计年收入=项目建成前公司产能饱和状况下的收入+项目建成后公司预计每年新增收入=14,079.34+21,000.00=35,079.34(万元)。

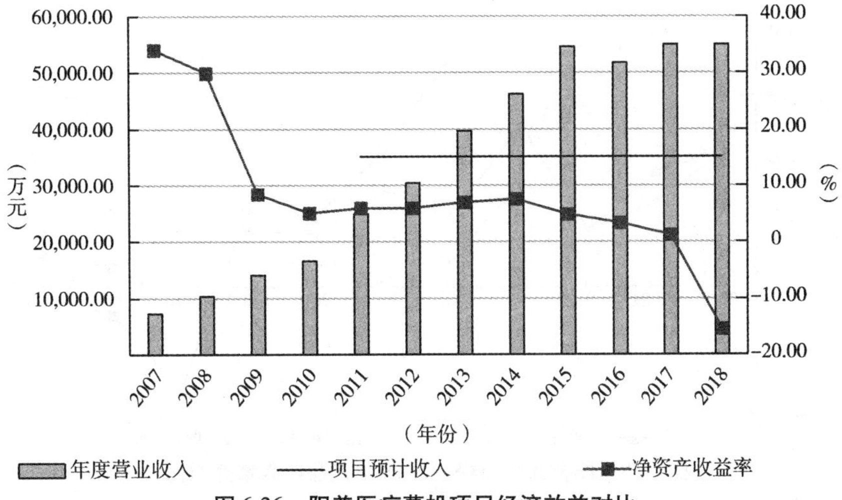

图 6-26 阳普医疗募投项目经济效益对比

数据来源：上市公司公告，立德咨询整理。

1. 公司新产品推动收入增长

公司核心业务为医学实验室诊断产品，传统产品为真空采血系统。公司近些年收入主要来源于真空采血系统产品，自 2009 年上市以来，真空采血系统一直为公司龙头产品和利润来源的重要组成部分，占收入总额比例最大，2009—2018 年保持在 47.22% ~79.33%，平均占比 65.58%。真空采血系统产品收入从 2009 年的11,169.73万元增长到 2018 年的 33,616.75 万元，年均复合增长率为 13.02%（见图 6-27）。

2011 年公司通过多年研发积累，推出新产品试剂和仪器销售，以真空采血系统产品为基础，进一步推动了主营业务收入的增长。2012—2018 年试剂和仪器销售年均复合增长率为 12.17%，同样高于同期真空采血系统的 9.85%，其中试剂销售收入年均复合增长率高达 19.64%，公司新产品对收入总额具有明显的拉动作用。具体见图 6-28。

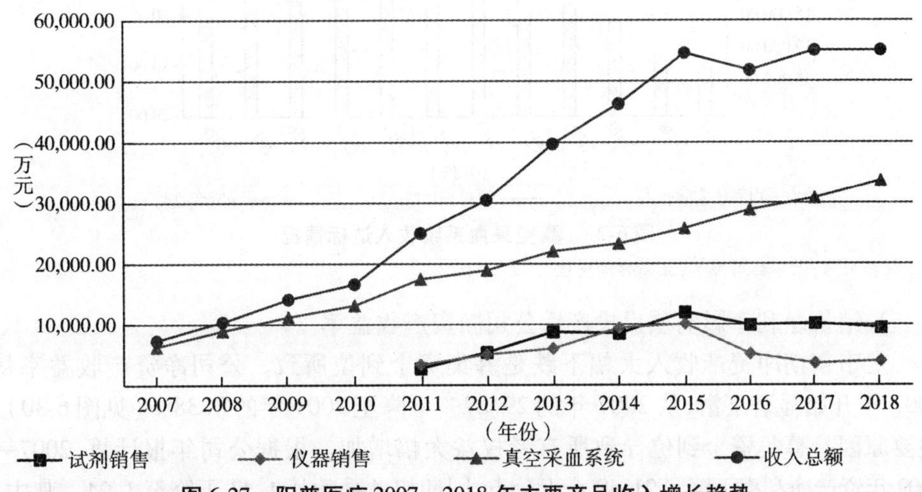

图 6-27 阳普医疗 2007—2018 年主要产品收入增长趋势

数据来源：上市公司公告，立德咨询整理。

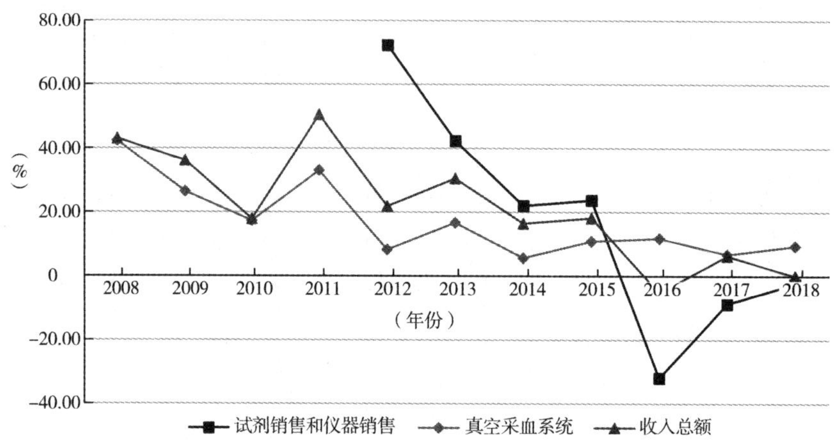

图 6-28　阳普医疗 2008—2018 年产品收入增速对比

数据来源:上市公司公告,立德咨询整理。

2015 年公司主营业务收入为 54,534.89 万元,达到上市以来最大值,2016 年由于医疗器械行业整体乏力,公司主营业务收入为 51,710.30 万元,同比下降 5.18%。其中,真空采血系统作为公司的主要产品,受行业波动影响较小,成为公司主营业务收入的主要驱动力。真空采血系统 2016—2018 年增速分别为 11.77%、6.76% 和 9.39%,均高于营业收入总额和试剂销售及仪器销售收入增速。

公司募投项目生产改性医用高分子真空采血管产品和 VBCN 一次性使用静脉采血针产品,虽然 2013 年已达到预计收入目标,但扣除新产品的收入后,募投项目于 2016 年达到预计目标(见图 6-29)。募投项目对公司收入增长产生积极作用。

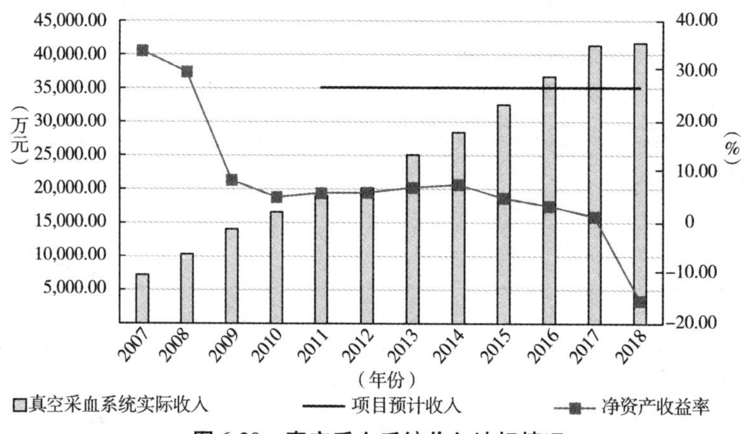

图 6-29　真空采血系统收入达标情况

数据来源:上市公司公告,立德咨询整理。

2. 销售净利率影响项目投产后公司净资产收益率

上市初期净资产收入大幅下跌是募集资金到位所致。公司净资产收益率从 2007 年开始显著下滑,从 2007 年的 29.87% 下降至 2009 年的 8.38%(见图 6-30),主要原因是募集资金到位导致所有者权益大幅增加。根据公司年报计算,2007—2009 年资产净利率下降了 21.49 个百分点,同期权益乘数从 1.47 下降至 1.24。其中,股本从 2007 年的 4,880 万元增长至 2009 年的7,400 万元,累计增长 51.64%,这导致权益乘数下降，净资产收益率大幅下滑。

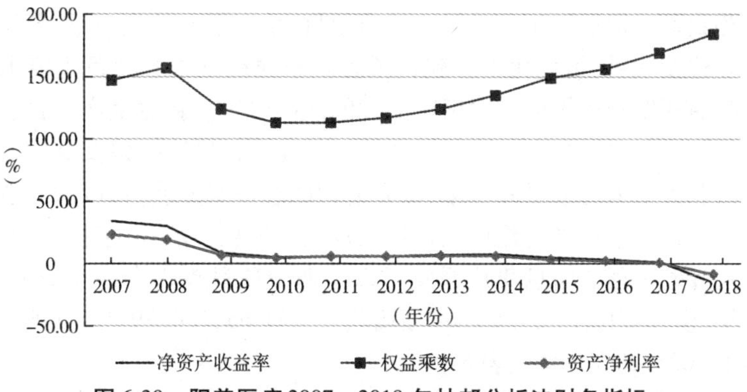

图 6-30　阳普医疗 2007—2018 年杜邦分析法财务指标

数据来源：上市公司公告，立德咨询整理。

项目投产后净资产收益率未显著上升，权益乘数虽然显著提高，但净资产收益率并未同步增长，原因是收入增速不及成本费用增速。阳普医疗募投项目建成投产后，2011—2018 年年均净资产收益率为 2.50%。从盈利情况看，公司收入明显呈现上涨趋势，年复增长率达 11.94%，但营业成本、销售费用、管理费用也同步增长，年复增长率分别为 12.92%、15.00%、21.83%，收入增速不及成本、费用增速，故净资产收益率未出现大幅度上涨的情况。

此外，公司财务费用从 2013—2018 年一路增长。财务费用增加主要是公司应付债券利息增加所致。因为公司 2017 年发行 29,635.69 万元有息债券，截至 2019 年第三季度，公司应付债券余额为 29,723.23 万元，应付债券利息增加导致公司净利润下降（见图 6-31），进而使净资产收益率下跌。

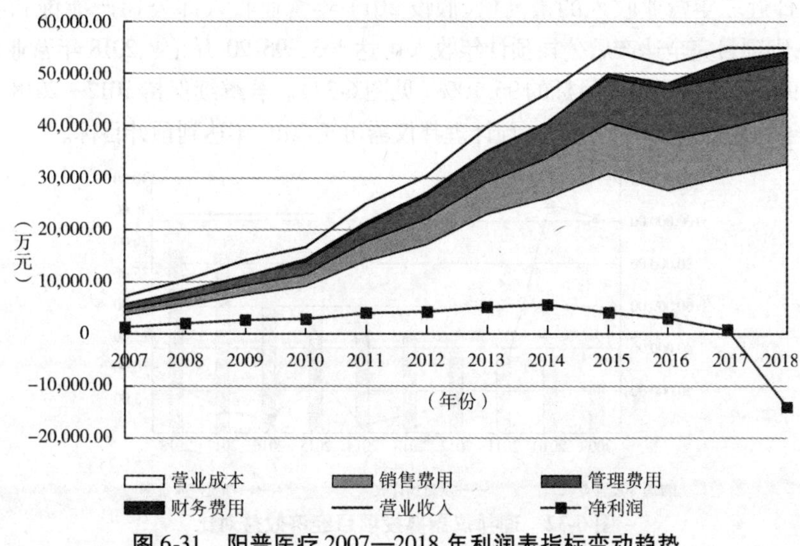

图 6-31　阳普医疗 2007—2018 年利润表指标变动趋势

数据来源：上市公司公告，立德咨询整理。

(二)理邦仪器(300206)

本次募集资金拟投资于研发中心扩建项目、生产平台扩建项目、营销网络扩建及品牌运营建设项目、信息化平台建设项目。新建研发中心项目主要承担对已有产品线的产品开发和维护以及对新产品线的产品研发。新建生产平台扩建项目主要为购置仪器设备,扩建生产线,提升产能。新建营销网络扩建及品牌运营建设项目主要提高业务渠道的数量和质量,提升公司的客户服务能力,以满足业务快速扩张的需求。新建信息化平台建设项目旨在建立以信息技术、数字技术为手段,贯穿设计、制造、服务过程的信息集成系统。以上四个项目投资合计 42,411.35 万元,建设期 3 年,预计项目建成后每年可新增收入合计 65,766.79 万元,预计每年可新增净利润 16,025.20 万元(见表 6-19)。

表 6-19　　理邦仪器募投项目指标

项目名称	规划建设期(年)	募投项目建成年度	项目投资(万元)	预计新增收入(万元/年)	预计新增净利润(万元/年)
研发中心扩建项目	3.0	2015	20,127.00	—	—
生产平台扩建项目	1.5	2015	4,669.75	65,766.79	16,025.20
营销网络扩建及品牌运营建设项目	3.0	2015	12,603.16	—	—
信息化平台建设项目	3.0	2015	5,011.44	—	—
合计			42,411.35	65,766.79	16,025.20

数据来源:上市公司公告,立德咨询整理。

理邦仪器募集资金 2011 年到位,募投项目 2015 年建成,2018 年基本达到预计目标。理邦仪器年度报告数据显示,2011 年营业收入为 37,529.41 万元,是募集资金到位日近三年营业收入的最高值,假设 2011 年营业收入即公司产能饱和状况下的收入,则项目完全达产后公司预计年收入可达 103,296.20 万元①,2018 年营业收入为 99,271.96 万元,达到预计目标的 96.10%(见图 6-32)。若继续保持 2012—2018 年营业收入的年均复合增长率 17.23%,预计理邦仪器可于 2019 年达到预计目标。

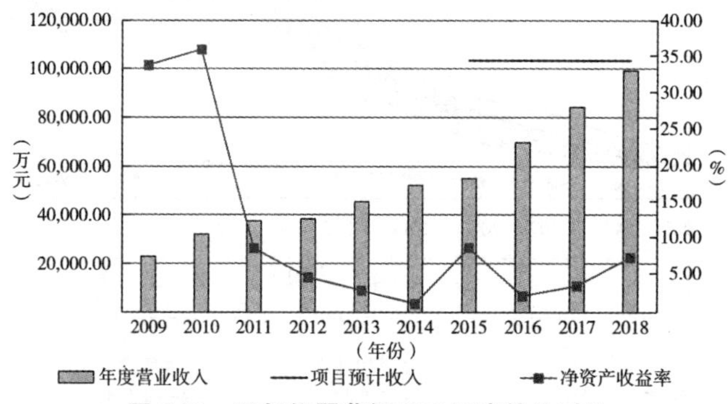

图 6-32　理邦仪器募投项目经济效益对比

数据来源:上市公司公告,立德咨询整理。

①项目建成后公司预计年收入 = 项目建成前公司产能饱和状况下的收入 + 项目建成后公司预计每年新增收入 = 37,529.41 + 65,766.79 = 103,296.20(万元)。

1. 传统产品切换新产品推动收入增长

公司传统产品为B超整机、多参数监护仪、心电图机，自公司上市以来，三种传统产品的主营业务收入年均复合增长率分别为13.92%、13.46%、9.21%。传统产品虽然占总收入的比例大，但由于其市场容量小、增速低、技术壁垒低以及生命周期已处于成熟期，导致公司传统产品已经增长乏力。

公司新产品市场容量大、行业增速快、技术壁垒高且正处于生命周期的导入期或成长期，将带领公司进入新一轮高增长期。公司经过多年的高强度研发投入，新产品体外诊断销售收入从2012年的112.59万元增长到2018年的11,455.17万元，年均复合增长率为116.06%，业务发展迅猛。其中，公司2018年营业收入为99,271.96万元，2012—2018年营业收入的年均复合增长率为17.23%，而仅体外诊断产品2018年同比就增长了42.99%，拉动了整个公司的营业收入的增长（见图6-33）。

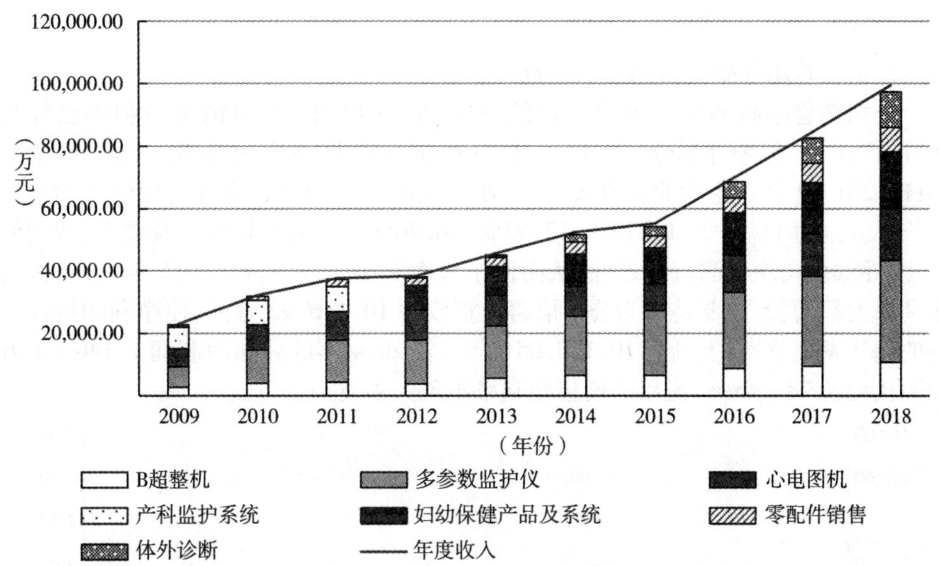

图6-33　理邦仪器2009—2018年主要产品收入增长趋势

数据来源：上市公司公告，立德咨询整理。

从收入结构看，传统产品比例逐渐降低。理邦仪器年度报告数据统计显示，公司上市后以B超整机、多参数监护仪、心电图机为主的传统产品占公司主营业务收入的比例总体保持稳定但逐年下滑，合计比例从2010年占收入总额的71%下降至2018年的61%，九年累计下降了10个百分点（见图6-34）。体外诊断产品、零配件销售、妇幼保健产品及系统、产科监护系统等新产品占收入总额的比例从2010年的28%增长至2018年的38%，其中体外诊断产品占营业收入的比例从2012年的0%增长到2018年的12%，占比增幅明显，公司新产品对公司收入的贡献逐渐扩大。

综上所述，公司募投项目对提高公司产能、增加公司收入具有一定的推动作用，但未能达到预期目标。

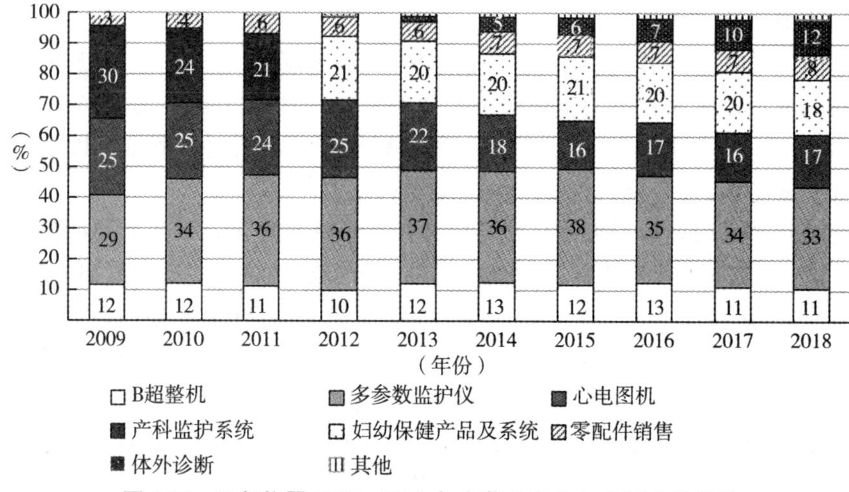

图 6-34 理邦仪器 2009—2018 年主营业务收入主要产品结构

数据来源:上市公司公告,立德咨询整理。

2. 销售费用和研发费用影响净资产收益率

公司销售净利率从上市以来持续下降,到 2014 年,公司销售净利率已经从 2011 年的 15.52% 下降到 2.18%,影响着净资产收益率的变化(见图 6-35)。2011—2014 年公司主营业务收入、主营业务成本、销售费用、管理费用的年均复合增长率分别为 11.68%、13.79%、13.93%、26.96%。收入的增速不及成本、费用的增速,导致公司净利润持续走低,从而使销售净利率持续下降。2015 年,公司销售净利率大幅增长,主要是因为公司取得投资收益 10,136.92 万元,使净利润持续下降的趋势发生改变,上升至 10,100.05 万元,较 2014 年的公司净利润 1,140.67 万元同比增长 785.45%,当年的销售净利率出现大幅波动。

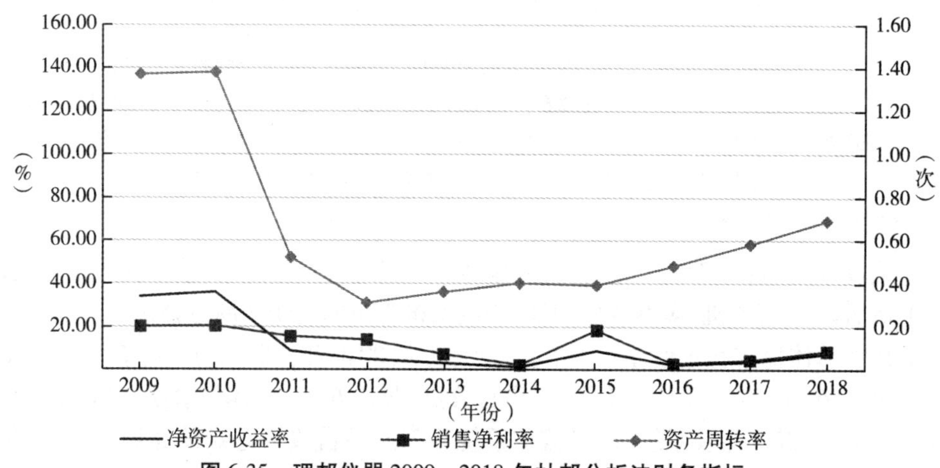

图 6-35 理邦仪器 2009—2018 年杜邦分析法财务指标

数据来源:上市公司公告,立德咨询整理。

公司 2011 年上市,当年资产周转率为 0.52,较上一年的 1.38 同比下降62.32%。公司上市当年营业收入、总资产分别同比增长 1.91%、346.09%,营业收入增速不及总资产增速,导致当年资产周转率骤降,主要原因是募集资金到位使公司货币资金增加 86,420.06 万元,从而使公司当年资产周转率大幅下降。

理邦仪器募投项目2015年建成,项目投产后公司净资产收益率呈现上涨趋势。2016—2018年,公司净资产收益率从2.21%增长至7.47%,累计增长了238.01%。其中,营业收入累计增长42.22%,销售费用累计增长47.40%,尤其是销售费用中的职工薪酬,累计增长了52.67%,公司加大推广力度对收入增长起到积极作用。具体见图6-36。

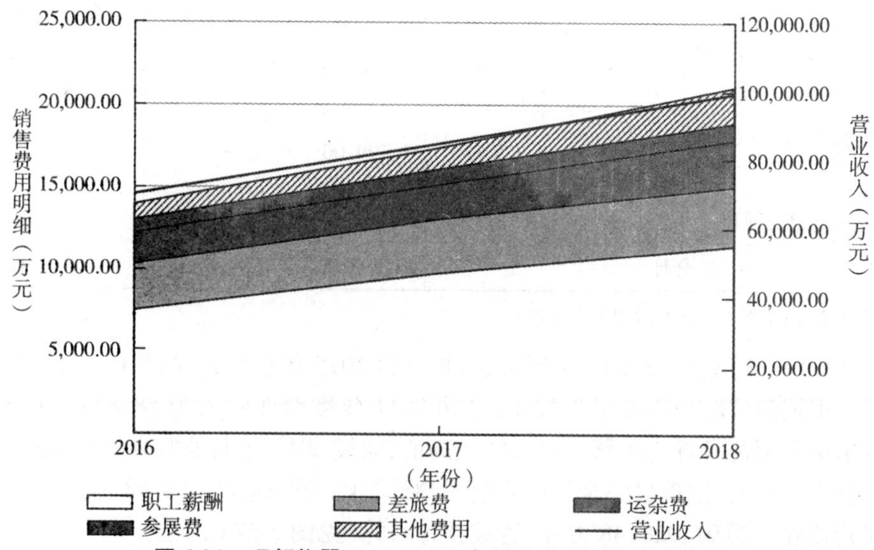

图6-36 理邦仪器2016—2018年销售费用明细变动趋势

数据来源:上市公司公告,立德咨询整理。

公司2017年研发费用占营业收入的比例为20.95%,2018年略有降低,为17.92%,但公司持续长期高比例研发投入,产品种类不断丰富,助力业绩稳步增长。

(三)和佳医疗(300273)

公司本次募集资金主要用于公司肿瘤微创综合治疗设备技术改造项目、医用气体设备建设项目、医用影像设备建设项目、工程技术中心建设项目和营销网络建设项目。肿瘤微创综合治疗设备技术改造项目主要完善公司“和佳肿瘤微创治疗综合解决方案”及其设备的性能指标;医用气体设备建设项目拟新增分子筛制氧主机和一体化医用制氧机的年生产能力380台;医用影像设备建设项目拟新增DR、高压发生器等医用影像设备的年生产能力500台和PACS工作站系统软件300套;工程技术中心建设项目在原有工程技术中心的基础上进行全面提升,加大研发投入,建设新的工程技术中心;营销网络建设项目计划在全国8个主要城市建立区域业务运营中心,分别是北京中心、广州中心、武汉中心、沈阳中心、杭州中心、南京中心、西安中心和成都中心。以上五个项目投资合计20,595.00万元,建设期1年,预计项目建成后每年可新增收入合计38,680.00万元(见表6-20)。

表6-20 和佳医疗募投项目指标

项目名称	规划建设期(年)	募投项目建成年度	项目投资(万元)	预计新增收入(万元/年)	预计新增净利润(万元/年)
肿瘤微创综合治疗设备技术改造项目	1	2015	3,000.00	14,200.00	1,624.54

续表

项目名称	规划建设期（年）	募投项目建成年度	项目投资（万元）	预计新增收入（万元/年）	预计新增净利润（万元/年）
医用气体设备建设项目	1	2015	4,854.00	8,880.00	1,742.42
医用影像设备建设项目	1	2015	5,770.00	15,600.00	1,506.45
工程技术中心建设项目	1	2015	3,799.00	—	—
营销网络建设项目	1	2015	3,172.00	—	—
合计			20,595.00	38,680.00	4,873.41

数据来源：上市公司公告，立德咨询整理。

和佳医疗募集资金2011年到位，募投项目2015年全部建成，2016年达到预计目标。根据和佳医疗年度报告披露，公司2011年度营业收入为48,874.63万元，是募集资金到位日近三年营业收入的最高值，假设2011年营业收入即公司产能饱和状况下的收入，则项目完全达产后公司预计年收入可达87,554.63万元，2016年公司营业收入为91,920.48万元，达成预计目标（见图6-37）。

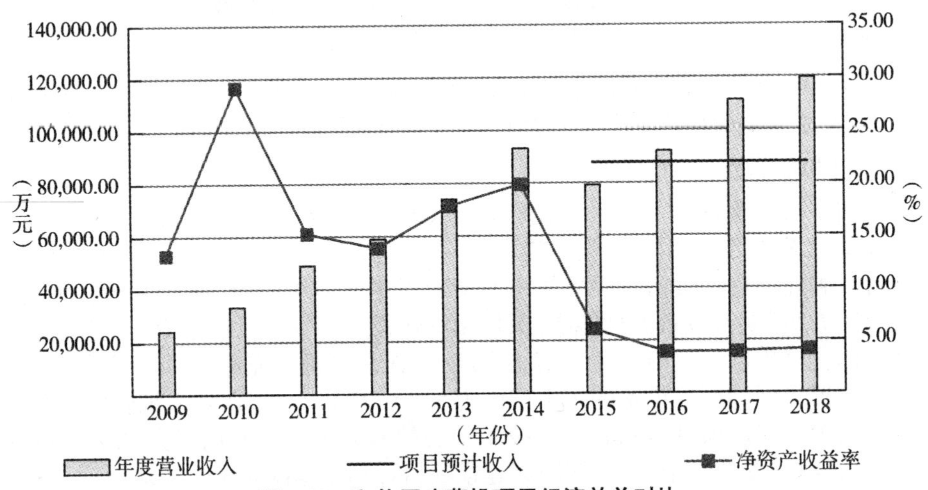

图6-37 和佳医疗募投项目经济效益对比

数据来源：上市公司公告，立德咨询整理。

1. 医疗设备及医用工程产品业务对公司收入产生较大影响

公司收入波动很大程度受医疗设备及医用工程产品业务的影响。公司自2011年上市以来，医疗设备及医用工程产品一直是核心产品，其产品收入从2011年的38,072.81万元增长到2018年的84,820.47万元，年均复合增长率为12.12%（见图6-38）。其中，项目建成前（2009—2015年）医疗设备及医用工程产品累计增长了173.34%，比代理产品累计增幅101.29%高出72.05个百分点；同期医疗设备及医用工程产品年均复合增长率为18.25%，高于同期代理产品收入年均复合增长率12.37%。

2015 年公司主营业务收入为 79,104.64 万元，为上市以来首次主营业务收入滑落，主要是受医院反腐所致的决策周期延长和公司"直销 + 融资租赁"的运营模式的影响。2014 年，公司流动资金受限（公司 2014 年流动比率为 1.54，较上年度同比下降 42.74%，见图 6-39），在承接项目上有所保留，导致 2015 年业绩出现相对真空期，随后慢慢恢复起来，直到 2018 年再创新高。

综上所述，公司募投项目扩大产能，对公司业务规模扩大具有推动作用。

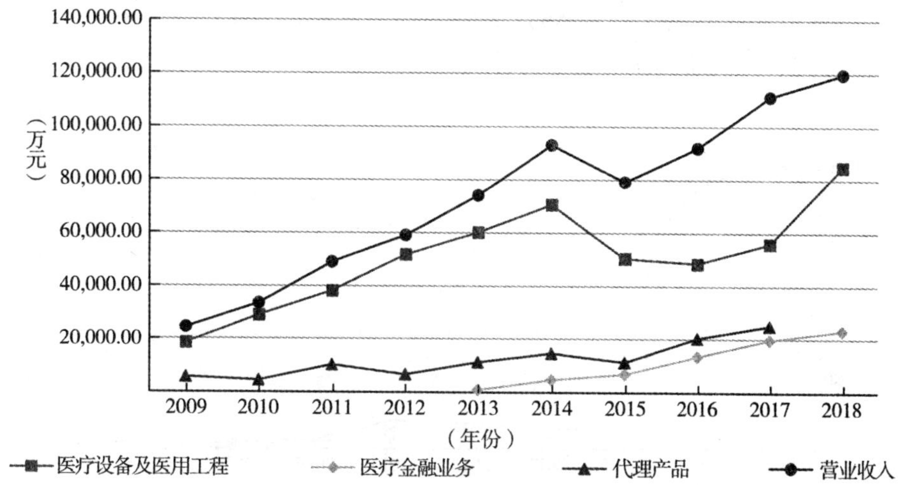

图 6-38 和佳医疗 2009—2018 年主要产品收入增长趋势

数据来源：上市公司公告，立德咨询整理。

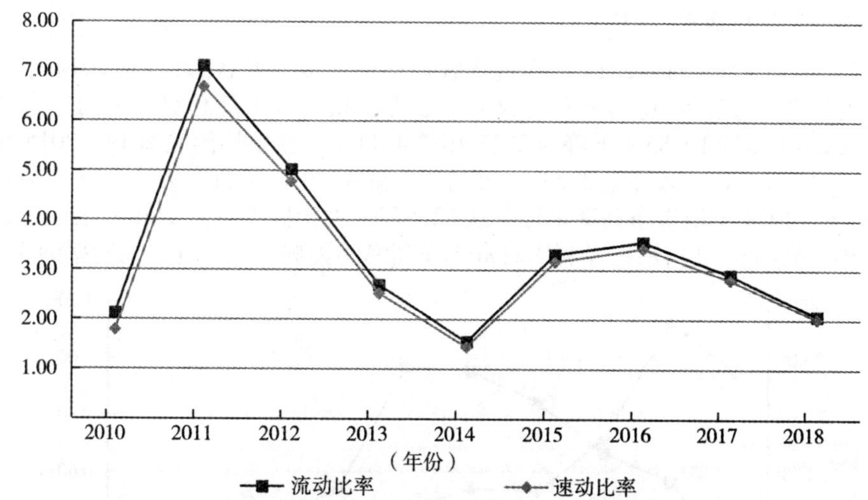

图 6-39 和佳医疗 2010—2018 年流动比率、速动比率变化情况

数据来源：上市公司公告，立德咨询整理。

2. 收入减少、坏账准备增加影响净资产收益率

公司净资产收益率从 2010 年开始显著下滑，从 2010 年的 29.12% 下降至 2011 年的 15.24%（见图 6-40）。根据公司年报计算，2010—2011 年净资产收益率下降了 13.88 个百分点，同期权益乘数从 1.90 下降至 1.31，同比下降 31.05%；资产净利率从 16.02% 下降至12.02%，同比下降 24.97%。权益乘数对净资产收益

率的影响大于资产净利率的影响。

权益乘数下降的主要原因是募集资金到位导致股东权益骤增。总资产方面,货币资金从2010年的9,293.63万元增长到2011年的72,345.13万元,同比增长678.44%,从而使资产总额从2010年的32,241.32万元增长到2011年的103,806.26万元,同比增长221.97%。净资产方面,股本增加导致资本公积大幅增长,从2010年的1,228.11万元增长到2011年的58,897.19万元,同比增长4,695.76%,导致所有者权益从2010年的17,846.24万元增长到2011年的87,011.25万元,同比增长387.56%,同期的所有者权益增速远远大于资产总额的增速,导致上市期间权益乘数明显下降,最终影响净资产收益率下降。

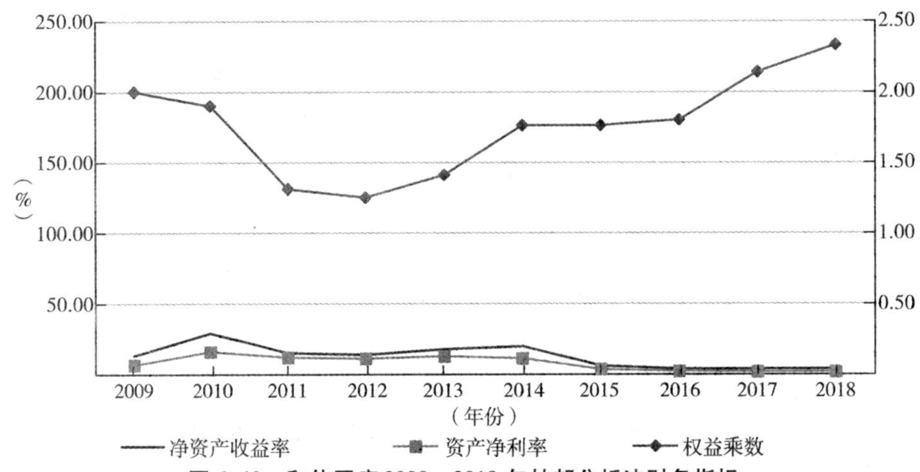

图6-40 和佳医疗2009—2018年杜邦分析法财务指标

数据来源:上市公司公告,立德咨询整理。

公司上市后,2011—2014年净资产收益率呈缓慢上升状态,但自2014年起净资产收益率由升转跌,持续上升的权益乘数无法扭转其下降趋势。公司净资产收益率从2014年的19.85%下降至2018年的4.11%。主要原因是2014—2015年资产净利率从11.40%骤降至3.54%,并持续下降至2018年的1.91%。从变动趋势看,2014—2018年销售净利率累计下跌62.57%,大于同期资产周转率累计下跌的55.32%(见图6-41),销售净利率对资产净利率的影响要大于资产周转率的影响。

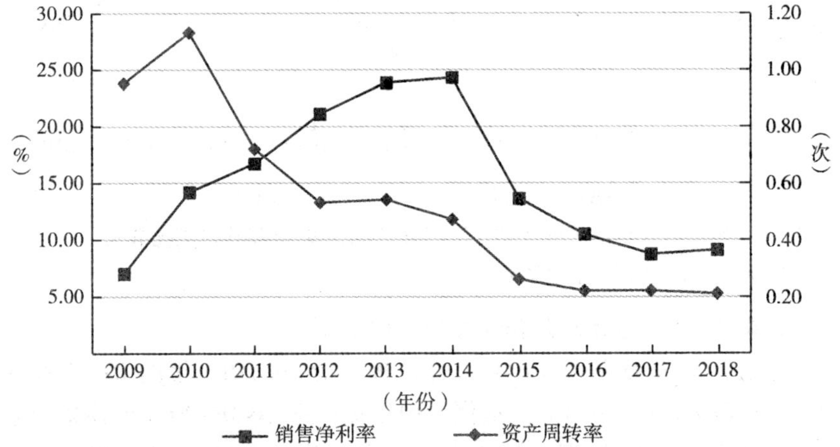

图6-41 和佳医疗2009—2018年销售净利率和资产周转率对比分析

数据来源:上市公司公告,立德咨询整理。

2014 年，销售净利率大幅下跌主要由营业总收入减少和资产减值损失增加导致。2015 年，公司营业总收入同比下跌 14.93%，同期营业成本下跌 11.41%，销售费用上升 11.16%，管理费用（含研发费用）上升 6.31%，资产减值损失增幅最大，同比上升 146.99%，系款项未能及时回收而大幅计提坏账准备所致。营业总收入下跌的同时营业总成本不降反升，压缩利润空间，净利润大幅下降，影响销售净利率，最终导致净资产收益率下跌。具体利润表指标变动趋势见图 6-42。

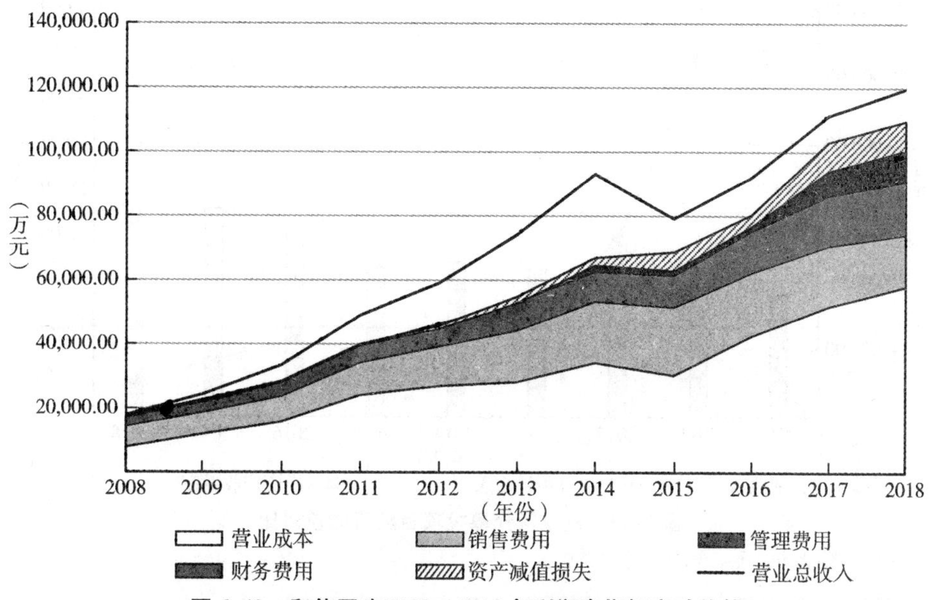

图 6-42　和佳医疗 2008—2018 年利润表指标变动趋势

数据来源：上市公司公告，立德咨询整理。

（四）戴维医疗（300314）

公司本次募集资金运用项目主要用于公司年产 20,000 台婴儿保育设备扩建项目、技术研发中心项目和国内外营销网络建设项目。年产 20,000 台婴儿保育设备扩建项目是对现有产能的扩大，以提高公司的生产能力，改变公司目前产能不足的局面；技术研发中心项目是对公司技术体系和产品研发能力的加强与补充；国内外营销网络建设项目是对公司现有销售模式的改善和提升。以上三个项目投资合计 18,608.60 万元，建设期 1.5 年，预计项目建成后每年可新增收入合计 25,581.00 万元（见表 6-21）。

表 6-21　**戴维医疗募投项目指标**

项目名称	规划建设期（年）	募投项目建成年度	项目投资（万元）	预计新增收入（万元/年）
年产 20,000 台婴儿保育设备扩建项目	1.5	2016	13,394.00	25,581.00
技术研发中心项目	1	2016	3,000.00	—
国内外营销网络建设项目	1	2014	2,214.60	—
合计			18,608.60	25,581.00

数据来源：上市公司公告，立德咨询整理。

戴维医疗募集资金2012年到位,募投项目2016年全部建成。根据戴维医疗年度报告披露,公司2012年度营业收入为25,579.04万元,是募集资金到位日近三年营业收入的最高值,假设2012年营业收入即公司产能饱和状况下的收入,则项目完全达产后公司预计年收入可达51,160.04万元,2018年公司营业收入为30,029.82万元,达到公司收入局部瓶颈状态,离预计目标还有一定差距,后续需继续发力,打开新的市场(见图6-43)。

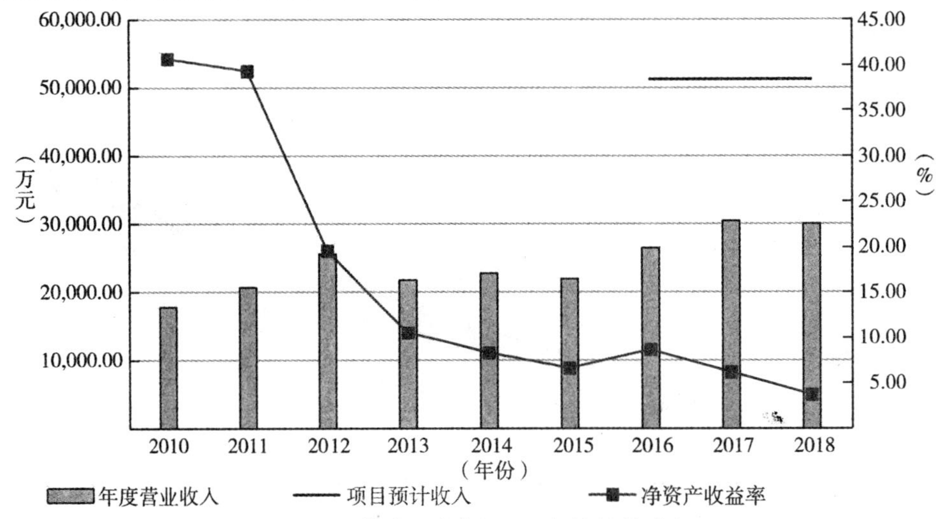

图6-43 戴维医疗募投项目经济效益对比

数据来源:上市公司公告,立德咨询整理。

1. 复杂多变的国内外经济形势影响着公司的经营业绩

公司业绩受宏观经济影响较大。2013年,公司主营业务收入为21,724.51万元,较2012年的25,579.04万元同比降低15.07%。内销方面,2013年国内市场婴儿保育设备的政府投入项目减少,公司内销业务受挫,内销营业收入同比下跌13.64%;外销方面,国外部分国家政治经济环境动荡,公司外销业务下滑,外销营业收入同比下跌20.98%。

从产品构成看,培养箱系列产品收入受冲击最大。培养箱系列产品收入占营业收入总额权重高达53.77%,2013年该产品滞销,库存量同比增长49.55%,系列产品收入下跌22.21%,跌幅大于其他产品(见图6-44),导致总收入下滑。

2013年,随着公司募投项目的建成,2016—2018年主营业务收入缓慢上涨。2016—2018年主要产品培养箱系列年均复合增长率达3.46%,推动营业总收入增长。但由于2018年复杂多变的国内外经济形势以及医疗器械市场竞争日益加剧的环境,公司主营业务收入小幅下滑至30,029.82万元,同比下降1.19%。综合而言,募投项目扩大培养箱系列产品产能对公司收入增长存在积极作用,但未能达到募投项目预期目标。

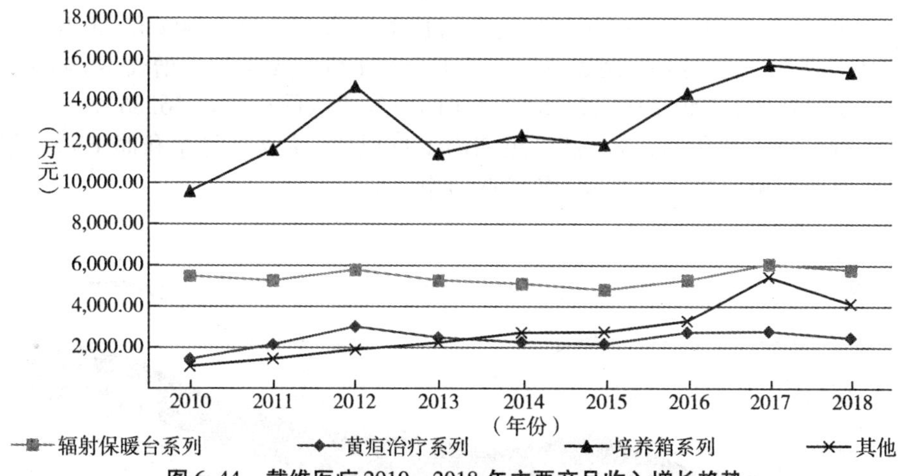

图 6-44 戴维医疗 2010—2018 年主要产品收入增长趋势

数据来源：上市公司公告，立德咨询整理。

2. 运营总成本对净资产收益率影响较大

公司净资产收益率从 2012 年开始显著下滑，从 2011 年的 39.32% 下降至 2012 年的 19.53%，降幅达 50.33%。主要原因是募集资金到位使资本公积大幅增长，所有者权益增加而影响权益乘数降低。2012 年公司资本公积从 3,756.09 万元增长到 38,353.44 万元，同比增长 921.10%，推动所有者权益增长 260.48%。同期公司资产总额从 2011 年的 27,572.82 万元增长至 2012 年的 64,918.75 万元，同比增长 135.44%。所有者权益增速高于资产总额增速导致权益乘数下降，最终使净资产收益率在上市期间大幅下降（见图 6-45）。

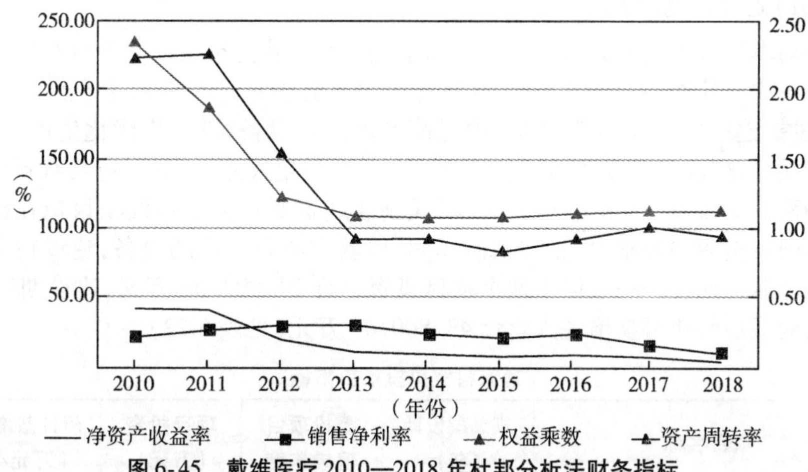

图 6-45 戴维医疗 2010—2018 年杜邦分析法财务指标

数据来源：上市公司公告，立德咨询整理。

公司上市后净资产收益率持续下跌，募投项目投产后未呈现上升趋势，原因是公司上市以来销售净利率下降。根据公司年报计算，2013—2018 年净资产收益率持续下降了 6.83 个百分点，其中销售净利率、资产周转率（次）、权益乘数的复合增长率分别为 -20.12%、0.60%、0.73%，销售净利率下跌速度较快，对净资产收益率影响较大。

销售费用和研发费用大幅增长导致销售净利率下跌。主营业务收入从 2013 年的 21,724.51 万元增长至 2018 年的 30,029.82 万元，年均复合增长率为6.69%，同期营业成本、销售费用、研发费用年均复合增长率为 8.47%、19.34% 和 23.16%，均显著高于收入增速。其中，销售费用中的工资及工资性支出同比增长 14.40%，广告宣传费同比增长 340.51%，2018 年公司的研发投入同比增长 56.86%。公司加大营销推广投入和研发投入力度，短期内未见成效，导致公司净利润下降（见图 6-46），从而影响销售净利率和净资产收益率下降。

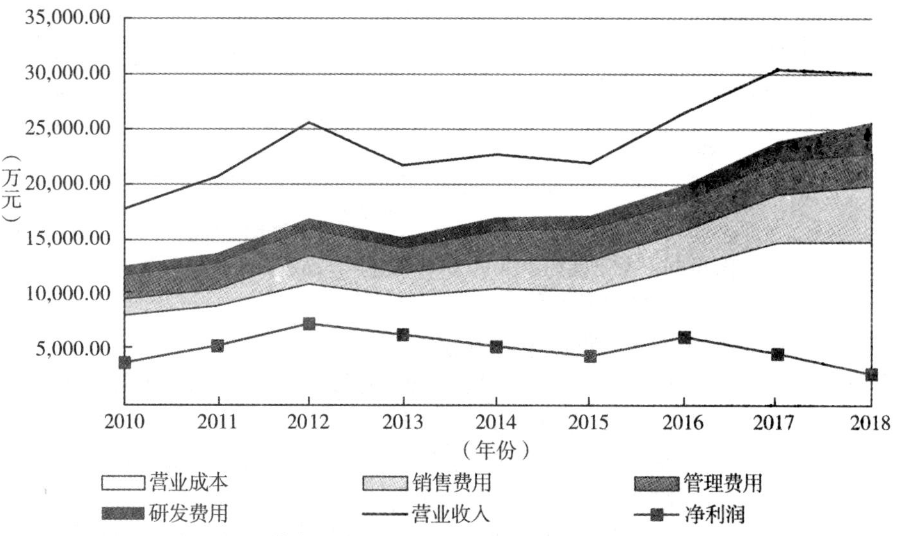

图 6-46　戴维医疗 2010—2018 年利润表指标变动趋势

数据来源：上市公司公告，立德咨询整理。

（五）楚天科技（300358）

公司本次募集资金运用项目主要用于现代制药装备技术改造项目和现代制药装备研发中心建设项目。现代制药装备技术改造项目是在现有生产设施的基础上，通过扩建厂房、优化工艺布局、引进高精度生产设备，进一步优化生产工艺、提升产品品质、提高生产效率、降低生产成本，本项目建成并达产后，将具有新增年产各类制药联动线 200 套的生产能力；现代制药装备研发中心建设项目拟在整合公司现有研发资源的基础上，新增试制车间、检验中心及相应的设备，建设行业内领先的制药装备研发中心。以上两个项目投资合计 24,997.00 万元，建设期1 年，预计项目建成后每年可新增收入合计 43,800.00 万元（见表 6-22）。

表 6-22　**楚天科技募投项目指标**

项目名称	规划建设期（年）	募投项目建成年度	项目投资（万元）	预计新增收入（万元/年）
现代制药装备技术改造项目	1.0	2015	20,000.00	43,800.00
现代制药装备研发中心建设项目	1.0	2015	4,997.00	—
合计			24,997.00	43,800.00

数据来源：上市公司公告，立德咨询整理。

楚天科技募集资金 2014 年到位，募投项目 2015 年全部建成，并于 2018 年达到预计目标。根据楚天科技年度报告披露，公司 2014 年度营业收入为 100,518.98万元，是募集资金到位日近三年营业收入的最高值，假设 2014 年营业收入即公司产能饱和状况下的收入，则项目完全达产后公司预计年收入可达 144,318.98 万元。2018 年公司营业收入为 163,179.06 万元，达成预计目标（见图 6-47）。

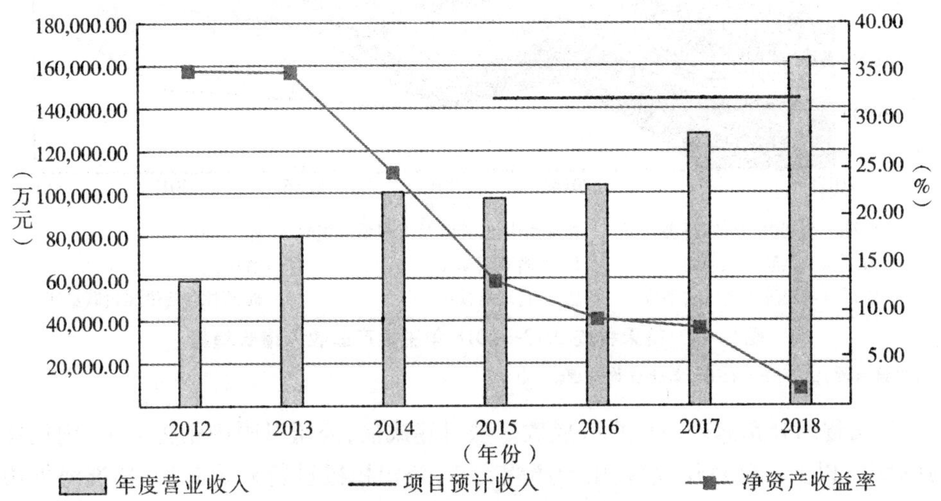

图 6-47 楚天科技募投项目经济效益对比

数据来源：上市公司公告，立德咨询整理。

1. 冻干制剂生产整体解决方案产品业务推动收入增长

公司年收入增长的动力主要来源于冻干制剂生产整体解决方案产品。自 2015 年募投项目建成以来，冻干制剂生产整体解决方案服务一直为公司龙头产品和利润来源的重要组成部分，产品收入从 2015 年的 22,495.36 万元增长到 2018 年的 58,356.76 万元，年均复合增长率为 37.40%，2018 年更是同比增长了 94.52%（见图 6-48）。

冻干制剂生产整体解决方案服务收入大幅增长受益于公司的战略部署，核心产品从单机或联动线为主向提供医药装备整体解决方案、制药整厂项目工程总承包（EPC）和医药智慧工厂转变。冻干制剂整体解决方案产品销售占总收入的比例从 23.08% 增长至 35.76%。

此外，公司建设研发中心，加大研发投入，有助于提高公司产品的附加值。公司研发费用在 2015—2018 年累计增长 121.84%，年均复合增长 30.42%，研发投入产生的效果逐渐体现。

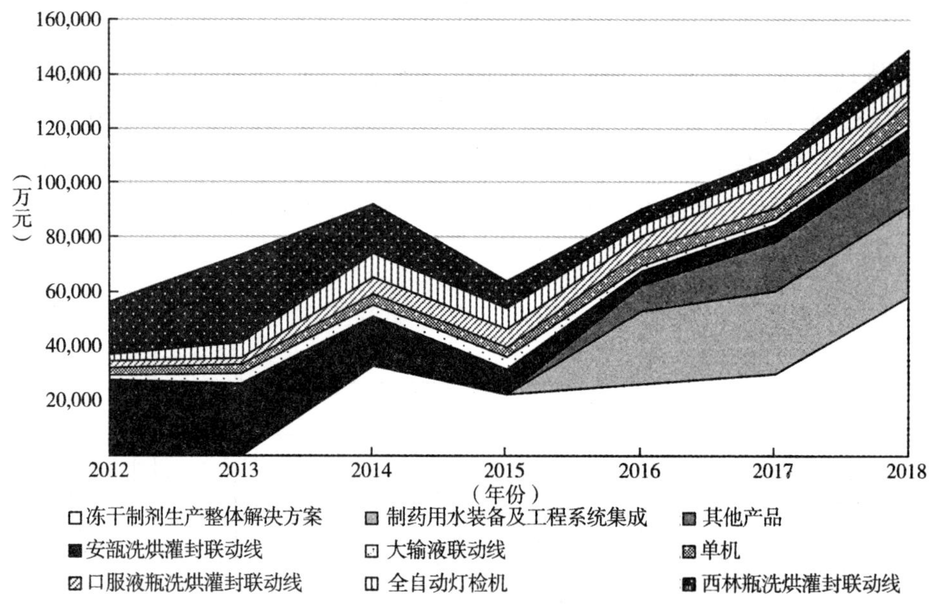

图 6-48　楚天科技 2012—2018 年主要产品收入增长趋势

数据来源：上市公司公告，立德咨询整理。

公司逐渐开拓海外市场卓有成效。项目建成前，公司以国内销售为主，内销比例在 80% 以上。项目建成后，由于产能支持，公司积极进行外延布局，拓展海外市场，外销比例从 2012 年的 5% 增长到 2018 年的 15%（见图 6-49），取得了一定的成效。综合而言，募投项目对公司业务发展的积极影响较为显著。

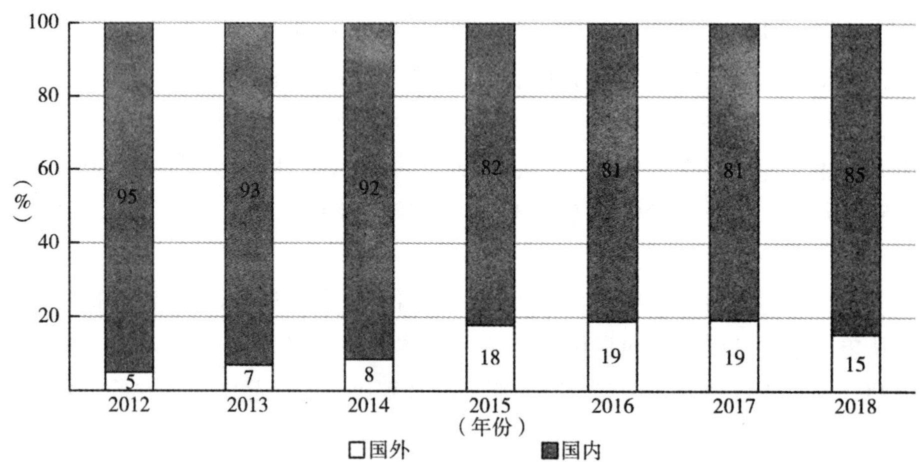

图 6-49　楚天科技 2012—2018 年主营业务收入分地区情况

数据来源：上市公司公告，立德咨询整理。

2. 期间费用、生产成本持续上升影响净资产收益率

公司净资产收益率自 2014 年起显著下滑，从 2013 年的 34.80% 下降至 2018 年的 1.77%，累计下降 33.03 个百分点（见图 6-50）。募集资金到位当年，股本从 2013 年的6,600.00万元增长到 2014 年的 11,679.88 万元，同比增长 76.97%；资本公积从 2013 年的 7,718.01 万元增长到 2014 年的 27,635.13 万元，同比增长

258.06%。这使得所有者权益同比增长 82.95%，高于资产总额同期增速33.42%，导致权益乘数从 2013 年的 2.36 下降到 2014 年的 1.95，进而影响净资产收益率降至 2014 年的 24.36%，同比下降 30.00%。

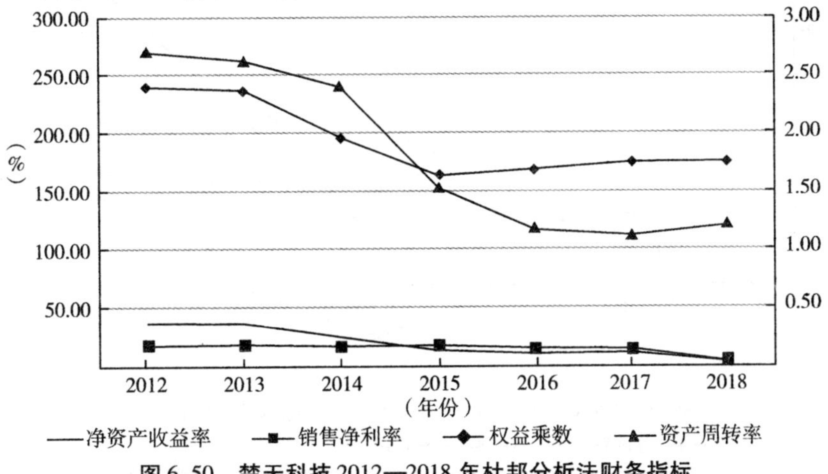

图 6-50　楚天科技 2012—2018 年杜邦分析法财务指标

数据来源：上市公司公告，立德咨询整理。

项目建成后影响净资产收益率的因素主要是研发费用和营业成本。根据公司年报计算，2015—2018 年净资产收益率下降了 11.27% 个百分点。从增幅看，2015—2018 年营业收入虽然从 97，482.87 万元增长至 163，179.06 万元（见图 6-51），累计增长 67.39%，但同期营业成本和研发费用分别增长了 99.15% 和 121.84%，增长幅度均大于业务收入。从增速看，2015—2018 年营业收入年复合增长率为67.39%，增速较快，但仍低于营业收入年复合增长率 99.15% 和研发费用年复合增长率 121.84%。

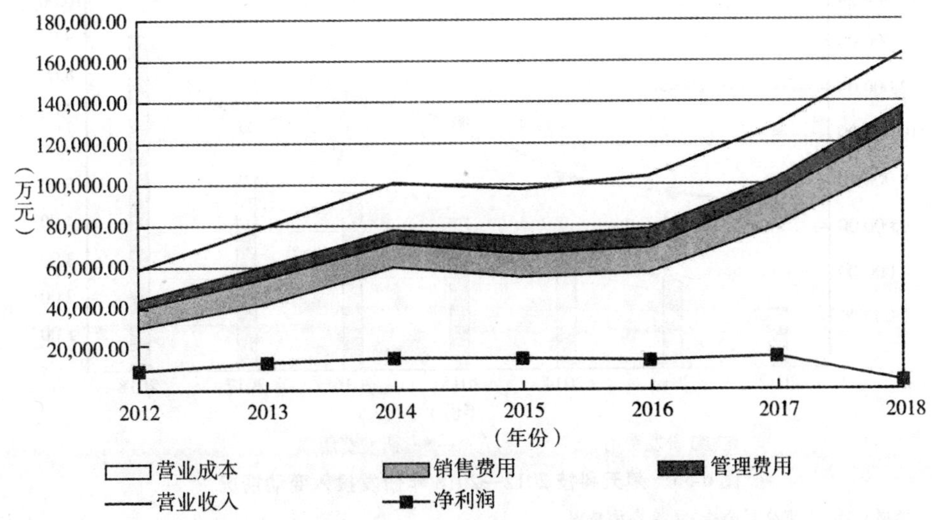

图 6-51　楚天科技 2012—2018 年利润表指标变动趋势

数据来源：上市公司公告，立德咨询整理。

楚天科技 2016—2018 年利润表指标增速见图 6-52。

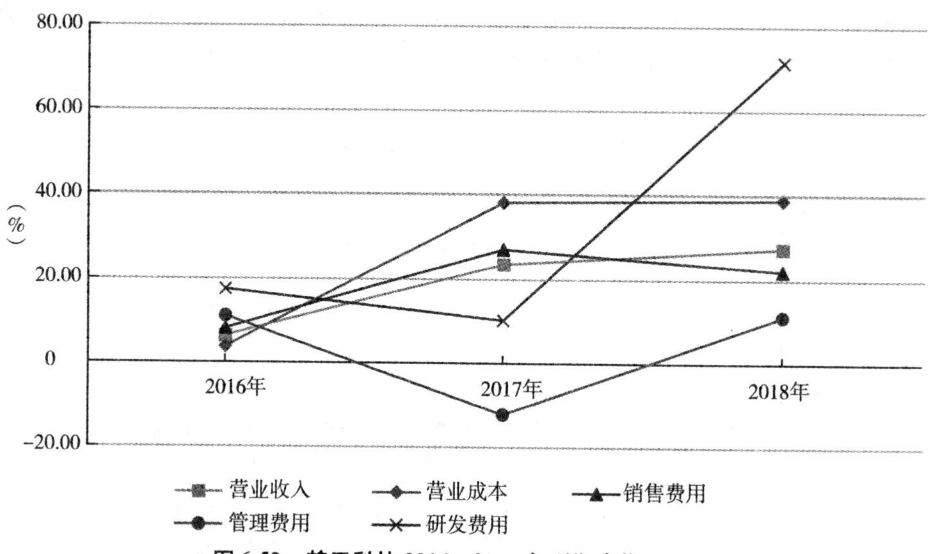

图 6-52 楚天科技 2016—2018 年利润表指标增速

数据来源:上市公司公告,立德咨询整理。

营业成本持续上升,主要是宏观经济环境和医药行业的外部环境发生了诸多变化。中美贸易升级,资本市场动荡低迷,国家医疗体制改革进一步深化,总量控制、带量采购等政策的实施,给医药行业带来了诸多挑战,从而导致制药装备行业竞争形势进一步白热化,毛利空间不断被压缩。

公司研发费用大幅上升主要是公司持续加大对新产品、新技术的投入。公司研发费用投入从 2015 年的 6,518.62 万元增长至 2018 年的 14,460.80 万元,研发费用率也从 6.69% 增长至 8.86%(见图 6-53)。

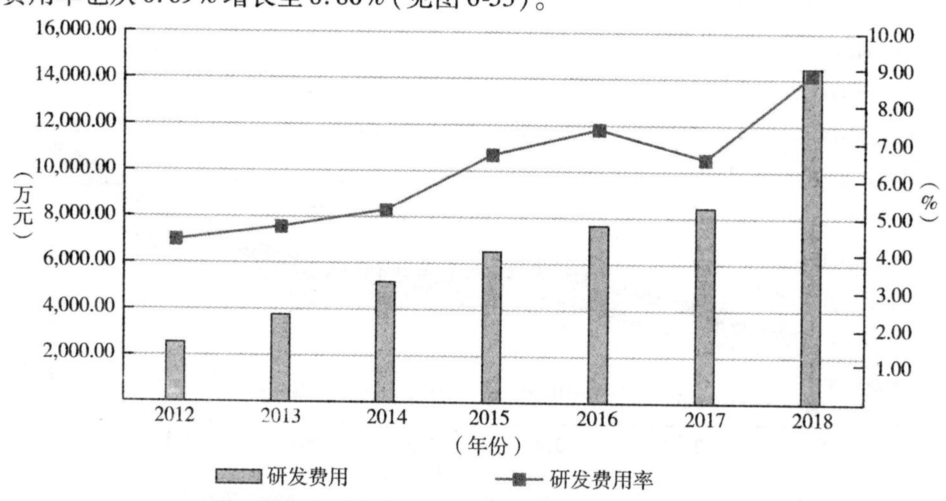

图 6-53 楚天科技 2012—2018 年研发投入变动情况

数据来源:上市公司公告,立德咨询整理。

2015—2018 年公司营业成本和研发费用增长高于营业收入,利润空间被压缩,收入增幅达 67.39%,净利润从 2014 年的 15,690.62 万元下降到 2018 年的 4,133.60万元,跌幅高达 73.66%,销售净利率大幅下降,使净资产收益率降低。

（六）迪瑞医疗（300396）

公司本次募集资金运用项目主要用于年产6,000台全自动临床检验设备及90,000盒配套试剂规模化生产项目、研发工程中心建设项目和营销网络中心建设项目。年产6,000台全自动临床检验设备及90,000盒配套试剂规模化生产项目将每年新增全自动医疗检验仪6,000台和配套诊断试剂90,000盒；研发工程中心建设项目将新建研发工程中心大楼一座，大楼内除将公司原有研发中心迁入外，还将增加5个子项目；营销网络中心建设项目是对公司现有营销服务网络的改造和升级，形成覆盖全国的营销服务网络。以上三个项目投资合计43,012.80万元，建设期2年，预计项目建成后每年可新增收入70,920.17万元，新增年均净利润5,859.03万元（见表6-23）。

表6-23 迪瑞医疗募投项目指标

项目名称	规划建设期（年）	募投项目建成年度	项目投资（万元）	预计新增收入（万元/年）	预计新增净利润（万元/年）
年产6,000台全自动临床检验设备及90,000盒配套试剂规模化生产项目	2	2015	24,507.68	70,920.17	5,859.03
研发工程中心建设项目	1	2016	13,291.30	—	—
营销网络中心建设项目	1	2016	5,213.82	—	—
合计			43,012.80	70,920.17	5,859.03

数据来源：上市公司公告，立德咨询整理。

迪瑞医疗募集资金2014年到位，募投项目2016年全部建成。根据迪瑞医疗年度报告披露，公司2014年度营业收入为48,647.23万元，是募集资金到位日近三年营业收入的最高值，假设2014年营业收入即公司产能饱和状况下的收入，则项目完全达产后公司预计年收入可达119,567.40万元。2018年公司营业收入为93,341.86万元，尚未达成预计目标（见图6-54）。

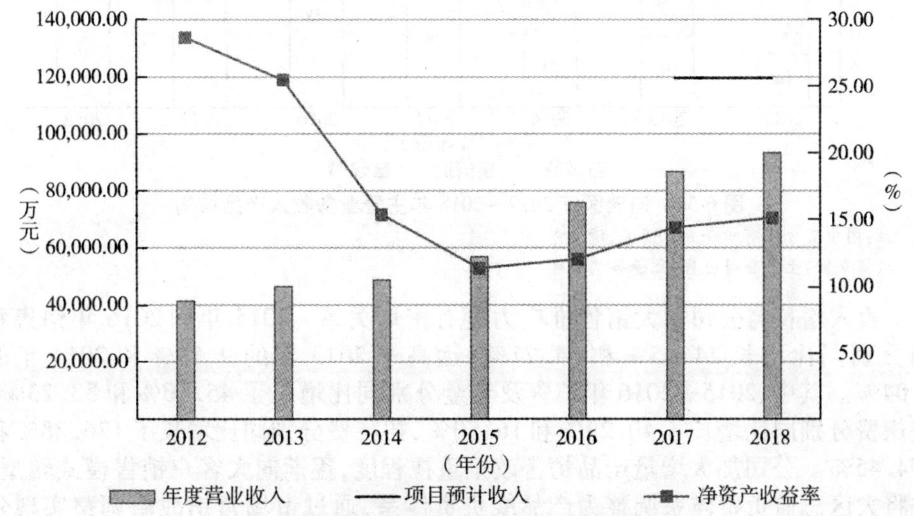

图6-54 迪瑞医疗募投项目经济效益对比

数据来源：上市公司公告，立德咨询整理。

1. 试剂产品业务推动收入增长

公司是国内领先的医疗检验仪器及配套试纸试剂制造商，近些年收入增长的动力主要来源于试剂收入增长。公司试剂收入自2015年开始大幅增长，当年度较2014年同比增长98.60%，并保持增长趋势直至2018年，从2014年的10,044.06万元增长至2018年的59,990.96万元（见图6-55），累计增长了497.28%。试剂收入占比也于2016年超过仪器收入，成为公司主要产品，并持续上升到2018年的65%（见图6-56）。

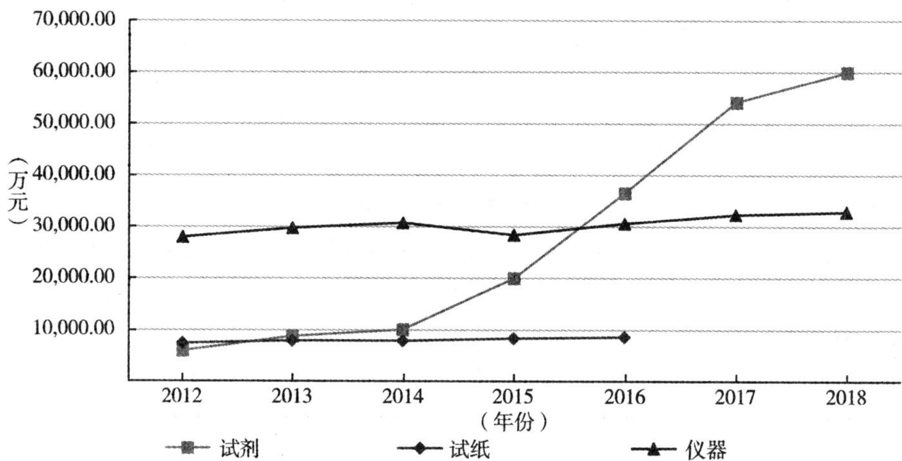

图6-55　迪瑞医疗2012—2018年主要产品收入增长趋势

数据来源：上市公司公告，立德咨询整理。

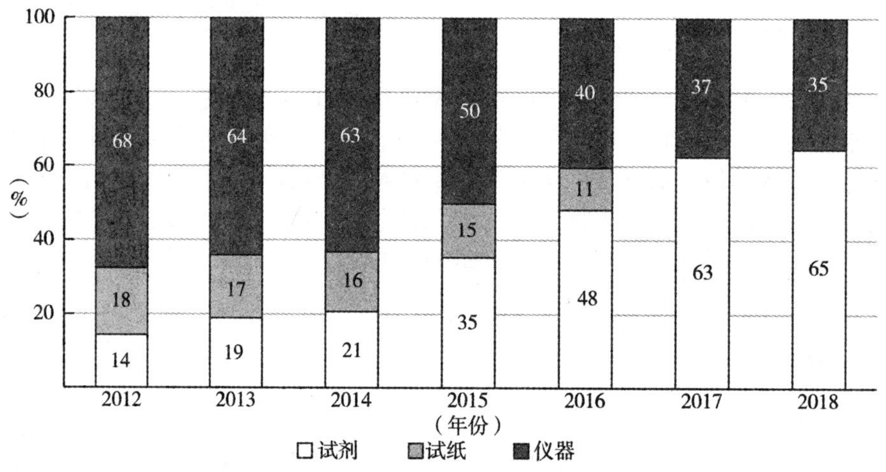

图6-56　迪瑞医疗2012—2018年主营业务收入产品结构

注：图中百分比有四舍五入情况，请注意。

数据来源：上市公司公告，立德咨询整理。

收入增长与公司加大销售推广力度有密切关系。2015年和2016年销售费用分别同比增长24.65%和34.71%，远高于2013年的9.89%和2014年的3.04%。其中，2015—2016年工资及奖金分别同比增长了45.10%和33.23%，差旅费分别同比增长了40.29%和16.50%，招待费分别同比增长了126.28%和154.45%。公司加大增量产品销售政策重视程度，逐渐向大客户销售模式转型，并将大区总监负责体系调整为产品线负责体系，通过市场营销战略调整实现公司收入稳定增长。

2. 项目建成后盈利能力和营运能力均有所提高

公司净资产收益率从 2014 年开始显著下滑，对比 2013 年跌幅达 39.65%（见图 6-57）。主要原因是募集资金到位使货币资金大幅增长，资产总额增加，但募投项目未建成，经济效益未实现，资产周转率大幅下降。2014 年募集资金到位，货币资金从9,134.81万元上升到 55,700.02 万元，同比增长 510%，资产总额因此增长 91.71%。同期销售收入仅增长 4.75%，增速不及资产总额的增速，从而导致资产周转率下降 34.43%，最终使净资产收益率在上市期间大幅下滑。

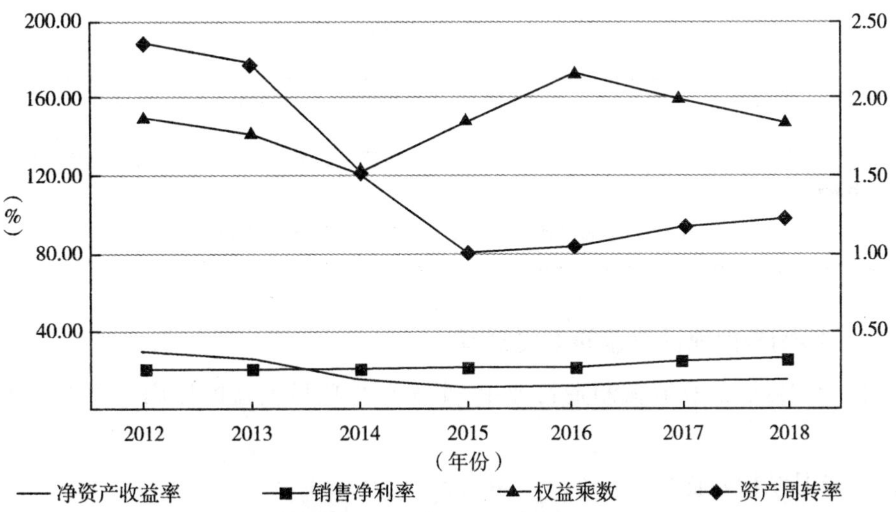

图 6-57 迪瑞医疗 2012—2018 年杜邦分析法财务指标

数据来源：上市公司公告，立德咨询整理。

项目建成后，公司净资产收益率有所上升。公司募投项目于 2017 年 6 月建成，当年度净资产收益率走出谷底，从 2015 年的 11.30% 回升至 14.38%。在公司不断提高盈利能力和营运能力的努力下，2018 年公司净资产收益率保持上升趋势，于 2018 年上升至 15.11%。

盈利能力方面，2017 年和 2018 年销售净利率分别增长 17.20% 和 5.67%。2017 年公司营业收入同比增长 14.37%，同期营业成本仅增长 9.23%，在研发费用增长 14.07% 的情况下期间费用仅增长 8.67%。2018 年，公司营业收入增长 7.58%，同期营业成本仅增长 5.09%，在研发费用增长 21.99% 的情况下期间费用仅增长 1.03%，公司成本费用控制初见成效，盈利能力有所提升。迪瑞医疗 2012—2018 年利润表指标变动趋势见图 6-58。

营运能力方面，2017 年和 2018 年资产周转率分别提高了 11.90% 和 4.26%。2017 年公司总资产同比减少了 0.40%，2018 年同比增长了 7.45%，在相对稳定的资产规模基础上创造了更多的收入，营运能力提升推动净资产收益率增长。

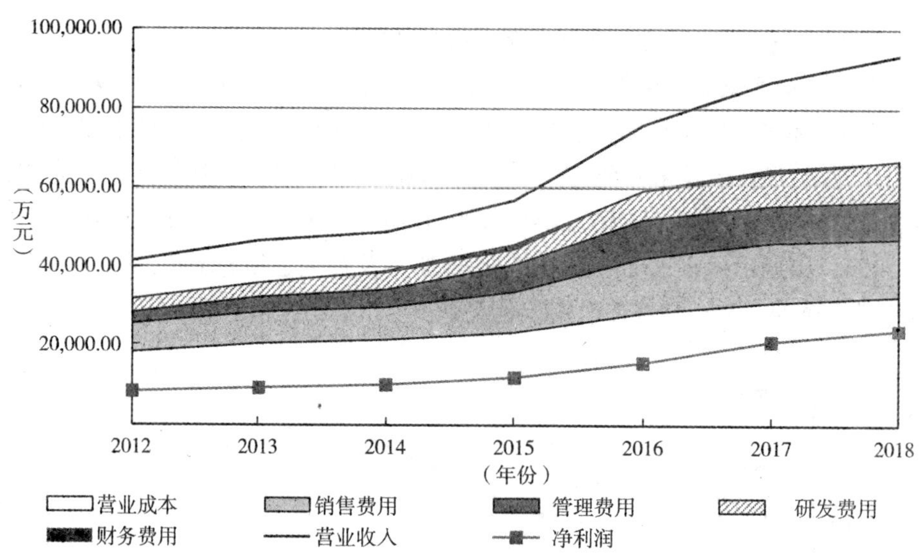

图6-58 迪瑞医疗2012—2018年利润表指标变动趋势

数据来源:上市公司公告,立德咨询整理。

二、影响募投项目效益的主要原因

医疗仪器设备及器械制造行业中,影响募投项目效益的原因主要有以下两方面。

1. 产品结构调整

准确把握未来3~5年医疗仪器设备及器械市场需求至关重要。募投项目已建成的上市公司中,均不同程度地出现产品结构调整的情况。募投项目建设周期普遍为1~3年,项目建成后市场可能已产生新的需求。因此,规划募投项目时建议充分考虑市场容量大、行业增速快、技术壁垒高、产品生命周期早期的产品,提前布局,为进入新一轮高增长期奠定基础。

2. 期间费用控制

募投项目建成后,公司期间费用控制对净资产收益率影响较大。公司上市初期,由于募集资金到位,净资产收益率普遍大幅下跌,待募投项目建成后,经济效益初步实现,营业收入逐步增长。但为消化新增产能,提高产品竞争力,公司多数情况下会加大销售推广和研发投入力度,此时,如何最大限度地控制销售费用和研发费用增长,将是影响净资产收益率涨跌的重要因素。